Government Reform Studies:
Administrative Reform and Modern National System Construction

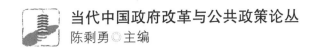

当代中国政府改革与公共政策论丛

陈剩勇 ◎ 主编

政府改革论

行政体制改革与现代国家制度建设

陈剩勇 等 ◎ 著

北京大学出版社

PEKING UNIVERSITY PRESS

图书在版编目(CIP)数据

政府改革论:行政体制改革与现代国家制度建设/陈剩勇等著.—北京:北京大学出版社,2014.10
(当代中国政府改革与公共政策论丛)
ISBN 978-7-301-24885-0

Ⅰ.①政… Ⅱ.①陈… Ⅲ.①国家行政机关—政治体制改革—研究—中国 Ⅳ.①D630.1

中国版本图书馆CIP数据核字(2014)第221239号

书　　　名：政府改革论：行政体制改革与现代国家制度建设
著作责任者：陈剩勇 等 著
责 任 编 辑：高桂芳(pkuggf@126.com)
标 准 书 号：ISBN 978-7-301-24885-0/C·1051
出 版 发 行：北京大学出版社
地　　　址：北京市海淀区成府路205号　100871
网　　　址：http://www.pup.cn　新浪官方微博:@北京大学出版社
电 子 信 箱：ss@pup.pku.edu.cn
电　　　话：邮购部62752015　发行部62750672　编辑部62753121
　　　　　　出版部62754962
印　刷　者：北京大学印刷厂
经　销　者：新华书店
　　　　　　650毫米×980毫米　16开本　29印张　430千字
　　　　　　2014年10月第1版　2014年10月第1次印刷
定　　　价：69.00元

未经许可,不得以任何方式复制或抄袭本书之部分或全部内容。
版权所有,侵权必究
举报电话：010-62752024　电子信箱:fd@pup.pku.edu.cn

总　序

又到甲午年。蓦然回首，两个甲子前的那个甲午，天朝大国装备了当时最先进坚船利炮的北洋水师，竟然不堪一击，大败于东夷倭国。接踵而至的割地赔款之辱，从天而降的"亡国灭种"危机，终于惊醒了天朝君臣士子，乃知耻而图变法维新。革除秦政专制，建立现代国家制度，以强国富民，复兴中华，从此成为朝野共识。

两个甲子轮回，一百二十年过去。现代性与新的价值观，共和、民主、自由、平等、正义、法治、宪制，已为人心所向，譬如之江大潮，浩浩荡荡，沛然而莫之能御。不过，现代性和新价值一旦落实到国家制度层面，即欧美发达诸国，亦因历史传统、现实国情和国民性特点而自备一体，没有统一适用的制度模式。一百二十年来，面对"二千年未有之大变局"，往圣先贤们开始从世界的眼光看中国，仿效东西，师夷长技，移植法制，致力于政府改革与现代国家制度建设。于是，便有了1898年戊戌变法，1901年晚清新政与预备立宪，1911年辛亥革命与共和宪政，最后在1949年建立了当代中国国家制度。

当代中国政府体制，是执政党为建国初期农业国与计划经济的举国体制而量身定制。六十五年天地翻覆，尤其是1978年中共十一届三中全会开启的改革开放，通过国家在经济、社会、管理及法律等领域的一系列变革，全面推进了从1840年鸦片战争起步、1911年辛亥革命加速的中国社会大转型：工业化、市场化和城市化如风卷残云，摧毁了以小农经济为主的农耕文明和乡土社会格局；国中亿万农民，有一多半离土、离乡，涌进各地的大小城市，转而以工商业和服务业谋生；当下中国社会，已经从改革开放前农业立国、实行计划经济和闭关锁国的传统社会，发展成为工商立国、实行市场经济和对外开放,从社会结构、社会阶层、利益群体到人们的价值观念和生活方式都呈现出越来越多元化和多样性特征的现代社会。因全球化、互联网与自媒体的兴起而迅速普及的现代性和新的价值观,从根本上动摇了旧体制、旧权威和旧秩序的基础。政治社会大转型,工业化、市场化、城市化、全球化、信息化、新变化、新事物和新的社会格局,注定了计划经济时代形成的全能型政府模式已经不堪重用,以及政府改革与治理转型的无可避免。

  政府改革是个世界性的难题。古今中外,历史经验表明,即使区区几十万人口的蕞尔小国,政府改革从来都是困难重重,何况中国政府这么一个人类文明史上规模超大型、结构超复杂的政治综合体。中国政府改革与制度重建,涉及政府与市场、政府与社会、政府间关系包括中央与地方、政府与执政党、政府与人大和政协、行政权与司法权等一系列关系架构,其中任何一种关系架构的变革与调整,都意味着权力关系的重大调整与利益格局的重新洗牌。公共政策是执政党和政府为解决公共问题、达成公共目标、实现公共利益,经由特定的政治过程选择和制定的施政方案,政治社会大转型时期的政策选择,关乎十三亿国民的切身利益,决定着施政的方向和目标。政府体制要不要改,改什么,怎么改,社会治理结构的重构,国家治理能力的提升,公共政策的选择,社会政策的制定,多元社会利益如何统筹兼顾,公平正义如何实现,等等,既是重大的理论问题,更是极具挑战性的实践课题。

  浙江工商大学公共管理学院诸学人,僻在东南一隅,百无一用,然食民之禄,又生逢全面深化改革之时,职志所在,敢忘国事?于是讲课之余,坐而论道,井里观天,管窥蠡测,爰有此编。曰:《政府改革论》《公共政策论》《政府成本论》《社会政策论》。野人献芹,略陈刍荛之见云尔。是为序。

陈剩勇

公元 2014 年 2 月 12 日于杭州

目录

前言 　　　　　　　　　　　　　　　　　　　　　　1

第一编　总　论

改革开放以来中国政府改革进程的简单回顾　　　　　3
中国政府改革30年：绩效与意义　　　　　　　　　　14
政治社会转型的"历史三峡"与新一轮改革开放　　　21
政府改革、治理转型与现代国家制度建设：几点理论思考　　31

第二编　政府与市场

政府的角色、作用与治理边界　　　　　　　　　　　77
政府宏观调控为什么失灵？　　　　　　　　　　　　95
中国政府的市场监管为什么无力？　　　　　　　　　132
市场失灵与政府干预的作用及其限度　　　　　　　　151
"央地合作模式"和央企高速扩张的风险与应对　　　169

第三编　政府与民生

民生问题与公共服务型政府建设　　　　　　　　　　193
进城劳工阶层的现状、问题与对策　　　　　　　　　208
国有企业"双轨制"用工制度改革：目标与策略　　　234
"下山脱贫"的浙江经验与中国的反贫困战略　　　　264

第四编　政府间关系

政府间关系、城市层级制度与城市治理　277
区域政府合作：区域经济一体化的路径选择　295
20世纪50年代以来地方行政区划和政府间关系的变革与展望　314

第五编　地方政府创新

20世纪以来中国乡镇行政管理体制的变革与启示　335
强镇扩权、地方行政管理体制改革与镇乡政府的重建　351
小城镇污水治理、激励机制与政府行为　376
可持续发展与服务型政府的建构：以浙江为例　391
政府创新、治理转型与浙江模式　411

后　记　429
参考文献　431
索　引　443

前　言

　　政府改革是1978年中国共产党十一届三中全会开启的中国改革开放事业的主体工程。现代意义上的政府,即英文的 Government,作为国家主权的执掌者和行使者,是经由人民同意组建的执掌和行使公共权力、管理国家和社会公共事务的机关。政府存在的目的,是维护公共秩序,保障公民权利,促进公平正义。从国家的组织结构和权力配置看,政府有广义和狭义之分:广义的政府是包括国家的立法机关、行政机关和司法机关等公共机关的总和;狭义的政府则是一个国家的中央和地方的行政机关的总和。就中国而言,广义的政府既包括国家最高权力机关的全国人民代表大会及其一府两院(人民政府、人民法院和人民检察院)的权力机关,还包括执政党组织。狭义的政府即中央政府(国务院及各部、委、局)和地方的省(直辖市、自治区)、市(州、盟)、县(市、区、旗)、乡(镇、民族乡)各级政府。本书将要讨论的政府改革,主要聚焦在狭义的政府层面,即行政权维度的政府。因此,书名所谓"政府改革论",亦即"行政体制改革论"。

　　改革一词,汉语有"除旧布新"之意,即改变旧制度、旧事物,更换新制度、新事物。其涵义又可细分为二:一为变更,革新;二为革除旧规陋习。政治学意义上的改革,指称的是对政治、经济、社会、文化、宗教等旧制度的重大变更、革新和改良。"改革"与"革命"不同,二者虽然都具有改变现状的属性,但存在本质的差异。革命通常以极端的方式推翻现政权来达成改变现状的目的,是与旧制度、旧事物的彻底决裂,因而一定是非理性的,往往带有突发性、偶然性,其过程通常是不可控的,后果也是无法预计的。改革则是在现有的政治体制内实行的改良或变革。因此,改革通常是理性的,是执政者的主动选择,是经过改革者规划设计的,对旧制度、旧事物的变革过程也是可调控的;从政治国家层面,改革通常是执政者为了回应社会和人民的需求,对既有的国家制度(包括体制和政策)进行局部或重大的调整、变更或改良,使之适应发生了剧变的时代现实和世界新格局。

中国的政府改革是执政党发起并主导的对既有政府体制的革新和改良。虽然,从改革开放初期的情况看,政府改革与国家的改革开放事业一样,都带有"摸着石头过河"的特点,直到20世纪90年代,政府改革的目标还是那个带有很大模糊性的行政管理现代化,但是,经过三十多年的探索,现在已经基本明确,政府改革的目标就是重建国家治理结构,达成国家治理体系和治理能力的现代化。回过头来看,从20世纪80年代以精简机构、转变政府职能和"放权让利"为主要内容的行政管理体制改革,到90年代以后提出的建立与WTO规则对接,适应社会主义市场经济体制需要的行政管理体制建设,直到最近十来年的责任政府、法治政府和服务型政府建设,实际上都是围绕着国家治理体系和治理能力现代化这个主题展开的。

从国家治理体系和治理能力现代化的维度,1978年中国共产党的十一届三中全会以来,执政党推动的一系列重大国内改革(从20世纪80年代初期全面推行"家庭联产承包责任制"的农村改革,1984年10月中共十二届三中全会推开的城市经济体制改革,到1992年邓小平南方讲话掀起的以建立社会主义市场经济体制为目标的第二波经济体制改革,等等),从宽泛的意义上说,都可以归入政府改革的范畴。具体来说,就是通过对计划经济时代形成的全能型政府管理体制的改革,逐一卸掉束缚个人自由和阻碍生产力发展的枷锁,把公民的权利还给公民,把公民的自由还给公民,让他们拥有尊严地生活、劳动和创业,自由地追求个人的财富和幸福。全面推行"农村家庭联产承包责任制",撤销"政社合一"的人民公社体制,把种地的自由和权利还给农民,让他们自主地决定怎么种地,怎么经营;从经营农业、林业、畜牧业和渔业,转而弃农务工,建工厂、办公司。改革并渐进解除政府对经济活动的全面管制,把经商办企业的自由和权利还给公民,让每一个梦想发家致富的公民,都可以办厂经商,创造个人财富,并拥有合法所得的私人财产。开放政府对城市空间和社会生活的全面管控,把公民的教育权、劳动权、迁徙权等种种自由和权利,逐步且有条件地还给公民。从1977年恢复高考开始,到1984年启动城市经济体制改革,让城市居民和一部分农村青年得以按照自己的意愿接受教育,选择职业,选择个体的生活方式。随后推进的工业化、市场化和城市化,最终在城乡二元结构的旧体制上撕开了一个缺口,广大农民也可以进城就业,打工经商,从初期的"离土不能离乡",到后来获准在城镇购置房产、安家创业,享受现代都市文明和城市新生活。

执政党对计划经济时代形成的全能型政府体制的改革,既是对传统治理模式的重大变革,也是对既有权力格局和利益格局的重大调整。因此,政府改革实际上并不仅仅局限于对原有行政管理体制,包括经济管理体制、社会管理体制、文化管理体制的改革,以及对政府自身组织结构的调整、精简和重塑。改革开放三十多年来执政党对全能型政府体制的改革,涉及政治制度、经济体制、社会制度和文化制度等诸多方面。在我看来,政府改革至少涵盖了以下几个关系架构的变更与重建:一是政府与市场的关系;二是政府与社会的关系;三是政府间关系,尤其是中央与地方的关系;四是政府与执政党的关系;五是政府与人民代表大会的关系,即行政权与立法权的关系;六是政府与法院的关系,即行政权与司法权的关系。其中,每一个关系架构的变革,都涵括有多个层面的制度设计。换言之,政府改革同样是政治、经济、社会秩序的重建。这就决定了政府改革必定是一项极庞大、超复杂的系统工程。政府改革的错综复杂性,决定了政府改革研究的高难度和复杂性。

奉献给读者们的这本名为《政府改革论》的小书,是我们过去十多年间对政府改革与现代国家制度建设这个课题所作的初步研究成果的结集。全书共分五编:

第一编"总论",是对中国政府改革的宏观研究,内容包括:改革开放以来中国行政体制改革过程的简单回顾,中国政府改革的绩效与意义评估,政治社会转型面临的问题及其体制根源分析,最后一部分是关于政府改革、治理转型与现代国家制度建设的几点理论思考,主要探讨了四个问题，即关于政府与市场关系重构和市场经济制度的完善，关于政府改革与公民社会建设，关于科层制、政府自利性与政府权力制衡机制的建构，关于法治政府与法治中国建设。

第二编"政府与市场"，探讨了5个问题，即政府的角色、作用与治理边界——对后金融时代中国经济社会问题的观察与思考，中国政府的宏观调控为什么失灵，中国政府的市场监管为什么无力，市场失灵、中小企业困境与政府作用及其限度，央地合作模式和央企高速扩张的风险与应对等，结合对相关问题的案例分析，对政府与市场的关系、政府的角色定位、政府的作用及其治理边界等问题进行了研究。

第三编"政府与民生"，涉及民生问题、社会保障与公共服务型政府建设，进城劳工阶层的现状、问题与对策研究，国有企业双轨制用工制度改革研究，下山脱贫浙江经验与中国的反贫困战略研究等，主要探讨了民生问题与政府责任、进城劳工问题、国有企业双轨制用工制度，以及扶贫与反贫困问题。

第四编"政府间关系"，分别探讨了政府间关系重构与中国城市政府体制改革的战略，政府间关系、区域政府合作机制与区域经济一体化，20世纪50年代以来中国地方行政区划和府际关系的变革与展望等政府间关系领域的三个问题。

第五编"地方政府创新"，总共探讨了5个问题。除了《20世纪以来中国乡镇行政管理体制的变革与启示》之外，其余各篇均为浙江省的个案研究，分别探讨了强镇扩权、地方行政管理体制改革与镇乡政府的重建，服务型政府建设与可持续发展，小城镇污水治理、激励机制与政府行为，政府管理创新、治理转型与浙江模式的困境及其出路等问题。

政治社会大转型时期的政府改革与现代国家制度建设，对于中国这样一个拥有5000年历史和13亿人口的大国来说，其所遭遇的困难的错综复杂性，面临的挑战的艰巨性，都是人类历史上前所未有的。面对如此重大的课题，我们虽然还有点自知之明，不敢贪大求全，而只是凭个人兴趣随意选择了政府改革的若干领域，即从政府与市场、政府与民生、政府间关系、地方政府创新等方面的选题入手，在过去的十多年间东奔西走,调查考察,切磋交流,坐而论道,陆续写了二十多篇论文或研究报告。如今趁此改革开放再起步的契机,不揣谫陋,结集出版,意在抛砖引玉,为全面深化改革敲敲边鼓。

在此,需要特别强调的是,即使在以上几个范围有限的领域,尽管我们已经专心致志,全力以赴,由于我们的研究能力和水平所限,最后形成的关于政府改革的研究成果和建言对策,还是难免顾此失彼,挂一漏万。敬请读者诸君批评指正!

第一编 总论

改革开放以来中国政府改革进程的简单回顾

改革开放以来的中国政府改革,从执政党1982年启动第一次机构改革算起,三十多年间总共进行了七轮政府改革。根据这七轮政府改革的目标、内容、策略和特点,我们把改革开放以来中国政府改革的进程划分为四个阶段:第一阶段即20世纪80年代的政府改革,包括1982年、1988年两轮改革。第二阶段为20世纪90年代的政府改革,包括1993年、1998年两轮改革。第三阶段即21世纪第一个十年的政府改革,先后于2003年、2008年推开。第四阶段的改革从2012年中共十八大开始,相关的改革内容和措施正在渐进推出中。

政府改革是中国经济社会发展的助推器。执政党在改革开放和经济社会发展进程中推动的四个阶段的政府改革,顺应了中国经济社会发展的内在要求,不断调整改革目标,重新定位政府自身的角色和作用,创新管理方式,以政府改革促进经济发展,以政府改革促进政治民主,以政府改革促进社会进步。中国政府的改革和治理转型,回应了国内经济发展、社会建设和人民群众的内在需求,解放了生产力,调动了国民创业创新的积极性,激活了社会的生机活力和市场的创造力,促成了经济持续三十多年两位数高增长的"中国奇迹",使中国在短短三十多年间,从一个闭关锁国、工业基础薄弱的传统农业大国,发展成为GDP总量占全球第二的经济体,初步完成了从计划经济向市场经济、从乡村社会向城市社会的大转型。

在中国共产党十八届三中全会启动新一轮改革开放,进一步明确了实现国家治理体系和治理能力现代化的政府改革目标之际，回顾和考察我国三十多年政府改革过程，总结政府改革经验，探讨推进改革对策，无论从理论还是实践层面上说，都具有全新的时代意义。

一、第一阶段：20世纪80年代的政府改革

1978年12月，中共十一届三中全会决定实行改革开放。以"文革"后复出的邓小平为核心的中共中央领导层，断然否定了"文革"后期的"两个凡是"，决定解放思想、实事求是，将工作重心转移到经济建设上来，实行对内改革，对外开放。从此，执政党和政府终结了阶级斗争运动，转而"以经济建设为中心"。各级政府的职能从革命斗争转向经济建设，用当时的话说，就是大力发展经济，实现祖国的"四个现代化"。改革首先从经济体制改革起步，20世纪80年代初期，在农村推行了发端于安徽省小岗村的家庭联产承包责任制。20世纪84年10月，中共十二届三中全会通过了《关于经济体制改革的决定》，突破计划经济与商品经济相对立的传统观念，提出要发展"公有制基础上的有计划的商品经济"。随后，改革开始从农村扩展到城市和整个经济领域：改革国有企业，发展乡镇企业，允许私营经济发展，设立深圳经济特区，对外开放14个沿海城市，等等。改革开放按照执政党的战略部署渐进有序推开。

20世纪80年代是改革开放大潮涌动的年代，一个激动人心的时代。从京城到边地，从城市到乡村，举国上下，社会各个阶层无形中形成共识，矢志改革，改革，再改革；开放，开放，还要开放。从决策层高官到普通知识分子，一个个意气风发，指点江山，论道国是，致力于现代化的宏图伟业。改革开放成为时代的主旋律。中国政府改革，就是在经济体制改革和对外开放的高潮中不断引向深入的。

改革开放之初，由于长期搞政治运动抓阶级斗争，经济上实行计划体制，政府高度集权，体制僵化，"党政军民，工农商学兵"，全国几乎就是一个大军营，整个社会经济结构表现为：有国家无社会，有经济无市场，有商品无商品经济。因此，发展经济，建设现代化，全都由执政党和政府指挥、推动。当时的中国政府，从角色定位、机构配备

到职能设置,尤其党政机构和干部队伍问题多多。在此情况下,执政党推动的两轮政府改革,从精简机构入手,以实现行政管理现代化为目标取向,基本策略是"党政分工""党政分开",通过"简政放权",解放劳动生产力,向地方政府和企业下放经济社会管理的权力,落实企业和农民的自主经营权,以调动地方政府、企业和个人的积极性。

1982年的第一轮政府改革,以精简党政机构,向地方下放权力,建立干部退休制度,实现干部"四化"(革命化、年轻化、知识化、专业化)为改革的主要目标。

这轮政府改革所要解决的主要问题,一是政府机构臃肿,规模庞大,国务院设置的行政机构多达100个。二是官员严重老化,领导职务终身化,冗员多多,人浮于事。由于"文革"后大批老干部复出,需要安排职务,形成了庞大的干部队伍,当时国务院各部委的领导干部职数多达540余人,平均年龄64岁,其中如第三机械工业部,正副部长职数多达18人。三是部门职责不清,职能交叉重叠,政府运转不灵,工作效率低下。对此,邓小平在1980年8月中共中央政治局扩大会议上提出了措辞严厉的批评:"机构人浮于事,办事拖拉,不讲效率,不负责任,不讲信用,公文旅行,互相推诿,以致官气十足","都已达到令人无法忍受的地步"。

精简机构堪称为一场革命。1982年3月全国人大常委会审议通过的《关于国务院机构改革问题的决议》,宣布精兵简政从国务院开始,调整组建了由总理、副总理、国务委员和秘书长为成员的国务院常务会议;成立由国务院总理兼主任的国家经济体制改革委员会,负责经济体制改革的总体研究和方案设计工作。随后推出的国务院部委机构改革实施方案,将98个部、委、办裁减合并为52个,核定编制,裁减冗员,把国务院各部门机关编制从4.9万人核减为3.2万人。废除领导干部职务终身制,建立干部离退休制度。

随后进行的地方政府机构改革,一是精简机构、控制地方政府规模,扩大地方权力;二是建立干部离退休制度,并以"四化"方针调整干部队伍结构,选拔大批年轻干部进入各级政府部门;三是改革行政公署,试行地、市合并和"市管县"体制;四是撤销了"政社合一"的人民公社体制,在农村地区设立乡镇政府。自此,形成了从中央到省

(市、自治区)、市(地)、县、乡镇的五级行政结构。

此次政府改革,在精简机构、向地方政府和企业下放权力、建立干部退休制度等方面取得了较大的进展,但裁减冗员却遭遇阻力,最后不了了之。当时形成的"定编不定员"潜规则,导致国务院各机关滞留了大量超编人员,一直到1988年改革时,才开始设法予以分流。

1988年开始的第二轮政府改革,提出把"建立一个符合现代化管理要求,具有中国特色的功能齐全、结构合理、运转协调、灵活高效的行政管理体系"作为改革的长远目标,改革的原则是"党政分开、政企分开和精简、统一、效能"。当年4月七届人大一次会议审议通过的《国务院机构改革方案》,具体规定了五年改革的目标,即转变职能,精干机构、精简人员,提高行政效率,克服官僚主义,逐步理顺政府同企事业单位和人民团体的关系、政府各部门之间的关系以及中央政府同地方政府的关系。

这是当代中国政府改革史上第一次提出"转变政府职能"。其主要措施,一是实行"党政分工",精简党政机构;二是推动"政企分开",处理好政府与企业的关系,把直接管理企业的职能转移出去,让企业自主经营,从直接管理转变为间接管理。国务院机构改革方案要求按照经济体制改革和政企分开的要求,合并裁减专业管理部门和综合部门内设专业机构,注重机构设置的科学性和整体性,提高政府对宏观经济活动的调控能力,促进行政管理的法制化,用法律手段控制机构设置和人员编制,并推出了以定职能、定机构、定编制为主要内容的"三定"工作。经调整后的国务院机构设置41个部委、19个直属机构,以及15个归口管理局、7个办事机构和44个非常设机构。地方政府改革以试点的形式推开,确定了省和计划单列市机构改革试点,9个县级机构改革试点,随后又把湖北、陕西和内蒙古等定为省(自治区)各级地方政府机构改革试点。

此轮改革另一项具有历史意义的成果,是《行政诉讼法》的颁布和实施,这标志着中国政府"依法行政"进程从此起步。1989年4月七届人大二次会议通过、翌年10月1日施行的《中华人民共和国行政诉讼法》,建立了"民可以告官"的行政诉讼制度。在此后的几年间,《国家赔偿法》(1995年1月1日)、《行政复议法》(1996年10月

1日)、《行政处罚法》(1999年10月1日)等相继颁布实施,为监督各级政府依法行政,规范政府行为,保障公民、法人和非政府组织的合法权利,奠定了法律和制度的基础。

由于1989年春夏之交的政治风波和当年经济领域发生了严重的通货膨胀,各级政府全力应对紧迫的政治危机和通胀危机,第二轮政府改革在启动后不久即陷入停顿状态。但是,此轮改革提出的政府改革目标和原则,包括"党政分工"、"政企分开"、"转变政府职能",理顺政府与企业、政府与社会,以及政府间关系,"依法行政",明确了中国政府改革的基本方向,意义重大,影响深远。

二、第二阶段:20世纪90年代的中国政府改革

20世纪90年代的政府改革,是在邓小平1992年南方讲话以后执政党掀起新一轮经济改革的高潮中先后推开的。在改革开放因1989年的政治风波而陷入停顿,经济改革遭遇瓶颈的关键时刻,1992年春,邓小平南方讲话,再次确定改革开放路线。邓小平明确指示"社会主义可以搞市场经济",结束了多年来围绕着"计划与市场"到底是姓"资"还是姓"社"的争论。翌年10月中共十四届三中全会通过的《关于建立社会主义市场经济体制若干问题的决定》,是中国社会主义市场经济体制的第一个总体设计。这份文件制定了市场经济的基本框架,提出建立现代企业制度、建立宏观经济调控体系等,是新一轮经济改革的行动纲领。从此以后,各级政府放开手脚搞市场经济。因此,20世纪90年代两轮政府改革的目标非常明确,就是建立与社会主义市场经济体制相适应的行政管理体制。改革路径大致相同,都强调推进"政企分开",转变政府职能,重构政府与市场关系,促进社会主义市场经济的健全和完善。

1993年的机构改革是改革开放以来的第三轮政府改革。这轮改革是在中国经济从商品经济进入市场经济大背景下推开的。根据当年八届人大一次会议审议通过的《国务院机构改革方案》,此轮改革的目标是建立适应社会主义市场经济发展的行政管理体制,重点是转变政府职能,基本途径是推行"政企分开"。要求政府把对企业和经济活动的直接管理,转向"统筹规划,掌握政策,信息引导,组织

协调,提供服务和检查监督"。

这轮政府改革的主要内容,一是转变政府职能,下放权力,推行"政企分开",让企业自主经营,此所谓"宏观管好,微观放开"。并明确规定,政府综合经济部门的职责是搞好宏观管理,政府专业经济部门要简政放权,其职能是规划、协调、服务和监督。二是理顺政府部门之间的关系,划分各自的职权;理顺中央与地方的关系,合理划分管理权限。三是精简机构编制,国务院组成部门41个,直属机构13个,办事机构5个,另设非常设机构26个。同时规范了机构类别,明确了国家局与主管部委的关系。同年8月,国务院颁布《国家公务员暂行条例》(同年10月1日起实施),开始建立现代公务员制度,以加强"对国家公务员的科学管理,保障国家公务员的优化、廉洁,提高行政效能"。

地方政府机构改革则以转变政府职能为关键,大规模精简专业经济管理部门。重新核定了地方各级政府的机构编制,并对地方党政机构设置做出具体规定,规定了必设机构及其限额。与地方政府改革相配套,1994年推出财税制度改革,即"分税制"改革,其结果是中央政府财政收入从此大幅度提高,从根本上扭转了此前几年出现的中央政府财力不足、政府能力有所弱化的趋势,对此后相当长时期内中央与地方关系尤其是地方政府的行为取向,产生了深刻和重大的影响。

1998年的政府改革,即改革开放以来执政党推动的第四轮政府改革,是在中国初步建立了社会主义市场经济体制,正谋求加入WTO(世界贸易组织)的前夜进行的。这轮改革也是迄今为止改革力度最大、机构和人员精简最多的一次机构改革。

1998年政府改革是在社会主义市场经济体制初步建立的基础上推开的。九届人大一次会议审议批准了《国务院机构改革方案》,提出建立适应社会主义市场经济体制的有中国特色的行政管理体制。转变政府职能,实现政企分开,把政府职能转变到宏观调控、社会管理和公共服务等方面。同时,明确政府宏观调控部门和专业经济管理部门的不同职责,调整部门分工,在国务院各部门间划转一百多项职能,以克服职能交叉、多头管理、政出多门、权责不清的弊端。

此轮改革重在加强宏观调控和执法监督部门,调整并逐步取消国务院的专业经济部门,撤销煤炭、冶金、机械等9个工业部,将国务院直属机构调整归并为52个,包括29个部委、17个直属机构和5个办事机构。经过此轮改革,国务院各部门内设司局级机构减少两百多个,机关人员由3.2万人减为1.67万人。

地方党政机构改革随后次第展开。1999年推出省级机构改革,明确省级政府不再保留工业、商业等专业经济管理部门。2000年以后市、县、乡镇机构改革。精简机构,压缩编制,清退超编人员;调整地区建制,全面推行市管县体制,但浙江等少数省份实行省管县体制;在中央与地方关系方面,1998年后税务、工商、质检、安检、国土等部门的事权渐进上收,由中央政府集中进行统一管理。地方各级政府在实行政企分开及转变政府职能方面进展明显。按照中央的要求,政府机关不再办经济实体,已经办的限期脱钩。同时,解除了地方政府机构与国有企业的行政隶属关系,主管部门不再直接管理企业。①

与此同时,推进政企分开、政资分开,转变政府职能,调整政府与市场的关系,明确政府的职责是宏观调控,制定产业政策,规范市场,基础建设和提供公共服务;调整政府和社会的关系,培育发展社会中介组织。推行"政事分开",明确了事业单位改革的社会化方向。2000年6月以后,开始推进事业单位的人事制度改革,全面推行聘用制,以破除实际存在的事业单位干部身份的终身制;建立岗位管理制度,改革事业单位的收入分配制度,完善员工的激励制度。

在此前后,执政党提出了建立法治国家的战略。1996年的中共十五大以及随后召开的九届人大一次会议,正式确立了"依法治国,建设社会主义法治国家"的目标,法治政府建设于是成为政府改革和制度建设的题中应有之义。经过改革开放多年的努力,一套规模庞大、门类齐全、结构严谨的法律制度重新建构起来。据统计,改革开放最初的二十年间,全国人大及其常委会已经制定了三百多部法律,国务院制定了七百多部行政法规,地方政府制定了四千多部地方法

---

① 黄新华:《市场经济体制建立和完善进程中的地方政府治理变革》,《政治学研究》2009年第2期。

规,初步形成了以宪法为核心的法律体系,国家政治生活、经济生活、社会生活的主要方面已经有法可依。1999年11月,国务院颁布《全面推进依法行政的决定》;2004年颁布《全面推进依法行政实施纲要》,推进行政体系的法制建设和法治政府建设。

20世纪90年代的两轮政府改革,执政党和政府通过精简机构、推行"政企分开",转变政府职能,调整并重构政府与市场的关系架构,初步建立了与政府主导的市场经济相适应的行政管理体制,为中国成功加入WTO并与WTO规则相对接,为后来推开并取得一定成效的国有企业改革、财税体制改革、金融体制改革、房地产制度改革等创造了基本的条件,为21世纪初中国经济持续十多年高速增长和繁荣奠定了制度性基础。

三、第三阶段:2003年至2012年的中国政府改革

21世纪第一个十年的政府改革,包括2003年和2008年两轮改革。此一阶段的政府改革与重建,是在中国经济社会转型的又一个关键时刻进行的。经过二十多年的改革开放,社会主义市场经济体制初步建立,加入WTO并逐渐融入世界,使中国获得了前所未有的发展机遇。市场化改革释放的"改革红利",建国后的人口结构形成的廉价劳动力的"人口红利",经济全球化红利,后发优势,推动着以外贸"进出口"为导向的中国经济高歌猛进。几年之间,"中国制造"的轻工业品所向披靡,几乎占领了世界各国的低端消费市场。2003年时,中国经济总量已经跃居世界第六,达到14000多亿美元。但是,以进出口贸易为主导的粗放式经济发展方式,在促进经济高速增长的同时,也带来了一系列问题,具体表现为:经济与社会发展的不平衡,城乡之间、地区之间、东部与西部之间发展的不平衡,以及由此带来的生态环境、社会保障、教育卫生、"三农"等方面的新问题,造成了社会矛盾和冲突的日趋激烈。

以2003年春季的SARS危机为契机,执政党和政府适时提出了科学发展观,强调要坚持"以人为本",实现经济社会全面、协调、可持续的发展,促进经济社会和人的全面发展。2003年、2008年先后进行的两轮政府改革,因应科学发展的执政理念,以推进责任政府、法

治政府和公共服务型政府建设为目标,改革的基本路径是推进行政审批制度改革,转变政府职能,精简机构,建构行政机构的大部门体制。

2003年改革,是改革开放以后的第五轮政府改革。当年3月十届人大一次会议通过的机构改革方案,提出此轮改革重在推进政府职能转变,明确界定了政府职能应该集中在经济调节、市场监管、社会管理和公共服务等四个方面,提出建设"行为规范、运转协调、公正透明、廉洁高效"的行政管理体制。改革的主要措施是:(1)深化国有资产管理体制,设立国务院国有资产监督管理委员会;成立国家发展改革委员会,完善宏观调控体系;设立银监会,健全金融监管体制;组建商务部门,改革流通管理体制以及食品安全和安全生产监管体制。(2)转变政府职能,推进"政企分开";推进审批制度改革,减少审批事项,规范审批行为;理顺中央与地方、中央垂直管理部门与地方政府的关系;规范和发展行业协会、咨询和鉴定机构等社会中介组织,创新政府管理方式,推进电子政务,提高行政效率。(3)推进行政审批制度改革,《中华人民共和国行政许可法》2004年7月1日起正式实施。地方政府尝试建立行政审批中心,实行行政许可集中办理制度,有的地方推出"一站式"服务、"窗口化"办公,以规范审批程序,减少审批环节,提高行政效率。

此轮改革的最大特色,是推进责任政府、法治政府和服务型政府建设。在责任政府建设方面,当年中央针对应对SARS危机不力的卫生部部长张文康、北京市市长孟学农等高官的行政问责,及后来针对几位山西省级领导的煤矿特大安全事故的连续的行政问责,推动了行政问责制的建立。在法治政府建设方面,推进依法行政、民主行政,各地开始试行政务公开制度。此前,中共中央办公厅和国务院办公厅于2000年12月联合发布了《关于在全国乡镇政权机关全面推行政务公开制度的通知》,2005年4月,发布了《关于进一步推行政务公开的意见》,各级政府的政务公开制度自此建立。2005年4月,全国人大审议通过《国家公务员法》(翌年元旦起实施),从法律上规范了公务员队伍建设。在服务型政府建设方面,执政党和政府强调创新行政管理体制,建设公共服务型政府,切实把政府的经济管理职能转向主要为市场主体服务和创造良好发展环境上来。2004年2月,时任国务院总理温家宝在省部级主要领导干部树立和落实科学发展观高级研究班上的讲话中提出了"服务型政府"的概念。2005年3月,温家宝在《政府工作报告》中再次强调,要"努力建设服务型政府"。

第六轮政府改革,即2008年改革以"大部制"为机构调整和设置的原则。改革方案明确规定,政府的职能是宏观调控,促进科学发展;保障和改善民生,社会管理和公共服务;要求国务院围绕转变政府职能、理顺部门职责关系,探索建立职能有机统一的大部门体制。改革措施包括组建人力资源和社会保障部,推进社会保障体系建设;组建环境保护部,负责拟定并组织实施环境保护规划、政策和标准,协调解决重大环境问题;组建住房和城乡建设部,建立住房保障体系,统筹城乡建设,等等。在界定政府部门职能的同时,通过"三定"明确并强化了相关部门的260余项责任,做到权力与责任对等。《关于地方政府机构改革的意见》,要求各级政府转变职能,理顺职责关系,明确责任,调整优化组织结构,规范机构设置,控制机构编制,建设人民满意的政府。

在推进服务型政府建设的同时,执政党和政府先后进行了六批次的行政审批制度改革,向市场和社会渐进下放权力。此项改革从2001年开始,持续十多年。2012年10月10日公布的《国务院关于第六批取消和调整行政审批项目的决定》,不仅规定了取消事项,还明确提出:"凡公民、法人或者其他组织能够自主决定,市场竞争机制能够有效调节,行业组织或者中介机构能够自律管理的事项,政府都要退出。凡可以采用事后监管和间接管理方式的事项,一律不设前置审批。"有学者将此一原则称作新"两个凡是":"凡公民能自决的,政府都要退出;凡市场能调节的,政府都要退出。"

这期间,虽没有从体制上对各级政府施行大刀阔斧式的调整和改革,但执政党对政府的角色和作用的重新定位,尤其在政府理念的更新方面,应当说还是相当明显的。法治政府、透明政府、责任政府和公共服务型政府等现代政府理念进一步普及,并且成为执政党认可的未来政府改革和建设的目标,这对于中国政府改革和治理转型,必将产生深远的影响。

改革开放以来政府改革的第四阶段,从 2012 年中共十八大开始,翌年中共十八届三中全会进行了全面部署。十八届三中全会通过的《中共中央关于全面深化改革若干重大问题的决定》,提出了从当年开始到 2020 年期间全面深化改革的战略蓝图和行动纲领。鉴于全面深化改革还在进行中,接下来一章关于中国政府改革绩效与意义的讨论,主要涉及此前 30 年的改革,2013 年以后的政府改革将在后面专章探讨。

中国政府改革30年：绩效与意义

对于30年来执政党推动的六七轮中国政府体制改革，国内学者的评价呈现出截然不同的两极。官方背景的学者对此普遍肯定并且予以高度评价，而自由派学者的评价似乎并不高。自由派学者对30年政府改革成效的质疑，主要是基于对当下中国政府存在的种种问题的认知，如改革前存在的政府权力高度集中等一系列问题，经过30年多轮改革，并没有得到实质性改善，官场腐败空前严重，"官本位"依然如故，官民矛盾空前尖锐，等等。改革最让人诟病之处，是官僚机构和行政人员在30年改革过程中深陷于精简、膨胀，再精简、再膨胀的怪圈。各级政府从机构、编制到官员队伍的持续膨胀，形成了中国历史上前所未有的"大政府"，以及一轮轮改革过后权力寻租、吏治腐败的后来居上。30年前以精简机构开始的政府改革，以30年来从机构到人员的大膨胀作为结局，似乎应验了那句著名的古代谚语："播下龙种，收获的却是跳蚤。"然而，如果摆脱对历史过程所持的非此即彼的简单思维，而更多地从学术维度审视，从改革开放、社会大转型和国家制度建设的宏观背景观察，客观地说，改革开放以来中国政府变化巨大，30年中国行政体制改革的成就还是相当显著的。

从政治史上看，发轫于1982年的当代中国政府行政管理体制改革，是中国政府的一场自我革命，是中国改革开放大厦的主体工程。这一改革不仅对中国经济社会的发展，甚至对整个世界的政治经济格局，都产生了重大的影响。我们认为，改革开放以来中国政府改革的绩效和意义,主要体现在以下几个方面。

一、中国政府理念的大变革

改革开放以来,执政党和国家对政府角色、施政理念、政府职能和作用的重新认识和定位,以及对政府与市场关系、政府与社会关系的重新界定,堪称是一场观念的革命。由"观念革命"带动的政府转型,意义重大,影响极其深远。

改革开放以前的中国政府,是一个典型的全能型政府。中央高度集权,对经济生产实行计划管理,对社会民众实行准军事化控制。无限权力,无限责任,政府职能也堪称齐备,从国家大政、城乡经济社会事务,到普通民众的日常生活、生老病死、柴米油盐,几乎都由政府全面包揽。在那个"阶级斗争为纲"的时代,政府职能极为齐备,管理事无巨细,但也简单明了。用毛泽东的话说,"抓革命,促生产"。"抓革命",即履行政府的政治职能,即政治统治,配合执政党实施无产阶级专政。革命工作的中心是抓阶级斗争,从建国初期的"三反""五反"、反右派斗争,到"四清"运动和"文化大革命",各级政府贯彻执行党的路线方针和政策,领导全国人民进行无产阶级专政下的继续革命。"促生产",即履行政府的经济职能,实行计划经济体制,由政府直接管理工业、农业、林业、牧业、渔业的生产和建设。在1956年完成对全国工商业的社会主义改造、1958年农村地区的人民公社化以后,中国政府实现了对全国经济社会的全面管控,直接介入城市和乡村的经济和社会生活,负责管理微观领域的经济和社会事务:政府是资源配置中心、生产计划中心、价格核定中心、消费配送中心,负责普通民众的日常生活和工作,包括子女教育和职业的安排。

经过三十多年改革开放尤其是历届政府推动的行政管理体制改革,从执政党、政府到普通民众,对政府的角色和作用,都有了全新的认识。就政府自身的理念来说,从行政理念、政府责任、政府作用、职能行使到管理方式和方法,堪称是另一场思想解放运动。尽管从观念的革命到现实的政府转型还存在不小的距离,但是中国政府转型的趋势已经形成:

(1)从高度集权、无限责任的全能政府,向分权制的,政府责任、职能及其与市场和社会的治理边界都比较明确的责任政府渐进转型。

（2）从执行最高指示和上级命令，习惯于运用行政权力搞运动，对经济和社会事务通过实施计划、命令来管理的人治政府，向依法治国、依法行政的法治政府渐进转型。

（3）从对民众生活和社会经济事务实施大包大揽的管制型政府，向积极回应社会需求、鼓励公众参与，为民众提供服务的公共服务型政府渐进转型。

新观念、新思想导夫先路：责任政府，法治政府，透明政府，公共服务型政府，"小政府、大社会"，政府权力为人民所授，政府的作用是保障公民的自由和权利，现代政府是有限政府，政府与市场、政府与社会之间应当划出明确的治理边界，民可以告官，政府施政失误必须承担法律责任，"官本位"意识受到质疑，"官贵民贱""官尊民卑"的传统观念受到了前所未有的冲击。执政党、各级政府、政府官员和普通公民的"观念革命"，带动了政府行为的变化：公民的权利意识大大增强，政府权力开始受到制度制衡，官员任免、政府预算等要接受人民代表大会及其常委会的审议、质询和批准，公共政策的制定和实施要接受政治协商会议和人民群众监督；政府也必须遵守宪法和法律，严格依法治国、依法行政；各级政府都要履行政务公开的义务，公共政策和政府预算要向社会公开，政府施政要接受公民和社会舆论的监督；对政府高官的问责制初步建立起来。凡此种种，标志着中国政府走上了治理转型的正道。

二、政府与市场关系的调整和市场经济体制的初步确立

经过30年的政府改革，初步调整并重构了政府与市场的关系架构，初步建立起社会主义市场经济体制的基本架构。随着改革开放进程的深化，各级政府不断转变政府职能，重组政府机构，渐进向地方政府、向市场和企业下放权力，以适应工业化、市场化和城市化的发展进程，回应社会和民众的需求。

从政府职能转变看，改革开放三十多年来，中国政府已经发生了几次阶段性的职能转变：第一次转变发生在中国共产党的十一届三

中全会以后,执政党确立"以经济建设为中心",各级政府的主要职能从抓阶级斗争转向了经济建设。政府职能的第二次转变,是随着经济改革的深化和社会主义市场经济体制的初步建立,从直接抓生产建设、经营办企业,转为对经济实行宏观管理(经济调节、市场监管)。推进"政企分开"和国企改革,解除政府机构与国有企业的行政隶属关系,主管部门不再直接管理企业,不再办经济实体;各级政府逐步退出微观经济领域,转向为企业创造良好的投资环境、招商引资、为企业服务。第三次政府职能转变开始于2003年执政党推出"以人为本"的科学发展观以后,各级政府从主要抓经济建设,转向经济建设、社会建设和文化建设同时推进。

与转变政府职能同时进行的"简政放权",无论是调整和精简政府机构,还是向地方和企业下放权力,都有了较明显的进展。精简政府机构最显著的成果,是1998年政府机构改革,撤销了煤炭部、纺织部,冶金部等十多个国务院的专业经济管理部门,地方政府也不再设置专业经济管理部门。各级政府在计划经济时代形成的"以计划为龙头,综合部门管理专业部门、专业部门直接管理企业"的组织架构,经过三十年的改革和调整,一个适应市场经济发展的,以宏观调控部门、行业管理部门、社会管理和公共服务部门为主的政府架构已经初步成形。与此同时,国务院推动行政审批制度改革,先后六次取消或下放了一大批政府审批项目,以提高行政效率,减少吏治腐败。尽管时至今日,行政审批制度仍然存在,需要政府审批的事项仍然过多,流程繁琐、时限过长等问题依然存在,但20世纪90年代以后形成的政府"门难进,脸难看,话难听,事难办"的衙门陋习,已经有所改观。政府对经济的调控,从调控方式、方法和手段,都已经有所改进,初步摆脱了改革初期从计划经济向市场经济转型过程中政府对市场调控形成的"一统就死,一放就乱"的调控循环,市场的基础性作用逐渐得到强调和强化。

三、政府与社会关系的初步调整和社会建设的开展

中国社会是执政党和政府主导的社会。经过30年政府改革,在现有的体制框架内,执政党初步调整了政府与社会的关系,为社会自主治理释放出一定的空间。在推动基层村民和居民自治的同时,着手进行社会管理创新与社会建设,培育发展各类社会组织,推动了地方各级政府的治理转型。

执政党和政府通过调整和改革"全能型"政府的社会控制结构模式,主动调整国家与社会的关系,放松了对社会的全方位控制,并逐渐退出了基层社会和微观经济管理的诸多领域,为公民和社会的自主治理让出了一定的制度空间。与此同时,工业化、市场化、城市化进程的高速推进,尤其是民主与法治建设的推进,促进了社会整体结构和阶层结构的重大分化和重组。在社会转型过程中,执政党和政府在农村撤销了"政社合一"的人民公社体制,在城市撤销了居民委员会制度,同时不断推进农村"村民自治"、城市"社区自治",培育和发展各种社会团体、社会中介机构、志愿者组织、慈善机构和各种非营利机构。

为规范和管理社会组织,促进各类社会团体和 NGO 的发展,国务院于 1989 年 10 月出台了新的《社会团体登记管理条例》。1992 年邓小平南方讲话以后,在推进"政企分开""政社分开"、重建政府与市场的关系的过程中,各级政府开始着手培育和发展各类行业组织。1998 年国务院机构改革时,在撤销了一大批专业经济管理部门的同时,组建了相关的行业协会,各级政府开始了从对经济领域的直接管理向间接管理,从部门管理到行业管理的转变。由此释放了一定的行业自治的空间,促进了此后数年间各种社会中介组织尤其是民间商会、行业协会等行业性组织的大发展。

四、政府管理方式创新与行政民主的起步

随着改革开放进程的推进,中国政府在推进行政管理体制改革的同时,着手进行政府管理方式创新,通过开放某些领域一定范围内的政府决策过程,吸纳精英和精英集团进入决策机构,扩大公民有序的政治参与,在涉及民生的公共政策制定过程中咨询专家和公众的意见,在消弭社会对民主政治的需求压力的同时,促进了行政民主的进程。

改革开放以前,各级政府运用行政手段管理经济社会活动,权力

高度集中,条块分割,机制不灵活,政府官员习惯于"搞运动,抓计划,派任务",严重违背了经济规律,扼杀了社会经济发展的生机和活力。改革开放以来,执政党和政府,尤其是地方各级党委和政府,在推进政府自身制度建设的同时,不断创新政府管理方式,适应互联网时代的要求,积极推进电子政务建设。中国政府从1999年开始实施"政府上网工程",建立门户网站。2002年7月,国家信息化领导小组发布《关于我国电子政务建设的指导意见》,各级政府的门户网站建设迅速推进。电子政务的推进,提高了政府工作的透明度,促进了决策的科学化和民主化。

近年来,执政党和政府有意识地局部开放政府过程:渐进推动政府信息公开和重大决策社会公示制度,并在决策过程中大量引入公民参与。如浙江省杭州市、温州市等地,探索建立了专家咨询、公民参与和领导拍板的决策机制;浙江省建立了省、市两级政府的决策咨询委员会,吸纳各界专家学者担任政府的决策咨询委员,由专家们对地方政府出台的政策方案进行评估、咨询和论证,以提高政府决策的科学性。建立人民建议征集制度,鼓励公民献计献策,参与地方治理;建立听证会制度、互联网官民论坛,凡涉及百姓切身利益的重大民生决策,如煤电涨价、学校收费等事项,实行社会公示和听证,听取普通民众的意见。

此外,为扩大党政干部选举或选拔的民意基础,在地方尤其是基层推进差额直选、厅局级干部"公推公选"、市民评价政府等,将民意测评引入政府部门和干部的考核机制;扩大政府与社会组织的合作,以提高政府效能及其对民众需求的回应性;强调"法治政府"建设,在完善相关法制条文体系的同时,重视社会对行政权力的监督,有限度地容忍公共网络的言论自由,默许微博、博客等新媒体的发展,拓宽公民对行政腐败及侵权的举报和申诉渠道;在解决社会冲突问题方面,有意识地慎用暴力胁迫,而越来越多地采用对话、协商方式等等。

总之,改革开放以来,执政党和政府推动的行政管理体制改革、制度创新和制度建设,全面推进了中国政府治理转型——从执政理念、角色定位、职能设置到政府行为,从计划经济时代的全能型政府,改革调整为转型中的有为政府。三十多年的改革开放和政府转型,造就了经济社会发展的中国奇迹:通过经济体制改革,建立了基本的市场体制,推动了改革开放不断走向深化,确保中国经济持续三十多年的高速增长和繁荣,国内生产总值从1978年的3645亿元,增长到2012年的520000亿元,35年增长142倍,成为仅次于美国的世界第二大经济体。高速推进的工业化、市场化和城市化撕开了城乡二元分割的旧体制壁垒,数亿农民脱离农业,从乡村涌进城市,中国的城市化率从1949年的10.64%、1978年的17.92%,飚升到2012年的52.57%。执政党和政府推行"政社分开",调整国家与社会的关系,创新政府管理方式,实施村民自治和社区自治,为社会自主治理释放了一定的空间。政府改革与治理转型,促进中国社会朝着民主、法治、平等和公平正义的理想目标渐进前行。

当下的中国社会,已经从改革开放前以农业立国、实行计划经济体制和闭关锁国的封闭社会,走向工商立国、实行市场经济体制和对外开放的工业社会;从传统乡村文明走向现代都市文明;从国家权力全面控制,工、农、商、学、兵各行业或阶层被国家整合成为一体,社会结构、社会阶层和生活方式都呈现单一特征的简单社会,发展成为一个从社会组织结构、社会阶层和利益主体到人们的价值观念、生活方式都呈现出多元化和多样性特征的都市社会。

政治社会转型的"历史三峡"与新一轮改革开放

历史学家唐德刚纵论近现代以来中国政治社会的制度变迁，曾经提出过一个著名的"历史三峡论"。唐先生认为，历史是在"定型—转型—定型"中变迁的。夏商周以来中国政治社会的制度变迁，可划分为"封建""帝制"与"民治"三大阶段：从封建转向帝制，发生于商鞅与秦皇汉武之间，历时约三百年；从帝制转向民治，则发生于鸦片战争之后。唐德刚指出，政治社会制度从"转型"到"定型"，过程极其艰难曲折，"从帝王专制，要转变成民主政治，不可一蹴而就。二者要从政治经济转型开始，而一转百转，要全部转完，实非数百年不为功也"。其过程犹如舟行长江，需要经历无数的湍流险滩，才能成功地穿越"三峡"。

一、"历史三峡"：大转型时期的中国问题与挑战

中国是一个拥有13亿人口的发展中大国。中国的改革开放从工业基础薄弱、闭关锁国的农业社会起步，短短三十多年时间就跨越了西方发达国家经过几百年发展才达到的历史阶段，初步完成了从农业国向工业国、从计划经济向市场经济、从乡村社会向城市社会的大转型。这种高速推进的转型，真可以称得上是一次时空穿越。但必须承认，当下的中国，遭遇了一系列政治、经济、文化、道德和社会的严重困难：改革开放以来形成的政府主导的粗放式经济发展模式，在促成经济持续30年高速增长的同时，造成的负效应同样不少：

（1）各行业的产能严重过剩，通货膨胀、房地产泡沫、地方政府债务高企，金融安全危在旦夕，既有的以投资和出口拉动的粗放式经济增长已经难以为继；

（2）环境污染越来越严重，生态危机日益加剧，食品药品安全问题、社会治安和各种社会问题多多；

（3）公权力缺乏制约和监督导致了权力寻租的普遍化，官员特权和吏治腐败；司法不公，法治不彰，一些地方大员滥用公权无端侵害甚至剥夺民企产权，等等，沉重打击了政府的公信力和权威性；

（4）社会分配不公，道德沉沦，信任缺失，贫富两极严重分化造成的"社会断裂"，及地方政府放任重化工污染企业毒化环境、强制征地拆迁与民争利，官民对立、贫富对立，各种社会矛盾越来越尖锐化。

在当今社会，几乎每一个阶层的人们都郁积了太多的不满和怨怼，暴戾之气充斥：病人打死医生，小贩杀死城管，农村群体性抗争事件频繁发生；来自底层的报复社会与泄愤性事件，如厦门公交车被人纵火焚毁、首都机场自残式爆炸、山西省委机关外发生爆炸、上海街头锤击伤人等恶性事件接连发生，且呈现出向恐怖化演变的倾向。

我们认为，当前中国经济社会的困局，在很大程度上应当归因于旧体制的僵化和政府改革的停滞不前。从经济领域看，以政府投资为主导的粗放式增长方式趋于固化，经济结构恶化，产能严重过剩、房地产泡沫、恶性通货膨胀和地方债风险，是权力在资源配置中的主导地位的旧体制、政府对市场的过度干预甚至取代市场的结果。从社会领域看，社会财富和资源分配不公，贫富两极分化，公共服务不均，社会利益格局固化，则又是改革不彻底造成的收入分配制度、城乡二元分割旧体制形成的不均等的公共服务供给体制、税收制度和公共财政体制的缺陷所致；至于环境污染严重、生态环境遭到破坏、食品药品安全问题丛生等，则与政府职能错位、监管缺位有关。从政治领域看，政府权力缺乏必要的监督和制约、腐败案件多发、官场奢靡之风盛行，很大程度上与旧的政治经济体制缺陷有关。政治体制改革搁置，改革开放局限于经济领域，政府权力没有形成有效的制衡和监督机制，从计划经济到市场经济的转型期间，政府行政干预和市场开放并存，审批经济取代计划经济，更为政府官员权力寻租创造了

政治社会转型的"历史三峡"与新一轮改革开放

前所未有的机会。总之,当下中国社会、经济和政治的种种问题,是旧体制弊端、转型期社会的特殊性与体制改革搁置等多重因素作用的结果。

2008年国际金融危机以后,一些人误以为自由市场模式已经失败,盲目推崇国家干预,不断神化"强势政府"的作用,错误地把全能政府对经济的管制模式和过度干预当做自己的优势,而且以"中国模式"的优越性为借口,拖延甚至排拒改革,不仅体制改革和政府职能转变没有实质性的大动作,本应在经济繁荣期推进的国有部门改革,多年来也一直逡巡不前。另一方面,国家权力在应对国际金融危机的过程中强势扩张,政府对经济的干预空前强化。在长期以来形成的外向型经济增长模式因国际金融危机的冲击而出现困难之际,地方各级政府直接介入市场,凭借国有部门并通过组建起各种政府融资平台大肆融资投资,主导了大规模造城运动,大规模基础设施建设,以及垄断央企高速扩张投资"大跃进",包揽各种大工程大项目,政府和国有部门几乎囊括了土地、矿产、银行信贷等社会资源,中国经济的格局从此发生重大变化。正如有些专家指出的,长期以来我国主要依靠外贸进出口拉动经济增长,现在改变为更加依靠固定资产投资的拉动。并且,在固定资产投资巨额增加的表象中,其内在结构也发生了重大变化:过去在我国固定资产投资构成中,主要为企业生产性投资、政府基础设施投资和房地产投资的三位一体,相对较为平衡;而2008年之后由于产能过剩的矛盾凸显,民营资本所进行的生产性投资明显下降,政府投资则充当了一个更为激进的角色。① 这种以政府固定资产投资拉动为主的经济增长,只能以银行不断扩大的货币信贷和其他负债来支撑和维持。其结果是货币超发、信用膨胀,越来越严重的通货膨胀和经济泡沫化。②

---

① 于学军:《经济泡沫化:中国经济增长模式面临的严峻挑战》,《21世纪经济报道》2013年9月19日,第10版。

② 中国经济泡沫化的严重程度体现在以下几方面指标:一是近几年中国已成为全球货币膨胀最严重的国家。经济货币化指数,即广义货币供应量M2与GDP之比,2012年中国已达188%,并且仍处于持续的上升之中。二是固定资产投资与GDP之比,2012年中国达到惊人的70.3%。(同上文,于学军)

"国进民退"逆转了市场化的改革方向,扼杀了市场和社会的生机活力,不仅以投资和出口拉动的高投入、高能耗、重污染为特征的粗放式经济增长的转型升级遥遥无期,原先以民营部门为主的极具活力和竞争力的实体经济,也因遭遇低效国有部门的强势挤压而陷入生产经营困境。与此同时,近几年来政府主导投资和国企逆势高速扩张的"国进民退"带来的负效应也日渐显现——几近失控的通货膨胀,各个行业的产能严重过剩,不断激增的地方政府债务,以及银行和各种影子银行叠加积聚的坏账风险,等等,越来越多的迹象显示中国经济有可能面临一场巨大的系统性风险。政治经济社会改革的长期停滞,加重了转型期一系列体制机制的弊端,构成中国经济社会下一步发展的体制性障碍。如果听之任之,其后果恐怕不仅仅是会否掉入"中等收入陷阱"的问题,而是有可能引发剧烈的社会分裂与动荡,把整个国家拖入当年托克维尔在《旧制度与大革命》中痛陈的那种令人恐怖的危机之中。

中国是中国共产党全面执政、长期执政的社会主义国家。因此,转型中的中国能否穿越"历史三峡",避免掉入"中等收入陷阱",关键还在于执政党和政府有没有足够的智慧、勇气和历史担当,推进和深化更全面的改革、更全面的开放,冲破盘根错节的旧体制障碍和各种利益集团的强大阻力,回应并破解如下一些世纪性的转型挑战:

(1) 如何建设一个以民意为依归、以公共服务为核心的中国特色现代政府模式,如何构建政府、市场和企业的新型关系,彻底抛弃以 GDP 增长为主要指标的政绩考核体系和官员升迁激励机制,从体制上消除政府对经济社会领域的深度干预;

(2) 如何建设一个拥有健全法制和信用的现代市场体系,确保私有产权不受侵犯,各种类型企业的产权都得到法律同等的保护,为民营企业家创业和企业创新消除后顾之忧;

(3) 如何破除制约当前经济社会发展的体制性障碍,消除政府对公共要素资源的垄断性控制,推进国有企业的市场化改革,破除行政垄断,真正发挥市场配置资源的决定性作用,形成各类企业公平竞争的发展环境,激发市场、企业、社会的活力和创新动力;

(4) 如何深入推进收入分配制度改革,打破日趋固化的利益格局,消除社会不公不义的体制机制,扭转贫富两极分化不断扩大的趋势,努力实现公共服务均等化,让全体国民都能享受到社会主义的制度红利;

(5)如何重构政府间关系,科学合理划分各级政府的职责权限,形成中央与地方、各级政府间责权利相统一的、制度化的治理结构,促进和优化地方治理;

(6)如何破除政府权力不受约束和监督的体制弊端,"把权力关进制度的笼子中",有效地控制官僚集团,节制官权,规范吏权,防范公权粗暴造成对公民权利的侵害,遏制权力寻租、吏治腐败蔓延趋势;

(7)如何推进法治中国建设,树立宪法的最高权威,把政府权力的运作纳入法治的轨道,让法律成为政府与民众普遍遵行的规则,让依法行政成为各级政府行政管理的行为准则,让公民的自由和权利获得切实保障;

(8)如何建设好现代社会的基本制度体系,包括社会信用体系、社会保障体系等社会基础制度,培育培养社会组织和现代公民,促进公民社会发展,在让社会回归和谐有序的同时实现公正与正义。

解决以上八个方面的难题与挑战,关键点在于国家制度的变革,即能否全面深化改革开放,推进政治体制改革和现代国家制度建设,建立和完善社会主义新型国家制度。

从政治学的维度看,现代国家制度主要包括现代经济制度、现代政治制度、现代社会制度等三大制度体系。就当代中国而言,现代经济制度建设的主体是市场制度建设,自邓小平南方讲话打破市场"姓资姓社"的魔咒、中共十四大确立社会主义市场经济体制的目标以后,市场制度在现代经济制度中的主体地位已成共识。现代社会制度建设的基本目标是建立中国特色的新型社会主义社会,通过社会制度建设,完成从"身份社会"向"契约社会"的转型,消除对农民、劳工等社会阶层的身份歧视和职业歧视,确立每个公民的自由、平等地位;建立基于民主、法治、多元和开放的公民社会;建立基于公共服务均等化原则的社会保障和社会福利制度。现代政治制度建设,就是要通过全面深化的改革开放,建设民主中国,把人民主权和人民当家做主的民主理想落到实处,让人民真正享有宪法赋予的选举权、参政权、议政权、创制权、监督权和罢免权;建设法治中国,树立宪法与法律的尊严和权威,宪法和法律至上,法律面前人人平等,执政党、政府和官员尤其要守法,把执政党、政府和公权力的运作都纳入法治的轨道,依宪治国、依法治国、依法行政;推进制度创新,建立并完善基于民主与法治原则的现代政府制度、现代司法制度、现代立法制度和现代政党制度等,为中华民族的复兴奠定立国之维。

二、改革开放的深水区与新一轮改革开放

改革开放已经进入攻坚期、深水区。2012年11月,中共十八大选举产生了以习近平为总书记的新一届中央领导集体。中共中央誓言推动经济、政治、社会、文化等领域的全面改革,"消除经济持续健康发展的体制机制障碍"。被国内外寄予厚望的"习近平新政",从政府改革起步。

2013年3月开始的新一轮政府改革,即改革开放以来的第七轮政府改革,以经济体制改革为重心,把转变政府职能、调整政府与市场关系作为深化行政体制改革的核心,并以"简政放权"、取消和下放大批行政审批项目为改革的突破口。十二届人大一次会议通过的《国务院机构改革和职能转变方案》,要求按照建立中国特色社会主义行政体制为目标,以转变政府职能为核心,推进机构改革,简政放权,完善制度机制、提高行政效能,建设公共服务型政府,为推进中国的市场化改革提供制度基础。这次国务院机构改革的重点是围绕转变职能和理顺职责关系,推进大部门制改革,整合加强卫生和计划生育、食品药品、新闻出版和广播电影电视、海洋、能源管理机构;撤销铁道部,实行铁路政企分开。

在行政审批制改革方面,新一届政府的行动可谓雷厉风行:2013年3月18日,新一届国务院第一次常务会议,重点研究了推进政府职能转变事项,决定减少和下放一批投资审批事项,包括下放一批国家采用补助、贴息等方式扶持地方的项目,取消和下放一批生产经营活动和产品物品的许可事项等。4月24日,国务院常务会议决定,第一批先行取消和下放71项行政审批项目;5月6日,再取消和下放

62项有关投资和生产经营活动的行政审批事项。三个月后,国务院常务会议又取消了76个审批项目,加快清理其他评比达标表彰评估项目,并重申今后从严控制新设行政许可。行政审批制度改革向纵深推进,有助于厘清和理顺政府与市场、政府与社会之间的关系,营造公平公正的发展环境。

按照中共十八大提出的"加快形成政社分开、权责明确、依法自治的现代社会组织体制"的要求,《国务院机构改革和职能转变方案》明确提出要重点培育、优先发展行业协会商会类、科技类、公益慈善类、城乡社区服务类社会组织,要求降低各类社团准入门槛,取消实行多年的社会团体的"双重管理"体制,今后成立这些社会组织,直接向民政部门依法申请登记,不再需要业务主管单位审查同意。同时,大力推动"简政放权",让各类社会团体和组织真正成为社会建设与社会管理的主体。2013年7月,国务院常务会议决定推进向社会力量(包括社会团体、中介机构和企业等)购买服务。随后,国务院办公厅公布的《关于政府向社会力量购买服务的指导意见》,明确了政府向社会力量购买服务的目标任务,要求到2020年时,在全国基本建立比较完善的政府向社会力量购买服务制度,形成与经济社会发展相适应、高效合理的公共服务资源配置体系和供给体系。政府通过大力度的简政放权,为企业和社会松绑,必将激发市场与民间的活力,促进经济持续发展。

与此同时,国务院2013年8月批准设立中国(上海)自由贸易试验区。试验区将主动顺应全球化经济治理新格局,对接国际贸易投资新规则、新标准,并在贸易自由化、利率市场化、人民币自由兑换等方面取得突破。同时,推进以终结行政审批制为方向的行政审批制度改革,逐步建立"以准入后监督为主,准入前负面清单方式许可管理为辅"的投资准入管理体制。决策层希望通过自贸区建设,加大对外开放力度,倒逼国内加快体制改革。

三、十八届三中全会与全面深化改革的顶层设计

2013年11月举行的中共十八届三中全会,誓言"进一步解放思想,进一步解放和发展社会生产力,进一步解放和增强社会活力",全

力推进并全面深化改革开放。全会通过《中共中央关于全面深化改革若干重大问题的决定》(以下简称《决定》),启动了十一届三中全会、十四届三中全会以来的新一轮改革开放。新一轮改革以经济体制改革为重点,政治体制、文化体制、社会体制、生态文明及军队改革和党的建设制度改革同时推行,故称作"全面深化改革"。新一轮改革的总目标是推进国家制度的现代化,即"完善和发展中国特色社会主义制度,推进国家治理体系和治理能力现代化"。《决定》提出了全面深化改革的基本原则、具体方法、路线图和时间表,是新一轮改革的顶层设计和行动纲领。

经济体制改革仍然是新一轮改革的重点,改革的基本方向是市场化,核心问题是处理好政府和市场的关系,使市场在资源配置中发挥"决定性"作用,并"更好发挥政府作用"。《决定》规划了基本经济制度、现代市场体系、财政金融体制、农村土地和户籍制度、开放型经济新体制等一系列重要改革,明确要求经济领域的所有改革都要围绕"使市场在资源配置中起决定性作用"这条主线来展开和推进。通过改革加快清除市场壁垒,建立公平、开放、透明的市场规则,为企业提供更公平的竞争平台,完善主要由市场决定价格的机制,完善金融体系,最终形成一个消除了条块分割、向所有市场主体开放的市场,形成一个消除了垄断和行政干预、在规则和法治基础上实现公平有序竞争的市场。

让市场发挥配置资源的"决定性作用",这意味着执政党和政府将要告别以往的政府主导型经济发展模式;而要更好地发挥政府的作用,就要求重塑政府职能和作用,从集中生产建设转向宏观调控、市场监管、公共服务、社会管理和保护环境。这对政府与市场关系的重新定位,对厘清政府与市场的关系,斩断地方政府插入市场、土地经营、招商引资的"有形之手",解决目前政府职能越位、缺位和不到位并存的问题,意义重大。市场化改革的全面推进,能有效解决国有资本垄断、民营经济受制约、城乡二元化等盘根错节的问题,扭转多年来"国进民退"的改革倒退局面。

关于政府改革和国家制度建设,《决定》提出了"推进国家治理体系和治理能力现代化"的战略目标,并具体设计了政府改革和制度建设的路线图:(1)加强社会主义民主政治制度建设,推动人民代表大会制度与时俱进,健全"一府两院"由人大产生、对人大负责、受人大监督制度,加强人大预算决算审查监督、国有资产监督职能,落实税收法定原则,完善人大工作机制;推进协商民主广泛多层次制度化发展,构建程序合理、环节完整的协商民主体系;加快推进民主政治制度化、规范化和程序化,发展更加广泛、更加充分、更加健全的人民民主。(2)推进法治中国建设,维护宪法的最高权威,"任何组织或者个人都不得有超越宪法法律的特权,一切违反宪法法律的行为都必须予以追究"。坚持法治国家、法治政府、法治社会一体建设,深化司法体制和行政执法体制改革,确保依法独立公正行使审判权和检察权,推动省以下地方法院、检察院人财物统一管理,探索建立与行政区划适当分离的司法管辖制度;同时健全司法权力运行机制,改革审判委员会制度,完善主审法官、合议庭办案责任制。完善人权司法保障制度,废止劳动教养制度。(3)强化权力运行制约和监督体系,改革纪检和司法体制,强化其独立性,避免地方党政领导对纪检和司法的干预,加强纪检和司法对权力运行的制约和监督。推行地方各级政府及其工作部门权力清单制度,依法公开权力运行流程;完善党务、政务和各领域办事公开制度,推进决策公开、管理公开、服务公开、结果公开,让人民监督权力,让权力在阳光下运行,把权力关进制度的笼子。(4)创新社会治理体制,处理好政府和社会的关系,激发社会组织活力。(5)加强和改善党对全面深化改革的领导,强化中央集权,具体措施包括设立中央全面深化改革协调领导小组,主导和推进各项改革;成立国家安全委员会,整合重塑国家安全和全球战略,应对中国崛起过程中遭遇的各种危机与挑战。

十八届三中全会的《决定》是全面深化改革的行动纲领。《决定》发布后,受到国内外的普遍好评。《决定》设计的改革蓝图,"覆盖面之广泛、目标之宏大,都出乎很多人的意料"。《决定》针对16个改革领域提出的60项重大举措,把市场在资源配置中的"决定性"作用的提法落到了实处。英国《金融时报》亚洲版主编戴维·皮林评论指出,十八届三中全会的《决定》,大概是前总理朱镕基以来最雄心勃勃的一项改革指导方针。哪怕只是其中的一小部分内容能够付诸实施,中国的经济增长模式也将发生巨大的变化。①

改革开放从某种意义上说既是一场新的伟大革命,也是一次社会利益格局的重大调整。与中国历史上历次重大改革一样,这次改革势将遭遇旧体制惯性和利益集团的强大阻力。只有通过全面的重大的制度改革,才能扫除阻碍中国社会经济发展与繁荣的各种弊端,为未来社会经济发展开辟新方向。《决定》描绘的全面深化改革的愿景能否成为现实,端看执政党、各级政府和全国人民的行动。2013年的中国,处在新一轮改革开放的起点上。

---

① 〔英〕戴维·皮林:《为中国经济注入新动力》,英国《金融时报》(中文网)2013年11月22日。

政府改革、治理转型与现代国家制度建设:几点理论思考

当今世界,政府改革与治理转型已经是一个具有全球性的普遍要求与实践。面对经济全球化、科技信息化、政治多极化、社会多元化的国际新形势,世界各国都在进行不同程度、不同方式的政府改革和管理创新。20世纪80年代以来,世界范围内的行政改革和政府创新浪潮一浪高于一浪,如"重塑政府"(Reinventing Government)、"重建政府"(Rebuilding Government)、"制度变迁"(Institutional Change)、"制度转型"(Institutional Transformation)、"制度的重新安排"(Rearranging Institutions)、"重新发现制度"(Rediscovering Institutions)、"制度创新"(Institutional Innovation)和"再造制度"(Remaking Institutions)等等。各国的政治学家、公共行政学家和政界领袖们,都投身于这场世界性的行政改革浪潮,探寻通过改革和创新重构符合当今这个全球化、信息化时代社会要求的新的制度安排,以取代背负着过多传统包袱的旧制度安排和政府模式,促进经济社会的发展和人类文明的进步。以撒切尔夫人主导的英国政府改革和里根总统主导的美国政府改革为代表,发动了一场号称"新公共管理运动"的政府改革运动,从政府治理理念、政府组织结构,到政府运行机制和运营方式诸层面,对建立在马克斯·韦伯的科层制、古德诺和伍德罗·威尔逊的"政治与行政二分原则"基础上的传统公共行政学理论和实践进行了一次总清算。这一波以私有化、公共服务的付费制、竞争与合同制、内部市场、分权与权力下放以及自由化与放松管制为主要特征的

政府改革浪潮,对传统的政府公共管理模式是一场巨大的变革。新公共管理运动成效卓著,对世界各国的政府改革和管理创新产生了深远的影响。

关于中国政府改革和政府建设的目标,中国共产党在近年来发表的一系列文件(包括党代会工作报告和政府政策宣言)中,已经向世界做出了庄严和明确的宣示。这就是:通过政府改革不断解放思想,推进现代国家制度建设,全面建设民主政府、法治政府、责任政府和公共服务型政府。因此,中国的政府改革和制度建设要围绕着民主政府、法治政府、责任政府和公共服务型政府的理想目标进行;治理转型,就要从传统的治理结构、治理体系和治理方式(即国家权力主导的,以政府为主体对社会和人民实行自上而下的单向度的统治或管控),转向政府与社会和公民多元主体合作共治的治理结构;从传统的习惯于动用公权力搞"运动"抓典型的行政管控方式,转向民主而不是"为民做主"、法治而不是人治、服务而不是管控的服务型政府管理方式。一言以蔽之,就是重建现代国家治理结构,实现国家治理体系和治理能力的现代化。

从历史长时段看,当代中国政府改革与治理转型,实际上是近代以来从"晚清新政"开始的现代国家制度建设和国家治理结构大转型的历史进程的延续。现代国家制度与传统皇朝体制的最大区别在于,现代国家从本质上是个民主国、共和国,主权在民,"天下为公",权力公有。政府存在的目的,就是为了保障公民的自由和权利。公民的自由和权利的主要内容,在洛克时代,主要就是所谓的生命权、财产权和自由权;在当今世界,公民权利则包括公民的政治权利、经济权利、社会权利、文化权利乃至精神信仰权利,等等。因此,现代国家制度实质上是"人民主权""天下为公"、公民自由和权利等原则落实到国家政权层面的一套制度安排,其内容主要有二:一是完善的市场经济制度,最大限度地保障市场竞争建立在自由、平等、公平和公正的基础之上;二是依据自由、民主和法治原则建构的权力制衡制度,即宪政制度,以最大限度地保障和维护公民的自由与权利。现代国家制度建设的关键点在于,通过相关的政治制度、经济制度和社会制度等一系列制度安排,实现国家权力与公民权利的动态平衡,确保在政府与市场、国家与社会的互动过程中形成一种合理的、公平正义的社会利益格局和文明发展方向,并且在继续互动中形成新的平衡和适应性格局。

中国是一个具有两千年专制主义传统的国度。自公元前221年秦始皇建立起中央集权的皇朝体制以来,"百代都行秦政事"。传统中国以"家天下""民为本"和"大一统"为价值取向,传承时间长达两千年之久的制度体系,其权力配置是以专制皇权为核心、以朝廷"六部制(吏、户、礼、兵、刑、工)"和地方"郡县制"为主体架构的官僚制度。这套传统"民本政治"的制度安排,经汉唐以后历朝的改进和完善,在维护国家统一、促进社会稳定方面,发挥了无与伦比的作用,是中华文明得以延续千年不坠、成为世界文明史上唯一未曾中断的文明体的制度优势所在。但是,以现代性和民主政治的眼光审视,传统中国的制度文化和历史遗产存在一系列与现代性不兼容的致命性缺陷,如家长专制主义、"君尊臣卑"、官贵民贱、"官本位"的社会结构和官员特权制度、官僚作风,权力至上、人治主义,等等。由于历史的原因,皇权专制主义、"官本位"的制度传统一直没有得到清算。历史传统与现实体制铸就一体,官本位与全能型政府体制根深蒂固,增加了当下政府改革与国家制度建设的困难。

当代中国政府改革与国家制度建设,是在传统中国皇权专制主义和计划经济体制时代全能型政府的双重体制传统上进行的。因此,一方面,需要推进的政府改革,实际上涉及了双重改革内容:既要完成对计划经济时代形成的全能型政府体制的改革,同时还要完成对秦汉以后两千年官僚体制与"官本位"制度传统、对权力至上和人治主义历史遗产的清算。另一方面,现代国家制度建设任重道远,包括现代市场经济制度、公民社会制度、政府间关系与权力制衡体系,以及现代法律体系和法治秩序的建立,都必须在旧制度的废墟上平整地基、重起高楼。因此,相对于西方各国"新公共管理运动"和治理转型,中国的历史遗产、文化传统和现实国情,决定了当下中国的政府改革、制度建设和治理转型遭遇的问题更加错综复杂,面对的困难和挑战更加巨大。

一、关于政府与市场关系的重构和市场经济制度的完善

市场经济制度,是现代工业文明的制度平台,是近代以来科学技术和生产力高速发展的助推器。邓小平1992年南方讲话结束了市场经济姓"资"还是姓"社"的争论,翌年的中共十四届三中全会正式确立了建设社会主义市场经济体制的目标以来,经过二十多年的努力,我国市场经济体制初步建立,市场开始在一定程度上发挥了资源配置的基础性作用。但是,从市场制度的现实看,当下中国的市场经济体制与发达国家比较完善的市场经济制度还存在不小的距离。其中的问题,一是市场制度的缺失。市场经济的基本要素包括私有产权、自由竞争、企业家精神、契约意识与社会信用等,其中产权保护、自由竞争的市场秩序的形成,需要法治与相关法律、制度配套;契约意识与社会信用的形成,有赖于公民社会和市场伦理的培育。二是政府对市场的干预过多,干预市场的能力过强。一方面,由于长期实行计划经济,中国政府掌控了巨量的资源和财富,拥有强大的干预市场的能力,在国家从计划经济向市场经济体制过渡的转型期,各级政府直接介入微观经济领域,代替市场的资源配置作用,形成了政府主导型经济发展模式。另一方面,由于政府职能长期处于越位、错位和缺位状态,导致私有产权得不到有效的保护,自由竞争的市场秩序遭到破坏。

十八届三中全会通过的《决定》提出,要"进一步解放思想,进一步解放和发展社会生产力,进一步解放和激活社会活力",全面深入推进经济体制改革,明确经济体制改革的核心是政府与市场的关系,强调"要充分发挥市场在资源配置中的决定性作用和更好地发挥政府作用"。

政府与市场的关系,以及政府的角色定位和作用问题,是近代以来理论界争论不休的一个世纪性课题。几乎从市场制度形成之时起,人们的认识就存在分歧。从19世纪亚当·斯密的自由放任主义,到20世纪30年代以后的凯恩斯主义,再到晚近的新保守主义、新自由主义,见仁见智,难有定论。尽管政府与市场均存在缺陷,政府干预带来的问题也不少,但面对市场失灵,政府终究不能袖手旁

政府改革、治理转型与现代国家制度建设：几点理论思考

观。不管你喜欢不喜欢,自20世纪30年代经济大萧条以来,政府干预一直是应对市场失灵的主要选项。当今的经济学家们也大多认可一定的政府干预,但倾向于对干预设定一些前置性条件：一方面,需要通过改革对政府本身加以改造,以纠正和防范政府失灵;另一方面,则试图把政府干预限制在那些市场长期失灵而干预又不会带来政府失灵的范围之内。例如,以萨缪尔森为代表的新古典综合派就主张政府可以从三个方面加以干预：一是力图矫正市场失灵,以求提高效率;二是利用政府财政税收等工具实现国民经济二次分配,以求公平;三是促进宏观经济的稳定与增长。政府通过财政政策和倾向政策促进宏观经济的稳定和增长,在鼓励经济增长的同时,减少失业和降低通货膨胀。①

对于当下的中国来说,要处理好政府与市场的关系,问题的错综复杂性远远超过市场制度成熟的西方各国。中国的现实是,市场经济体制从创建开始,到现在不过二十多年时间,市场体制机制还很不完善,从产权制度、公司治理结构到法律体系和社会信用体系,规范化程度几乎都不高,指望用这种草创阶段的市场作为资源配置的主要调节手段,显然不太现实。因此,在当下的中国,市场体系建设需要政府积极推动,经济运行也有赖于政府行之有效的宏观调控。政府干预恐怕比世界上任何一个市场经济体都具有其重要性和必要性。

问题在于,当下中国的政府体系是从计划经济的"全能型政府"模式发展而来。执政党和政府确立社会主义市场经济体制的战略目标以后,二十多年来,经过多轮的体制改革和机构调整,中国行政管理体制依然问题多多,从执政理念、法治意识、政府角色和职能定位,到干预范围和干预方式的选择,与市场经济的要求都存在着不小的差距。法治政府、责任政府和公共服务型政府建设任重道远。就政府与市场关系而言,当下的现实是,市场是政府主导和操控的,不成熟的,市场化程度较低。一方面,政府掌握着巨量的资源和财富(包括土地和矿产资源、货币印制和信贷投放等),通过严格的行政审批

---

① 〔美〕保罗·萨缪尔森、威廉·诺德豪斯：《宏观经济学》(第17版)(萧琛译),人民邮电出版社2004年版,第28页。

和市场准入,以及过大的自由裁量权,甚至行政性直接干预,主导了市场。另一方面,政府在产权保护、反垄断、监管和维护公平竞争的市场秩序方面显得软弱无力。因此,建设和完善市场经济体系,需要政府改革的推进和政府重建,以减少政府对市场的干预,明确政府干预的范围及边界,把十八届三中全会"发挥市场在资源配置中的决定性作用"的精神真正落到实处。

首先,政府必须退出市场。这就要求执政党和政府改变既有的政府主导型经济发展模式,解决目前政府职能越位、缺位和不到位并存的问题,纠正地方政府施政过程中的"乱作为"与"不作为"现象。为此,需要重新定位政府的角色及其作用,重新界定政府职能,使各级政府基本退出微观经济领域,完成从生产建设型政府向公共服务型政府的转型,把政府职能转变到宏观调控、市场监管、公共服务、社会管理上,为全体国民提供更好的服务,包括养老、医疗保健、义务教育,还有环境保护。为此,各级政府应当切实践行"以人为本"的科学发展观,坚持经济、社会、文化和生态环境的全面、协调和可持续发展。中共中央组织部最近发文明确要求纠正以GDP论英雄的用人导向,朝着正确方向走出了重要一步。与此同时,还要进一步厘清政府与市场的关系及其治理边界,明确政府干预的范围。

政府退出市场需要从三方面推进:一是从微观经济领域全面退出。各级政府应当尽快完成从生产建设型政府向服务型政府的转型,从微观经济领域全面退出,全面清理并逐步撤销各类地方政府的投资性融资平台。二是全面推进国有企业尤其是垄断性国企的体制改革。关于垄断国企的改革,应当抛弃持续多年的坚持"公有制"还是全面"私有化"的争论。从前苏联国企改革的经验教训看,在当下中国推行私有化,最终的结果很可能事与愿违,形成对全体国民权益的又一次全面剥夺,并形成另一种形式的寡头垄断。在我们看来,国企改革的基本取向应当是市场化而非私有化,通过市场化改革,建立和完善国有企业的治理结构,同时取消国企在土地、资金和资源等方面拥有的特权,除了关系到国计民生的少数行业之外,应当把包括央企在内的其他所有国有企业推向市场,按照市场化的规则经营,与民营企业、外资企业及其他各类企业同台竞争。三是全面改革投资审批体制,开放市场,消除垄断,分阶段逐步取消直至终结审批经济,斩断地方政府插入市场、土地经营、招商引资的"有形之手"。

行政审批制度经过几轮改革,《行政许可法》也已经实施了十余年,但审批经济依然强大。从现实情况看,由于行政部门掌握着政策法规能否"可行""可操作""可落实"的关键通道。从理性经济人的假定,官员小吏往往就会有充足的动力,采取各种手段削弱、曲解、拖延和架空国家的法律、法规和政策。《行政许可法》实施的实践表明,这部法律还有许多地方需要修订和完善,其中最突出的问题,一是行政许可事项过多。据报道,2013年年初广州"两会"上,广州市政协常委、广州新城市投资控股集团董事长曹志伟展出一张投资项目审批流程的"万里长征图","一个投资项目从立项到审批,要跑20个委办局、53个处室,盖108个章,需要799个审批工作日"①。二是在行政许可权限范围上存在自由裁量空间过大的问题。近年来出现的一个值得注意的现象,就是部门利益导致行政许可越来越多,一些政府部门仍将行政许可视为审批,利用行政许可乱收费、将行政许可作为权力"寻租"的手段。三是设定行政许可的随意性依然很大,有些地方政府甚至可以用文件形式设定行政许可,并成为地方保护主义的重要手段,即通过行政许可搞地区封锁、行业垄断,妨碍统一市场的形成和公平竞争,等等。这些都亟须通过深化改革和完善法律法规来加以解决。

在推进和深化行政审批制度改革的同时,各级政府应当切实依法行政,严格遵循《行政许可法》确立的行政许可"六原则",即合法原则,公开、公平、公正原则,便民原则,救济原则,信赖保护原则以及监督原则。同时,要防止审批事项边减边增、明减暗增。为此,应当把行政行为置于公众和市场的监督之下,切实保障公众对设定和实施行政许可的监督,对确有必要设定的行政许可广泛听取意见,并在程序上给予法律的保障,严格依法处理相关行政诉讼。只有改革并最终取消行政审批,才能实现政府的职能转变。

其次,政府必须建设和完善市场。当下中国的市场经济,并不是

---

① 徐海星、何颖思:《五大集装箱缩短审批流程》,《广州日报》2013年7月2日,第1版。

市场原生形态的市场秩序,而是改革开放以后经由政府主导建设起来的初级形态的市场经济。面对市场体制机制还不完善、法治不健全、信用缺失、垄断与不平等竞争同时存在的现实,各级政府要继续承担市场制度建设者的责任,推进市场制度建设,包括法律法规体系、现代公司制度、产权制度和市场信用体系建设;使之成为各种类型企业自由进入、平等竞争的市场,统一、开放、破除垄断,公平公正、竞争有序的市场体系,从而完成从当下政府主导、央企垄断的半市场经济向真正的全面的市场经济转型。各级政府应当从市场的直接参与者、市场交易的直接管理者,退位成为市场秩序的构建者、市场竞争主体的服务者,为市场体制机制的完善提供制度保障,为企业营造更自由、更公平、更公正的市场环境。

再次,政府必须监管和维护市场。从亚当·斯密开始,近代以来的市场经济理论家们都强调政府在维护市场秩序时的作用。现代市场经济是法治经济,从私有产权得到有效保护而不受侵犯,到交易的公平、契约的履行和信用的保障,都离不开国家和政府的作用。

在当下的中国,由于市场体制机制的不完善,政府借助央企对金融、通信、石油、能源、烟草、铁路等行业实行垄断,运用行政权力主导市场、操控市场、干预市场;再加上法治不彰、信用缺失,腐败盛行,有形之手对市场和企业的干预无所不在。政府强势主导市场、管控市场的结果,一方面是政府对企业的管制较严,各级政府的任一职能部门,从工商、消防、安检、卫生部门的任一官员,都拥有"正当的"理由对企业的日常经营横加干预;另一方面,地方提供各种优惠政策来吸引投资,如税收、土地等优惠,同时,执法随意性大,环境保护、安全监管不力,违法行为得不到惩处,严重破坏了市场秩序。而地方政府为增加投资做大GDP不惜为企业提供各种优惠和一切便利的"招商引资"手段,更是严重损害了市场公平竞争原则,破坏了法治和企业投资经营的环境。

在当下政府管制和严格的市场准入制度环境下,各种行政审批和行政许可往往成为政府官员的寻租工具。而权钱交易的结果,必然就会"拿人钱财,替人消灾",从而导致"重许可、轻监管"或者"只许可、不监管"的现实。由于政府对企业的监管没有到位,造成大量的企业违法、违规经营,导致生产安全事故频繁发生,环境污染越来越严重,市场上的有毒食品药品、假冒伪劣产品泛滥。政府应当加快市场体系建设,推进改革直至最终取消行政审批,简政放权,减少交易成本,规范各级官吏的自由裁量权,从根源上消除吏治腐败。同时,政府应承担起市场监管责任,依法监管市场,保护知识产权,清除垄断和不法竞争行为,打击制售假冒伪劣产品的违法经营活动,消除市场乱象,重建市场秩序,为市场和企业提供高效、透明的行政服务,为企业营造自由和公平竞争的市场秩序。

最后,政府应当善于干预市场,并有效地利用市场。在强调发挥市场资源配置的"决定性作用"的同时,也要认识到,市场不是万灵的。市场经济成熟的西方国家,其市场也同样遭遇过重大失败。从20世纪30年代经济大萧条到90年代国际金融危机,市场失灵造成的灾难性后果已为世人周知。一般来说,市场失灵了,自然是以政府干预来应对。问题在于,欧美各国的历史表明,市场失败后政府进行的危机干预,从凯恩斯的财政干预主义,到弗里德曼的货币干预主义,虽然暂时缓解了经济危机,但历次危机干预造成的负效应,实际上已经累积成为各国政治经济社会发展的长期隐患。长期以来,中国政府针对不成熟市场或半市场失败所作的干预,尤其是2009年国际金融危机以后的所谓危机干预,包括中央政府4万亿元及各地方政府不计其数的配套投资,央行超量发行货币,以及各级政府营造多年的政绩工程、形象工程,官商勾结,贪污腐败和挥霍浪费,可以说是集财政干预、货币干预和权力干预之大成,对中国经济造成的严重后果,如金融与房地产泡沫空前、经济结构严重失衡、环境危机不断加剧、贫富两极严重分化等问题,恐怕需要很长时间才能消除。因此,对于当下中国来说,如何在市场体制机制不完善与市场失灵并存的情况下"更好地发挥政府作用",显然是一道需要考验政府与知识界各方智慧和能力的世纪性难题。

二、关于政府改革与公民社会建设

公民社会(civil society),又可译为市民社会,指称的是处于个人与国家之间的有组织的社会生活领域,即"国家和家庭之间的一个中介性的社团领域,这一领域由同国家相分离的组织所占据,这些组织在同国家的关系上享有自主权并由社会成员自愿结合而形成,以保护或增进他们的利益或价值"①。公民社会是工业化时代社会组织化的产物。随着工业文明的兴起,社会分工的日益复杂化和社会结构、利益主体的多元化,现代社会需要高度的组织化。在这个过程中,大量非政府组织和部门(NGO)应运而生,此类社会中介组织、非营利性机构、非政府部门,由自然人、法人和其他组织为满足社会需要或部分社会成员需要而设立,具有民间性、非营利性、公益性、自治性、组织性等特征。社会组织、社会团体或NGO的兴起和公民社会的成长,成为与政治领域的国家(政府)和经济领域的市场(企业)并立的第三部门,在改善和优化社会治理,促进经济发展、社会和谐和社会进步方面,有效地弥补了政府与市场的失灵和不足。同时,国家、市场和社会三者相对独立,相互制约、均衡互动,构成了以宪政民主为主体制度的现代文明持续发展和进步的基础。

　　20世纪以来的著名思想家,如葛兰西、帕森斯、伯格和纽豪斯等,都敏锐地认识到社会中介组织或公民社会兴起的重要意义。当代社会不仅是通过经济与政治过程、甚或经济与政治新的或重新融合而再生的,而且也是通过法律结构、社会交往、沟通制度和种种文化形式之间的互动而再生的。交往生活的复苏并不是私域和公域、经济与国家的逻辑之融合,而是比工业革命和法国大革命历史更悠久的社会中介组织的再创造。② 社会中介组织或公民社会在联结个人与国家、促进社会的有效合作方面,发挥着独特的重要作用。从洛克、托克维尔到当代政治学家达尔、帕特南等,都认为社团或非政府公共组织构成了现代民主的基础,发达的非政府组织群落有助于促进社会的民主化结构。世界现代化进程清楚地展示了一个事实,即推动工业文明、信息文明和现代社会发展和进步的力量,主要来自三个方面:一是政治力,即政治领域的国家权力。二是经济力,即经济

---

　　① Gordon White:《公民社会、民主化和发展:廓清分析的范围》,载于何增科:《公民社会与第三部门》,社会科学文献出版社2000年版,第64页。
　　② 科恩、阿雷托:《社会理论与市民社会》,载于邓正来、〔英〕J.C.亚历山大:《国家与市民社会——一种社会理论的研究路径》,中央编译出版社1999年版,第179页。

领域的市场和资本。三是社会力,即社会自治领域或公民社会。国家、市场和公民社会三种力量相辅相成,共同推进着现代社会的发展和进步。

经过三十多年的改革开放,国家、市场和社会三大领域分立的轮廓虽已在我国初步形成,但国家权力独大的不平衡结构在现实中并没有得到根本性的改变。社会主义市场经济体制初步建立起来,但市场体制机制还不成熟,各类市场主体的行为还不够规范,而法制建设又跟不上市场发展的需要,法治环境不容乐观;社会自主治理机制,各种社会团体和民间组织的发展状况,更加难以令人乐观。社会领域存在的最大问题是至今还没有建构起一种适应现代化需要的国家与社会间良性互动的结构性安排,能够承担社会自主治理功能的有组织而又独立于政府的社会团体依然严重匮乏。当下中国的社会组织和社会团体中一些规模最大、组织最完善的社团,如工会、妇联、青联、工商联等,基本上还是依附于国家权力,衙门化、官僚化色彩极浓;改革开放以来新兴的一些社会组织和"民间社团",如行业协会、同业公会、民间商会、个私协会、企业家协会、律师协会、会计师协会等,或者仍然依附于政府,缺乏组织的自主性;或者组织不健全,缺乏凝聚力,组织的运作和管理不规范,透明度和民主化程度很低,难以发挥公民社会的功能和作用,显然远远不能适应现代市场经济发展和社会结构转型的需要。

以改革开放以来发展较快、组织运作较好的社会慈善组织为例:2010年全国慈善捐赠总量达到540多亿元,慈善组织规模达到43.5万家。但慈善透明度却未随之提升。中民慈善在2009年递送到民政部的一份报告中称,82家全国性慈善组织中,在其网站上披露机构年报和机构财务报告者均不到总数的40%。在善款数量井喷之后,汶川地震、玉树地震中有资格开展募捐的社会组织,对于公众最关心的捐赠实际支出或转移详尽披露的不过半数。据2010年12月3日《世纪经济报道》,中民慈善捐助信息中心在《2010年全国慈善组织信息披露现状报告》的调查中共抽选99家慈善组织作为样本,但最终仅收回65例。与过去不同的是,非公募基金会与地方草根组织也被纳入到样本中。问卷显示,42%的组织表示没有专门的信息披露办法,37%的组织没有专人负责信息披露工作。更深层的问题则是披露的程度和方式不被高达90%的公众所接受。本次调查的99家慈善组织,没有机构网站的占到五分之一,43%的机构页面更新不及时或者信息很难查找。2010年成立的基金会中心网所收录的信息中,1900多家基金会中没有网站的1307家,占了三分之二。而那些有网站的,还有170家页面已经不再更新。

公民社会发展缓慢,政府与个人之间的中间地带存在结构性失调,社会组织自主性和自律性的双重缺失,社会自主治理能力薄弱,在很大程度上造成了转型期经济领域市场秩序的混乱和无序,以及社会领域的失范和无序。在社会经济领域,由于行业协会、律师协会、会计师协会及其他各类市场中介组织的发展状况至今没有获得实质性的推进,无法有效发挥其在市场条件下应该发挥的调控市场的功能,在计划体制解体而市场还没发育成熟的双重"失灵"情况下,一方面是信用短缺、不正当竞争、假冒伪劣有毒有害商品的到处泛滥,另一方面则是地方政府和企业盲目投资、重复建设,而中央政府应对不成熟市场体制的"市场失灵"(包括对投资过热、通货膨胀压力等问题的调控和干预),仍然习惯于采用旧的治理手段和方法,从而导致传统经济体制复归,始终难以摆脱"一放就乱,一乱就统,一统就死,死而再放"①的循环困境。

在社会阶层发生结构性大分化、利益主体日益多元化的背景下,公民社会发育极不成熟,国家与个人之间的中间结构制度性安排的缺陷,势必导致社会不同阶层和群体在实现利益诉求的过程中,凭借自身的能力"八仙过海,各显神通",从而造成社会资源在不同的利益主体间分配的不均衡现象。一些学者把它称为"非制度性社会权利失衡"。这种不均衡往往体现为两极:一是社会上层的强势群体,即那些经济精英、政治精英和知识精英,凭借其现有的社会地位、拥有的社会能量,一手通过体制内的渠道,如政府、人大和政协等,实现其特定的利益诉求;另一手则又借助其拥有的强大的社会关系网请客、送礼、拉关系,甚至利用金钱买通相关决策者,运用体制外的非常规

---

① 参见林毅夫等:《中国的奇迹:发展战略与经济改革》,上海三联书店1995年版。

行为获取政策带来的巨大收益。二是社会下层的弱势群体,在组织化不足的情况下,由于缺乏体制内的利益表达渠道,利益诉求表达无门或无从上达,从而造成了下层社会的利益常常遭到政策性的剥夺,造成城市工人、进城劳工和农村农民的合法权益屡遭侵犯,城市下岗失业者、残疾人、失地农民生活无着者等社会弱者的权利始终得不到应有的保障。社会弱势群体和阶层的利益诉求无法及时有效地传输到政府的决策体制中去,往往导致政府决策向某些阶层和利益集团严重倾斜,社会下层被剥夺情形日益加剧,中国由此走向有学者所称的社会结构发生断裂的"断裂社会"①。

经济改革如何才能突破既有的困局和瓶颈?公民社会建设如何推进?公平正义如何实现?国内外学者似乎更多地注意到了国家权力独大的负效应,因而更多强调国家层面的改革,要求国家从社会领域退出。对于中国这样一个有数千年专制集权传统的后发型国家来说,在市场化形成的社会结构分化和利益主体趋于多元化的进程中,国家层面的改革、行政管理体制的改革无疑是重中之重。问题在于,由于长期以来国家对社会实行了全面控制和管理,一方面,全能型政府体制下国家对社会管制太严、干预过多,遏制了社会的生机和活力,阻碍了社会的发展和进步,社会发展和进步的内在驱动力要求政府加速推进改革,要求政治权力从社会领域的退出;另一方面,政府全面退出了,公民社会没有发育成熟,社会自主治理的基本结构没有建构起来。社会组织和民间自治组织发展缓慢而跟不上社会发展的需要,各种社会团体组织松散、缺乏内聚力,整个社会犹如一盘散沙的状态并没有得到根本性改观。社会的组织化程度极低,社会自主治理结构和治理能力严重不足,致使社会至今无力填补政府全面退出后的自主治理空间,这一点反过来又制约了政府退出的步伐。政府改革、社会自主治理与社会发展由此陷入进退维谷之境。因此,从某种意义说,在当下的中国,社会体制改革和公民社会建设可能比政治体制改革更显迫切。

首先,执政党和政府应当破除国家与社会二元对立的既有思维,

---

① 孙立平:《断裂:20世纪90年代以来的中国社会》,社会科学文献出版社2003年版。

对于各种民间组织,应从有利于社会发展、社会和谐和社会进步的高度,抱持鼓励与支持的态度,乐观其成并积极培育和帮助社会组织发展壮大,促进公民社会建设。为此,一方面要推进社会管理体制改革,切实转变政府职能,加快加大向社会放权的力度,同时推进事业单位改革,促进现有的体制内的社会组织转型,剥离其所承担的行政性功能,使之成为一种专业型组织。另一方面,政府在向社会放权的过程中,还应推动社会领域的立法进程,尽快制定和完善与社会自治相关的法律。通过立法重构国家与社会的关系架构,明确政府与各种社会组织的关系,明确政府自身的角色定位与治理边界,为社会组织确立相应的行为规则。同时,加强和改善对社会组织的监管工作,避免出现以往那种政府向社会分权后没有跟进监管,致使社会发生一放就乱、一乱就收,最终一收又死的不良循环。

其次,推进法制社会建设,为社会组织的健康发展创造良好的法制环境。要尽快启动社会组织和社会团体的立法程序,为各类社会组织的发展提供基本的法律规则和保障,改变当前政府职能转变无法可依和无章可循的混乱局面。彻底扭转把社会组织当做行政机关或事业单位来管理的传统做法,从依靠行政权力管理转变为通过法律来规范,推进包括事业单位体制改革、社团管理体制改革在内的社会组织管理制度改革,使社会组织的运行和管理尽快走上法制化轨道。完善社会组织和社会团体的相关法律法规,以法律形式明确以上各类社会组织的性质、职能、宗旨、地位、权利、义务、组织形式、活动的范围、经费来源等。从法律制度上保证社会组织领导体制、人事制度和机构设置的独立性,从机构形式和组织制度上,摆脱社会组织与政府部门的从属关系和在人、财、物方面的利益关系,割断政府与现有行政性社会组织和事业单位的"脐带",使之实现真正的脱钩,成为完全独立的产权清晰、权责明确、自我发展、自我约束的社会组织。此外,不同类型的社会组织的性质不同、功能不同、内部结构也不相同,需要不同的法律规范,因此要对各种社会组织加以法律上的分类并定义和区分不同分类的法规,制定不同的法律规范。

再次,建立一套科学的、规范化的管理体系,为社会组织发展构造宽松、良好的发展环境。纵观近年来各国政府对社会组织的管理,一个共同的趋势,是从重视"入口"管理逐步转向重视"过程"管理,从"静态"管理逐步转向"动态"管理,从直接管理转变为放开限制。在简化和放松对社会组织实施严格的审批手续,实行登记注册或注销制的同时,加强对其组织运作的动态过程和在各个领域的活动监督管理。包括:允许社会组织自由成立和以合法的方式在社会中自由地活动,也就是从重视"入口"管理转向重视"过程"的监督;实行分类管理制,对社会组织实行分类指导、分级管理,即分门别类、区别对待,属人管辖与属地管辖相结合;实行激励制度,对非政府组织进行税收激励、资金激励、人才激励,等等。

顺次,引导社会组织建立自律机制,提高社会组织的自治能力。自律机制是社会组织健康发展的固有机制之一。从规范的意义上说,非政府性和自治性本来就是社会组织的基本特点。但是,现阶段中国的社会组织很多从政府部门脱胎而来,或与政府存在血缘关系或隶属关系,这也导致许多社会组织具有明显的官方色彩,自治化的水平很低。因此,加快社会组织的培育和发展,加快社会组织的自治化进程,还需政府管理部门的积极引导和规范,使之依法建立健全各项规章制度,完善治理结构,通过健全理事会制度、民主机制、参与机制,从制度上确保组织的自律。建立健全社会组织独立的财务制度和严格的财务公开制度。坚持社会组织的开放性和公开性,完善社会组织外部的监督机制,建立和规范包括独立的评估机构、公正客观的媒体监督态度、畅通的公众监督渠道和实效性的政府监督在内的一整套外部监督体系,帮助社会组织重建社会公信度,使之走上健康向上发展的轨道。

最后,更重要的是现代社会的基础秩序建设。包括:(1)优化社会结构,改革国民收入分配制度,缩小贫富分化,扩大中产阶层的规模,保护并改善社会底层民众生存的社会生态,形成各阶层之间互惠共生多赢的关系格局,疏浚社会流动的通道。(2)推进协商民主,建立市场化格局中的利益均衡机制,如社会各阶层的利益诉求与表达机制、利益协商与整合机制、制度化的社会矛盾与冲突的解决机制。(3)建立全民平等共享的社会保障与公共服务体制,为全体公民提供最基本的养老、失业、医疗、卫生、保健、教育、住房等保障体系,实现公共服务均等化。(4)重建社会的基础秩序,包括会计制度、交易制度、票据和账目管理制度等一系列技术性的基础制度;重建中华民族的新伦理、新道德、新文化,重建社会信任。凡此种种,既是社会重建的前提,也是公民社会良性发展的基础。

三、官僚制、政府自利性与权力制衡

从建立和完善现代国家治理体系、提升治理能力现代化的战略目标出发,当代中国政府应当推进全面深化改革和现代国家制度建设,重构治理体系,提升治理能力,实现以善治为目标的治理转型。一方面,要全面深化政府管理体制改革,完成"政企分开""政资分开""政事分开""政社分开",重构政府与市场、政府与社会的关系架构,"把市场的还给市场,把社会的还给社会",解决全能型政府对市场和社会的强力干预问题,最大限度地解放社会生产力,解放和激活市场、社会和公民的创造力,促进经济可持续发展,促进社会和谐进步。另一方面,要推进对政府自身组织结构的全面深化改革,克服传统体制的弊端,解决国家权力缺乏必要的监督和制衡所带来的公权失控问题,包括国家权力体系中行政权配置过于强大且缺乏制约而引起的权力寻租和吏治腐败问题,政府权力高度集中带来的地方党政"一把手"专权问题,以及由科层制政府自利性造成的官僚群体劫持公共利益,形成"公共利益部门化""部门利益法定化",以及机构扩张、编制膨胀和财政开支不断扩大问题,等等。总之,政府改革与重塑,是重构政府与市场关系、完善市场制度建设的逻辑基础,也是重构政府与社会关系,建设自由平等、民主法治、公平正义的社会主义新社会的前提。

1. 官僚制、政府自利性及其体制弊端

从组织理论的维度分析,当代中国政府体制作为国家政权体系中依法行使权力、贯彻实施执政党和国家意志的行政组织模式,是根据马克斯·韦伯所谓"官僚制"(bureaucracy)的一套组织体系建立起来的。bureaucracy 一词,通常又被译为"科层制""官僚政治""官僚机构"或"行政官僚"。据《布莱克维尔政治学百科全书》的解释,它通常有几层含义:一是指一种由训练有素的专业人员根据固定的规

则不间断地推行的行政管理体制;二是一种由职业行政官员而不是当选代表担任主要行政职务的政府管理体制;三是职业行政官员这样一个特殊的社会集团;四是某种带有特定缺陷的畸形的管理。① 其中使用最普遍的是第二层意思,即由职业行政官员执掌的行政管理体制。在韦伯那里,官僚制不是一种政府类型,而是指称一种由训练有素的专业人员依照既定规则持续运作的行政管理体制。

"现代官僚制"曾经被推崇为是一种理性化的管理组织结构。韦伯认为,任何组织的形成、管治、支配均建构于某种特定的权威(authority)之上。适当的权威能够消除混乱,带来秩序;而没有权威的组织将无法实现其组织目标。根据权威的基础和服从的动机,韦伯指出,政治史上有三种类型的政治支配和权威形式,即传统型权威、魅力型权威和法理型权威。(1)传统型权威"建立在一般的相信历来适用的传统的神圣性和由传统授命实施权威的统治者的合法性之上的统治"②,原始家长制及老人政治是其原始类型。传统型权威主要存在于以自然经济为主的农业社会,其统治的合法性是建立在自古就有的、世代相传的制度和统治权力的神圣的基础之上。(2)魅力型权威建立在最高统治者的特殊魅力和超凡品质上,又称奇里斯玛型(Charisma)权威。该词源出希腊文,意为神的赐予,原用来描述巫师、术士、先知之类宗教领袖。最高统治者之所以成为"领袖",在于这类领袖人物被视为天分过人、具有超自然的或者超人的、他人无法企及的力量或素质;或者被视为神灵差遣的、乃至于被吹捧出来的楷模。(3)法理型权威是以理性和法律规定为基础行使权威的形式。它通过明白无误的规则和程序,依履行规定义务的服从观念而建立起统治权威。法理型权威主要存在于以民主方式管理的政治团体中,领导者根据合法授权而产生并依法进行管理,全体成员直接或间接参与法律的制定,人们对统治权威的服从,不是因为信仰或崇拜,而是因为规则和法律授予领导者的权力。法理型权威是现代工业、

---

① 〔英〕戴维·米勒、韦农·波格丹诺:《布莱克维尔政治学百科全书》(邓正来译),中国政法大学出版社2002年版,第79—83页。

② 〔德〕马克斯·韦伯:《经济与社会》上册(林荣远译),商务印书馆1997年版,第241页。

市场经济和人类理性发展的必然结果。

在韦伯看来,理性的官僚制组织具有专门化、层级体系、依法行政以及非人格化等特征。首先,官僚制要求专门分工(specialization of functions)。在官僚制组织中,每个部门、每个岗位都有固定的职务分工,其权力和责任都很明确,有清楚的职责范围。每个特定岗位所雇用的职员,都必须具备熟练的专门技术。其次,官僚制的组织结构是一种实行层级控制的体系,所有岗位都遵循等级制原则配置,上下级之间的职权关系严格按等级划定,权责分明,下级对上级负责,服从上级命令,并受上级监督;但上级对属下的指示与监督不得超过职责规定的范围。再次,官僚制组织拥有一套特定的规则和程序,即客观而普遍的法度。组织的运行,包括每个成员的活动与关系,都要求遵循客观而普遍的法度,并受这套规则和程序的限制,每个成员都明确各自必须履行的岗位职责和组织运作的规则。最后,官僚制要求组织成员不得滥用其职权,公事与私事之间具有明确的界限;要求对事不对人的态度(impersonality),个人情绪不得影响组织的理性决策;组织成员都按严格的法律与程序处理工作和业务往来,确保组织目标的实现。

官僚制组织作为治理国家的行政机器,是体现国家意志、贯彻执政党的施政纲领和政策的一套技术上充分有效的行政工具。没有这套行政机器,执政党的决策就无法实施,执政党和国家的意志即无法体现。对现代官僚制的这一认知,是社会科学诞生之初社会科学家群体对人类理性所持理想主义的产物。近代以来,政治学和公共行政学家们普遍怀着一个"美好社会"的憧憬。在他们的理想中,未来是一个工业化、城市化的,民主并实行中央计划的社会,是一个没有贫困、腐败和两极分化的社会。他们倡导科学,反对浪费和低效,并拥有一个明确的偏好:事实的科学分析决定应该做些什么。[①] 为此,古德诺、威尔逊等人创建了政治与行政二分法的理论,主张发挥官僚

[①] Waldo, Dwight, *The Administrative State: A Study of the Political Theory of American Public Administration*, New York: Ronald Press, 1948; Waldo, Dwight, *The Administrative Behavior: A Study of Decision-Making Processes in Administrative Organizations* (4th ed.), New York: The Free Press, 1997.

和官僚机构依据知识和技能科学有效地统治,以使"美好社会"从图景变为现实。在政治与行政"二分"的情况下,公共行政的主要任务是如何有效地执行既定政策或达成既定的政策目标。有关政治和政策的问题属于政治学范畴,政治不应干预行政,而行政则是科学的问题,可以也应该保持价值中立,并以追求经济和效率为目标。行政系统中的公务员应保持政治中立,其任务仅仅是忠实和有效地执行政治官员制定的政策。威尔逊和古德诺试图通过对政治和行政的功能所作的一种逻辑划分,达到发挥行政管理的功能,解决民主与效率的矛盾的目的。

然而,越来越多的研究表明,官僚制组织不仅仅是一个技术上充分有效的行政工具,而且是一支挟带着自身利益和价值的社会力量,具有僭越现代政府的公共性、公益性功能的倾向。官僚制作为一种理性化的现代管理组织形式,要求专门分工,要求上下层级之间权责分明,要求组织成员遵循客观而普遍的法度,要求对事不对人的态度,公私分明,等等。这些特点决定了官僚制组织实际上拥有了客观化、制度化的地位和权力,从而使其自身成了一种客观的存在,拥有自己的发展和运行轨道,官僚制因而具备了一定的自主性(autonomy)。另一方面,官僚制组织成员同样具有个人的动机、目标与利益,因而使组织成为一支挟带自身利益和价值的社会力量,并具有僭越官僚制本身功能的倾向。现代官僚制的这些特质,决定了现代政府作为治理国家的行政机器,同样具备了组织自身的自主性。这种官僚制组织与生俱来的自主性决定了建立在人民主权、代议制和法治等原则的基础之上的现代政府,一方面有着公共的基本属性和特质,以追求社会公益为目标,直接为公众服务、对公众负责;另一方面,也衍生了种种问题和弊端。

其一,现代官僚制的效率低下与机构自我膨胀问题,即行政权力不断扩张所引发的人浮于事、官僚主义和效率低下的官场弊端,亦称"官场传染病"。英国历史学家诺斯古德·帕金森的《帕金森定律》一文,深刻地揭示了官僚组织机构臃肿低效的形成原因。

其二,官僚制组织对执政党的政策的抵制、消解、修正或重新形塑的问题。

政治学和公共行政学的进一步研究,逐渐揭示了以"政治、行政二分法"为基础的传统公共行政理论的缺陷。与古德诺和威尔逊同时代的政治学家约翰·高斯(J. M. Gaus),早就敏锐地观察到,行政机构不仅执行法令,将含混的法令转化为具体的行动,独立地形塑那些法令,而且还凭借行使其自由裁量权以制定政策。① 马克斯·韦伯早前的研究同样揭示了作为利益群体和权力群体的官僚制组织抵制变革的事实,并指出近代欧洲一些拥有绝对权力的君主在面对官僚制度时也是一筹莫展。如普鲁士的腓特烈大帝(Frederick the Great,1712—1786)颁布了许多废除农奴的诏令,但皆因受阻于官僚制度而终归无效;俄国的沙皇如得不到官僚制度的支持也不能有所作为。② 基于此,怀特·沃尔多(Dwight Waldo)提出,我们需要构建一种什么样的理论,才能调和构成现代国家和当代政府等级和权威的官僚机构与平等和民主的理想?③ 此后,越来越多的政治学和公共行政理论家开始突破"行政与政治二分"的传统,将行政引入系统的政治,来解释管理和官僚机构在决策中的角色。

20世纪60年代以后,公共行政学者不再纠缠于政治与行政的区分,转而聚焦和探讨一些更为具体的官僚政治理论问题,包括:行政过程在多大程度上决定公共政策?谁控制和影响官僚机构权力的行使呢?在代表和推进特殊利益集团和组织化利益目标上,官僚机构究竟扮演何种角色?立法者和政治家在多大程度上将行政作为一种推进其政治利益的手段来塑造和控制呢?官僚的权力来源于哪里?基于等级制的官僚角色如何与民主价值保持一致?在行为主义研究方法的基础上,公共行政学家们从政治学、社会学、人类学、管理学、组织行为学等维度,运用博弈论、公共选择理论、有限理性论、组织行为理论等考察研究现代政府、官僚机构和官僚行为,形成了一种新的公共行政理论。20世纪60—80年代,涌现了一大批优秀学者和著

---

① Gaus, J. M., "Notes on administration", *American Political Science Review*, 1931 (25): 123-134.

② Max Weber, *Essays in Sociology*, transl. H. H. Gerth and C. Wright Mills, New York: Oxford University Press, 1946, pp.232-235.

③ Waldo, Dwight, *The Administrative State: A Study of the Political Theory of American Public Administration*, New York: Ronald Press, 1948.

作,如诺伊斯塔特(R. Neustadt)的《总统权力》(1960)、阿利森(G. Allison)的《决策的本质》(1971)、阿利森和海尔普林(M. Halperin)的《官僚政治:一种模式和某些政策的影响》(1972)、塞德曼(H. Seidman)的《政治、职位和权力》(1970)、文森特·奥斯特罗姆(V. Ostrom)的《美国公共行政的思想危机》(1973)、克洛斯罗夫(S. Krislov)的《代表性官僚机构》(1974)、李普斯基(M. Lipsky)的《街头官僚》(1980)、威尔逊(J. Q. Wilson)的《官僚机构:政府机构的行为及其原因》(1989)、盖伊·彼得斯(B. G. Peters)的《官僚政治》(1993)、梅尔(K. J. Meier)的《政治和官僚制:决策中的第四部门》(1993)、小威廉·T. 格姆雷(William T. Gormley Jr.)的《官僚机构与民主》(2005)、威廉·F. 韦斯特(William F. West)的《控制官僚》,等等,对现代政府体制下如何"控制官僚"的问题进行了全面系统的探讨。

其三,现代官僚制衍生的政府的自利性。① 政府的自利性,又称"政府内生性",指称政府及其成员追求自身动机、目标与利益而非社会公益,是政府失灵的一种基本的或体制性的形式。

自洛克、卢梭以来的传统政治学理论通常都认为,现代政府经由人民的授权而成立,人们通过一定的契约关系建立公共组织管理社会,政府的作用是维护法律与秩序,保障公民的生命权、财产权和自由权。换言之,现代政府作为接受全体公民委托而行使公权力的组织,以实现和维护公共利益为目标,在行使公共权力的过程中并不会追求任何个人或团体的利益。因此,政府是社会性的,没有自己的利益。然而,传统政治学理论对现代政府体制所作的公共属性界定,受到了许多学者的质疑。

以詹姆斯·M. 布坎南(James M. Buchanan)为代表的公共选择理论家的研究清楚地提示了现代政府的自利性倾向。公共选择理论家从"理性经济人"假设出发,认为政府由政治家和官吏组成,其成员具有个人的动机、目标与利益,也具有群体或集体的动机、目标与利益,同样有着追求自身利益最大化的属性;而政府及政府成员所具有的强权或优势地位,更为其实现自身的动机、目标与利益提供了可

---

① 金太军、张劲松:《政府的自利性及其控制》,《江海学刊》2002年第2期。

能,并具有推波助澜的作用,使得政府自利性成了现代政府的一个体制特征。政府的自利性因政府及其成员追求的动机、目标与利益的多样性而表现出多种形式,但主要都是围绕着对金钱与权力的追逐而展开。其主要表现形式,一是创租与抽租,既通过政府管制寻租,通过关税和进出口配额寻租,通过政府采购寻租;二是政府扩张,包括政府机构和人员的增加、政府部门的支出不断增长,等等。① 公共选择理论为后来在西方兴起的"新公共管理运动"奠定了理论基础。

从现代政府形态的演进来看,20世纪以来西方各国政治史上出现了一个普遍的趋势,即政府职能大规模扩张和官僚机构不断膨胀。20世纪30年代资本主义经济大危机以后,西方各国普遍推行凯恩斯主义,政府全面干预经济与社会,试图运用"看得见的手"来纠正"市场失灵"。近代自由资本主义时代形成的小政府已被现代的大政府体制所取代,官僚机构逐渐成为现代国家中一种占主导地位的组织形式以及国家和组织意志的重要载体。② 一方面,随着市场经济一体化的逐步形成,个人越来越受到市场运作和不确定性因素的直接影响与制约,人们除了结成团体来降低这种影响之外,转而把更多的希望寄予政府。另一方面,随着公民普选权的落实和公民权利的扩张,民众对政府公共服务的期望值不断高涨,直接推动了西方各国的福利国家建设。政府全面干预经济社会的结果是造成了"政府失灵":一方面,政府对社会、市场所承担的管理任务越来越多,成为"万能政府";另一方面,随着福利国家建设的推进,政府内部官僚机构不断膨胀,财政支出日益扩大,导致官僚主义、效率低下、铺张浪费、效能不高、权责不清、计划执行不当,以及更严重的权力寻租与腐败等严重问题。当时的西方各国,经济深陷滞胀的泥潭,政府背负了沉重的债务负担,公共财政难以为继。政府行政权力不断扩张和大政府体制日趋完备的同时,现代官僚制的弊端也越来越凸现出来。

正是在这样的时代背景下,以行政改革为主题的"新公共管理运动"应运而生。为了消解现代官僚制的种种弊端,新公共管理提出

---

① 周建国、靳亮亮:《基于公共选择理论视野的政府自利性研究》,《江海学刊》2007年第4期。

② 蓝志勇:《行政官僚与现代社会》,中山大学出版社2003年版,第1页。

"摒弃官僚制"①,主张"改革政府""重塑政府""再造公共部门",推崇"以市场为基础的公共行政""后官僚制典范"或"企业型政府";主张采用企业管理的理论、方法和技术,强调公共行政的服务与顾客导向,引入市场机制和竞争功能,以提高公共管理水平和公共服务质量;倡导参与式治理,强化公民参与,等等。20世纪70年代末80年代初,以英国撒切尔夫人推行的政府改革为先导,美国里根总统的行政改革紧随其后,作为对以现代官僚制为基础的传统公共行政的反思和修正,"新公共管理运动"迅速发展,成为一场声势浩大的席卷世界各国的行政改革浪潮。

2. 官僚制组织缺陷、地方官权失控与吏治腐败

当代中国政府的组织模式,从组织结构形式看,似乎是按照现代官僚制这一理性化的管理组织模式建立而来。然而,由于历史传统和政治文化的根深蒂固,在思想文化层面一直没有经受一场比较彻底的基于现代性的理论清算,再加上制度设计与制度安排的现实选择,当代中国政府的官僚制组织模式表面上移植了现代官僚制,而实质上是对"官本位"制度传统的复归。因此,当代中国政府的组织模式建设从一开始就面临着"两难选择":一是官僚制的法治化程度不高,行政体制理性化程度欠缺;二是官僚主义的弊病积重难返,官僚制的非理性和"帕金森定律"所揭示的"官场病"严重。相对于西方各国建立在法治原则和立法、行政分权式制度安排基础之上的官僚制政府模式,当代中国的官僚制政府模式存在一系列制度缺陷。这些缺陷主要是:(1)家长制与前现代的人身隶属关系相结合,传统官本位与科层结构的等级分层相结合,形成了组织内部上下级之间的隶属与依附关系;对上司或领导者个人的忠诚,取代了理性的官僚制组织成员对法度的忠诚,任人唯亲、裙带关系盛行,组织内部生成了一张张与政治经济权力共生的关系网。(2)非理性的人格化特征明显,潜规则盛行。由于缺乏现代法治的支撑,科层组织内部的专门化

---

① 相关讨论可参见张定淮、涂春光:《重申官僚理性》,《中国行政管理》2004年第3期;张锁庚:《官僚制之后是什么?——兼与张康之先生商榷》,《南京社会科学》2003年第1期。

分工和岗位职责定位不清、界限模糊;权力至上的人治传统,为贪官小吏的裁量权增加了无限空间。(3)唯上是从,因循守旧,拥官自肥,假公济私,官官相护,等等。

这一具有前现代官僚制浓重色彩的政府组织模式,置身在政治体制改革长期没有实质性推进、民主与法治建设严重滞后的政治现实中,很容易衍生出从计划向市场转轨过程中的诸多体制性弊端。

一是政令不通,部门利益和地方主义当道,导致对执政党制定的公共政策的消解与抵制。在中央政府层面,官僚群体对执政党作出的与其自身利益相悖的重大决策往往消极抵制,或阳奉阴违,虚与委蛇。在中共十八届三中全会明确提出要发挥市场的决定性作用,执政党已经做出打破行业垄断、降低准入门槛、全面对外开放、实现利率汇率等基本生产要素完全市场化等重大决策以后,利益部门仍然百般阻挠。在地方政府层面,官僚小吏们为了保护地方利益或自身利益,可以漠视国家法律、法规和政策,我行我素,"上有政策,下有对策",对国家法律法规和市场化改革措施进行消极或积极抵触。

二是在法治不彰、权力失衡的体制下,地方"一把手"的权力缺乏制约和监督,用"人"(官位)用"钱"(公帑)随心所欲。为快速做大本地区的GDP,用最短时间做出政绩,以升官发财,地方上的大小官员可以在短短的任期内卖光土地筹钱,还可以拿政府信誉担保无限制地举债,投向大规模的造城运动和无数低效的大型政绩工程、形象工程,导致地方债务累积高达20多万亿元。地方政府官员可以不计后果地强制征地拆迁,大兴土木,与民争利,与民为敌,破坏环境,以致引发了大量群体性抗争维权事件;还可以拍脑袋、独断专行、乱决策,挥霍公帑,重复建设,制造了许许多多鄂尔多斯式的空城、"鬼城",以及各大行业产能的严重过剩,极大地挥霍和浪费了公共财政和社会财富,还埋下了巨大的金融隐患。

其典型如原南京市市长季建业,上任即提出"要把南京来个大变样",为了个人政绩肆意妄为,违背城市和经济规律,大兴土木,大干快上,全城开挖、尘土飞扬。凭借公权力强行拆迁,无所不用其极,严重违纪违法,被当地居民称为"季挖挖"。季建业在任期间,民众抗议不断,先后发生过南京新街口强征强拆时马自达车主翁彪自焚事件,有拆迁户被逼得精神失常,从楼上纵身跳下的恶性事件。季建业下令强行砍伐和迁移走南京市作为历史文化名城风景特色的古街梧桐树时,曾经引起广大市民的强烈抗议,发生了市民保护梧桐树的"南京3·19集体散步事件",全国新闻媒体还为此发起了大规模的"拯救南京梧桐树"活动。民意的强烈反弹,丝毫影响不了市长的决策。权力傲慢的结果是,六朝古都、山水城林俱佳的历史文化名城惨遭毁城。南京以外,"满城挖""拆全城""推土机市长"遍及各地,其根源就在于没有一个权责相匹配、对民敬畏的强有力的监督机制,公权力没有制衡,施政不受监督。

三是公权力滥用,设租寻租、吏治腐败现象普遍化。权力行使缺乏必要的监督,小吏们的自由裁量权过大,如土地交易中的权力寻租、公共工程中的腐败、司法不公、买官卖官等等,严重危害社会。其典型如河南省三任交通厅长"前腐后继"。又如广东茂名腐败窝案:2002年至2011年间,广东省茂名市前后两任市委书记周镇宏、罗荫国在当地网罗交织成一个"权力共有、财富共享"的官官相护的关系网。此一重大腐败窝案涉及省管干部24人,县处级干部218人,波及党政部门105个,市辖6个县(区)的主要领导全部涉案。有意思的是,在茂名窝案暴露的两年前,"茂名经验"还被推崇为全国廉政建设的楷模。可见,现行公权力与反腐架构已经严重失灵。报道指出,在此制度背景下,公安司法、工程建设、组织人事、土地和矿产资源、国有企业等权力集中、资金密集、资源稀缺领域已经成为官吏腐败行为易发多发的"高风险区"。官场腐败推陈出新,腐败手段由直接交易、现货交易、有形交易向间接交易、期货交易、无形交易转化,腐败方式逐渐从权钱交易转变为感情投资、长线投资,腐败行为的"有组织犯罪"特征日益明显,"一查一串、一端一窝"。"集体腐败"具有三个特征:"组织性",即一般由一级组织作决定或经"一把手"默认、暗示;"整体性",即所有参与者在共同意志支配下整体协作;"公共性",腐败主体是执掌公权力的群体,以损害公共利益为代价。①

四是政府自利性对公共利益的侵蚀。其直接表现是,最近十多年来各级政府大规模扩张和部门利益不断膨胀,各级政府机构臃肿,人浮于事。原中纪委副书记刘锡荣在2012年全国人大会议上指出,地方上乱设机构、乱定级别、临时机构林立;有的地区和部门"不按规定程序报批"和"突破规定的规格和职数限额"设置领导和非领导职务,有些地级市政府设置了十多位秘书长,领导职数和公务人员严重超编,导致官满为患。还有的县竟有500多位科级干部,有的乡镇出现一正九副以上的乡镇长,"隐形超编"(从外部"借调")现象相当普遍。庞大的官僚群体导致中国政府行政成本不断增大,"三公"消费几乎成了全社会的公害,官僚群体成为强大的利益集团。

五是政府成为利益主体,进而消解了公共政策的公正性。其突出表现是中央政府机构中的部门利益问题越来越突出。部门利益是指行政部门偏离公共利益导向,追求部门局部利益,变相实现小团体或少数领导个人的利益,其实质就是"权力衙门化"与"衙门权力利益化"。过去,部门利益多体现为政治利益。随着市场经济的发展,职能部门不仅作为一个行政主体,而且还成为一个相对独立的经济利益主体。有专家指出,国务院提出在上海建立自由贸易试验区之后,国务院各个部门都提出了自己的方案,无论是中国人民银行的金融改革方案还是商务部的负面清单,都与公众的期望相距甚远。出现如此局面,根本原因就在于庞大的既得利益集团,充分利用政策的制定权,维护既得利益。

政府自利性形成的部门利益体现在诸多方面。由于中央政府各部门没有完全落实职权法定原则,相关职权又处于调整之中,一些部门便从"部门利益最大化"出发,努力巩固、争取有利职权(如审批、收费、处罚等),冷淡无利或少利职权,规避相应义务。这集中体现为超编(部门领导通过扩张政府部门来扩张自己的权力)、超支(突破财政预算、拓展预算外收入)倾向,极端体现是部门领导个人或集体

---

① 《茂名窝案涉及县处级干部218人》,《南方都市报》2011年12月23日。

腐败。专家指出,部门利益膨胀使得行政收费难以清理取消,影响了市场机制作用的充分发挥。借权谋利正使公权部门向自利性组织演变。研究显示,各级政府部门每年各类规费总收入约为8000亿元。若能够规范清理收费,全国每年将增加60万—80万户中小企业,可新增600万—800万个就业岗位。① 同时,在现行立法体制下,中央机构广泛存在借法律规章来巩固、谋取部门利益的现象。如通过"职权法定""行为法定"与"程序法定"使部门利益法定化。②

3. 控制官僚:行政权、立法权失衡的制度矫正

国家权力缺乏有效监督和制衡的结构性体制缺陷,更使政府公益性与自利性的矛盾负效应无限放大,从而加剧了公权力的滥用和腐败。

从中国历史看,历代最高统治者,尤其是那些有作为的开国皇帝,为了皇家天下的稳定,也曾全力治吏,费尽心机防止官僚腐败,恩威并施,"德教"(思想教育)、"刑"(严刑峻法)并举,但始终没有找到抑制贪污腐败的良策。官僚阶层总能突破各种约束,法外谋利,鱼肉百姓。官僚从腐败开始,以乱政告终,朝纲紊乱、官德沦丧、纪律废弛、违法乱纪,不断制造民怨民愤,官逼民反的结果是社会动乱与动荡,最后导致改朝换代。追根究底,其原因就在于官僚腐败是制度性腐败。

孟德斯鸠指出,每一个拥有权力的人都容易滥用权力,因为拥有权力者使用权力,通常都会一直用到权力极限的地方才会停止。没有对权力的制约,就会导致权力的滥用,从而造成权力的专制,使国家陷入无法无天状态,使公民丧失自由。阿克顿勋爵指出,因为人性本来就具有罪恶性,权力既是由人而产生,便有它无法消解的毒素。因此,"权力容易使人腐化,绝对的权力绝对会使人腐化"。要防范国家权力的滥用和腐败,使其作为实现和维护公共利益的工具具有确定性与可靠性,通常采取的措施,就是孟德斯鸠等近代思想家发明的

---

① 江涌:《中央政府机构中的部门利益问题日益突出当警惕》,《瞭望新闻周刊》2006年10月10日。

② 同上。

利器——"以权力制约权力",即通过制度设计建立一种权力制衡机制,通常是将国家权力划分为立法权、行政权和司法权,分别由三个相应的国家机关来掌握:议会行使立法权,总统或内阁行使行政权,法院行使司法权。三个机构之间既互相独立,又形成互相制衡关系,限制权力的滥用,防止权力转化为专制的权力。

同时,推进民主政治建设,把"权为民所授"的理念渐进有序地落实到制度层面,充分赋予公民普选权、复决权和罢免权,由公民通过行使四年或若干年一次的选举权,通过对若干重大事项的复决权,以及对官员的罢免权,实现公民共同体的公共权力所有权对国家权力的制约,这也是对公权力的制度化的动态制约。还有"以社会制约国家权力",即经由宪制设计形成公民社会和公共舆论对国家权力的制约。因此,对当下中国而言,对公权力腐败的防范与矫治,根本的途径是推进政治体制改革,完善民主与法治的国家制度建设。全面推进法制建设,完善法律体系,建立宪法秩序,以法治替代人治;构建权力制衡体制,以分权和制衡替代集权和专制,把政府权力关进制度的笼子里。在法治基础上渐进有序地推进民主,把"权为民所授"的理念落实到国家制度层面,让人民来选择官员,让人民监督政府。

我们认为,以民主与法治的精神推进政治体制改革,建构适合中国国情且行之有效的国家权力制衡机制,"把权力关进制度的笼子里",从体制上解决地方一把手专权问题,防范权力寻租和吏治腐败。在现阶段可以从调整、重构和优化广义的政府间关系切入,通过对立法与行政现有权力配置的调整和优化,强化立法机关的职能,严格限制行政部门的权力,使立法权与行政权达到相对平衡,从制度上化解"行政权力独大"的体制弊端。

国家政权结构中行政机关与立法机关、司法机关权力配置失衡的突出表现是,现行制度安排中对行政机关的权力配置不当造成的行政权力独大的问题。作为国家政策执行机关的各级政府,在现实中掌握了本应由立法机关掌控的财政权和审计权,连人大机关日常的经费开支,还需要向政府财政部门申领;政府还拥有实际上的立法权,影响乃至主导立法,造成现实中"部门立法"和法律"部门利益化"的现象相当突出。而作为国家最高权力机关的全国人大,人大立法权力过弱,财政权力虚置,严重削弱了国家最高权力机关的权威性,弱化了立法和法律的权威性,使宪法赋予其对行政机关的监督权力也显得软弱无力。从全国人大成立至今将近60年,似乎还没有很好地发挥过"权力制衡"作用,以致被人称作"橡皮图章"。因此,要解决立法权与行政权配置失衡的问题,主要途径是强化人民代表大会的职权和功能,强化人民政治协商会议的民主监督功能。

首先,全面落实宪法规定的人民代表大会制度,确立宪法以及作为国家最高权力机关的全国人大的权威地位。国家的一切机构,包括执政党、各级政府、武装力量、司法机关以及情报安全机构,都应严格置于宪法和人大的框架之下。在此基础上,不断完善全国人大的权力配置,除拥有立法权外,还应把现在政府的财政权上收人大,完善人大的监督权、质询权和弹劾权等,加强人大对政府工作和司法机构的监督力度。重要人事任免必须经过人大批准同意,重要规划和重大建设也必须经过人大批准方可实施。

与此同时,执政党应当尽快完成从革命党向执政党的角色转换,切实转变执政方式,不断改善和提高执政党的执政能力,推进并落实"党政分工""党政分开",依法执政,民主执政。多年来中共中央推动的一些重大改革尤其是行政体制改革,最后之所以变形走调甚至不了了之,在很大程度上应当归因于行政主导的改革模式。以精简政府机构为名进行的改革改了30年,政府机构人员反而越精简越臃肿的事实就是明证。从理性经济人的假设出发,我们就不难理解,当改革的方针政策和精简机构的方案都出自国务院行政机关,而不是全国人大的时候,也就注定了此类改革最终将会变成一场场走过场的"改革秀"。因为行政主导的改革根本无法达到预期的目的。因此,执政党应当落实"三个代表"重要思想,扭转过往的路径依赖,将执政和改革从行政主导转向公民主导,通过人民代表大会执政,通过全国人大制定各项改革方案,使执政和改革步入民主与法治的正轨。

其次,明确全国人大作为唯一的立法机构,以及省(直辖市、自治区)级人大、副省级较大城市地方人大为地方法规的立法机构,尽快收回政府部门的立法权。由于立法体制和立法机构自身的缺陷,人大在立法中的绝对主导地位没有确立,人大代表也不是职业化,立法机构的自主立法能力严重不足,导致一些重大改革或重要法律法规草案的制定都要委托行政职能部门代为起草。同时,对行政部门制定法律及规范性文件的行为,往往也是监督不力。在立法的公正性与执法的便利性上,都存在向政府职能部门倾斜的问题。因此,"部门立法"与"法出多门"情形突出。有专家指出,近二十年来全国人大通过的法律中,由国务院各相关部门提交的法律提案占总量的75%—85%。此外,还有大量由行政部门制定的行政法规、部门规章。① 政府各部委普遍存在借法律规章来巩固、谋取部门利益的现象。如通过"职权法定""行为法定"与"程序法定"使部门利益法定化。有些政府部门利用政策资源优势,在制定有关法律草案时,千方百计为部门争权力、争利益,借法律来巩固部门利益,获取法律执行权,进而获得相应的机构设置权和财权。此外,执政党推动的一些改革,由于改革方案本身就由部门制定,这些方案几乎无一例外地强调政府部门的重要性,并借机扩大部门管制的范围,增加部门掌握的资源,以改革为名,行部门扩权谋利自肥之实。②

再次,把财政权上收各级人大,推进和完善公共财政管理体制。现行公共财政体制缺陷不少,大量的制度外政府收支和部分预算外政府收支,都还没有纳入预算管理范围,既没有提交各级人民代表大会审议,也不在财政部门的统筹之列,属于非规范性的政府收支。各级政府从管钱、分钱到花钱,都表现出极大的随意性,既不科学,也欠规范,因而漏洞百出。

(1)政府管钱的随意性。由于财政体制缺乏制约,也不透明,人大监督也是形同虚设。据报道,2012年全国公共财政收入达到11.7万亿元,政府性基金收入为3.7万亿元,仅此两项收入即占当年GDP比重的29.7%;各种收费、国有资产经营性收入,包括土地出让金

---

① 江涌:《中央政府机构中的部门利益问题日益突出当警惕》,《瞭望新闻周刊》2006年10月10日。

② 同上。

（如2011年高达3.1万亿元）、养老保险、医疗保险收入，等等，长期以来一直没有纳入财政预算。这些钱的使用都由政府说了算，纳税人既不知情，更谈不上监督。

（2）政府分钱的随意性。长期以来，财政资金的分配使用，往往都是领导和相关部委、司局乃至处长说了算。原中纪委副书记刘锡荣指出，现在"拍脑袋安排资金"的情况太多，包括专项转移支付，以及各部委的专项经费，你不跑，政府职能部门就不给。由于财政资金分配的随意性，而现实中又往往是"会哭的孩子有奶吃，哪个群体闹得凶了就给一点"，于是全国各省、市、地区和县政府都设驻京办为本地争取资源，"跑部钱进"，要钱的时候，财政部附近宾馆都住不下，客房价格都特别高，造成公益性腐败。①

（3）政府花钱的随意性。如刘锡荣所批评的，现在财政资金使用的严肃性不够，财政纪律不严肃，超收财政"先斩后奏"，年底突击花钱，事后补个报告就行。财政资金就像一块豆腐，政府说用就用了，先斩后奏，到时候人大也只好认账。"年底突击花钱"的现象一直延续至今，更是不可思议。其原因在于，我国的公共财政制度建设严重滞后，西方国家早期实行"零基预算"，每年在制定预算时，皆从零开始，重新编制。如今一些国家已经采用更为先进科学的"绩效预算"。我国名义上引进"零基预算"，实质仍按"基数预算"运作，即确保上年预算基数，并逐年上升。如果当年的财政拨款不用完，将会影响本部门下一个年度的预算基数。因此，每个部门都有动力在年底突击花钱，尽可能地把本财政年度的钱花光，以确保下一年度的财政预算不低于当年，甚至比当年有较大幅度的增加。

因此，推进公共财政体制改革，建立公开、透明、规范和完整的公共财政预、决算制度，需要加快完成《预算法》的修订过程。现行《预算法》为1994年制定，已经远远适应不了我国公共财政体制改革与

---

① 孙丹：《中纪委原副书记：百姓再勤劳也养不起这么多官》，中国经济网，http://www.ce.cn/xwzx/gnsz/gdxw/201203/11/t20120311_23145801.shtml，2012年3月11日查询；孙丹：《刘锡荣回应"1000万公务员"：数据来源权威》，中国经济网，http://www.ce.cn/xwzx/gnsz/gdxw/201203/14/t20120314_23156394.shtml，2012年3月14日查询。

预算民主发展的需要。修订后的《预算法》,应当明确把公共财政收入全部纳入预算管理,杜绝预算外支出发生。预算法的相关法律条款,从预算的编制、审批、执行,到对预算的监督,都应全面贯彻预算民主原则,强化人大对政府预算的审批、监督与规范的权力。为强化人大对预算执行过程的监督,应将审计署从国务院划出来,归人大直管。审计署和财政部都在国务院,很多时候就是自己审自己。有的地方部门在审计中被发现有违规问题,往往是书记或市长一开口就免予追究。只有把审计署划归人大直接管理,成为直接对人大负责的职能部门,才能起到监管和查处重大的财政违法违纪问题的作用,通过制度设计管好人民的"钱袋子"。①

同时,强化人大的预算审查功能,建立预算民主。应当制定政府阳光法案,全面推进政府政务公开、预算公开,把权力的运行置于阳光之下,把预算编制和执行情况向社会全面公开,接受公民和社会组织的监督。此外,鉴于国有资产是属于全国人民所有的资产,事涉国有资产管理的大政方针和国企发展的重大事项都应当得到全国人大的批准。因此,还应增设国有资产监督管理委员会和关于国有资产经营管理的年度专项报告制度,建立发改委、人民银行、统计部门、审计部门等宏观调控部门向人大定期汇报工作制度。

应强化人大的监督权,重点是监督"一府两院"对法律的执行情况和履职情况;人大还应建立对政府官员的质询机制,把法律赋予自己对"一府两院"的质询权动用起来,这比通过议案或建议来监督政府更能激活国家最高权力机关固有的底气和尊严。总之,要把宪法赋予人民代表大会的基本权力落到实处,让人大真正行使宪法赋予的立法权、选举和任免权、决定权和监督权。

在强化人民代表大会立法权和财政权的同时,还要进一步加强人大自身的制度建设和组织建设。

---

① 孙丹:《中纪委原副书记:百姓再勤劳也养不起这么多官》,中国经济网,http://www.ce.cn/xwzx/gnsz/gdxw/201203/11/t20120311_23145801.shtml,2012年3月11日查询。

4. 破除吏治腐败的体制痼疾

当下中国的行政体系,不仅行政机构过于庞大,行政权力在国家政权的权力配置中相对过于强势,而且更严重的问题在于政府权力既没有得到制衡又不受监督,权力行使过程和程序也不透明。各级政府官员和小吏所掌控的权力,都没有经过法律法规的明确界定,行政裁量存在很大的空间和随意性,比如一些部门制定的行政性收费的标准,各种收费的自由裁量度很大,同一件事的罚款可以从几万到数十万甚至上百万元,给小吏们"吃拿卡要"、敲诈普通百姓留下了空间。按照现有的公务员薪酬制度,公务员尤其是下层小吏的薪酬相对较低,体制内提供的福利也不多,面对权钱交易的巨大利益诱惑,拥有过多实权和更大裁量权的小吏们,很容易上下其手,贪赃枉法,滋生腐败。历史经验表明,吏治腐败的危害性并不亚于官僚腐败。

要消除吏治腐败,一方面应当大幅度削减从中央到地方的政府审批项目,让市场而不是权力在经济资源配置中发挥主导作用,从源头上遏制权力寻租;另一方面,建立官员财产申报公示制度,让官员的薪金、住房和福利接受公众监督。同时,还应建立官员养廉退休年金制度,鼓励廉政,建立官员"不能贪、不敢贪、不愿贪"的防腐机制。与此同时,对于更大量的位处科层组织底层的小吏来说,除了必须削减各种行政审批权外,还需要更多可操作的具体政策措施和便于接受民众监督的制度相配套,包括明确界定各级各部门公务员岗位的权责,减少官员小吏们的自由裁量权,才能从根本上遏制吏治腐败的蔓延趋势。

精简机构,裁撤冗员的措施,首先应当重塑中央与地方的关系架构,重新设置并优化各级政府的组织结构。当下各级政府尤其是省以下各级地方政府机构设置的一大弊端是机构上下对口,重叠设置。几乎每一级政府都保持相同的机构,每一个机构都希望从下一级政府找到自己的腿。部门各自为政、分工而不合作,造成职能重叠交叉、机构臃肿庞大。要破除官僚机构臃肿、冗员难除的体制痼疾,可借鉴英、美等国家的经验,重新设计各级政府尤其是地方各级政府的组织结构,明确界定不同级别政府的职责构成,基本上每一级政府只管特定的事情,事权划分清晰,各自负责,谁决策谁执行,哪一个部门管的事情出了问题就由哪个部门负责,使每个层级、每个部门的任一岗位,再没有推卸责任、委过于人的空间。

其次,深化改革公务员制度,破除公务员只进不出的体制弊端。在现行的公务员制度下,公务员队伍只进不出,官员只能上不能下;部门与部门之间没有流动机制,造成官满为患,冗员越来越多。《凤凰周刊》2013年第10期曾经就中国财政供养人口问题做过一个专题。根据财政部国库司编写、2012年出版的《2009年地方财政统计资料》中披露的数据,到2009年年底,全国(不包括中央的)地方财政供养人口为5392.6万人,其中在职人员3815.24万人,离休退休人员1391.35万人,还有其他人员185.98万人。① 其中,事业单位即一般预算财政补助开支的人员为3589.8万人,财政承担其工资的60%—80%,其余由所在单位自行筹集;公务员和参照公务员管理的一般预算财政拨款开支的人员为1553.6万人,分布在党政群机关和参照公务员管理的事业单位,其所需工资和办公经费由财政全额拨付。还有一类是经费自理的事业单位,其特点是有编制和财政不会给予拨款,但是这些单位有收费权和执法权,人员数量为249.2万人。这类人员尽管不直接领取财政资金,但同样具备行政或者事业编制,且政府赋予其的收费权和执法权实际上等同于一种税收和财政权力。除以上公务员编制、事业单位编制的体制内人员之外,中国还存在大量的准财政供养人员,包括现有60余万个村委会以及8万余个居委会。②

地方财政约5400万供养人口,加上中央财政的供养人口,以及2010年以后机构和人员的扩编,中国财政供养人口已经超过6000万人。根据第六次全国人口普查,大陆31个省、自治区、直辖市和现役

---

① 所谓财政供养人口,是指由财政来支付个人收入以及办公费用的人员。在中国,财政供养人员主要由三部分组成:一是党政群机关人员,主要供职于党委、人大、政府、政法机关、政协、民主党派及群众团体等机构;二是各类事业单位人员,供职于教育、科研、卫生等诸多领域;三是党政群机关和事业单位的离退休人员。

② 《中国财政到底养了多少人》,《凤凰周刊》2013年第10期。

军人的人口共 13.397 亿人。有专家据此推算,中国的财政供养比例约为1∶23.5,即大约 23.5 个纳税人供养 1 人。世界第三大经济体日本的公共部门雇员约为 524 万人,日本人口为 1.278 亿人,其供养比例为 24.4 人供养 1 人。德国 2009 年的公共部门的雇员约为 439 万人,供养比例约为 18.4 人供养 1 人。据此,有一种观点认为,和世界上其他主要国家相比,中国的财政供养规模并不高。

问题在于,一方面,中国 6000 多万公职人员,花钱大手大脚,"三公"消费极尽奢侈,消耗的财政收入比例和绝对数额在全球名列前茅。中国行政管理费用占财政总支出的比重逐步上升,从 1980 年占 5.43%,1985 年占 6.51%,1990 年占 9.83%,到 1996 年达到 13.11%,迄今行政成本和管理费用居高不下。以 2009 年为例,地方一般公共服务支出的金额为 8080 亿元,占地方财政总支出 61044 亿元的 13.2%。而其他国家包括发展中国家和转型国家,行政事业经费占财政支出的比重普遍都低于中国,发达国家如日本、法国、英国、德国、美国、加拿大的比例分别为 3.62%、6.67%、7.59%、8.83%、9.42% 和 10.235%。①

另一方面,花钱在全球名列前茅的 6000 多万中国财政供养人员,为全民提供的公共服务的数量和质量,与发达国家相比则又相差悬殊。当下中国公共服务的水平和质量都很低,已经是一个众所周知的事实。《凤凰周刊》作者以城市化作为衡量一国提供公共服务水平的指标,对中国公共服务的水平作了评估。尽管中国城市化率按照常住人口计算 2012 年已经达到了 51% 的水平,但是城镇户籍人口占总人数的比例却只有 35%。两者相差的 16 个百分点,是数以亿计的农民工不能与城市居民享有同等待遇,不能享受附着在户籍上的、城镇居民独享的福利待遇,包括医疗、住房、义务教育等各方面的公共服务。因此,实际上只有 35% 的中国人口能够享受较为全面的公共服务,而财政供养率与中国较为接近的美国、日本、德国等国家,其城镇化率分别为 82%、66% 和 74%。这些国家都采取了有效措施,

---

① 《中国财政到底养了多少人》,《凤凰周刊》2013 年第 10 期。

保障不同区域的公民(包括城市以外的居民)均能享有平等的公共服务,包括就业、养老、公共教育、公共医疗、公共住房等基本公共服务。

因此,即使当下中国的财政供养人员与发达国家相比还不是太过离谱,但财政供养人员的"结构性过剩"问题相当严重。关于中国财政供养人员的结构性过剩问题,朱光磊教授把它归纳为"三多三少":"三多"指做经济工作的官员、政工及党群干部和从事机关内部服务的后勤人员和工勤人员偏多;"三少"指从事现代公共管理和社会发展所需要的社会保障和社会服务的官员、从事财税工作的官员、警察数量偏少。随着公共服务均等化和全民基本公共服务体系的建设和完善,客观上要求增加大量人员,充实到现代政府管理和社会发展所需要的市场监管、社会保障和各种权利保障工作的部门。因此,推进机构改革,尽快清理并裁撤那些承担传统控制功能的机构,裁撤与市场经济不兼容的计划经济旧体制遗存,裁减或缩减政工、宣传等机构及其大量冗员,解决财政供养人员严重的结构性过剩问题,已经成为政府改革和公务员制度建设的当务之急。

四、关于法治政府与法治中国建设

法治是与"人治"相对立的一种治国方略和制度安排,一种社会调控方式。"法治"的概念,从字面上理解,就是法的统治(the rule of law)。据哈耶克的定义:"法治意味着政府的一切行为都受到事前制定并宣布的规则的约束——这些规则使人们能够有相当把握地预见到在特定情况下权威当局会如何使用其强制力,并且能够以这个预见为基础来规划人们的个人事务。"[1]法治就是依照规则治理(governance by rule),它意味着政府与人民的一切行为都受到事前制定并宣布的规则的约束,依据规则治理国家和社会。换言之,法治意味着"人们应当服从法律并受法律的统治",也意味着"政府应当受法律统治并服从法律"。

现代法治从本质上是对专制权力(包括私人权力与公共权力)行

---

[1] 〔英〕弗雷德里希·奥古斯特·冯·哈耶克:《通往奴役之路》(王明毅等译),中国社会科学出版社1997年版,第73页。

政府改革、治理转型与现代国家制度建设：几点理论思考

使的一种限制。它试图通过将秩序与规则性引入私人交往以及政府机构运转之中，在自由与秩序之间维持一种必要的平衡：通过一个行之有效的私法制度，划定私人或私人群体的行为范围，以防止或反对相互侵犯、过分妨碍他人的自由或所有权的行使，防止因私人权力的妄为而导致激烈的社会冲突，以确保社会不致陷入无政府状态之中。通过一个行之有效的公法制度，努力限定和约束政府官员的权力，以防止或救济对应予保障和私人权益领域的不恰当侵损，以防止政府的专断与独裁，使人民免于肆意的暴政统治。① 英国法学家拉兹进一步指出：现代法治强调法律是全社会最高的行为规范，尤其重在对政府专断权力的约束和抑制；法律要公开、明确，法不溯及既往，并具有相对稳定性，以及对自然正义和个人尊严的诉求。拉兹认为，法治能够限制或防止执政者的专断，有助于稳定社会关系，增强人民对个体行为和活动的预见能力，从而有可能预见并规划个人的生计；法治要求政府依法行政，即禁止某些干预个人自由的行为，因而有助于保护个人自由，进而使人的自由与尊严获得起码的保障。②

现代意义上的法治，包括形式法治和实质法治两部分。实质意义上的法治，强调"法律至上""法律主治""制约权力""保障权利"的价值、原则和精神。形式意义上的法治，指称的是"依法治国""依法办事"的治国方略、制度及其运行机制。实质法治与形式法治实乃互相依存，是体、用合一的统一体。

中国的法治建设，发轫于20世纪初的晚清新政时期。从1901年晚清"新政"开始变革中华传统法制、全面引进西方法典算起，一百多年中国法治建设的进程，大抵可以划分为四个阶段：第一阶段，清廷全面改革法制，由沈家本等修律大臣"折衷各国大同之良规，兼采近世最新之学说"，以"不戾乎我国历世相沿之礼教民情"为底线，全面移植西方的法律制度。第二阶段是孙中山创制"五权宪法"，建立

---

① 〔美〕博登海默：《法理学、法哲学及其方法》（邓正来、姚姬武译），华夏出版社1987年版，第224页。

② Joseph Raz, *The Authority of Law: Essays on Law and Morality*, New York: Oxford University Press, 1979, p.220.

起民国的现代宪政体制,此后,民国政府又移植和制定了一套"六法体系"齐备的西式法律体系。第三阶段,从新中国成立初期开始,全面移植苏联的法律制度,制定和颁布了宪法及相关的法典,但已有的一些法律和司法制度,在"文革"期间"砸烂公、检、法"的运动中遭到破坏。第四阶段发轫于1978年邓小平倡导的改革开放,在经历了无数次变法与立法运动之后,中国法治建设的进程重新启动。经过最近二十多年的努力,一套规模庞大、门类齐全、结构严谨的法律制度,又得以重新建构起来。据统计,1979年以来,全国人大及其常委会已经制定了242部法律,加上国务院制定的700多件行政法规,以及地方人大制定的8000多件地方性法规,我国已经初步形成以宪法为核心的中国特色社会主义法律体系,国家政治生活、经济生活和社会生活的主要方面都已有法可依。

但是,我们也应清醒地看到,当代中国的法制建设实践和成效并不令人乐观。宪法的最高权威处于悬置状态,违宪事件未能及时纠正,司法不公、司法腐败,导致法律的公信力低落,致使国家、政府和社会各层面的治理问题丛生。当代中国社会的许多问题,如市场秩序遭到破坏,企业恶性竞争,如近年来湖南省两大企业集团中联重科与三一重工之间的恶性竞争,几乎无所不尽其极;大量侵犯企业产权和知识产权的案件得不到法律的追究,假冒伪劣产品泛滥;如政府权力缺乏制衡,地方大员无法无天,侵犯公民基本权利的大案要案;又如权力寻租和腐败猖獗,贪官污吏"前腐后继";有法不依,执法不严,在环境保护问题上表现得尤为突出:一方面,我国拥有全世界最严格的环境保护的法律法规,另一方面是环境污染越来越严重;又如新闻媒体领域的乱局,其典型如《京华时报》连续刊发五十多篇报道攻击农夫山泉事例;至于各类媒体的有偿新闻和虚假广告,报刊业与房地产业的联盟,等等,更是公开的秘密。凡此种种,其根源主要就在于人治盛行、法治不彰。

法治秩序与中国法治建设成效不显,是历史与现实国情的必然。20世纪以来,历代变法或立法者和法学家所倡言的法治、法律制度或法律秩序,不管是晚清修律大臣宣称的"仍不戾乎我国历世相沿的礼教民情",还是民国立法者所标榜的乃"中西法律兼收并蓄",实际上都是西方的舶来品,是西方文化的产物。① 因此,不管人们是否承认,所谓的"法治建设",从某种意义上说就是西方现代法律秩序在现代中国的移植或重构。中国法治建设的历史背景,或者说"法治"存在的社会基础是,传统中国基本上是一个以"礼"或礼制维系的社会,是一个"官本位"、权力至上的社会,而非如西方社会那样主要是依靠"法律"(law)治理的社会。在中国这样一个"官本位"、权力至上、推崇关系人情、人治传统根深蒂固的国度,要在短期内迅速移植或建构起一个现代意义上的法律秩序,面对的挑战极其艰巨。

从历史法学派的维度,法律是民族精神和文化传统的体现,如德国伟大的法学家萨维尼(F. C. V. Savigny)所说,法律并不是孤立存在的事物,它植根于一个民族的历史中,渊源于该民族的普遍的信念、习惯和民族的共同意识,法律由民族特性和民族精神所决定,而绝不是立法者可以随意制定的东西。② 20世纪另一个影响极大的法学思想流派,即分析法学派法学家,如奥地利的伟大法学家汉斯·凯尔森(Hans Kelsen)和英国的伟大法学家哈特(Herbert L. A. Hart)等人则认为:法律的基础不是法律的,法律赖以建立的基础不是法本身。法律赖以建立的基础,是经验政治以及社会、文化上对法律统治的接受,法律制度存在并有效地运行的必要条件之一就是法律规则为社会所普遍地接受。③ 然而,法律毕竟不同于形而上的道德、精神和文化,法律秩序也不是道德秩序。法律是实现秩序的一种工具,是国家制定或认可的,并由国家强制力保证实施的一种社会规则。从近代

---

① 此处所谓"西方"一词,主要是一个文化的概念,指称的是具有共同的基督教文化传统的欧洲和北美国家。用哈罗德·J.伯尔曼的界定:"西方是一种特殊的历史文化或文明",它"不仅仅是一种思想,也是一个社会共同体。它意指历史的结构和结构化了的历史两个方面"。因此,从11世纪开始形成的西方文化传统,"不仅包括近代的法律制度和近代的法律价值,而且也包括近代的国家、近代的教会、近代的哲学、近代的大学、近代的文学和许多其他近代事物"。(参阅〔美〕伯尔曼:《法律与革命——西方法律传统的形成》(贺卫方等译),中国大百科全书出版社1993年版,第1—4页。)

② Friedrich Karl von Savigny, *Of the Vocation of Our Age for Legislation and Jurisprudence*, London: Littlewood & Co. Old Bailey, 1831, p.30.

③ Herbert L. A. Hart, *The Concept of Law*, New York: Oxford University Press, 1961.

一些国家的法制建设实践看,如俾斯麦时代的德国,如二战后的日本,如新加坡和中国香港等,都是经由国家外在的强制力而建立起良好的法律秩序。因此,法治秩序的建立,取决于执政者的意志、决心和行动力。

中共十八届三中全会要求"推进法治中国建设",提出"坚持依法治国、依法执政、依法行政共同推进,坚持法治国家、法治政府、法治社会一体建设",并规划了深化司法体制、行政执法体制改革,健全社会主义司法制度的措施和途径。我们认为,落实《决定》的司法改革措施,推进法治中国建设,必须从根本上解决当下中国社会存在的两大关键问题:

一是"权大于法"的问题。法律的权威性一直难以得到政府和民众的认同,作为法治国家的根本大法、最高权威的宪法,在建国以来相当长的一段时间里都被当做一种花瓶和摆设。在十年"文革"期间,宪法成了一纸空文,法律遭到践踏,法律制度毁坏殆尽。改革开放以来,民主与法制建设虽然取得了令人瞩目的成就,但不容否认的一个事实是,宪法和法律的权威在现实生活中仍然经常遇到挑战。《中华人民共和国宪法》明文规定,一切国家机关和武装力量、各政党和各社会团体、各企业事业组织都必须遵守宪法和法律,任何组织和个人都不得有超越宪法和法律的特权。但在现实生活中,违宪现象常有所见,宪法至上、依法治国并没有真正落到实处,一些个人、组织和行政机构的权威高于法律的权威,执政者"以言代法,言出法随""权大于法"的现象在实际生活中并没有得到根本的改变。因此,法律往往成为掌权者管控和对付民众的工具,法官、检察官肆权弄法,造成司法不公,导致法律缺乏权威,司法制度缺乏公信力。

二是"人情大于法律"的国情。试看当今的中国,社会中各种潜规则的盛行,地方保护主义、部门本位主义根深蒂固,人情观念、圈子意识和裙带主义畅通无阻,以致在一般民众看来,打官司就是打关系、讲人情,"人情重于王法",法律的普遍性和平等原则遭到践踏;为了保护地方和部门的利益,一些地方和部门的掌权者往往无视国家法律,"上有政策,下有对策",采用种种不正当的手段,非法保护地方和部门的私利;为照顾人情和关系,许多地方的执法和司法人员公然有法不依,在办案断案的过程中可以不按法律程序办事办案,甚至随意曲解法律依据,以维护单位、部门和个人利益。可以说,人情、关系、地方主义,在很大程度上就是造成当下司法不公和执法腐败的症结所在。

推进法治中国、法治政府和法治社会建设,消除"权大于法""人情大于法律"和地方主义的体制根源和文化根源,建立良善的法治秩序,必须全面改革、调整和重建司法体制和行政执法体制,如建立违宪审查机制和监督机制,以维护宪法和法律的权威;全面落实中共十八届三中全会《决定》有关司法体制改革的精神,建立中央领导的司法独立体系,实行最高人民法院和检察院对地方法院、检察院人财物的统一管理,建立与行政区划适当分离的司法管辖制度,防范权力和人情对法律的干涉,确保国家法律统一正确实施。

首先,要建立健全违宪审查机制和监督机制,以维护宪法和法律的尊严和权威。在现代法治国家,以宪法为核心的法律拥有至高无上的权威。任何人、任何集团都不得凌驾于法律之上,即便是执政党或贵为国家元首者,也必须服从法律,并根据法律治理国家、管理社会。要言之,法治不仅要求人民服从法律,还意味着政府的权力受到制衡、约束和限制,要求主政者依法行政,即政府的一切活动都要以法律为依据。虽然,我国的宪法也有相关条文,但由于多年来一直没有建立起相应的宪法审查和监督机制,以致宪法对违宪违法行为的规定成为虚置,许多违宪违法行为得不到追究和及时纠正。因此,只有建立并发挥宪法审查和监督机制,及时追究一切违反宪法法律的行为,才能维护宪法和法律的权威性。只有凭借法的至高无上性质,制约和限制掌控国家机器者的权力,才能使人民免于主政者专断和独裁的侵害,并充分保障每个人的权利与基本自由的实现。

其次,改革司法管理体制,建立中央领导下的司法独立制度,由最高人民法院和检察院对地方法院、检察院实行人财物的统一管理,从司法体制上化解司法的地方化、行政化弊端。

司法的地方化是司法实践中影响司法公正,导致司法不公和司法腐败的最主要的因素。在现行司法管理体制下,法院的人事权、财权和物权均隶属于地方政府管辖,地方法院实际上是地方政府的一个组成部分,这就导致司法直接受制于地方党政机关,地方法院难以对地方上的案件进行独立审判并做出公正的裁决。近年来各地发生的一系列农民维权的群体性事件,许多都可以从中看到司法地方化的影子。在司法地方化的背景下,法院往往成为地方政府手中的工具,直接介入当地政府的征地拆迁工作中。当地方政府与征地拆迁农户的利益发生纠纷,农民的合法权益遭到侵害时,农民很难通过司法途径维护自身的合法权益。因为在农民为维护自己的合法权益而起诉地方政府的征地拆迁案件中有的案件的当事人,即拆迁项目指挥部的负责人就是当地政府的领导,甚至就是县长或县委书记。法院和主审的法官反而成了被告方的下属,"民告官"的结局,必然是未告先输。因此,法院和检察院系统实行纵向管理,司法经费由中央财政统一负担;法官和法院院长、检察官和检察长的人事任免由上级法院和检察院决定,而不再由地方安排;人、财、物与地方政府完全脱钩,是使司法摆脱地方影响,确保国家法律统一正确实施的基本途径。

建立司法管辖与行政区划适当分离的司法管辖制度,修改目前实行的"民事案件由诉讼一方当事人所在法院受理"的制度,当诉讼当事人分属不同地县时,案件不再由其中任何一方所在地法院受理,而改由当事人共同所在地区的中级法院、地级市法院、省级法院乃至最高人民法院受理,使受理法院超越一方诉讼人及相关部门施加的种种影响与压力,从而摆脱地方主义对法院的影响,确保法院审判的公正性。同时,尽快修订相关法律,着手试点并设立跨区域法院或"巡回法院"制度。跨区域法院或"巡回法院"的人、财、物应由最高人民法院直接管理,并实行法官定期轮换制度,以摆脱地方党政的控制和人情影响,尽最大可能排除权力、关系和人情对司法的干扰。

此外,司法体制改革还要解决现行司法的去行政化问题。当前,由于司法机关在内部结构、管理方式、运行机制等方面,套用行政机关的模式,导致了司法机关高度行政化的运行模式。本来法官只应该遵循法律规定,对案件做出独立的裁判。但是,高度行政化的司法体制导致法官在裁判时丧失了独立性。比如,现行案件请示制度,下级人民法院在案件的审理过程中,就案件的实体处理或程序处理向上级人民法院请示,上级人民法院予以答复。很多案件甚至层层上报到最高人民法院进行批复。而法院内部院长、庭长利用手中的权力干涉法官办案,已经成为常态。审案的不能判案,判案的不审案,此乃现行司法体制一大弊端。为此,需要通过改革和完善司法权力运行机制,完善主审法官、合议庭办案责任制,使各级法院、检察院依法独立公正行使审判权或检察权。同时,建立完善法官管理制度,实行法官遴选、任免、升迁、惩戒由法院系统设立的司法委员会决定的制度,以保障法官和司法的独立性。

把司法体制改革和其他一切改革纳入法治轨道。建立中央领导的司法独立制度,实行司法制度的纵向化管理,事涉宪制框架的改变。现行宪法规定,地方法院的权力来自地方人大,并对产生它的国家权力机关负责。同时,《法院组织法》也规定,地方各级人民法院院长由地方各级人民代表大会选举,副院长、庭长、副庭长和审判员由地方各级人民代表大会常务委员会任免。因此,深化司法管理体制改革,应当尽快把修改宪法和法院组织法的工作纳入立法程序,依法改革,以法治的方式提升司法的相对独立性和专业化程度。

法治建设和法治秩序的奠定,对于中国这样一个缺乏法治传统的大国来说,遇到的困难的复杂性和艰巨性是空前的。法治建设并非就是从外国引进一套法典、或者制定和颁布一些法律法规那么简单。需要指出的是,现代法治在西方各国的成功,在基本层面上依赖的是社会多数权利主体的自觉遵守,而不是少数权利主体以制裁和威吓为手段的外在强制。对于法律缺乏权威、法治观念一向淡薄的中国人来说,培养自身尊重法律、自觉守法的习惯已属不易。对于居庙堂之高的掌权者,面对权力的诱惑,要养成尊重宪法和法律,自觉维护宪法和法律的至上权威,既在宣言更在行动。换言之,中国法治建设的成效,在很大程度上取决于主政者和全体公民能否真正接受现代法治的理念,而不是叶公好龙;在法治观念上实现从"以法治国"

到"依法治国"、从"依法治国"形态向权利自主形态转变;在全面深化改革的当下,执政党尤其应当把一切改革的方针政策纳入宪法和法律的框架内,依照宪法和法律规定的程序推进改革和国家制度建设,建立起一套维护宪法和法律权威的违宪审查机制,确立中央领导的司法体系的独立性,真正做到严格依法治国,依法执政,依法行政,使法治不再简单地作为一种专政工具而存在,使法律真正成为体现社会最高价值的准则,保障人民的基本权利和自由,体现人的尊严和社会正义。从此意义上说,法治国家、法治政府和法治社会建设,确实任重而道远!

第二编　政府与市场

政府的角色、作用与治理边界[①]
——对后金融危机时代中国经济社会问题的观察与思考

金融危机激荡全球,高潮已过,但余波未了。中国经济甫经风暴荡涤,即缺漏毕现。2008年国际金融危机爆发以来,学术界对中国经济的反思和检讨持续至今,争议不断。近期有几篇专为国企辩护的文章尤其吸引眼球,分别是:《解析"国进民退"论断真伪》[②]、《国企崛起是"中国模式"优势的重要体现》[③]、《"国有企业垄断论"的谬误》[④],其观点无非是认为国企乃国之大器、功劳卓著、优势明显。为了替利益集团护法,这些文章的作者们可以罔顾事实、自言自语,不讲逻辑,全然不管有关国企改革与"国进民退"的话题是一个严肃的学术问题,需要认真调查研究、再思三思。从学术的维度,我们没有必要为这类应景之作浪费笔墨。但是,这些文章所宣示的为国企"刻意"辩护的立场,及其对国企改革事业的强力抵抗,还是不可轻视。这种立场已经超越了国企的是非本身,让人感觉到鼓噪者维护既得利益时的强词夺理和毫无原则。由这几篇"奇文",我们越发明白,对中国经济问题的检讨不能仅仅停留在经济问题表象上,而要对造成这些经济问题的深层次原因作一番更为全面和深刻的反思。

林德布罗姆指出:"在世界上所有的政治制度中,大部分政治是

---

① 原文曾以《后金融危机时代的政府与市场:角色定位与治理边界——对当前中国经济和社会问题的观察与思考》为题刊于《学术界》2010年第5期,作者陈剩勇、李继刚。
② 任真:《解析"国进民退"论断真伪》,《企业文明》2010年第2期。
③ 叶明:《国企崛起是"中国模式"优势的重要体现》,《广西电业》2010年第5期。
④ 张宇、张晨:《"国有企业垄断论"的谬误》,《政治经济学评论》2010年第1期。

经济性的,而大部分经济亦是政治性的。"①政府和市场的关系,自资本主义体系诞生以来就是考察各国政治、经济和社会发展的主轴。"它既是经济学又是政治学的核心问题。"政府和市场互为边界,两者互动的情况也构成了近代各国政府类型的主要判别标准,同时也是政府改革和经济改革的主要内容和核心问题。近代以来各类经济危机的根源,也无非在于市场失灵或政府失灵。就当代中国而言,自20世纪50年代以来一直推行计划经济,市场体系是在改革开放以后的三十余年间仓促建立起来,政府在经济发展中一直处于主导地位,市场还只是作为政府为实现经济增长的工具和手段而存在,并没有获得目的性地位,所以,用市场的逻辑很难解释中国经济发生的问题和原因。从政府和市场关系的维度,考察和分析当下中国的经济和社会问题,虽不能说有十分把握切中肯綮,揭示出中国经济社会发展问题的症结所在,但据此梳理一下后金融危机时代政府与市场的关系问题,尝试破解经济问题背后的体制性根源,进而探寻解决经济社会问题的有效对策,应该说还是一个不错的视角或理路。

众所周知,欧美金融危机爆发以后,美英等发达国家采取了政府向市场注入流动性、乃至直接控管大型金融企业等一系列紧急措施,以应对这场百年一遇的经济危机。有意思的是,国际金融危机期间,在国内金融体系完好无损的情况下,中国政府在启动4万亿元国家投资计划和地方政府天量配套投资计划的同时,还实施了由各大国有银行向市场大量注入流动性等与美英诸国差不多相同的救市措施。随着时间的推移,这种简单仓促的危机应对给中国经济社会带来的风险和隐患逐渐凸现出来。现在,该是我们回过头来反思4万亿元危机应急措施的得失的时候了。我们的问题是:面对这场百年不遇的国际金融危机,中国究竟需要应对什么?中国政府到底在应对什么?面对后金融危机时代中国经济社会的困局,我们应该如何应对?

一、中国政府应对国际金融危机的措施、效果及其评价

国际金融危机对中国经济的直接影响,主要集中在外贸和外汇

---

① 〔美〕查尔斯·林德布罗姆:《政治与市场:世界的政治—经济制度》(王逸舟译),上海人民出版社1996年版,第9页。

储备两方面,即外需迅速下滑、外币大幅度贬值带来的冲击。外需迅速下滑的问题可以通过启动内需来应对,外币贬值的影响则可以通过本币对外币相应贬值的方法来对冲。本币贬值比较容易做到,只要保持汇率稳定,随外币贬值即可,尽管会遭致其他国家的反对,但主动权操之在我。事实上,人民币兑美元自2005年开始连续升值了21%以后,自2009年8月份以来一直保持稳定。启动内需的举措要复杂许多。启动内需一般有两种方法,一是增加投资,二是增加消费。中国政府是通过增加财政投资启动内需来对冲外部需求下滑的,措施可概括为两项:其一是积极的财政政策,即为期两年的4万亿元财政投资计划,以及地方政府的天量配套投资;其二是名为"适度"实乃"极度"宽松的货币政策,即各大国有银行在政府授意下向市场注入了9.58万亿元的天量信贷。这两项措施的效果,可以从积极和消极两个方面来认识。

单从对冲国际金融危机对中国经济的直接影响而论,中国政府做出的以四万亿元投资和十万亿元信贷为主要内容的危机应对可谓成就斐然。在2008年仅出口依存度就达36%左右的中国,居然成功地阻止了因人民币升值、外需下滑造成的出口急剧下降所必然导致的GDP大幅下降,逆势取得8.7%的GDP增长,在国际上实现经济率先复苏,并成为金融危机以后世界经济复苏的主动力,一度甚至为中国赢得了世界经济"救世主"的国际声誉,从而大大增强了中国的国际影响力。

同时,国家的危机应对措施也拯救了地方政府财政,避免了地方政府的破产危机。在2007年7月人民币加速升值、新《劳动法》实施和国际金融危机引发的外需迅速下降等系列冲击波的打击下,中国出口导向的沿海中小企业大批倒闭,地方财政锐减;2007年为防止经济过热和通货膨胀而采取的一系列调控政策影响到房地产行业,2008年年初的房地产市场面临房价大幅下跌的危险,各地土地流拍现象严重,这导致了对土地出让金依赖程度普遍高达50%左右的地方财政状况极度恶化。如果房地产市场持续萎缩,造成地方财政无力维持原有建设和服务职能,一些地方政府甚至濒临破产,将会严重危及国家的政治安全。政府数万亿元的财政投资计划和天量信贷拯救了房地产,也拯救了地方政府,地方财政于2009年5月实现深V型反转,5月份同比增长4.8%,8月份暴增36.1%,12月份竟达56.5%,增速创世纪新高。逆势实现全年财政收入增长11.7%,加上1.6万亿元的土地出让金①,则实际增长率高达19.2%。地方政府以不可思议的方式度过了破产危机。从此意义上说,中国政府确实成功应对了国际金融危机对我国的冲击。

然而,我们必须看到,2009年中央政府和地方政府的大规模投资计划和天量信贷,也为中国经济和社会留下了不小的隐患。主要集中在三个方面:

其一,进一步加剧了产能过剩,助推中国经济这辆高速列车在低质量增长的轨道上越滑越远,致使中国经济有增长而无发展。经济增长和经济发展是两个不同的概念。经济增长关心的重点是物质方面的进步,以GDP来测定。经济发展则不仅关心国民生产总值的增长,更关心结构的改变,以及社会制度、经济制度、价值判断、意识形态的变革,更着眼于长期而不是短期。经济增长注重"量",经济发展注重"质"。结构合理、有质量的经济增长才会促进经济发展。

GDP质量总体上由投资率和最终消费率的比例关系界定。这种比例关系虽然没有绝对的标准,且随工业化的不同阶段大致呈马鞍形变动,但就钱纳里对39个发展中国家的经验统计所显示的规律而言,我们还是可以获得一个大致的参考(参见表2-1)。

表2-1 钱纳里多国模型工业化过程中投资率和消费率的变化情况②

(%)

发展阶段	人均GDP(1970年美元)	私人消费率	投资率	政府消费率	最终需求率
工业化初期	140	73	15	14	71
工业化中期	560	66	20	15	65
工业化末期	2100	60	23	18	59

---

① 资料来源:根据财政部和国家统计局官方网站相关数据整理所得。
② 〔英〕钱纳里、鲁宾逊、赛尔奎因:《工业化和经济增长的比较研究》(吴奇等译),上海三联书店1995年版,第319页。

由表 2-1 可见，私人消费率（居民消费率）最低参照 60%，投资率最高参照 23%，政府消费率最高参照 18%。世界银行关于各大洲 26 个代表性国家的数据显示，1985—2003 年间我国消费率不仅低于发达国家，而且也低于大多数发展中国家。多数欧洲国家平均消费率在 70%—80% 之间，由于它们均属于高收入国家，其最终消费率的一般趋势是高位稳定或略有提高。如英国从 1985 年的 80.71% 提高到 2003 年的 86.63%，提高将近 6 个百分点。大洋洲的澳大利亚和新西兰也都稳居高位并略有提升，2002 年消费率分别达 78.47% 和 78.17%。非洲的埃及和南非也是稳中趋升，2003 年消费率分别达到 84.77% 和 81.43% 的高位。拉美的阿根廷、巴西、智利、秘鲁四国的平均消费率也分别在 70%—80%，虽有一定波动，但始终稳定在高于 70% 的水平。与此形成鲜明对比的是，中国的消费率远低于国际合理水平，不仅低于发达国家，而且也低于大多数发展中国家。① 国家统计局数据显示，1978 年至 2008 年，中国居民消费率和最终消费率呈缓慢下降趋势，居民消费率从 1985 年的 53% 降至 2008 年的 35.3%，城乡居民收入占国民收入的比重也由 56% 下降到 43%。与之相对应的是，我国的投资率则远高于世界各国，投资率在 30 年间不断上升，2009 年的投资率高达 40% 以上，造成产能过剩和基础建设过剩，工业产能平均富余 30% 至 40%，造成投资—消费结构严重扭曲。② 很明显，中国的投资率太高，最终消费率太低，8.7% 的 GDP 增长质量存在严重问题。从本质上说，近几年中国经济并没有取得实质性发展。改革开放以来推动中国经济列车高速飚进的发展模式，即以政府主导的投资拉动的粗放式增长方式，显然已经走到了尽头。

其二，推高了房价。在向市场注入天量资金的同时，政府又推出了对购房者的利率优惠等政策，危机前面临调整的房地产市场的形

---

① 王子先:《我国消费率低于发达国家和大多数发展中国家》，凤凰网，http://finance.ifeng.com/news/special/growthmodel/20110317/3691555.shtml，2011 年 3 月 20 日查询。

② 《郑新立：中国居民消费率已经降至 25 年最低点》，《深圳商报》2010 年 6 月 9 日，第 B02 版。

势出现了戏剧性的变化。多年来政府在保障性住房供给方面严重缺位导致的住宅供需失衡等现实,民间对本币贬值和通胀发生的强烈预期,以及大批民营企业主在经营环境极度恶化的形势下关停工厂并将资金转投房地产,造成了2009年中国房价逆势飙升。中国的商品房市场普遍远离了中低收入阶层的购买能力,沦为少数高收入群体的资本游戏场。房价是否合理姑且不说,但多数城市新居民的居住权利无法保证是不争的事实。当前的中国房价已经远远超越了原有的城乡差别,成为无差别适用于所有人的贫富分化的离心机。因房价畸高而产生的社会焦虑、绝望、愤怒,不可避免地会影响正常的社会秩序、社会创造力,最终势必会冲击政府的执政基础。

其三,财富进一步向体制内部门集中,国强民不富的格局得到强化,市场机制退化。从国家统计局发布的2009年主要统计数据我们可以很清楚地发现,天量投资和天量信贷显示了明显的亲体制性。在国企改革不到位、国企垄断地位不断强化的情况下,市场机制严重退化。民营部门在金融危机的冲击下举步维艰、大量倒闭。且不论"国进民退"现象及其是非,但国民财富因此加剧向体制内部门集中,国企相对于民企在危机中不断壮大却是不争的事实。

总之,此番危机应对举措虽成功回应了国际金融危机对我国的冲击,暂时避免了地方财政的破产危机;但也加剧了中国经济的低质量增长,进一步恶化了国内投资、消费结构;国民财富进一步向体制内部门集中;而高速推升的房价,也酝酿了巨大的经济、社会甚至政治风险,可谓利弊兼具。接下来,我们要继续探讨的问题是:中国经济问题的症结在哪里?在金融系统健康无虞的有利条件下,中国为什么反由国际金融危机的冲击而险些引爆地方政府危机,进而出现全面的经济社会危机?

二、中国经济的体制性缺陷和障碍:政府失灵及其导致的市场失效

2008年国际金融危机,使中国经济长期存在的结构性失调等一系列深层次问题浮出水面。那么,中国经济长期存在的问题包括哪些方面?问题的症结在哪里?中央政府的4万亿元财政投资计划和地方政府数十万亿元配套资金,以及近十万亿元天量信贷这种非常

规的手段,到底能不能解决问题?这是需要我们认真思考的。中国的经济问题在宏观层面可以表述为两个失衡,即国际贸易和国内经济的双重失衡,且两者有一定的关联性。

1. 居民消费不足是中国经济的根本问题

自 1994 年通过人民币深度贬值正式确立出口导向型经济以来,人口红利辅之以低工资策略,使我国实现了经常项目和资本项目的长期双顺差。在制造业技术落后的条件下,我国已经成了制造低端商品的"世界工厂"。这种出口导向型战略的长期持续,不仅造成了外部失衡,同时也形成了外贸依赖。在这种模式下,国内居民消费被严重削弱和忽视,国内劳方在经济循环链条上的消费功能弱化,使中国的经济增长长期建立在国外市场的消费基础之上,形成了中国投资、外国消费的所谓国际经济大循环模式。就国内而言,中国作为脱胎于计划经济的后发展国家,长期奉行强国战略,实施的是政府主导的高积累、高投资和低消费的发展模式,这直接造成了我国初次收入分配的不合理。近年来,我国劳动者报酬占 GDP 的比例偏低、国民收入分配向国家和资本所有者倾斜的现象一直比较突出。据财政部的相关数据,建国 60 年间,我国财政收入增长 1000 倍,而城镇居民收入增长还不到 20 倍。

政府税收大幅度高速增长而居民收入增速缓慢是问题的一面,收入分配过于偏重资本而轻视劳工是问题的另一面。据中国社科院发布的《2008 年社会蓝皮书》,我国国民收入结构失衡,特别是劳动者报酬所占国民收入比重逐年下降。20 世纪 90 年代以前,劳动者报酬占比为 50% 以上,2001 年后这个比重不断下降,到 2006 年已下降到 41%。与此同时,营业盈余比重由原来的 20% 提高到 2006 年的 30.6%。在发达国家,工资一般要占企业运营成本的 50% 左右,而中国则不到 10%。发达国家劳动报酬在国民收入中所占的比重一般在 55% 以上,在中国则不到 41%,且呈逐年下降趋势;而资本回报的比例却连年不断上扬。政府和资方的高积累、高投资,严重挤压了作为消费主体的劳方的消费能力,造成当下投资与消费严重失衡的困局。

中国经济的高积累、高投资和低消费的发展模式,建立在对国外市场尤其是美国等发达国家高消费的生活方式之上。这种过度依赖国外消费的发展模式风险很大,外部需求一旦下降,对国内市场的反作用力就会加剧。在国际金融危机导致外部消费急降的情况下,国内消费又因长期受到忽视和挤压而难以在短时期内弥补外部消费急降留下的空白;为了保证国内经济的增长,政府也只能依靠大规模投资。我国目前的经济困难恰在于此。

2. 分配不公是社会问题,也是中国经济问题的症结

我们知道,居民消费由居民消费能力和居民消费意愿决定。其中消费能力和收入水平相关,消费意愿则受社会保障和边际消费倾向递减规律的影响。收入水平低下、社会保障水平低下、贫富差距大均直接导致居民消费率低下,而这三者所指涉的都是分配问题。因此,我国居民消费率低的另一面其实是分配公平问题。而分配公平问题就涉及政治过程,不再仅仅是经济问题。历史一再证明,严重的分配不公必将引发严重的政治后果。

如果就上述分配问题所涉及的收入水平、社会保障、贫富差距三个问题的决定因素展开追溯分析,就会发现收入水平取决于就业率、就业质量和工资谈判能力。就业质量取决于产业结构和个人受教育水平,工资谈判能力取决于劳资权利对比和劳动力稀缺程度。产业结构的改善则取决于一国的市场竞争状况、科技创新能力。个人教育水平取决于教育资源水平和教育机会的可获得性。市场竞争状况取决于制度供给和政府干预状况。社会保障水平和贫富差距取决于政府的调节意向和调节能力。政府的制度供给和干预状况,以及调节意向和调节能力取决于政府的角色定位。

3. 分配问题是政府失灵及其导致的市场失效造成的

上述各相关影响因素又可以归为两类:一是政府性的,二是市场性的。其中,市场只通过产业结构和劳动力稀缺程度对收入水平有部分影响,而政府不但对社会保障和贫富差距调节起决定性影响,还通过教育资源和机会以及劳资权利规定等因素间接影响收入水平。同时还通过制度供给和是否干预直接影响市场。可见,最终是政府在分配问题上起到了决定性作用。其发挥作用的渠道根据各相关影响因素也可被归为两类:一是通过社会政策,二是通过市场;表现为社会政策和市场政策失当。

(1) 社会政策中的政府缺位。

政府的社会政策直接导致了我国目前的分配严重不公、贫富差距悬殊。具体表现如下:其一,社会保障水平长期滞后于经济发展水平。对比欧美国家社会保障制度的发展历史,我们认为中国社会保障和社会福利的发展滞后于经济发展至少20年以上。其二,贫富差距悬殊,税收反向调节。我国基尼系数从2000年开始越过0.4的警戒线,处于极不平等区间,并逐年上升,2006年已升至0.496。与此相对应,税收却是反向调节。以个税为例,工薪阶层和个体工商户缴纳的税款占了个人所得税收入总量的90%以上。同时,我国也缺乏调节代际平等的遗产税。其三,城乡差距不断拉大。如果说新中国前30年的发展靠的是农产品"剪刀差",后30年靠的就是劳动力"剪刀差"和土地"剪刀差"。中国的发展至今仍然在以全面牺牲农村为代价。其四,城镇化水平严重滞后于经济发展。计划经济时代形成的户籍制度沿袭至今,利用身份制度阻碍了农民的市民化。上述"剪刀差"下农民工收入低,难在高成本的城市落户,造成我国城镇化水平严重滞后于经济发展水平二十多个百分点。用一些专家的话说,"中国社会结构滞后于经济结构大约15年"①。社会政策层面的政府失灵在很大程度上是政府不作为的结果,总体可归因为政府缺位。

(2) 市场政策中的政府失灵。

政府过度干预市场,扭曲了市场机制,不但没有纠正市场竞争产生的分配不公,而且还加剧了分配不公。发达国家的市场实践表明,就实现财富增长而言,以自由竞争为基本激励的市场机制远比政府有效,因为政府存在成本收入分离、内部性、派生的外部性、效率低下等缺陷。对此,沃尔夫教授等许多学者已经有过揭示。② 我国虽早在1993年中共十四届三中全会上已经明确了建立"社会主义市场经济体制"的目标,但其过程却并不顺利。

其一,中国市场改革不彻底。首先,中国的市场化改革到目前为止主要开放了高竞争的商品市场,而并没有开放要素市场。市场是

---

① 陆学艺:《当代中国社会结构》,社会科学文献出版社2010年版,第3页。
② 〔美〕查尔斯·沃尔夫:《市场还是政府——不完善的可选事物间的抉择》(陆俊、谢旭译),重庆出版社2007年版,第51—54页。

一个相互关联的整体,不开放要素市场的商品市场最终是扭曲的、低效的。民营企业只能在那些完全竞争的"难赚钱"或"不赚钱"的领域艰难发展。其次,国有企业市场化改革不彻底。由于难以克服委托代理关系中的逆向选择风险和道德风险,世界范围的国企普遍低效。自20世纪80年代的新公共管理运动以来,欧美各国普遍通过尽可能的市场化、利用竞争机制提高国有企业的效率。中国国企的市场化程度总体上还很低。国企改革仍停留在"行政性分权"层面,而没有实现"经济性分权"。按美国经济学家伯恩斯坦的定义,行政性分权指不改变原来行政机关对生产单位进行的微观干预而仅仅在行政系统内的各层次间做些权力调整。经济性分权或市场性分权指在改变行政系统职能的同时,把微观决策权还给面向市场的企业,行政机关主要从事宏观总量管理,并通过市场间接调节。据此,我们的国企还停留在"股份革命"阶段,没有经过"经理革命",国企主管至今仍然停留在计划经济时代组织任命的阶段,只需对"上级"(领导)而不是对股东(人民)负责;国企部门间有限的垄断竞争没有根本改变其市场特权。因此,中国的市场改革还没有完成,在不完整的市场中是无法实现"公平竞争"的。而市场经济的本质和生命力,恰在于市场主体之间基于自由、平等和公平的竞争。

其二,政府对经济过度干预,经营性、建设性功能不断强化,形成了"差序格局"的权力经济。政府通过行政手段和市场手段深度介入微观经济,建立了以政府权力为核心,依次是国有企业、集体企业、民营企业的市场"差序格局",进一步消除了公平竞争,扭曲了价格体系和利润体系。中国市场成了"政策市场",各市场主体不是与经济规律博弈,而是与政府政策对赌,以致投机盛行。分配领域也相应以权力为核心形成了扭曲的"差序格局",依次是公务员群体、国企员工群体、民营员工群体、农民。电力、电信、金融、保险和烟草等垄断行业的收入畸高,据专家估计,2008年8%的国有垄断企业员工占了全国工资总额的50%[①],垄断行业国企对分配领域的扭曲可见一斑。

---

① 刘欣然:《马光远:国企只上缴10%利润是不是太少?》,《南方人物周刊》2009年第22期。

在宏观分配格局中,权力痕迹也同样明显。前已有述,政府、资方、劳方三者关系严重失衡,已构成我国经济社会的致命伤。官方统计数字显示,政府收入增长一直远高于 GDP 增长速度,而城镇居民收入则远低于 GDP 增长速度,甚至低于物价上涨速度,企业收入增长速度则和 GDP 增长速度趋于一致。社会财富沿权力路径向政府集中的趋势是非常明显的。

其三,权力滥用市场,放弃公共责任。在政府建设性和经营性功能强化的条件下,权力为了获取 GDP,在一些领域滥用了市场。当前医疗、教育、住房三大领域的市场化改革,就是政府滥用市场、放弃公共责任的典型体现。政府在市场化的旗号下以营利为目的置换了市场的核心含义——竞争机制,其结果必然是片面市场化改革;其实质是利用医院、学校、土地等公共资源赚钱,而民生却没有随着经济的高速增长而得到较大的改善。

其四,企业过度政治化。提供有效的秩序是政府存在的根本理由。有效秩序的提供,需要有效的权威。政治实践中,有效权威的来源不外乎暴力、财富和正义。其中,正义不是空洞的,现代政府的正当性在于对公民权利的保障和对社会正义的维护,而正义的实现在于政府能够有效地回应并满足社会的需求,归根结底还是来源于财富的生产和分配方式。在常态的社会生活中,暴力通常作为一种威慑性力量和殿后力量,是消极性权威来源。积极性权威则来源于财富的生产和分配,所以,政府控制财富生产和分配的方式决定了政府权威的有效程度。全世界的国有企业普遍效率低下,改革开放以前 30 年的国有企业实践已经充分证明了这一点。据相关数据,后 30 年的国有企业减去租金、减去比民企低了 14% 的税负,实际上仍然亏损。政府在市场经济框架基本确立的情况下亏本养国企,垄断行业的改革难以推进,说到底还是因为政府有控制财富和资源的需要,这种维护政府权威本位的政治目的论,与以人为本、执政为民的执政理念背道而驰。

其五,法治缺位和市场失效。市场经济是契约基础上平等竞争的经济,它离不开保护契约和市场主体平等竞争地位的法治。法律规则只能由政府提供。但由于政府承担了过多的直接经营角色,导致市场和法治缺位或失效。政府是公权力的化身,权力存在的地方是取消竞争的,而公平竞争恰恰是市场机制的灵魂。政府权力直接介入市场领域的结果,必然削弱乃至消解了市场的公平竞争逻辑,形成基于命令体系的权力支配逻辑,市场失效便不可避免了。

上述市场政策中的政府失灵有的是政府不作为的结果,有的是政府不当作为的结果,总体可归因为政府缺位和越位并存。

(3) 市场失效的后果。

市场失效还引发了一系列严重的经济后果。最引人注目的有两个:一是产业结构调整困难,二是企业创新能力低下。这两者决定了一个国家经济的层次和质量。产业结构还与消费结构和劳方收入水平密切相关。产业结构调整离不开创新,创新则主要依赖市场竞争和教育科研机构,而权力的过度介入不但在市场中消解了竞争,而且在教育科研机构中用过度行政化腐蚀了创新功能。在市场领域,国企不但垄断了要素市场、规模经济行业,而且还不断进入高利润低风险行业甚至高竞争行业领域,民营企业的升级空间被堵死,甚至被驱赶出一切利益丰厚的经济领域。这就导致在出口导向型发展策略中成长起来、完成原始积累的企业家无法脱离原来建立在低劳动力成本基础上的低回报高消耗的劳动密集型行业,完成产业升级,进入高技术附加值的行业。这些宝贵的企业家的才能和资本都被逼到投机一途,形成了近年来炒房、炒煤、炒矿,甚至炒大蒜和绿豆的投机景观。本应成为市场经济发展的正能量反成了市场经济的破坏力量,这完全是体制不畅之罪。熊彼特在《经济发展理论》一书中早就指出企业家才能才是经济增长与发展的原动力,认为正是企业家的"创造性毁灭"推动着经济发展水平的波浪式上升。索洛利用美国20世纪50年代的数据进行计算,进一步发现投入的增加只能解释产出变化的12.5%,而其余的部分则归因为技术进步。低效的、市场化改革不彻底的国有企业大规模盘踞在市场中的后果,必然导致权力经济、投机经济、弱智经济,从而也必然是"弱质经济"。

由此不难看出,中国经济问题的症结其实是政府在社会领域和市场领域同时失灵,是体制性缺陷和障碍使然。单纯的经济改革已经无法根治问题,只有通过重构政府与市场关系、重塑政府的角色、完成政府职能的重新定位,才能从根本上纠治中国经济结构严重失衡的问题。

三、中国经济发展方式转变的根本出路在体制改革和政府转型

当前中国经济的运行态势,短期看似乎比较乐观,但从长时段看依然相当严峻。一方面,由于欧美各国经济受到金融危机的重创而增长缓慢,中国经济的外部条件短期内难以恢复,原有的出口导向型发展模式已经难以为继。另一方面,金融危机以来政府推出的天量投资和天量信贷等应对措施,不仅没有解决中国固有的结构失调和产能过剩问题,反而加重和凸显了这些问题的严重性。

要扭转中国经济的被动局面,必须从根本上改变政府在社会领域的缺位和在市场领域的缺位越位并存的现状。政府在社会和市场领域的缺位体现为公共性的缺失,在市场领域的越位体现为经营性和建设性功能过度。经营性和建设性的政府角色不可避免地会出现公权力和企业主合一的局面,并且不可避免地出现与劳方和市场其他主体相对立的局面,因为此时的政府是作为与民争利的一方存在,必然遭致民众的反对,这对政府是有百害而无一利的,是官民两伤的结局。当年的农村税费问题、"三乱"问题、当下的国企改革难、高房价问题以及国有部门对各类资源的垄断问题,都是同一类问题。政府在社会领域的缺位和在市场领域的缺位越位,其实质是政府角色的错位。因此,中国经济社会问题的症结在政治,政府角色应当重新定位,建设一个为社会和市场服务的公共服务型政府;在市场领域,政府要承担起市场制度即法制建设之责,并从经营性领域逐步退出,把经济建设的角色赋予市场;在社会政策领域,政府要承担起社会公平之责,让公共财政"取之于民而用之于民"。

1."建设型"政府与"公共服务型"政府之异

建国以来的中国政府依据其角色定位和政策取向,大致可以划分为三种类型。前30年可称之为"革命型"政府,后30年可称之为"建设型"政府,未来的政府模式按照我们的理解当可称为"公共服务型"政府。这三种类型的政府有显著不同,但各应其时,并无好坏之分。下面试把三种类型政府的若干特点列表比较,以示其异同。

表 2-2　三种类型政府模式的比较

政府类型	时间	任务重心	合法性来源	民众利益诉求载体	民众需求	改革性质	控制方式
革命型	1949—1978	巩固统治	建国大业	党、政府、单位、集体	生存与安全	增量增长为主	领袖号召力
建设型	1979—2009	经济发展	GDP增长	党、政府、单位、集体	生活富裕	增量增长为主	行政权力
公共服务型	2010—？	社会发展	社会公正	公民组织	均富、幸福	存量增长为主	法治

如表 2-2 所示,"革命型"政府和"建设型"政府从总体上说都适应了时代要求,回应并满足了民众需求,促进了中国社会的发展。尤其是改革开放以来中国政府发展经济所取得的成就,堪称人类奇迹。假设 1978 年没有实施从"革命型"到"建设型"的政府转型,中国现在会是什么样的社会? 看看今天的朝鲜,答案不言自明。改革开放30 年来,"建设型"政府在推动中国经济高速增长、实现现代化中国奇迹的同时,也形成了因财富过于向政府和企业集中而造成的贫富差距悬殊、两极分化严重、社会矛盾空前尖锐、经济结构严重失衡等问题,整个社会似乎陷入了"增长的陷阱"。在中国这样一个政府主导型的社会,增长方式和产业结构的调整,各种社会矛盾的化解与和谐社会的达致,端赖从"建设型"政府向"公共服务型"政府的转型。可以说,在当下的中国,产业结构的调整固然"刻不容缓",政府的转型也同样"刻不容缓"。

2. "公共服务型"政府的属性与基本特征

公共服务型政府是一种全新的现代政府模式。按照公共行政学的观点,公共服务型政府是对民主、法治和责任三位一体现代科层制政府的超越。强调公民本位、权利本位和社会本位,其主要特征大致包括以下四个方面:一是政府作用的公共性,政府作用主要集中在公共领域,政府的职能主要是为社会提供公共产品与公共服务,政府资源主要向公共产品和公共服务领域投入;二是政府职责的公正性,政府的基本目标是实现社会正义,其主要职责是实现和保障社会公正;三是政府服务对象的公共性,政府是为市场主体和全社会服务的公共管理者和公共服务者;四是政府权力的有限性,政府只是社会治理主体中的一个,其与非政府组织、企业等社会治理主体一道构成一个平等的、协商性的社会权力网络。换言之,政府、非政府组织、企业共同参与社会治理与公共产品的提供。总之,公共权力的公共性决定了现代政府的目标是实现和维护公共利益,其职能是为公民和全社会提供公共服务。政府只有通过向公民和社会提供充足优质的公共服务,才能证明自己存在的价值和合法性。

3. 公共服务型政府的主要任务

当前中国最严重的问题,其根源在社会领域是因分配不公而产生的各种利益矛盾,在经济领域则是投资与消费的结构失衡。因此,协调利益矛盾、解决结构失衡是公共服务型政府最紧迫的任务。换言之,中国政府当前的主要任务是"协调"。

(1)"公共服务型"政府应该协调什么。

就国内而言,政府的协调任务可具体归为五个方面。其一,国内各群体间的利益协调。主要包括城乡利益协调、劳资利益协调、贫富利益协调、官民利益协调、官企利益协调等。其二,体制间的均衡协调。主要包括政府与国企之间的关系协调、国企与民企之间的关系协调、政府与民企的关系协调、中央政府与地方政府之间的关系协调、政府与市场边界的动态关系协调等。其三,经济结构的均衡协调。主要包括投资与消费的比例协调、内需与外需的协调、政府消费与居民消费的协调、政府投资与民间投资的协调等。其四,短期的经济措施和长期的经济发展目标的关系协调。其五,经济改革与政治改革的联动关系问题。

上述各种需要协调的关系互为依存,相互影响,牵一发而动全身,任何一种关系的协调都无法单独实现,因此公共服务型政府的任务是系统性的。不过,上述错综复杂的各种关系实际上可以简化为一对关系,即精英与大众的关系。任何引发社会动荡的内部因素都可以追溯到社会中权力精英和财富精英与普通大众的合作关系的破裂,对立关系的形成。而引发精英与大众对立的原因,无一例外都源自精英阶层对大众的过度索取。我国当前出现的分配不公问题,其实就是作为精英的政府、资方对民众和劳方过度索取的结果,这是现阶段中国社会的基本矛盾。公共服务型政府意味着政府要切实转变职能,从过往与民争利的博弈中退出,真正担当起利益博弈的仲裁者和协调者的角色。通过协调建立起社会精英与大众的长期合作关系,达致精英与大众、资方与劳方等博弈各方的利益平衡,应是协调任务的重心所在。

(2) 建设"公共服务型"政府的条件。

其一,"公共服务型"政府的实现需从改革"建设型"或经营型政府出发。这就首先需要推进国有企业改革,使地方政府撤离经营性领域;其次,需要解决地方政府的税收来源,即要进行财税改革;再次,需要完善市场机制,把市场的还给市场,健全和完善基于平等竞争的社会主义市场经济体制;最后,政府要正视市场竞争所产生的负效应,运用社会政策调控分配不公和贫富差距,弥补"市场失灵",实现社会公正。

其二,"公共服务型"政府要为市场竞争中的各种利益主体提供均等的机会。当前的"建设型"政府主要是利用资源、身份等门槛控制市场进入,利用有选择的激励强度控制市场过程,通过对分配的干预控制市场结果。通过对这三个环节的控制最终实现机会控制,政府正是利用机会控制实现了国内财富的定向流动。公共服务型政府意味着政府制定的公共政策要平等地对待每一个公民,平等地对待各种类型的企业。

其三,"公共服务型"政府必须保持利益立场的超然性。以往的"建设型"政府的角色,使得各级政府热衷于经营城市、经营土地,政府既当运动员又当裁判员。"公共服务型"政府必然要求政府退出经营性领域,这对于已经习惯直接掌握巨额财富的"建设型"政府而言,意味着对巨额"既得利益"的自动放弃。政府是由具体的个人组成的,理论上的政府超然性需要实体的人来实现,没有人愿意放弃已经掌握的资源。官僚阶层由此成了阻碍政府退出的最大障碍。这个障碍需要通过深化政治体制改革加以克服。

其四，政府的超然地位依赖政治体制改革来保障。现代政治制度的成功之处可用一句话来概括，即实现了对政府权力的有效控制。不受控制的权力是绝对权力，绝对的权力导致绝对的腐败，这是权力铁律。所以，要保证政府的超然地位，使公权力受到有效控制，服务社会大众而不是腐败自利，只能通过深化政治体制改革，推进国家制度创新和制度建设，找到适合中国国情并能够有效制约政府的方法。

从人类政治文明积累的成功经验来看，有效控制政府权力不外乎两种基本约束方式：一是内部制衡，二是外部制衡。内部制衡是把公权力三分为行政权、司法权和立法权。外部制衡是通过普选控制立法权或行政权。具体的制衡组合类型不一。美国制衡最彻底，内部三权分立制衡，外部普选同时控制立法权和行政权。英国内部议行合一，司法独立，外部普选控制立法权。法国内部半议行合一，司法独立，外部普选控制行政权和立法权。其他民主国家不一而足。总体看来，司法独立是内部制衡的首选项，外部制衡中普选权至少控制了行政权和立法权的一项。而议行合一、党政合一不涉制衡问题。现代政党制度是人为的政府定期"凤凰涅槃"的制度，其功能就是防范政府坏到无法收场的地步。国家制度建设是一项世纪性的历史大工程，如何实现、在多大程度上能够实现，堪称一个世界级的大课题。

四、简短的结语

回到本章开始的三个问题，即：国际金融危机期间，中国金融系统运转良好，我们在应对什么？需要应对什么？应该如何应对？从表面上看，中国政府为应对国际金融危机的冲击而推出的4万亿元投资和10万亿元信贷的刺激计划，似乎是针对欧美各国经济衰退而引发的外需不振、出口骤降的危机，这些救市措施从短期看确实也比较成功。但在我们看来，数万亿元财政投资和10万亿元天量信贷实际上应对的并非金融危机本身，而是我国长期积累的经济问题所导致的、由金融危机诱发的地方政府破产危机。从长时段看，扬汤止沸的应对措施已然为中国经济和社会留下了许多隐患。

我们需要应对的是长期存在并因危机应对措施而加剧的投资消

费失衡问题,社会分配不公问题,以及市场体制不完善、政府失灵所导致的市场失效问题。市场化改革和国有企业改革长期没能继续深化是其中的瓶颈所在。

要从根本上解决上述问题,我们需要实现从"建设型"政府到"公共服务型"政府的转型,执政党和政府必须从主要面向经济建设转为主要面向社会发展。而政府能否成功转型,则取决于政治体制改革的深化,取决于现代国家制度建设和制度创新的不断推进。

政府宏观调控为什么失灵?[①]

——以 1996 年以来中国钢铁产业的宏观调控为例

宏观调控是中国政府自定义的四大职能之一,产能过剩则是多年来中国经济久治难愈的顽症。国际金融危机以来,中国经济面临诸多难题,一方面是经济增长过分依赖投资和出口的拉动而居民消费不足;另一方面则是各级政府执著于以 GDP 增长为导向的粗放式发展模式,热衷于投资上大项目,大干快上、重复建设,助推产业结构严重失衡、产能严重过剩。不仅钢铁、水泥、平板玻璃、电解铝、煤化工等传统行业因产能过剩而处于全行业亏损,几年前还被推崇为"新兴产业"的太阳能多晶硅和风电设备等行业,也陷入全面过剩的困境。

更严重的问题是,最近十多年来,针对钢铁、水泥、电解铝等行业的产能过剩问题,中央政府多次实施强力干预,先后推出了一系列以淘汰落后产能为目标的宏观调控措施。各项调控政策、法规和各部委文件不断出台,几乎每隔三四年就有一场声势浩大的调控运动,每次调控都有一大批大型项目"紧急叫停",大大小小的各类企业"关、停、并、转"。然而,几番调控下来,产能过剩问题越演越烈:过剩引发调控,调控过后又是一轮更大规模的投资,造成产能更加过剩。投资、过剩与调控的轮回,无疑是政府失灵的一大标志。中国经济的产能过剩顽症为什么不能根治?什么原因导致政府的宏观调控政策失效?在市场经济环境下,政府应当如何处理自身与市场的关系,政府

---

① 原文分两部分,曾先后刊发于《学术界》2013 年第 4 期和《南京社会科学》2013 年第 5 期。孙仕琪参与了第五、六两节的撰稿,并承担了资料收集、数据处理和引文核对工作。

对市场的调控应当如何进行？本文试以1996年以来我国钢铁产业的调控过程为个案，全面考察和研究中国政府针对产能过剩的调控过程及其绩效，探讨并揭示产能过剩治理和调控失效的症结，求解治理产能过剩顽症，纠正"政府失灵"的对策。

一、与政府宏观调控相关的概念和理论

1. 政府、市场与宏观调控

宏观调控（Macro-economic Control）亦称国家干预，是政府对国民经济的总体管理，是一个国家政府特别是中央政府的经济职能。它是国家在经济运行中，为了促进市场发育、规范市场运行，对社会经济总体的调节与控制。对市场运行和经济活动实施必要的宏观调控，是现代政府承担的基本职能之一。讨论政府宏观调控，首先涉及政府与市场的关系问题。现代经济学家一般都主张发挥市场在资源配置中的基础性作用，同时借助政府的宏观调控，以防范并尽可能避免市场失灵带来的负面效应。经济学家萨缪尔森认为，当今各国的市场经济，以二战后美国经济为例，既不同于以前完全的市场经济，又不同于计划经济，而是一种"混合经济"。其中既有市场机制调节，又有国家对经济生活进行干预。基于此，他提出了在市场调节基础上国家对经济进行干预的主张。萨缪尔森指出，经济运作的基本机制仍然是市场调节，国家干预只是对市场机制的补充，即政府运用各种经济政策纠正市场调节自身固有的缺点，对经济进行宏观调控，促进经济健康发展，并实现社会公正。

2. 宏观调控的特点

宏观调控的过程是国家依据市场经济的运行规律，为实现总量平衡，保持经济持续、稳定、协调增长，而对货币收支总量、财政收支总量、外汇收支总量和主要物资供求的调节与控制。政府运用调节手段和调节机制，实现资源的优化配置，为微观经济运行提供良性的宏观环境，使市场经济得到正常运行和均衡发展。

宏观经济调控的特征体现在以下几个方面：首先，调控的主体为国家。与微观经济管理行为不同，宏观经济调控的主体是国家而不是具体的经济活动主体；其次，调控的主要方式为经济政策，它是宏

观经济调控政策的法律制度化表现,是一种"政策性法律";再次,宏观经济调控多以政策出现,而政策的效力在于引导和鼓励,而不是强制执行或者加以处罚;最后,调控以社会整体经济发展为出发点和归结点。

3. 宏观调控的领域和手段

宏观调控的领域一般包括三个方面:一是涉及国家整体经济布局和国计民生的重大领域;二是容易产生"市场失灵"的经济领域;三是私人的力量不愿意进入或者单个私人的力量难以办好的领域,政府需要直接进入或者以适当的方式促成私人的力量进入。

政府对经济的宏观调控手段,大致可分为法律、行政和经济等三类。法律手段是国家通过制定和运用经济法规来调节经济活动,具有权威性、规范性、稳定性等特点;行政手段是国家通过行政机构,采取带强制性的行政命令、指示、规定等措施来调节和管理经济活动,具有强制性、垂直性、速效性等特点;经济手段则是国家为了实现宏观经济目标所采用的财政政策、货币政策、产业政策、土地政策等政策组合,有利于从根本上调动各方面的积极性,具有调节性、灵活性、平等性等特点。法律、行政和经济等调控手段,虽各具所长但都存有一定的局限性。如法律手段缺乏处理特殊问题的弹性和灵活性;行政手段则受制于领导者的水平,容易产生随意性、主观性和"一刀切"问题;经济手段的作用领域主要限于经济领域,具有短期性、滞后性和调节后果的不确定性等。因此,政府对市场的调控,应综合运用各类调控手段,加强相互之间的协调配合,以提高宏观调控的科学性和有效性。

4. 政府与市场的关系

政府与市场在促进国民经济发展中应当协同发挥力量。但是,在不同的市场环境下,政府与市场如何发挥各自的功能和作用,却是个复杂的问题。沃尔夫指出:"政府与市场之间的选择是复杂的,而且这种选择通常不是两个方面(二择其一),这不是单纯地选择市场或政府,而往往是两者的不同组合之间的选择,以及某种配置资源模式的不同程度之间的选择。"①政府与市场要发挥好各自的作用,关键在于合理界定二者之间的边界,防止政府侵占市场的空间。谢罗奇指出:"政府和市场作用的范围和领域有各自的有效边界,市场能有效发挥作用的领域,要充分发挥市场的基础性调节功能;市场不能有效发挥作用的领域,涉及社会利益的目标需要国家干预来实现。一旦超出范围,政府干预和市场机制都会带来低效率。"②因此,理想的状态是在政府与市场这两种力量之间寻求一个均衡点,既可规避市场缺陷以维护公平,亦能防止政府的过度干预而影响效率。

当下中国的经济问题明显不同于西方国家,并非由于市场和政府二者之间的力量失衡所引发。中国的问题是,一方面,市场经济体制建立不久,市场机制还很不完善,与之相配套的各种法律法规尚不健全,市场需要政府的建设和完善,政府对经济活动的宏观调控尤显必要。另一方面,从计划经济时代沿袭下来的全能型政府体制,自身就存在着严重缺陷而有待改革。政府权力独大且无所不在,政府对市场的过度干预,包括"越位""错位",以及"不作为",如有法不依、违法不究等,可以说是司空见惯。③ 在此情况下,由各级政府主导的投资"大跃进"固然能拉动 GDP 短期内的快速增长,但政府投资行为的天然低效和极端浪费,本已为经济社会的长期发展埋下隐患;而政府在行使调控职能时,一旦偏离市场经济运行规律,对经济活动进行不必要乃至过度的干预,也会严重危害市场运行,阻碍经济的正常发展。

二、中国钢铁业的宏观调控过程、调控方式与政策表现(1996—2011 年)

1996 年,中国的粗钢产量首次超过 1 亿吨并超越日本、美国而跃居世界第一。从此,官方和民间对我国钢铁产能过剩的议论如影相

---

① 〔美〕查尔斯·沃尔夫:《市场还是政府——不完善的可选事物间的抉择》,第 148 页。
② 谢罗奇:《市场失灵与政府治理——政府经济职能与行为研究》,湖南人民出版社 2005 年版,第 47 页。
③ 国家经济贸易委员会:《关于进一步做好 2000 年钢铁总量控制工作的通知》(国经贸运行〔1999〕第 1205 号),法律法规网,http://www.110.com/fagui/law_152820.html,2013 年 1 月 3 日查询。

随,成为中国经济发展进程中的一大话题。钢铁产业作为工业的脊梁和传统产业的代表,其固定资产投资对经济具有极强的拉动力。因此,最近十多年来中国政府针对产能过剩问题而发动的几次宏观调控和整顿运动,几乎都是从对钢铁业的调控和整治开始的。从中国钢铁业的发展和宏观调控的实施情况看,我们认为,1996年以来中国政府对钢铁行业实施的宏观调控及政策表现,大致可以划分为以下几个阶段:

1. 第一阶段(1996—2002年)

这一阶段我国钢铁业宏观调控的最大特点,是行政权力对市场和行业发展的绝对主导。这一方面是由于当时中国的市场经济体制尚处草创阶段,市场自身的力量十分有限;另一方面,政府对产业和产能的调控,也基本上沿袭了计划经济时代的管控方式,以致"九五"时期和"十五"之初,国家对国民经济的管理目标还是以"计划"的形式颁布的。

《中华人民共和国国民经济和社会发展"九五"计划》提出的钢铁业的发展目标是,到2000年我国的钢产量达到1.05亿吨,比1995年的9400万吨增加1100万吨;与之相配套的宏观调控目标和政策中有关固定资产投资的基本政策,主要是对年度投资规模和在建总规模实行双重调控。年度投资规模的调控以资金源头控制为主。在建总规模的调控,主要是在"九五"前期严格控制新开工项目,加快在建项目的建设;同时,继续加强基础设施和基础工业,其中对于钢铁工业,要求加快现有大中型钢铁企业的改造扩建,引进和开发当代先进技术,抓好铁路、汽车、造船、电力、石油等专用钢材和不锈钢生产线的配套改造和扩建。①

从1996年开始,国家进一步加强了对钢铁工业固定资产投资的控制,要求各地严格执行"九五"计划,严格控制新开工项目,并规定2亿元以上的投资项目须经国务院批准。1999年1月,国家经济贸

---

① 全国人民代表大会:《中华人民共和国国民经济和社会发展"九五"计划和2010年远景目标纲要》,中国人大网,http://www.npc.gov.cn/wxzl/gongbao/2001-01/02/content_5003506.htm,2013年1月3日查询。

易委员会颁布《关于做好钢铁工业总量控制工作的通知》,认为钢铁产业存在日益突出的重复建设和工业结构不合理问题,要求以1998年钢产量为基准压缩钢产量10%,"坚决制止重复建设,3年内不再批准新建炼钢、炼铁、轧钢项目"①;同年8月,经贸委颁布《工商投资领域制止重复建设目录(第一批)》,新建高炉炼铁、转炉炼钢等15个钢铁工业被列入其中。② 2000年,国家经济贸易委员会相继颁发《关于做好2000年总量控制工作的通知》《关于下达2000年钢铁生产总量控制目标的通知》,要求严格控制新增产能投资。③ 在行政权力的强势干预下,国家对钢铁产能的总量控制是行之有效的。从1997年开始,钢铁行业固定资产投资额锐减,1997到2000年,全行业固定资产投资额分别为208.49亿元、174.67亿元、76.87亿元、63.66亿元。④ 固定资产投资均呈负增长之势。同期的粗钢产量增长幅度也较缓慢,从1996年的10124.06万吨增加到2000年的12850万吨。⑤

"九五"时期和"十五"的前两年,国家对钢铁产业的宏观调控以

---

① 国家经济贸易委员会:《国家经济贸易委员会关于做好钢铁工业总量控制工作的通知》(国经贸运行〔1999〕第29号),全球法律法规网,http://policy.mofcom.gov.cn/blank/claw! fetch.action? id = G000073115,2013年1月3日查询。

② 国家经济贸易委员会:《工商投资领域制止重复建设目录(第一批)》(国家经贸委员会令第14号),人民网,http://www.people.com.cn/item/flfgk/gwyfg/1999/112208199902.html,2013年1月3日查询。

③ 国家经济贸易委员会:《国家经济贸易委员会关于进一步做好2000年钢铁总量控制工作的通知》(国经贸运行〔1999〕1205号),http://policy.mofcom.gov.cn/blank/claw! fetch.action? id = g000024774,2013年1月3日查询。

④ 中华人民共和国国家统计局:《国民经济各行业按建设性质分的基本建设投资(1997年)》,中华人民共和国国家统计局网站,http://www.stats.gov.cn/ndsj/information/nj98n/F6-9C.htm,2013年1月3日查询;中华人民共和国国家统计局:《国民经济各行业按建设性质分的基本建设投资(1998年)》,中华人民共和国国家统计局网站,http://www.stats.gov.cn/yearbook/indexC.htm,2013年1月3日查询;中华人民共和国国家统计局:《国民经济各行业按建设性质分的基本建设投资(1999年)》,中华人民共和国国家统计局网站,http://www.stats.gov.cn/ndsj/zgnj/2000/F09c.htm,2013年1月3日查询;中华人民共和国国家统计局:《国民经济各行业按建设性质分的基本建设投资(2000年)》,中华人民共和国国家统计局网站,http://www.stats.gov.cn/tjsj/ndsj/2001c/f0609c.htm,2013年1月3日查询。

⑤ 中华人民共和国国家统计局:《主要工业产品产量(2001年度数据)》,中华人民共和国国家统计局网站,http://www.stats.gov.cn/tjsj/ndsj/2001c/m1322c.htm,2013年1月3日查询。

国家经贸委为调控主体,其主要手段为行政管制,通过对新开工项目的审批控制来强化其调控。其具体的控制标准是通过量化形式予以实现,分别是时间的限制和项目资金额度的限制,如三年内不再批准新建炼钢、炼铁、轧钢项目,2亿元以上的投资项目必须报国务院批准。因此,这一时期钢铁产业的宏观调控的特点表现为调控主体和调控手段的单一性。所谓调控,基本上沿用了计划经济时代对市场准入的严格审批和控制,行政性管制的特点一览无遗。换言之,此一时期政府对产业实施的宏观调控,是以直接干预微观经济的手段来治理预期中的产能过剩的。

2. 第二阶段(2003—2008年)

政府与市场形成博弈格局且博弈日益激烈和复杂化,是此一阶段宏观调控的一大特点。一方面,中国加入世贸组织后国外市场的不断开拓和外贸出口的高速增长,不断拉动着国内的投资需求,从而引发中央政府对产能过剩的担忧,促使其对钢铁行业的强力调控不断加码。另一方面,政府与市场、中央政府与地方政府,以及各地政府间的多方博弈,不断以新的形式出现。随着工业化、城市化进程的高速推进,尤其是市场经济体制的确立,市场的力量也逐渐显现出来。正是市场对于钢铁的需求,在一定程度上影响到了地方政府的行为,各地"招商引资"与企业"跑马圈地",地方政府和企业双方联手推动了投资热潮的持续高涨。

"十五"时期(2001—2005年)的最初两年,国家对钢铁工业继续实行"总量控制,结构调整"的政策。2001年11月,中国正式加入世界贸易组织。在这一特大利好的强力刺激下,出口和投资突飞猛进,经济高速发展导致各种能源全面紧缺,其中钢铁和电力是当时最为紧俏的两大物资。在钢铁市场上,线材、板材,普通钢和特种钢,价格普遍持续上涨。在此情况下,各地对钢铁行业的投资热情空前高涨,政府的投资控制亦随之松动。2002年全国钢铁行业的投资总额达710亿元,比上年增长45.9%[①],投资增速开始出现强劲拉升的势头。

---

① 吴晓波:《激荡三十年:中国企业1978—2008(下)》,中信出版社2008年版,第233页。

2003年全国钢铁行业的投资增速,在2002年710亿元、增长45.9%的基础上加速飙升,达到了1329亿元,同比增长96%。① 国有大型钢铁公司纷纷宣布投入巨额资金建设新项目,地方的中小型钢铁工厂更如雨后春笋般大量涌现。全国的炼钢企业从20世纪80年代的114家增加到了260多家,平均规模不足年产70万吨,其中200余家的平均规模还不到年产10万吨,"散、乱、小"的问题非常突出;与钢铁行业的高速投资相似,电解铝的投资增长了92.9%,水泥投资增长了121.9%。② 伴随着各地掀起的投资跃进浪潮,中央政府与地方政府,政府、市场和企业围绕着投资竞赛、产能过剩和宏观调控的博弈大剧,一幕幕地上演,高潮跌宕,精彩绝伦。

2003年爆发的"非典"危机,对中国经济社会的发展进程产生了巨大影响。当年10月,中共十六届三中全会正式提出了科学发展观,并在全国范围内迅速推开了一场声势浩大的市场整治和宏观调控运动。

2003年12月23日,国务院办公厅下发[2003]103号文,即《国务院办公厅转发发展改革委等部门关于制止钢铁电解铝水泥行业盲目投资若干意见的通知》,要求各地运用多种手段,迅速遏制盲目投资、低水平重复建设的势头。③ 翌年2月4日,国务院专门召开了一次关于严格控制部分行业过度投资的电视电话会议,明确要求对钢铁、电解铝、水泥三大行业进行清理检查。国务院随即组织审计署、国家发改委、财政部、国土资源部、建设部、农业部、商务部、中国人民银行等部门的人员,组成8个督察组分赴各地清查。清查重点主要是那些进入三大行业、被称作"盲目投资"的民营企业。

不过,中央政府一系列严厉的调控政策和措施并没有让各地高速推进的重化工业项目投资有所降温。据国家统计局的数据,2004年第一季度全国固定资产投资同比仍然增长了43%,这是20世纪

---

① 吴晓波:《激荡三十年:中国企业1978—2008(下)》,中信出版社2008年版,第233页。
② 吴晓波:《大败局Ⅱ》,浙江人民出版社2010年版,第122页。
③ 国务院办公厅:《国务院办公厅转发发展改革委等部门关于制止钢铁电解铝水泥行业盲目投资若干意见的通知》(国办发[2003]第103号),中央政府门户网站,http://www.gov.cn/xxgk/pub/govpublic/mrlm/200803/t20080328_32263.html,2013年1月3日查询。

90年代中期以来的最高增长率,其中钢铁行业的投资增幅更高达惊人的107%。① 为遏止钢铁行业的投资"大跃进",政府高层下决心重拳出击。

轰动中外的"铁本事件",就在这样的背景下发生了。2004年4月,由国家发改委、国土资源部和国家环保总局等九部委组成的专项检查组,对江苏省常州市有非法占地、违规建设等多项重大嫌疑的民营钢铁企业——铁本钢铁厂展开了严厉的检查和整治。这是自1990年的温州柳市事件后,中央九大部委针对一个地方项目展开的第二次联手整治行动。

2003年6月动工兴建的铁本项目规模840万吨级,规模占地从2000亩攀升到9379亩,工程概算为天文数字般的106亿元,产品定位为船用板和螺纹钢等较高档次产品。此前,中国的钢铁行业是一个有准入门槛的半垄断性行业。有关政策规定,投资额在3000万美元以上的项目就必须报国家发改委审批。在常州市地方政府的操纵下,铁本的840万吨项目被拆分成7个子项目和1个码头项目,分别上报。企业老板戴厚芳为此成立了7家徒有其名的"中外合资公司",在建设用地的权证审批过程中"化整为零",把项目用地切分成14块报批申请,并经江苏省政府特事特办,火速批准上马。事后,中央政府对铁本钢铁项目的定性是:"这是一起典型的地方政府及有关部门严重失职违纪、企业涉嫌违法犯罪的重大案件。"对铁本项目的整治,以钢铁厂停建、老板戴厚芳入狱和地方上的一批官员落马而告终。对铁本钢铁厂的处罚体现出浓厚的行政色彩。新华社有关该事件处理结果的通稿明示:国务院严肃处理这起案件,是"当前加强宏观调控、保持政令畅通的一项重要措施"。

铁本事件成为本轮调控的分水岭。在此之前,中央政府一直试图通过货币政策的调整来达到控制投资过热的目的。在政策未能奏效、各地形成投资狂潮的情况下,政府断然更弦,强行加大了行政调控的力度。此后,众多民营企业在钢铁、电解铝及水泥等行业的投资

---

① 中华人民共和国国家统计局:《各行业固定资产投资完成情况(2004年1—4月)》,中华人民共和国国家统计局网站,http://www.stats.gov.cn/tjsj/jdsj/t20040521_402152365.htm,2013年1月3日查询。

项目纷纷搁浅,上海复星集团的宁波建龙钢厂项目、四川希望集团的三门峡电解铝项目等,均被勒令中止。与此同时,国务院相继出台了《国务院办公厅关于调整部分行业固定资产投资项目资本金比例的通知》①、《国务院办公厅关于清理固定资产投资项目的通知》②、《国务院关于投资体制改革的决定》以及《政府核准的投资项目目录》(2004年本)③,通过采取严格的项目审批、供地审批、贷款核准和强化市场准入、环保要求以及目录指导等措施,进一步严格控制钢铁工业固定资产投资。在中央政府的强力干预和一系列调控政策的双重作用下,钢铁产业的固定投资从2005年开始明显降温,从2004年的1921亿元、投资增速475.6%,下降到2005年的2583.3亿元、增速34.48%。④

以严格的投资项目审批、市场准入为手段的投资规制政策,一向是中国政府治理产能过剩的主要手段。必须指出,2003年以来政府对产能过剩的治理,虽然已经开始重视市场调控方式的运用,但政策的主要措施还是市场准入、项目和供地审批、贷款的行政核准、目录指导、强制性清理等直接管制投资的手段。这在很大程度上强化了1996年以来对钢铁工业固定资产投资的行政性管制。国家这一轮宏观调控,开始着眼于改变经济增长方式和经济增长点,把资源消耗和环境保护作为市场准入的一个重要门槛,而调控的方向,就是鼓励有关行业的兼并重组。在调控手段上,政府各部委配合打出了组合拳,综合使用了行政审批、信贷、土地、电力、环保等多种手段。相关

---

① 国务院:《国务院关于调整部分行业固定资产投资项目资本金比例的通知》(国发〔2004〕第13号),中国政府网,http://www.gov.cn/zwgk/2005-08/12/content_21814.htm,2013年1月3日查询。

② 国务院办公厅:《国务院办公厅关于清理固定资产投资项目的通知》(国办发〔2004〕第38号),中国政府网,http://www.gov.cn/gongbao/content/2004/content_62766.htm,2013年1月3日查询。

③ 国务院:《国务院关于投资体制改革的决定》(国发〔2004〕第20号),中国政府网,http://www.gov.cn/zwgk/2005-08/12/content_21939.htm,2013年1月3日查询。

④ 中华人民共和国国家统计局:《按行业分城镇固定资产投资在建总规模(2004年)》,中华人民共和国国家统计局网站,中华人民共和国国家统计局,2013年1月3日查询;中华人民共和国国家统计局:《按行业分城镇固定资产投资在建总规模(2005年)》,中华人民共和国国家统计局网站,http://www.stats.gov.cn/tjsj/ndsj/2006/indexch.htm,2013年1月3日查询。

调控政策和整治措施，均由国家发改委、财政部、国土资源部、商务部、央行、环保总局、国家电力监管委员会等六七个部委联合发布。

2005年7月8日，国家发改委出台了《中国钢铁产业发展政策》，第一次以正式政策文本的形式对钢铁产业的生产规模与投资规模进行控制。这一号称"中国第一部钢铁产业政策"的文件的主要内容包括以下几点：其一，强化了对大型钢企的支持，而钢铁企业历来是央企和国企所涉足的领域。因此，对于大型钢企的支持，实为对国企和央企的全力扶持。其二，对于地区钢企兼并重组的支持，尤其是对河北等省钢铁工业进行重组的支持，实际上是以行政力量而非市场的力量推动产业重组，在实际操作中就是让规模大的央企去吞并地方国企、让地方国企去吞并地方民营钢企。其三，强化了行政审批之于国家发改委的重要性，亦强化了国家发改委之于地方政府的重要地位。政策明确规定，凡新上马钢铁项目，未经国家发改委的批准，国土资源部门不予办理土地使用手续，工商管理部门不予登记，商务管理部门不批准合同和章程，金融机构不提供贷款和其他形式的授信支持，海关不予办理免税进口设备手续，质检部门不予颁发生产许可证，环保部门不予审批项目环境影响评价文件和不予发放排污许可证。①

这轮钢铁业宏观调控的前半段，从2003年到2005年，调控主体逐步从单一部门走向多部门联合；而国家发展改革委员会则掌握了宏观调控的主导话语权。这期间的调控手段，也从单一的行政性管制转向政府管制与市场调控方式相结合，行政调控手段和经济手段并用。尽管市场这只"看不见的手"的作用还相当有限，但毕竟也算一种进步。不过，这一时期中央政府的"运动式"调控治理与"杀鸡儆猴"式的选择性办案，仍然反映出政府调控的随意性和"有形之手"的力量强大有力。

这轮宏观调控的后半段，即2006年以后，"节能减排"和"低碳经济"开始成为宏观调控的指导思想。2006年3月十届全国人大四次

---

① 国家发展和改革委员会：《中华人民共和国国家发展和改革委员会令第35号公布〈钢铁产业发展政策〉》，中央政府门户网站，http://www.gov.cn/flfg/2006-01/17/content_161597.htm，2013年1月3日查询。

会议通过的《关于国民经济和社会发展第十一个五年规划纲要》,正式提出了"节能减排"的理念。"十一五"规划的主要内容是:坚持内需主导,着力解决产能过剩问题,严格控制新增钢铁生产能力,提高钢铁产品档次和质量;推进钢铁工业发展循环经济,发挥钢铁企业产品制造、能源转换和废物消纳处理功能;鼓励企业跨地区集团化重组,形成若干具有国际竞争力的企业。① 随后,国务院下发了《关于加快推进产能过剩行业结构调整的通知》。② 同年6月,国家发展改革委《关于控制钢铁工业总量淘汰落后加快结构调整的通知》,列出了淘汰落后生产能力的具体时间表,要求"十一五"期间淘汰约1亿吨落后炼铁生产能力。③ 翌年4月,国家发展改革委与10个省(区、市)签订《关停和淘汰落后钢铁生产能力责任书》,涉及钢铁企业344家,5年需关停和淘汰落后炼铁能力3986万吨。④ 这一系列的政策、文件和责任书,试图通过项目审批、目录指导、强制性清理等手段,压缩并淘汰钢铁业的过剩产能。

在国家一系列宏观调控政策和措施的作用下,2006年钢铁业的固定投资需求从表面上看似乎已得到抑制。从统计数据看,2005年钢铁行业固定资产投资额的增幅达34.48%⑤,延续了2004年的强劲发展势头。2006年钢铁行业固定资产投资迅速降温,其投资额较

---

① 全国人民代表大会:《中华人民共和国国民经济和社会发展第十一个五年规划纲要》,中国政府网,http://www.gov.cn/gongbao/content/2006/content_268766.htm,2013年1月3日查询。

② 国务院:《国务院关于加快推进产能过剩行业结构调整的通知》(国发〔2006〕第11号),中国政府网,http://www.gov.cn/gongbao/content/2006/content_283845.htm,2013年1月3日查询。

③ 国务院:《关于钢铁工业控制总量淘汰落后加快结构调整的通知》(国发〔2006〕第11号),中国政府网,http://www.gov.cn/zwgk/2006-07/17/content_337825.htm,2013年1月3日查询。

④ 徐虞利:《10地区签订责任书,关停和淘汰落后钢铁生产能力》,中国经济网,http://www.china.com.cn/economic/txt/2007-04/28/content_8183276.htm,2013年1月3日查询。

⑤ 中华人民共和国国家统计局:《按行业分城镇固定资产投资在建总规模(2005年)》,中华人民共和国国家统计局网站,http://www.stats.gov.cn/tjsj/ndsj/2006/indexch.htm,2013年1月3日查询;中华人民共和国国家统计局:《按行业分城镇固定资产投资在建总规模(2006年)》,中华人民共和国国家统计局网站,http://www.stats.gov.cn/tjsj/ndsj/2007/indexch.htm,2013年1月3日查询。

上一年度的增幅仅为 2.28%。① 但是,那几年的现实情况是,全国各地各级政府都在大干快上、追求实现"又好又快"或"跨越式"的发展。要实施宏观调控,强按下钢铁巨龙腾飞的龙头,又谈何容易? 因此,钢铁产能在一年后即强劲反弹,2007 年、2008 年两年全国钢铁业投资额的增幅分别达到 15.23% 和 29.01%,而这又是在 2006 年全年固定资产投资总额 2642.2 亿元、产能 41914.85 万吨的庞然大物般基础上实现的。②

3. 第三阶段(2008 年至今)

2008 年,百年一遇的国际金融危机在美国引爆并迅速席卷了西方各国。在金融危机爆发之初,中国政府并没有意识到危机的严重性和复杂性。在此之前的 2007 年,全国粗钢产能达到创纪录的 48928.8 万吨。③ 钢铁、水泥、平板玻璃、电解铝及其他有色金属等等,几乎每个行业的产能都已严重过剩。因此,2008 年的大部分时间,中央政府的主要精力都集中在如何抑制过剩产能、控制如脱缰之马般狂奔几近失控的通货膨胀。

在出口市场因受到金融危机冲击而呈现断崖式降落的情况下,大批的民营企业或关门或破产,成千上万的农民工失业返乡。当年 11 月,在中国经济面临"硬着陆"危险之际,中国政府迅速行动,推出了四万亿元投资、十多万亿元配套投资,以及银行的十多万亿元信贷,以因应这场从天而降的全球性经济危机。

为了防止中国经济受国际金融危机的影响加速下滑,实现 2009 年经济增长"保八"目标,2009 年 1 月到 2 月间,国务院陆续出台了汽车业、钢铁业、装备制造业、纺织业、船舶业、电子信息产业、轻工

---

① 中华人民共和国国家统计局:《按行业分城镇固定资产投资在建总规模(2007 年)》,中华人民共和国国家统计局网站,http://www.stats.gov.cn/tjsj/ndsj/2008/indexch.htm,2013 年 1 月 3 日查询。

② 中华人民共和国国家统计局:《按行业分城镇固定资产投资在建总规模(2008 年)》,中华人民共和国国家统计局网站,http://www.stats.gov.cn/tjsj/ndsj/2009/indexch.htm,2013 年 1 月 3 日查询;中华人民共和国国家统计局:《按行业分城镇固定资产投资在建总规模(2009 年)》,中华人民共和国国家统计局网站,http://www.stats.gov.cn/tjsj/ndsj/2010/indexch.htm,2013 年 1 月 3 日查询。

③ 中华人民共和国国家统计局:《工业产品产量》,中华人民共和国国家统计局网站,http://www.stats.gov.cn/tjsj/ndsj/2008/indexch.htm,2013 年 1 月 3 日查询。

业、石化产业、有色金属业、物流业等十大产业的调整和振兴规划。其中,汽车业、装备制造业、船舶业这三大产业与钢铁业是紧密相关的。汽车产业振兴规划提出,通过政府补贴汽车生产企业与购车者来扩大汽车消费市场,装备制造业的振兴是通过国家重点建设工程和税收优惠等措施来推动,船舶业的振兴则寄希望于信贷融资支持力度的加大和老旧船舶报废更新的加快,等等。由国务院发布的《钢铁产业调整和振兴规划》则把钢铁业的问题直接归因于产能过剩,在强调"钢铁行业长期粗放式发展积累的矛盾日益突出"的同时,振兴规划一方面强调了大型和特大型钢铁集团的重要性,另一方面则主张推进节能减排、淘汰落后产能。①

与此同时,2009年6月8日财政部、国家税务总局将税则号7208、7209等项下的24种钢材的出口退税率提高到9%,将税则号7311、7315项下的3种钢材的出口退税率提高到13%。② 政府试图通过税收补贴来提振国内市场的需求,以缓解相关行业因国际金融危机导致国外市场萧条、出口订单骤减的生产困境。

在中央政府四万亿元投资和地方政府配套的天量投资的强力刺激下,"铁、公、基"(铁路、高速公路和基础设施)建设在全国大规模展开,再加上国家的十大产业振兴规划和提高相关产品出口退税率的综合作用,钢铁行业犹如打了鸡血的动物,投资额和产能在此前庞大数字的基础上双双高歌猛进:2009年和2010年的粗钢产量分别达到57218.23万吨、63722.99万吨,2010年钢铁行业固定资产投资额达到了4555.7亿元,增速达到10.88%。③

---

① 国务院办公厅:《钢铁产业调整和振兴规划》,中央政府门户网站,http://www.gov.cn/zwgk/2009-03/20/content_1264318.htm,2013年1月3日查询。
② 国家税务总局:《关于进一步提高部分商品出口退税率的通知》(财税〔2009〕第88号),国家税务总局网站,http://www.chinatax.gov.cn/n8136506/n8136593/n8137537/n8138502/9128857.html,2013年1月3日查询。
③ 中华人民共和国国家统计局:《工业产品产量(2009年)》,中华人民共和国国家统计局网站,http://www.stats.gov.cn/tjsj/ndsj/2010/indexch.htm,2013年1月3日查询;中华人民共和国国家统计局:《工业产品产量(2010年)》,中华人民共和国国家统计局网站,http://www.stats.gov.cn/tjsj/ndsj/2011/indexch.htm,2013年1月3日查询;中华人民共和国国家统计局:《按行业分城镇固定资产投资在建总规模(2010年)》,中华人民共和国国家统计局网站,http://www.stats.gov.cn/tjsj/ndsj/2011/indexch.htm,2013年1月3日查询。

或许决策层也意识到前期应对国际金融危机的用药过猛。从2010年开始,针对钢铁业的宏观调控政策随之纷至沓来。2010年2月6日,国务院发出《关于进一步加强淘汰落后产能工作的通知》,钢铁行业的产能实行目录指导和强制性清理,明确要求在2011年底前,淘汰400立方米及以下炼铁高炉,淘汰30吨及以下炼钢转炉、电炉。① 此后的2010年一年间就有数个部委的十余项政策问世。其中,最为常见的以产量规模来决定钢铁企业的去留与组合、推动国企兼并重组的政策而历来为人所诟病的"规模论",更是催生了各地钢企扩大产能以求自保以及国企、央企四面出击兼并的怪现象。

2011年1月26日,国务院发出《关于印发淘汰落后产能工作考核实施方案的通知》,该方案由工业和信息化部、国家发展改革委、监察部、财政部、人力资源和社会保障部、国土资源部、环境保护部、农业部、商务部、中国人民银行、国资委、税务总局、工商总局、质检总局、安全监管总局、银监会、电监会、能源局联合制定,旨在通过加强淘汰落后产能工作检查考核,以期确保完成淘汰落后产能目标任务的重要措施。② 同年3月27日,国家发改委发布了《产业结构调整指导目录(2011年本)》。该目录是在修订了《产业结构调整指导目录(2005年本)》的基础上形成的,其中有关钢铁产业的鼓励类产品达17项,限制类产品有10项,淘汰类中落后的钢铁生产工艺装备达44项,落后的钢铁产品有3项。③ 同年8月31日,国务院发布《关于印发"十二五"节能减排综合性工作方案的通知》④,规定了"十二

---

① 国务院办公厅:《国务院关于进一步加强淘汰落后产能工作的通知》(国发〔2010〕第7号),http://www.gov.cn/zwgk/2010-04/06/content_1573880.htm,2013年1月3日查询。

② 中华人民共和国工业和信息化部:《关于印发淘汰落后产能工作考核实施方案的通知》(工信部联产业〔2011〕第46号),中国网,http://www.china.com.cn/node_7000058/content_23539888.htm,2013年1月3日查询。

③ 国家发展与改革委员会:《中华人民共和国国家发展和改革委员会令第9号》,中央政府门户网站,http://www.gov.cn/flfg/2011-04/26/content_1852729.htm,2013年1月3日查询。

④ 国务院办公厅:《国务院关于印发"十二五"节能减排综合性工作方案的通知》(国发〔2011〕第26号),中央政府门户网站,http://www.gov.cn/zwgk/2011-09/07/content_1941731.htm,2013年1月3日查询。

五"期间节能减排的具体目标,直指大地和大气层的主要污染源之一的各地钢铁企业。

在全球经济下行和国家"节能减排"措施的双重打压之下,钢铁企业的好日子终于走到了头。2011年以来,钢材库存大量积压,钢价断崖式下跌,钢铁企业几乎陷入全行业亏损的境地。钢铁企业或限产、停产,或经营副业,如转投房地产等,全国著名的大型央企武汉钢铁集团甚至改行办起了养猪场。严重的产能过剩问题把中国钢铁业推入了"铁锈时代"。

回顾1996年以来我国钢铁行业的宏观调控过程及其政策表现,我们认为,中国政府针对钢铁行业固定投资规模和产能过剩实施的几轮调控和整治行动,对推动钢铁产业的高速发展、促进科技进步和产业升级,起到了一定的作用。2006年以来,国家更从"节能减排"、发展低碳经济的高度推动宏观调控,这对促进钢铁业的结构转型和产业升级,更具有积极意义。

但是,我们也应该看到,从1996年中国成为世界第一产钢大国之时起,十多年来国家针对钢铁业产能过剩问题先后实施了几轮宏观调控,推出了一系列限制、压缩和调控产能的政策措施,但几番调控,结果反倒是逆向催化了固定资产投资和产能的"大跃进"。以粗钢产量来说,早在1996年超过1亿吨的时候,政策制定者和经济学家们已经认定钢铁"产能过剩",于是实施"总量控制,结构调整"的政策,结果八年后的2003年,粗钢产量实现翻番,达到2.2亿吨。[①]于是就有了2004年针对钢铁业过剩产能的更加强有力的调控运动,但"铁本事件"八年后,粗钢产量又翻了两番。面对这一极具反讽意味的调控结果,我们不禁对过往的宏观调控的绩效产生疑惑:1996年以来为化解钢铁业的产能过剩而实施的调控为什么会导致如此结局?过往中国钢铁行业"产能过剩"的症结在哪里?是什么原因造成

[①] 中华人民共和国国家统计局:《主要工业产品产量(1996年)》,中华人民共和国国家统计局网站,http://www.stats.gov.cn/ndsj/information/nj97/L205A.END,2013年1月3日查询;中华人民共和国国家统计局:《主要工业产品产量(2003年)》,中华人民共和国国家统计局网站,http://www.stats.gov.cn/tjsj/ndsj/yb2004-c/indexch.htm,2013年1月3日查询。

了市场秩序的错乱和钢铁业固定资产投资的无序,导致当下的产能严重过剩和全行业的危机?

三、几个影响宏观调控政策绩效的变量

宏观调控一向与市场监管、社会管理和公共服务等职能并列,是执政党和政府认定的社会主义市场经济条件下政府的四项主要职能之一。在成熟的市场经济体中,政府对市场的宏观调控是经由财政、税收和货币等政策的制定和运用,对国民经济的运行进行间接的、宏观的调控。对于中国这样一个从计划经济向市场经济转型的经济体来说,由于市场体制建立不久,"看不见的手"自身的调节机制和功能较弱,对经济的宏观调控更需要政府与市场的合力,而政府的调控作用尤显必要。问题是,当下的政府还是计划经济时代的那个全能型政府,从角色定位、权力配置到职能设定,还存在种种内在缺陷而有待大刀阔斧式改革。因此,有形之手对经济运行和行业发展实施调控时,更应十分慎重。否则,绝对的行政权力很容易旧病复发,瞎折腾,乱干预,从而危害国民经济的正常运行。

我们认为,多年来钢铁业宏观调控存在的最大问题,是全能型政府行使其干预职能时,习惯于计划经济时代的那些套路,对市场的干预,既带有很大的随意性,干预的方式也简单粗暴,习惯于运用行政权力抓典型、搞运动。过去十多年间,中央政府对地方政府投资大跃进造成的产能过剩的治理,基本上是审批式管制,以及每隔几年来一场"运动式"整顿,头痛医头、脚痛医脚,始终没有触碰中国式产能过剩背后的体制性原因。下面,我们先分析一下对钢铁行业宏观调控和产业发展有重要影响的几个变量。

1. 为何调控:对工业化进程和钢铁业市场需求前景的集体误判

宏观调控必须建立在对国民经济运行状态的科学评估,以及对经济发展趋势和行业前景的合理预测的基础之上。我国从 1996 年开始对钢铁业实施宏观调控,其根据是决策层对钢铁产能的市场需求存在"过剩"甚至"严重过剩"的判断。问题在于,中国的钢铁产能过剩了吗?何为过剩?何时过剩?从 1 亿吨时开始实施"调控",调控了 15 年,其结果是我国的钢铁年产量和粗钢表观消费量居然增加

到现如今的 7 亿吨。这一事实表明,此前政策制定者和经济学家们对中国钢铁业发展态势和用钢量前景的评估和预测,几乎可以说是一场历史性的集体误判。

决策层和经济界在评估钢铁产能的过剩问题时,显然没有注意到中国迈向重工业和城市化时代相关产业间的发展关联度。改革开放以来,尤其是中国加入 WTO 以后十多年间,工业化、城市化进程高歌猛进,中国几乎成了"世界工厂":重工业化带来的工程机械、船舶、汽车制造的大发展;全国各地全面开花,掀起一轮又一轮房地产、城镇基础设施的建设高潮,铁路、高速公路和高速铁路建设的大跃进,由此形成的对钢铁业固定资产投资和产能产量的巨大需求,几乎颠覆了绝大多数专家的想象力。

表 2-3　1996—2010 年钢铁行业、汽车行业、房地产行业三大产业之间的相关性

年份	生铁 (万吨)	粗钢 (万吨)	钢材 (万吨)	汽车 (万辆)	房地产开 发投资额 (亿元)	钢铁行业 固定资产 投资额 (亿元)
1996	10722.5	10124.06	9338.02	147.52	3216.4	287.04
1997	11511.41	10894.17	9978.93	158.25	3178.4	208.49
1998	11863.67	11559	10737.8	163	3614.23	174.67
1999	12539.24	12426	12109.78	183.2	4103.2	76.87
2000	13101.48	12850	13146	207	4984.05	63.66
2001	15554.25	15163.44	16067.61	234.17	6344.11	79.59
2002	17084.6	18236.61	19251.59	325.1	7790.92	118.87
2003	21366.68	22233.6	24108.01	444.39	10153.8	333.74
2004	26830.99	28291.09	31975.72	509.11	13158.25	1921
2005	34375.19	35323.98	37771.14	570.49	15909.25	2583.3
2006	41245.19	41914.85	46893.36	727.89	19422.92	2642.2
2007	47651.63	48928.8	56560.87	888.89	25288.84	3044.7
2008	47824.42	50305.75	60460.29	930.59	31203.19	3927.9
2009	55283.46	57218.23	69405.4	1379.53	36241.8	4108.7
2010	59733.34	63722.99	80276.58	1826.53	48259.4	4555.7

资料来源:根据国家统计局的年度数据,即《中国统计年鉴》(1997—2011) 的相关数据整理所得。

1996—2010年间,钢铁行业、汽车行业、工程机械、房地产行业,以及铁路、公路和城镇基础设施建设,呈现出高度的相关性。决策层和专家们多年来对"全国大炼钢铁"的局面忧心忡忡,政府以行政权力几年一次强势推动调控与整治,管控、限制和压缩钢铁产能。现在看来,至少在2005年前的前十年间,决策层和经济学界对市场需求和钢铁业前景的预测,多少有些就"钢"论"钢",带有很大的随意性和盲目性。基于此种误判推动的一轮轮宏观调控,其结果可想而知。

2. 如何调控:市场导向,还是行政管控?

在中国经济高速增长的同时,钢铁产业的投资也不断膨胀。1999年以来,中国进入重工业化时代,钢材、水泥、玻璃、原煤等产业高速增长,重工业产业产能剧增。1999年至2008年十年间,钢铁产量复合增长率超过20%,钢铁的巨大需求来自固定资产的疯狂投资和重工业企业的产能急剧扩张。① 因此,市场需求拉动的钢铁产能扩张,具有一定的合理性。但在此时,由于决策层和经济学界对重工业阶段的到来缺乏前瞻性的预测,严重低估了钢铁业的市场需求,继续对钢铁工业实行"总量控制,结构调整"的政策,人为地抑制了市场合理的产能扩张,最终引发了2002年以后钢铁市场的报复性、超常规增长。

随着经济周期的波动,在国内和国际市场钢铁需求出现萎缩的情况下,一定经济周期内的产能过剩是必然存在的。由于市场的淘汰机制的存在,随着一部分低效的中小型钢企出现减产、停产乃至被淘汰出局,市场自发的"限产保价"机制,最终会使供需恢复到合理的水平之上。在2008年全球金融危机发生之前的一段时间里,我国宏观经济运行主要面临着通胀压力增大、出口增长趋缓、企业经营困难等问题,国家提出了"双防"政策,即防止经济增长由偏快转为过热,防止物价由结构性上涨转为明显通货膨胀,国家再次进行宏观调控,推出了稳健的财政政策和从紧的货币政策组合②,试图通过调控政

---

① 郑贤玲:《中国警惕"铁锈时代"到来》,FT中文网,http://www.ftchinese.com/story/001046320,2013年1月3日查询。

② 《中央经济工作会议召开,胡锦涛温家宝作重要讲话》,中央政府门户网站,http://www.gov.cn/ldhd/2007-12/05/content_826113.htm,2013年1月3日查询。

策抑制钢铁产能的继续扩张,控制钢铁行业越来越严重的产能过剩问题。

随着美国次贷危机的蔓延,外部需求急剧减少,国际市场对于中国低档次初级产品的需求大幅度缩减,中国钢铁产业顿时陷入困境。决策层随即提出了"一保一控"政策,即把保持经济平稳较快发展、控制物价过快上涨作为宏观调控的首要任务。① 2009 年,随着国际经济环境的恶化,中国经济增速下滑趋势超出预期,又进一步调整为"保增长"的宏观经济政策,中央政府出台 4 万亿元的"扩内需、保增长、调结构"经济刺激计划,实施"十大产业调整振兴规划",实施积极的财政政策和适度宽松的货币政策。正是中央政府 4 万亿元的财政投资计划和地方政府数十万亿元配套资金,以及名曰"适度宽松"实则"极度宽松"的近十万亿元天量信贷,拯救了持续萎缩的房地产市场,拉动了大量的基础设施建设,而这些所释放出的对于钢铁等建材的需求也使钢铁业起死回生,甚至直接推动了各类钢铁企业大力扩大产能。这种反市场的危机应对措施,与此前对钢铁业的宏观调控政策是背道而驰的。

从发达国家的现代化进程看,在市场经济体制下,产能过剩的存在具有一定的合理性,甚至可以说,一定程度上的产能过剩是市场经济发展的表现之一。如前文揭示的,在中国城市化进程迅猛发展与重工业化时代到来的双重作用下,市场对于钢铁的需求确实在急速扩张,但是,决策层在国际金融危机前后推出的一系列"反市场"取向的调控政策和措施,导致钢铁产能的扩张远远超过了市场可以消化的程度。

3. 宏观调控的政策措施:统筹兼顾,还是各持一端?

就中国与美国、日本三国的人均钢产量而言,迄今为止我国钢铁行业高达 7 亿吨的产能,似乎也还不能说已经严重过剩。但实事求是地说,1996 年以来钢铁业的产能过剩也是不争的事实。当时的问题是,一方面,全国小钢厂遍地开花,低质、劣质钢筋充斥建筑工地;

---

① 《温家宝主持召开国务院常务会议分析当前经济形势》,新华网,http://news.xinhuanet.com/fortune/2008-10/19/content_10219247.htm,2013 年 1 月 3 日查询。

另一方面,制造业有旺盛需求的高端钢材基本上靠国外进口。因此,"十五"以前钢铁业的产能过剩,其实是一种结构性过剩。长期以来国家针对钢铁业的调控,在指导方针的层面,也强调要淘汰落后产能,发展具有高科技含量的产能。但在具体的调控过程中,产业政策并没有统筹兼顾。以税收政策而言,1996年以来相当长的时间里实行的对钢铁产品的出口退税政策,与国家对钢铁行业的宏观政策并不协调。

1994年中国开始实行新税制,钢材出口按17%的税率退税;此后,由于出口退税规模增长过快,1995年和1996年连续两次调低出口退税率,降为9%;1998—1999年,为了摆脱1998年亚洲金融危机的负面影响,增强钢材产品的国际市场竞争力和外贸出口对经济增长的拉动作用,我国将钢材出口退税率由9%逐步上调至15%。① 从2004年开始,为减轻环境污染与优化产业结构,我国钢材出口退税政策共进行了三次调整:2004年1月1日,国家将钢材产品退税由原来的15%统一下调到13%;2005年5月1日,国家再次下调板材、线棒材出口退税,由13%下调到11%②;2006年9月15日,国家再次下调板材及线棒材出口退税,下调幅度为3个百分点。③

直到2005年4月1日,国家才在下调钢材出口退税率的同时,取消了生铁、钢坯等钢材半成品的出口退税,并于2006年11月1日对铁合金、生铁、钢坯等钢铁产品加征10%出口关税。④ 2007年,将部分特种钢材及不锈钢板、冷轧产品的出口退税率降为5%,另外取

---

① 根据国家商务部网站、国家海关总署网站、国家税务总局网站的相关资料整理。
② 国家税务总局:《国家发展和改革委员会,财政部,商务部,国土资源部,海关总署,国家税务总局,国家环境保护总局关于做好控制高耗能、高污染、资源性产品出口有关配套措施的通知》(发改经贸〔2005〕第1482号),国家税务总局网站,http://www.chinatax.gov.cn/n8136506/n8136563/n8193451/n8193526/n8194289/8245783.html,2013年1月3日查询。
③ 中华人民共和国财政部:《财政部、发展改革委、商务部、海关总署、国家税务总局关于调整部分商品出口退税率和增补加工贸易禁止类商品目录的通知》(财税〔2006〕第139号),财政部网站,http://www.mof.gov.cn/pub/mof/zhengwuxinxi/caizhengwengao/caizhengbuwengao2006/caizhengbuwengao200610/200805/t20080519_24671.html,2013年1月3日查询。
④ 海关总署:《中华人民共和国海关总署公告2006年第63号通知》,中国政府网,http://www.gov.cn/zwgk/2006-11/03/content_431315.htm,2013年1月3日查询。

消了83个税号钢材的出口退税。① 可是,到了2008年年底,中央政府为了应对国际金融危机,又将税则号7311、7315项下的共3种钢材的出口退税率提高到11%②,并在2009年3月和6月将各类钢材的出口退税率分别提高到9%和13%。③ 直到2010年,钢铁业陷入产能全面过剩的泥潭,政府才取消了共48种钢材的出口退税。④

在相当长时间里,政府针对钢铁业产能过剩问题,一方面推动调控,强调"压缩"或"限制"产能;另一方面,2005年以前实施的出口退税政策,尤其是对铁合金、生铁、钢坯等低端钢铁产品的出口退税,实际上又是对过剩产能的变相保护、鼓励和促进。

此外,鉴于国有企业尤其是央企的主导或垄断地位,国家针对产能过剩问题的宏观调控,还须面对国企和央企这一重要变量。令人遗憾的是,直到今天,这一变量既未得到"统筹"也未"兼顾"。这期间,决策层对央企和大型国企的调控政策,推动了大型钢企对企业规模的追求和产能的扩张。"十一五"期间,国资委计划将中央企业从196家压缩到100家以内,这客观上导致那些面临企业留存还是被兼并之选择的央企管理层,通过大肆扩大规模来维持其在重组中的主导地位。因此,为实现决策层"控制规模""调整结构"之初衷而推动的产业整合,反而逆向推动了众多钢铁企业扩张产能、扩大规模以图自保。国企在这一时期的钢铁产能扩张,实际上是被中央政府的"规模论"所推动和催化的。可以说,在政府投资拉动主导型的经济大背景下,中央政府提出的钢铁业"控制规模"和"调整结构"的调控政

---

① 国家税务总局:《财政部、国家税务总局关于调整钢材出口退税率的通知》(财税〔2007〕第64号),国家税务总局网站,http://www.chinatax.gov.cn/n8136506/n8136563/n8193451/n8193481/n8193947/8240605.html,2013年1月3日查询。

② 国家税务总局:《关于提高劳动密集型产品等商品增值税出口退税率的通知》(财税〔2008〕第144号),国家税务总局网站,http://www.chinatax.gov.cn/n8136506/n8136593/n8137537/n8138502/8535231.html,2013年1月3日查询。

③ 中华人民共和国商务部:《财政部、国家税务总局发布〈关于进一步提高部分商品出口退税率的通知〉》(财税〔2009〕第88号),中华人民共和国商务部网站,http://www.mofcom.gov.cn/aarticle/b/e/200906/20090606312355.html,2013年1月3日查询。

④ 中华人民共和国财政部:《中央关于取消部分商品出口退税的通知》(财税〔2010〕第57号),中国政府网,http://www.gov.cn/zwgk/2010-06/22/content_1633996.htm,2013年1月3日查询。

策,造成的结果是名为整合、实乃产能的急剧扩张。

4. 调控手段：市场、法律抑或行政权力？

一般市场经济国家的宏观调控,政府主要凭借法律手段,以市场化的方式,通过制定并实施法律、法规来调节经济活动,包括财政、税收、货币等一系列政策组合,调控市场秩序,以实现政府的宏观经济目标。对于市场体制还远未完善的中国来说,在法律和市场手段之外,对经济活动的调节和调控还需要辅以一定的行政手段。在特定的时空环境中,带有强制性的行政管控措施甚至可能更加有效。但是,过往宏观调控的最大问题是,决策层往往以行政权力取代法律和市场,习惯于计划经济时代搞运动的形式,运用行政命令和领导指示,通过"运动式"治理,以"杀鸡儆猴"式的选择性办案来调控市场。"铁本事件"和2004年钢铁业的整治即为典型案例。

为处治2003年以来钢铁业投资热潮引发的各地重复建设的乱局,中央政府以雷霆万钧之势迅速处理了涉嫌"违法上马"的铁本钢铁厂项目。但是,差不多同时,江苏北边的山东日照钢铁项目、南边的浙江宁波建龙项目,以及其他一些项目,同属于涉嫌"违法上马"的重复建设。因为有山东省政府为之背书,向国家发改委保证"在确保山东省钢铁总量不变的基础上,砍一些小的钢铁项目,保留优质钢铁项目",日照钢铁项目得以保留下来。而有"铁本第二"之称的宁波建龙钢铁项目,经过各方运作,以其符合浙江"十一五"规划重化工业的整体布局,加上国企杭州钢铁集团的介入,在两年后异常低调地完成了重组,挂牌成为宁波钢铁有限公司。铁本、日照和建龙三大民营钢铁项目的不同结局,凸显了宏观调控的行政色彩与"运动式"治理的特质。

过往宏观调控的简单化、随意性,在决策层对钢铁业固定资产投资的收放之间,表现得更为突出。1999年初国家经贸委《关于做好钢铁工业总量控制工作的通知》,认定钢铁产业存在日益突出的重复建设和工业结构不合理问题,要求坚决制止重复建设,三年内不再批准新建炼钢、炼铁、轧钢项目。三年后的2002年,在市场需求的强力拉动下,全国钢铁行业的固定资产投资达到710亿元,比上年增长45.9%,2003年在此基础上飙升至1329亿元,同比增长96%;2006

年以后,国家不断加大对钢铁产能的调控力度,2008年各级政府还在倾尽全力抑制过剩产能、控制已近失控的通货膨胀。没想到当年底,调控政策就急刹车并快速掉头,国务院紧急推出了四万亿元投资的经济刺激计划,加上各级地方政府的配套投资和银行放出的十万亿元天量信贷。刚刚还是调控对象的钢铁行业,转眼间又被列入国家"十大产业振兴规划",成为政策扶持的"振兴"对象。"有形之手"对产业发展的强力干预和调控,尤其是危机处理手段手法的随意和率性,几视钢铁产业如儿戏。宏观调控失效的结局,实际上从一开始就已注定。

四、宏观调控,如何调控?

宏观调控是政府的基本职能之一,是现代社会为应对并纠正市场失灵而设计的一项重要的制度安排。在市场失灵的情况下,政府的宏观调控实属必要,关键是如何调控,以什么方式调控。是实施头痛医头式的短期治标术,还是推进可持续发展的固本之策?是以市场取向,还是简单化的行政管制?是遵循法律的途径,还是运用行政权力进行"运动式"整治?

1. 推进科学决策,提升宏观调控的能力

宏观调控是一门科学。市场经济和现代经济结构的复杂性,尤其在中国特色体制下经济与政治关系的复杂性,决定了宏观调控是一门需要兼具判断力、执行力的高难度科学。回顾十多年来钢铁产业的宏观调控,从中国粗钢产量超越日本和美国跃居世界第一之时起,决策层和学界对"钢铁大跃进"的恐慌一直甚嚣尘上。外行看热闹,就事论事并不奇怪。问题在于,决策层同样只见树木,不见森林,关注钢铁单一产业的显性高增长,而忽视了相关产业的隐性发展及其关联性,严重忽略了中国的工业化、市场化和城镇化高速推进所带动的市场需求,对钢铁业市场前景的判断出现了集体性失误。

因此,宏观调控的科学性,本质上要求实现公共决策的科学化、民主化。政府决定实施宏观调控政策之前,首先要做好产业现状与前景的科学评估和论证。对宏观经济走势的预判极为关键,这关系到调控时机的选择,更关系到要不要调控、如何进行调控,以及调控力度与程度的抉择。在宏观调控过程中,调控政策必须统筹兼顾,并要对行业和市场发展情况跟踪调查,及时了解市场的动态反馈,以因应市场的变化和对前期政策作出相应的调整。要注意相关产业之间政策的关联性和针对性,调控政策必须坚持市场化导向,顺应市场的需求,引导产业发展,而不应以行政权力取代市场,以长官意志和既定的框架束缚产业的发展。

2. 厘清政府与市场关系,取消行政审批制度

中国是个政府主导型社会,行政权力强大有力,政府对市场的干预无所不在。政府职能转变高调推动了二十多年,但成效甚微。在政绩导向下,"看得见的手"更似"闲不住的手",其干预的范围越来越扩大、干预的事项也更加微观和具体。行政审批制度是行政干预的集中体现。国家发改委这个旨在为推动行政管理体制改革和政府职能转变而设立的机构,同时被赋予宏观调控的掌舵者的角色。令人啼笑皆非的是,国家发改委等部门在司职国家宏观调控职能的过程中,实际上扮演了计划经济时代"计划委员会"的角色,成了市场准入的"掌控部"和向地方分配资源的"摇钱树"。从近年来"跑部钱进"现象的盛行,到著名的湛江市市长"吻增长"事件,都表明了行政审批制度对中国经济尤其是对地方政府投资的影响,而行政审批背后所隐藏的权力寻租空间更为司空见惯。就钢铁产业来说,正是政府和市场之间关系的失位,导致了钢铁行业严重的产能过剩。

执政党和政府早就意识到了问题所在,并于2001年推动了一场以简化或取消行政审批事项为内容的行政审批制度改革,先后分六批取消了相关行政审批项目。然而,迄今多数对市场和企业有实质性影响的、含金量大的行政审批依然如故,其中仅中央级的审批项目还有一千多项,地方级的更有接近两万项。在行政审批的预设条件下,无论是传统的钢铁产业,还是新兴的产业,都无法逃脱计划经济的阴影。政府总想着替企业决定产品价格和规格,近年发生的"发改委约谈告诫后康师傅主动配合暂缓调价"①事件,正是当下宏观调控

---

① 崔丹:《被发改委约谈,康师傅暂缓提价》,凤凰网,http://finance.ifeng.com/news/special/rhjtzj/20110401/3796952.shtml,2013年1月3日查询。

"微观化"的缩影。约谈式干预肯定不是宏观调控,甚至都谈不上计划,完全就是一个拍脑袋式的调控。行政审批制度及权力对市场无所不在的干预,严重阻碍了市场发挥其基础性作用。推进行政管理体制改革,大刀阔斧地裁撤发改委之类以改革为名行计划管控之实的政府机构,切实落实《国务院关于第六批取消和调整行政审批项目的决定》(2012),"凡公民、法人或者其他组织能够自主决定,市场竞争机制能够有效调节,行业组织或者中介机构能够自律管理的事项,政府都要退出。凡可以采用事后监管和间接管理方式的事项,一律不设前置审批"[①]。换言之,凡公民能自决的,政府都应退出;凡市场能调节的,政府都要退出。唯有切实转变政府职能,严格依法行政,以事后监管取代前置性行政审批,真正还权于市场,还权于民,才是破解当下"调控悖论"之良方。

3. 推进市场化改革,完善市场制度

市场经济是基于契约平等竞争的经济,平等竞争恰恰是市场机制的灵魂。市场经济的良性发展,端赖保护产权、契约和市场主体平等竞争地位的法治。鉴于法律规则只能是由政府提供,推进体制改革的另一关键点是打造良好的法治环境与社会生态环境,让市场主体平等竞争。各级政府通过市场建设和法制建设,减少不平等竞争带来的负面影响,真正做到"一视同仁"地对待国企、民企和各种类型的企业。地方政府需摒弃历来的地方保护主义和行政干预,建立和完善公平竞争的市场机制,充分发挥市场竞争的优胜劣汰作用。

政府须在更深层次上推进市场化改革,形成资源要素的市场化配置模式。必须加快推进资源要素配置的市场化改革,尽力减少或约束各级政府的资源配置权,完善资源要素价格的市场化形成机制,使市场真正成为资源配置的主体。同时,政府要善于运用宏观经济政策,包括货币供给、利率和汇率等政策手段调控市场,以市场化的手段,而非行政手段来应对产能过剩。让政府与市场各归其位,"把恺撒的还给恺撒,把上帝的还给上帝"。

---

① 国务院办公厅:《国务院关于第六批取消和调整行政审批项目的决定》(国发〔2012〕第52号),中央政府门户网站,2013年1月3日查询。

五、产能过剩的中国特色与形成机制

中国经济产能过剩的"顽症"久治不愈,宏观调控一直未能奏效,除了上文揭示的种种,如决策层和经济界对重工业时代前景和市场需求的判断失准、调控政策措施的反市场取向,以及对市场的行政管制和"运动式"整治手段,等等。更为关键的,还在于最近十多年的几轮宏观调控都是治"标"而不治"本",没有直面造成当下产能过剩的体制性问题。

当下中国经济的产能过剩,既不是西方市场经济通常发生的那种因经济周期变动而出现的经济现象,也不是十多年前中国曾经出现过的产能过剩。经济周期性波动引起的产能过剩,主要是产能利用率偏低问题,通常出现在经济下行的周期谷底。在中长期经济的潜在增长趋势没有改变以前,随着经济复苏和产能利用率的回升,过剩的产能就会自然消失。当下中国的产能过剩,在经济周期的原因之外,还有更深层次的体制性问题。我们认为,当下中国产能过剩问题久治不愈的症结,不在经济,而在政治。

其一,全能型政府的权力太大。从计划经济时代沿袭而来的各级政府掌控的资源太多,政府官员干预投资和经济增长的能力太强。在以经济建设为中心的发展取向下,各级政府凭借其强大的有形之手介入市场,热火朝天地抓生产搞建设,大干快上,招商引资上项目,扩张产能,做大辖区内的 GDP 总量。

其二,是多年来形成的 GDP 挂帅的政绩考核和官员晋升的激励机制。改革开放以来,执政党和政府以经济建设为中心,建立了一套以考核 GDP 增长为主要指标的政绩考核体系,以及基于政绩的官员晋升机制。这种激励机制客观上把地方政府的执政目标与当地各种类型企业的牟利驱动兼容在一起,有效地控制了各级官员的行为选择。因此,地方政府尤其是"一把手"们,几乎都有着发展地方经济并在短期内快速推高 GDP 的冲动,竞相把招商引资、"大干快上"各种项目作为其制造政绩的手段。有学者把上述激励机制推进的地方政

府行为比喻为中国地方官员围绕 GDP 而展开的一场晋升锦标赛。①政绩"锦标赛"发展到后来，逐渐转化成为官场的角逐赛，官员们为了个人政治收益而不计社会经济成本和效益，鼓足干劲争官帽，热衷于经济规模增长，沉醉于政绩工程、形象工程和面子工程，乐此不疲地经营土地、经营城市。

其三，是中国文化中根深蒂固的地方主义传统。招商引资、上项目以促进投资，拉动了 GDP 的增长，即可以为官员创造政绩；而经济的增长，又可以为地方上增加税收和财政收入；同时，官员在招商引资的过程中，通过项目审批，土地、矿产等资源的转移，还可以"权力寻租"，中饱私囊。这真可以称得上是一场政府、官员与企业各方"共赢"的博弈。

政府权力独大、第一把手拥有集中力量办大事的体制机制、以 GDP 为主要指标的政绩考核与官员升迁机制，以及由此种激励机制激发的地方政府之间的政绩"锦标赛"，直接造成了中国式的产能过剩以及中央政府宏观调控的失效。长期以来，省（直辖市、自治区）、市、县各级官员的政绩表演赛或"锦标赛"，主要节目有两项：一是政府直接投资上项目，二是招商引资。在土地财政形成之前，地方政府财力有限，推动 GDP 短期内快速升高的唯一手段就是招商引资。为了在政绩锦标赛中胜出，地方政府在招商引资的过程中，甚至不惜违法违规。

在项目审批上，地方政府对受到行政审批和调控限制的企业，通常采取变通方式，网开一面；甚至不惜与企业共谋，规避国家的法律、法规和相关的产业政策。如江苏常州铁本钢铁项目，设计产能规模为 840 万吨级，需要占地 9379 亩，总投资 106 亿元，这在当时称得上是个天文数字的大项目。而当时中国的钢铁行业还是一个有准入门槛的半垄断性行业，相关政策规定，投资额在 3000 万美元以上的项目必须报国家发改委审批。在地方政府的操纵下，铁本的 840 万吨项目被拆分成 7 个子项目和 1 个码头项目分别上报，企业老板戴厚芳为此成立了 7 家徒有其名的"中外合资公司"，在建设用地的权证

---

① 周黎安：《转型中的地方政府：官员激励与治理》，上海人民出版社 2008 年版，第 89 页。

审批过程中"化整为零",把项目用地切分成 14 块报批申请,迅速通过了常州、扬中和江苏省政府的审批。一些中小钢企干脆不报批就直接上马。据《经济观察报》报道,在河北的武安地区,民营钢铁企业总计有 5000—6000 吨产能,几乎没有国家正式批准建设的项目。按照国家政策,所有新建高炉都要上报国家发改委审批核准,但是武安地区没有人上报。由于过去几年行情非常好,一直处于高增长状态,很多民企不批也干,所以目前 50% 的钢铁产能没有备案。①

在资源优惠方面,地方政府可以提供的本地资源,包括土地、矿产和电力等等。土地是地方政府的第一大资源,为了鼓励企业投资,中国政府长期实行对工业用地的低价优惠政策。中央财经领导小组办公室副主任陈锡文在 2012 年的一次讲话中指出,当年公布的土地价格,每平方米的商业和服务业用地价格为 5700 多元,每平方米住宅用地为 4500 多元,而每平方米的工业用地价格仅为 659 元。每平方米工业用地的价格只相当于商业和服务业用地价格的 11%,相当于住宅用地价格的 14%。② 还以铁本项目为例,当年常州、扬中工业用地的市场价格为每亩 40 万元,其中仅土地的开发成本就达到了每亩 15 万—20 万元。而当地政府批给铁本的项目用地,名义出让价格是每亩 11 万元。以铁本实际占用土地数量 6541 亩计算,地方政府以低价出让土地实际上为铁本项目提供了 18.9 亿—26.2 亿元的投资补贴。③

为引进大型项目、拉高 GDP,一些地方还推出了以资源换投资的政策。据报道,内蒙古自治区曾出台规定,凡在当地投资超过 40 亿元的企业,每投资 20 亿元内蒙古就可以为企业配备 1 亿吨煤炭储量,在当年蒙煤 400 元左右一吨的情况下,1 亿吨煤的销售收入就可以达到 400 亿元;投资超过 40 亿元,企业将获得至少 2 亿吨的煤炭储量,企业将在未来获得 800 亿元的销售收入,而蒙煤开采成本一吨

---

① 庞丽静:《解密钢铁产能悖论》,《经济观察报》2012 年 9 月 10 日,第 1 版。
② 《陈锡文:对工业用地改革更能实际推进用地制度改革》,财经网,http://economy.caijing.com.cn/2012-11-29/112321153.html,2013 年 1 月 3 日查询。
③ 《"铁本事件"解析——地方政府干预下的企业过度扩张之典型案例》,《中国经济导报》2009 年 10 月 24 日,第 B06 版。

仅在80元左右,粗算成本仅在160亿元,企业仅从煤炭上就可以获得600亿元以上的回报。①

除资源和税收优惠之外,地方政府还提供各种名目的财政补贴。据报道,除2011年河南补贴电解铝外,今年四川、宁夏、贵州等地先后出台了对当地高耗能、高污染的过剩行业企业给予财政补贴的政策。四川省经信委发布《关于2013年全省工业经济"开门红"激励政策的通知》,提出安排8000万元资金支持一季度有市场、有订单、对工业用电增长贡献较大的新能源、电解铝、氯碱等行业重点企业,安排2000万元资金鼓励其他行业用电增长快的企业。贵州铜仁市出台的《2013年工业企业亏损补贴和用电补助办法》,提出全市规模以上工业企业中,对电解铝、工业硅、电解锰、铁合金、高碳铬铁、中低碳锰铁、电解二氧化锰行业企业按0.03元/千瓦时实施补贴,企业用电枯水期按0.02元/千瓦时补助,平水期按0.04元/千瓦时补助。补贴补助由市级财政承担20%,企业所在区(县)开发区财政承担80%。宁夏回族自治区政府在2013年3月28日也发布了《关于商请尽快兑现2012年工业电价补贴资金的函》,要求神华宁夏煤业集团公司根据宁夏经信委《关于对电解铝等产品实施电价补贴的通知》精神,调剂资金3.8亿元,对电解铝等八类产品生产用电实行临时电价补贴。②

此外,还有各地政府对引进的高污染、高能耗企业提供的污染治理的低成本。钢铁产业属于高耗能行业,环境保护方面的成本不容低估。以钢铁第一大省河北来说,近年来其为经济发展和GDP增长付出了极大的环境污染代价。还有河南省的安阳市,据报道,钢铁产业在该市经济结构中一度占据40%以上的比重,2008年仅安钢的销售收入就超过500亿元。在安阳市区以西20公里的安阳市产业聚集区,自十年前开始,安阳钢铁集团有限公司、沙钢永兴等大型钢铁企业,以及遍地开花的小型钢厂和铸铁厂等等大量高污染、高耗能企业入驻这片土地,逐渐显示出对环境的巨大破坏力,特别是安阳河的

---

① 刘东:《内蒙古资源换产业模式》,《新金融观察报》2012年7月29日,第16版。
② 肖明、魏琛琳:《一边淘汰一边补贴:中国过剩行业产能吹大》,《21世纪经济报道》2013年4月10日,第6版。

污染现状令人触目惊心。"酱油般颜色的污水从排污口喷涌而出,翻滚着流进安阳河。泛着白沫的污水与河水泾渭分明,显得格外刺眼。"钢铁业的"大跃进",成就了安阳市前几年的经济繁荣,但也付出了污染的代价。①

廉价甚至零地价方式的土地供应、煤炭等矿产资源配套,以及税收减免、财政补贴等等,地方政府各种政策优惠措施大大激发了企业的投资热情。从国企、外资企业到民营企业,似乎都拥有四处跑马圈地、扩张产能的强烈冲动。道理极为简单:在土地和矿产等资源稀缺、价格不断飙升的情况下,企业只要有地方提供的廉价土地和矿产在手,即可坐等资源升值而稳赚不赔,何必担心产能过剩?!显而易见,改革开放以来各地政府之间"锦标赛"式的竞争,一方面为中国经济的增长提供了巨大的推动力,另一方面也使地方政府之间形成了恶性的招商引资和投资竞争,导致产能扩张难以抑制,重复建设和产能过剩问题越来越严重。

与此同时,当经济低迷或相对平稳运行时,中央政府基于鼓励地方政府"又快又好"或"又好又快"发展经济的目的,也缺乏对地方政府违规行为进行监督的强烈意愿。上级政府这种态度暧昧的监督,甚至是某种程度上的默许,进一步助长了地方政府的违规引资行为。当产能过剩危及宏观经济的稳定时,中央政府为了防止经济出现剧烈波动,会先考虑采取温和的"微调"措施,发出经济增长应该放缓的信号,力图能够实现"软着陆"。但由于地方政府的逆向反应,即当地方政府预期到经济将出现紧缩时,为了能在中国特有的经济周期波动中获取最佳发展空间,往往会在经济上进行最后的冲刺,导致这种宏观"微调"收效甚微。由此迫使中央政府采取更为严厉的治理整顿措施,严肃查处地方政府的违规行为,以遏制产能过剩。由于决策层频繁地通过行政权力实施调控,行政权力在调控过程中的边际效用必然逐渐下降。而中央政府为了达到预期目标,势必逐步加大查处力度,甚至不得不采取"运动式"调控措施来解决问题。这种带有强烈行政色彩的调控措施确实能有效地遏制当期的产能过剩,但通常

---

① 刘永:《产业结构失衡,安阳十年治污"循环路"》,中国经营网,http://www.cb.com.cn/economy/2012_1229/437466.html,2013年1月3日查询。

也容易造成经济的迅速下滑。同时,这种行政性调控措施往往难以长期维系,一旦中央政府的调控政策有所松动,地方政府就会伺机而动,各地的投资补贴行为又会死灰复燃并"大行其道",进而引发新一轮的产能过剩。这就是中国最近十多年来钢铁产能过剩与宏观调控一直陷入周而复始的轮回的原因。

以 GDP 增长为主要指标的官员考核和激励机制下的地方政府行为与产能过剩的形成机制,以及产能过剩与政府宏观调控的博弈关系,大致如图 2-1 所示:

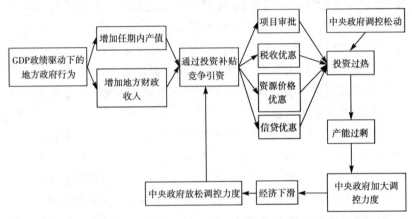

图 2-1　GDP 政绩导向下的地方政府行为与产能过剩形成机制

六、推进体制改革与制度建设,破除中国式产能过剩的旧体制

通过上文的分析,我们不难发现,中国式产能过剩的产生,以及产能过剩与宏观调控循环往复的政治和经济逻辑。我们认为,执政党和政府要根治产能过剩这一长期困扰中国经济的顽疾,必须统筹兼顾,标本兼治。一方面,执政党和政府要推进科学决策,提高宏观调控的艺术,改进调控方法和手段,以市场而不是行政命令的方式来调控;推进依法治国,以法律而不是搞运动的途径来调控。政府干预或宏观调控,应当是市场调控、依法调控、科学调控。另一方面,更应直面中国式产能过剩的体制性根源,深化体制改革,转变经济增长方式,推进国家制度建设,限制地方政府尤其是"一把手"不受约束的权力,控制官僚机器。唯此,才能从根本上破解产能过剩与宏观调控的

轮回,促进中国经济的健康发展。

1. 推进市场化改革,完善市场制度

近年来中国经济发展中出现的种种问题,包括产能过剩、经济结构不合理,以及经济结构转型的困难和产业升级过程的步履维艰,在很大程度上要归因于最近十年来市场化改革的停滞。要从根本上化解产能过剩困局,就要切实推进市场化改革,重建政府与市场的关系架构。市场经济是基于契约的平等竞争的经济,平等竞争恰恰是市场机制的灵魂。因此,市场经济的良性发展,离不开保护契约和市场主体平等竞争地位的法治。而鉴于法律规则只能是由政府予以提供,推进体制改革的另一关键点则是通过打造良好的法治环境与社会生态环境,让市场主体平等竞争。各级政府通过机制建设,减少不充分竞争带来的负面影响,其中特别体现在"一视同仁"地对待国企和民企上。地方政府需摒弃历来的地方保护主义和行政干预,建立和完善公平竞争的市场机制,充分发挥市场竞争的优胜劣汰作用。

2. 推动政府转型,重构政绩考核体制

改革开放以来中国政府发展经济所取得的成就堪称人类奇迹。近三十年来中国经济的高速增长,在很大程度上要归功于廉价劳动力带来的人口红利、改革开放带来的制度红利,以及加入WTO和经济全球化提供的历史机遇。但是时移势异,人口红利已经出现拐点,制度红利因改革长期停滞而日渐消失,而金融危机以来依靠政府大规模投资拉动的经济增长模式,从"促增长""稳增长"到"保增长",其不可持续性已为世人所共知。更严重的问题是,多年来由"建设型"或"生产型"政府推动的经济高速增长,在创造了中国经济增长奇迹的同时,也形成了因财富过于向政府和企业集中而造成的贫富差距悬殊、两极分化严重、社会矛盾空前尖锐、经济结构严重失衡等问题,整个社会似乎陷入了"增长的陷阱"。

中国经济的增长模式亟须转型。在中国这样一个政府主导型的社会,经济转型首先需要政府转型。可以说,在当下的中国,经济增长方式的转变、产业结构的调整固然"刻不容缓",政府的转型也同样"刻不容缓"。所谓"政府转型",就是要完成从当下的"生产型""建设型"政府向"公共服务型"政府的转型。政府转型是一项具有高难度和复杂性的世纪工程,其中包括施政理念的更新、角色和功能的重新定位、机构的精简和调整,以及职能转变和管理方式创新,等等。对于当下的中国而言,最可行的是重建一套官员的政绩考核体系。

中国国土辽阔、地区差异巨大,官员政绩考核体系作为一种激励约束机制,需要在中央与地方的利益博弈中寻求并实现各方利益的平衡。现行政绩考核机制的缺陷,与根深蒂固的地方主义相结合,催生了各级官员和地方政府的诸多短视行为。"上有政策,下有对策",无形中消解了国家宏观调控的功效。欲矫正和克服由短视所带来的短期化行为和地方保护主义,就必须重新构建地方政府行为的激励约束机制,即在政绩考核时不能继续"唯GDP论英雄",而要加强对地区经济发展的外部性、制度创新、可持续发展和经济效益的考察。在考核指标上,就要放弃长期以来与粗放型增长方式相关的产值指标,强化对"绿色GDP"这类指标的重视,降低经济增速在政绩考核中的权重,强化对就业、社会稳定和民生改善等其他目标的考核。勿令纸面上华丽的政绩落于"金玉其外败絮其中"的窘境之中。因此,各级政府应该痛下决心,抛弃此前的GDP崇拜,走出发展的迷思,回归经济发展的本真,还利于民,藏富于民,造福社会。

3. 推进现代国家制度建设,打造责任政府和法治政府

改革开放以来,经济高增长与政治体制改革的滞后,导致权力寻租、官场腐败盛行,社会贫富的两极分化日益严重,各种社会矛盾和冲突日益加剧。我们认为,只有推进现代国家制度建设,实现国家治理体系和治理能力的现代化,才能应对和解决当下中国发展中的各种复杂社会问题。历史的教训告诉我们,人治是政治、经济社会秩序混乱之源,只有全面实施法治,建立和完善权力制衡体系,以权力制约权力,才能摆脱人治的困境。洛克、孟德斯鸠、汉密尔顿等发明的政府权力制衡体系,正是出于对人性弱点的认识以及对权力的不信任,其实质是通过对政府权力的限制,最大限度地保障公民的自由和权利。

在政府针对钢铁等产业的宏观调控过程中,简单化的行政管控、运动式治理方式屡见不鲜,这是对于法治的漠视。漠视宪法和法律,决策层固然可以对市场进行随意性的调控和选择性办案;地方政府

也习惯于"上有政策,下有对策"。因此,改进政府的宏观调控,亟须推进法治建设,以法治政府限制公权力的肆意扩张,将权力关进宪法和制度的笼子里。政府官员才会抛弃简单化的行政管控与运动式治理方式,转向依法治国与依法调控。

我们认为,推进现代国家制度建设乃是当务之急,而责任政府建设更是现代国家制度建设的题中之义。责任政府既是一种理念,更是一种制度安排。作为一种理念,它要求政府必须回应并积极满足民众的基本要求,必须承担道义、政治、法律的责任,必须接受内、外部的控制;作为一种制度安排,它意味着保证政府责任实现的内、外部控制机制。政府的责任,无疑在于为民谋福祉,而非创造 GDP。建设责任政府、法治政府和公共服务型政府,确保各级政府官员切实转变发展理念,集中精力服务企业,服务社会,普惠民生,而不再直接介入微观经济领域,挥霍公共财政,一味地搞一些政绩工程和形象工程。

4. 深化中央与地方的分权制改革,调整和优化央地利益关系

产能过剩在某种程度上可以说是央地利益博弈的结果,而央地利益博弈的症结就在于财税体制的失衡。改革开放初期推行的以中央对地方"分权、让利"为主要内容的行政体制改革,充分调动了地方发展经济的积极性,提高了地方政府的治理能力,促进了各地尤其是东部沿海地区经济的突飞猛进,可惜这一改革未能持续并进一步深化,导致中央政府与地方政府的职能、权限与责任界限不清。1994年的分税制改革,旨在理顺央地、政企和收入分配方面的财税关系。此举在一定时期内调动了各级政府和市场主体的积极性,无论是中央财政还是地方财政,都取得了量上的惊人飞跃。分税制改革的重点是划分了财权,也初步建立了转移支付制度,但对于事权的划分只是原则性的,而这也使地方政府在实际工作中陷入了难以明确界定与无法规范操作的困境。随着财权的大幅上收,以及事权和责任的层层下放,地方政府财权与事权不匹配的矛盾日益突出。共享税比例的增加和地方税的名存实亡,使得地方政府的财力难以保障,也无怪乎近年来地方政府更多寄希望于土地财政。当下,许多地方政府债台高筑,更有相当一部分县乡政府无力承担越来越多的公共事务,

基本公共服务均等化的构想成了无米之炊。

要化解当下的央地利益博弈格局,需要重构中央和地方关系,从宪法层面明确各级政府的职能、权限和责任,推进公共财政体制改革,调整和优化央地利益格局。我们认为,中国公共财政体制改革的第一要务,是在明确各级政府职能、权限和责任的基础上,规划和完善地方事权与财力相匹配的顶层设计。其一,以事权定财权,以转移支付矫正偏差。基于目前央地事权划分并不明晰的现状,须先定事权,然后依据事权大小、多少来划分财权,如国防、外交等毫无疑问是中央政府的责任,而义务教育、医疗、社保等涉及全体国民,至少应该由中央承担主要责任,粮食安全、环境保护等可作为共同责任,其他直接面对老百姓的公共管理和服务则由地方政府来承担。其二,适当赋权于地方政府。在"十二五"规划建议的财税体制改革部分中,就已提出逐步健全地方税体系,赋予省级政府适当税政管理权限。此举意在为地方政府建立长期的稳定的收入来源。具体而言,即在统一税政的前提下,赋予省级政府适当税政管理权限,培育地方的支柱税源;中央集中管理中央税、共享税的立法权、税种开征停征权、税目税率调整权、减免税权等,以维护国家的整体利益;对于一般地方税税种,在中央统一立法的基础上,赋予省级人民政府税目税率调整权、减免税权,并允许省级人民政府制定实施细则或具体实施办法。[①] 其三,重构公平、科学和透明的转移支付体系。转移支付理应发挥其纠偏作用,旨在矫正现实中对事权、财权划分不对等的现状。但在现实中,"跑部钱进"、规范缺失、厚此薄彼等历来是转移支付广为诟病的弊端所在。重构转移支付制度,须做到公平、科学与透明。同时,实践中的成功经验亦须大力推广。如浙江等省经由"省直管县"体制,把市管县下被地市政府截留的财政份额留在县域,化解了"以县养市"的体制弊端,对于破解县乡财力不济的困境、促进县域经济社会的发展,可谓卓有成效。

---

① 韩洁、徐蕊:《谢旭人发表署名文章,阐述下一步加快财税体制改革目标》,人民网,http://politics.people.com.cn/n/2012/1121/c1001-19654559.html,2013 年 1 月 3 日查询。

七、简短的结语

总结以上的探讨,我们认为,过往的宏观调控"治标不治本",针对产能过剩而推出的政策措施,"头痛医头、脚痛医脚",甚至不惜以未来的产能过剩来消解当期的产能过剩,以政府的行政手段来左右市场的需求,致使产能过剩问题和围绕着过剩而推出的调控成为一个周而复始的恶性循环。要走出这个历史循环,执政党和政府首先要转变长期以来建设型政府角色定位和 GDP 政绩冲动;同时,放弃多年来形成的针对行业发展的宏观调控思路,放弃沿袭已久的"产能论"式的调控。产能过剩与否,应该由市场来决定、由市场来消除,而非根据产能来决定行业调控政策和管理手段,否则,钢铁、水泥、有色金属等各个行业的产能过剩问题将永远处于无解状态。

宏观调控的失效并非一个钢铁行业,而遍及"有形之手"所能触及的任何领域。宏观调控对中国经济社会造成的影响极其深远,宏观调控的失效,实质上是由政府和市场之间关系的失位导致的。在生产型政府热衷于大规模投资、大干快上、提高 GDP 的现实下,试图简单地依靠行政手段,或者综合运用行政手段、法律手段、经济手段来化解产能过剩顽症,显然是不切实际的。

宏观调控失效问题的症结,不在于具体调控手段和政策的完善程度和合理程度,而在于政府和市场的关系是否合理,政府的角色、作用以及政府职能的定位是否正确。单纯的宏观调控手段上的创新并不能从根本上解决问题。质言之,宏观调控失效和政府失灵的根本原因,既在市场,也在政府。市场缺陷或失灵,要推进经济体制改革,完善市场体制机制;政府失灵,需要推进政府改革和现代国家制度建设。因此,破解中国式产能过剩顽症,不仅要调控市场,更亟须调控的是政府。

中国政府的市场监管为什么无力？

一、市场失灵、公地悲剧与政府监管

市场监管是现代政府的基本职能之一。"监管"一词,有监察、督促、管理之意,市场监管就是对市场秩序的监管。市场监管的主体是有权实施监管的机关、机构或团体,通常以政府机关为主;市场监管的对象是市场活动的参与者及其市场行为。市场监管是市场监管主体对市场活动主体及其行为进行限制、约束等直接干预活动的总和。①

政府监管的必要性源于市场失灵所导致的公地悲剧。市场是迄今为止人类所发现的最有效率的资源配置方式,但市场并不是万能的,由于市场自身具有自发性、盲目性以及滞后性等固有的缺陷,因而常常会出现市场失灵的现象,造成资源配置的低效与无效。市场失灵的表现形式多样,例如由于市场主体的无序竞争而带来的生产安全、食品安全问题,环境污染对于公民权益的侵害,垄断对市场的公平竞争所产生的巨大侵害作用等,这些都会对人们的生产生活产生重大的危害。著名经济学家、诺贝尔经济学奖获得者萨缪尔森指出,当今没有什么东西可以取代市场来组织一个复杂的大型经济。但问题是,市场既无心脏,也无头脑,它没有良心,也不会思考。所以,需要通过政府制定政策,纠正某些由"市场失灵"带来的经济缺陷。② 美国著名学者哈丁的《公地悲剧》描绘了一幅在人性的自私占主导地位,而又缺乏严格而有效的监管机制的状态下,人们无休止地

---

① 参见吴弘、胡伟:《市场监管法论——市场监管法的基础理论与基本制度》,北京大学出版社2006年版。

② 〔美〕保罗·萨缪尔森:《经济学》,北京经济学院出版社2002年版,第555页。

掠夺公共资源,最终导致"公地悲剧"或曰"公有资源的灾难"的图景。① 因此,为了纠正由市场失灵所造成的危害,避免公地悲剧,政府需要对市场进行监管。

市场监管是现代政府的基本职能之一,体制机制成熟的政府监管能够弥补市场失灵所造成的缺陷,维护市场的良好秩序,有助于增进经济效率和社会福祉。对于当下的中国而言,除了市场成熟经济体的市场失灵问题外,由于我国现行的社会主义市场经济体制是在传统的高度集中的计划经济体制基础上建立起来的,计划经济体制中遗留下来的"政企不分""政监不分"以及"政资不分"等弊端依然尚存,再加上社会主义市场经济体制建立的时间不长,当前市场体系自身尚存在着很多不完善与不健全的地方,这些都严重影响并阻碍了我国市场经济的稳定与繁荣。基于此,为了有效地解决市场失灵问题,维护市场秩序,促进市场经济的稳定持续发展,政府的市场监管职能便显得尤为必要,否则,必将导致市场的混乱不堪。

现阶段中国政府自身存在着"先天不足"的问题。其一,政府与市场的角色错位。当下的政府还是计划经济时代的那个全能型政府,政府的角色、权力配置以及职能定位仍没有变,政府对市场的过度干预,妨碍了市场在资源配置过程中的作用发挥;政府的行政管控经常取代了市场本应有的调节机制,导致了市场在资源配置过程中经常处于低效甚至无效的状态。其二,当下政府的监管职能、监管体制都存在着不完善的地方。政府监管部门间的权责不清、职能交叉,导致各自为政、"九龙治水"现象严重,使得现实中政府监管的效率低下、监管责任难落实等问题突出,而且这一痼疾长期得不到解决。其三,政府的监管行为不规范,监管的法律体系不健全,对违规违法行为处罚过轻,降低了政府监管的权威性,这些更加剧了监管的无力与无效。

二、中国政府的市场监管:现状及存在的主要问题

市场监管、经济调节、社会管理和公共服务是中国政府公认的四大政府职能。市场监管主要是指具有法律地位的、相对独立的管制

---

① Garrett Hardin,"The Tragedy of the Commons", *Science*, 1968, pp.1243-1248.

者(通常是政府),依照一定的法规对被管制者(主要是企业)所采取的一系列行政管理与监督行为。① 成熟完善的政府监管职能够弥补市场失灵所造成的缺陷,维护市场的良好秩序,有助于增进经济效率和社会福利,但当下中国政府的市场监管职能却处于频频失灵的状态。总结中国政府的市场监管职能,我们发现主要存在以下几个主要问题:

1. 政府监管缺位

监管缺位主要指政府监管部门在行政执法过程中,没有按照法定职责维护市场秩序,从而引起市场混乱的行为。政府部门监管缺位的表现主要包括:有法不依,执法不严,违法不究以及监管不作为等问题。

政府监管部门的有法不依、执法不严,对违法犯罪行为的纵容与包庇,会严重影响其对市场监管的效率与效益问题。以证券监管为例,前任中国证监会主席郭树清曾指出,目前在私募市场、债券市场、资产管理市场以及期货和衍生品市场等方面都存在着制度空白和制度缺陷的问题,迫切需要通过制定或修改法律加以解决,并且现有的一些法律法规,在很多情况下也还是成为摆设,许多法律法规对违法行为的惩治规定,虽早有阐述,但鲜有施行。② 同时,现任中国证监会主席肖钢也指出,据统计,目前资本市场的法律规则超过1200件,问责条款达到200多个,但其中无论是刑事责任还是行政、经济责任,没有启用过的条款超过三分之二。③ 政府监管部门的有法不依、执法不严以及违法不究,使得中国自1990年对证券市场实行监管以来,内幕交易、欺诈上市、虚假披露、操纵市场等违法违规行为屡禁不止,大案、要案频频发生。

中国政府对市场监管的缺位除了监管部门的有法不依、执法不严、违法不究等问题外,政府监管的不作为问题也同样突出。2008年9月,爆发了震惊中外的重大食品安全事故"三鹿奶粉"事件,事后

---

① 王俊豪:《管制经济学原理》,高等教育出版社2007年版,第4页。
② 刘璐:《郭树清:推动修订公司法证券法基金法》,《证券时报》2012年12月11日,第1版。
③ 肖钢:《监管执法:资本市场健康发展的基石》,《求是》2013年第15期。

国家质量监督检验检疫总局等相关部门调查发现,造成三鹿奶粉质量问题的主要原因在于当时相关政府官员和监管部门对于三聚氰胺检测指标的"失察",这种"失察"与政府监管的不作为密切相关。10月9日,也就是距离卫生部通告三鹿奶粉含三聚氰胺的日期刚好一个月后,国务院公布实施了《乳品质量安全监督管理条例》。该《条例》共三章二十七条,三千六百余言,通过总则、奶畜养殖、生鲜乳收购三个章节对监管部门的职责和法律责任作了规定,并且建立了违法生产经营者"黑名单"制、政府官员问责制,禁止私人开办奶站,规定多个主体负责召回不合格乳品等条规,来防止类似三鹿奶粉事件的发生。① "三鹿事件"催生了食品安全行业的《乳品质量安全监督管理条例》,填补了政府在乳制品质量市场上的监管缺位问题,但这《条例》是用许多无辜儿童的生命和健康换来的,国家因此也付出了沉重的代价。

2. 政府监管错位

政府在对国有企业实行市场监管职能时,经常会出现监管错位的现象,主要表现为监管者的角色错位。特别是在对央企实施监管职能时,政府既充当"裁判员",又充当"运动员",对国企和央企垄断行为的纵容与宽恕,导致监管的不到位。

2011年8月23日,中国中煤能源集团有限公司下属的全资子公司中煤陕西榆林能源化工有限公司在未经过审批工程用地程序的情形下,公然毁掉榆林市横山县6000亩珍贵的防护林,开工建设煤化工项目。按照我国相关法律规定,毁坏防护林5亩以上就要追究刑事责任,但中煤陕西榆林能源化工有限公司仅被当地国土局罚款500万元,当地林业管理部门还以地方政府部门管不了央企为由而推卸监管责任。② 又如,2007年10月,中国五矿集团邯邢冶金矿山管理局(简称五矿邯邢局)下属的北洺河铁矿和玉石洼铁矿,在其共有的尖山北尾矿库尚未验收、更未取得安全生产许可证之际,提前近一年

---

① 罗洁琪:《"三鹿事件"催生乳品监管条例》,财经网,http://www.caijing.com.cn/2008-10-10/110019065.html,2013年5月1日查询。

② 《中煤毁林6千亩仅罚500万,当地公安称管不了央企》,新华网,http://news.xinhuanet.com/yuqing/2012-11/21/c_123980380.htm,2013年5月1日查询。

时间非法排放尾矿浆,结果造成下游一民营矿山企业透水关停。随后,两家国有铁矿改道排尾,其中一家还将尾矿排入附近的河道与农田,对当地农民的生活环境造成了严重的污染。事后,当地村民曾向武安市政府反映这个问题,但武安市政府有关领导却以"他们是中央企业,财大气粗,根本不把地方执法人员放在眼里"为由,宣称管不了这事。村民代表也曾带着全村39户村民签名的上访信赴北京反映情况,环保部信访办公室将他们的上访材料批转下来,可问题仍未得到解决。①

另外,2012年11月14日,中国五家民间环保组织以公开信的方式,对拥有央企和上市公司双重身份背景的大唐国际发电股份有限公司旗下的内蒙古大唐国际多伦煤化工有限责任公司的环保问题提出了质疑。该公司被指公开将大量废渣、废水混合物直接倒在没有任何防护措施的草原和沙地上,严重污染了当地的草原环境。然而,接到此次投诉之后,该公司表示坦然处之。从大唐发电官方网站查询到的《2011年社会责任报告》显示,内蒙古多伦煤化工公司地处草原腹地,在建设和生产中注重生态保护,打造环境友好型示范项目,不存在污染环境的现象。②

部分央企号称环境治理中的"钉子户",他们凭借强大的实力、绝对的垄断地位、拥有的强势资源来推卸企业本该承担的社会责任,这些都给我国的环境保护和生态文明造成了巨大的压力,这是政府监管部门的严重失职。

3. 监管方式不当

现阶段中国政府对市场的监管,主要表现为"运动式"监管和"杀鸡儆猴"式的选择性办案等。"运动式"监管最大的缺点是来也匆匆,去也匆匆,满足于揪出少数几个"典型",办几个大案,之后迅速收场,治标不治本。而"杀鸡儆猴"式的选择性办案,更加突显了政府监管的随意性和"有形之手"力量的强大有力。

---

① 《中国五矿邯邢局两铁矿:非法排尾祸企殃民》,新华网,http://news.xinhuanet.com/fortune/2009-10/15/content_12235487_1.htm,2013年5月1日查询。

② 赵春燕:《大唐发电陷"环保门",内蒙古子公司被指污染草原》,新华网,http://news.xinhuanet.com/fortune/2012-11/23/c_123991419.htm,2013年5月1日查询。

2000年11月,江泽民在中央经济工作会议上指出,要依法严厉打击制假售假、偷税骗税、经济诈骗、故意逃避债务等行为,创造良好的市场秩序。2001年4月,国家成立了由31个有关部门组成的全国整顿和规范市场经济秩序领导小组,时任中共中央政治局常委、国务院副总理李岚清任组长,各地以食品、药品、农资、棉花、拼装汽车为重点的打假联合行动迅速落实。同时,整顿文化市场,加强安全生产管理和检查等工作也全面展开。2001年4月到2002年8月,全国仅工商质监部门就取缔各类违法物品近5万个,销毁假冒伪劣等各类违法物品货值8.5亿元。其中质监部门破获制假团伙764个,立案查处17.5万起,结案11.3万起,沉重打击了扰乱市场经济秩序的各类不法行为。① 但是,离这次大规模整顿不到一年的时间,全国各地制假售假、扰乱市场秩序的行为又卷土重来。据统计,在2003年4月22日至5月22日这短短的一个月里,全国工商系统共检查市场主体463万多家,查处违法案件近20万起,案值达1.28亿元。②

在安全生产领域,2010年3月28日,山西王家岭重大矿难发生后,国家安监总局、国家煤矿安监局、监察部、卫生部、全国总工会、最高人民检察院、山西省政府等部门以雷厉风行之速度赶赴受灾现场进行救援,但即使这样,仍挽回不了38名无辜矿工的生命。3月31日,国家安监总局、国家煤矿安监局通报华晋焦煤有限责任公司王家岭矿"3·28"透水事故,要求各地区、各部门和各煤矿企业要严格落实矿井防治水责任制,切实落实防治水的法规标准和各项措施;认真开展一次为期3个月的煤矿水害隐患排查专项行动;按照有关法律法规,严格落实矿井防治水措施;要加强对基建矿井防治水工作的管理;进一步加强煤矿安全监管监察工作。③ 国务院相关部门还严令要求全国各级地方政府对当地煤炭企业要做好专项检查工作,加大监管执法力度,确保煤矿工人的生命安全。但据我们初步统计,从

---

① 《〈焦点访谈〉:整顿规范市场经济秩序——迎十六大特别报道〈执政兴国〉》,央视国际新闻网,http://www.cctv.com/news/china/20021101/100561.shtml,2013年5月1日查询。
② 李丽辉:《借防非典违法经营,近期得到有效遏制》,《人民日报》2003年6月3日。
③ 国家安全生产监督管理总局、国家煤矿安全监察局:《国家安全生产监督管理总局国家煤矿安全监察局公告》,(2011年第9号)。

2010年王家岭煤矿透水事故发生到现在,在这短短的四年时间里,我国就已经发生大大小小220多起矿难。从这些矿难中我们可以总结出三条:其一,四年时间我国共发生了大大小小矿难220多起,平均每6天就会发生一起矿难;其二,在这220多起矿难中,明确无人死亡的有13起,仅占总矿难数的5.9%;其三,在这四年的时间里,由于矿难而导致的死亡人数共计1280多人,即平均每起事故死亡约5.8人,平均每天死亡约1人。①

政府每次推出的声势浩大的"运动式"监管和"杀鸡儆猴"式的选择性办案,在短期内也许会起到一定的效用,但从长久来看,这些措施大都属于"头痛医头""脚痛医脚"的局部性监管整治,"治标不治本",始终没有触碰到市场监管失灵背后的体制性根源。

三、中国政府市场监管职能失灵的原因分析

我们认为,从1992年中国政府实行市场监管以来,在这二十多年时间里政府监管部门一直未能遏制恶性竞争、假冒伪劣、偷排污水废水、生产有毒食品药品等违法违规行为,政府监管缺位、监管错位以及监管方式不当的现象比比皆是,始终没有达到稳定市场秩序的目标。目前,中国政府市场监管的理念仍处于行政管制的阶段,其主要根源在于:政府的角色定位不清,在市场中既充当"运动员"角色,又扮演"裁判者"角色;政府对企业的监管依然靠行政审批制,注重事前审批,轻视事后监管;法治的缺陷;监管体系不健全,造成监管职能分割,"九龙治水"式监管以及各级政府强烈的地方保护主义的干扰,弱化了政府的监管功能。这些方面都造成了中国政府市场监管职能的低效与无效。

(一)政府与市场关系错乱,政府没有履行好对市场的监管职能

1. 政府把发展经济放在首位,为了本地区经济和GDP的增长而放纵企业违法犯罪行为

在传统的计划经济时代,由于中央政府主导一切,地方政府不存

---

① 资料来源:根据国家安全生产监督管理总局政府网站整理所得。

在自己的经济利益,而在市场经济环境下,尤其在1994年我国实行分税制改革以来,地方政府逐渐成了一个理性的追求自身经济利益最大化的行政组织,地方政府拥有强烈的发展本辖区经济的动机,由此不惜利用行政权力、法律手段、特殊地位做本地企业的"保护伞",纵容庇护企业的违法行为。近年来,地方政府为了发展本地经济,拉动GDP增长,纵容企业生产销售假冒伪劣产品、对企业排放污水废水现象不闻不问,甚至有些地方政府部门与企业主合谋生产有毒食品药品的事件屡见不鲜。

近两年,在山东、湖南、四川等多个省份的地方政府陆续设立了"企业宁静日"制度。这一制度让辖区内的企业每月能享受15—25天的"免检"待遇,在这期间,质检等部门将无法进入企业内部开展任何形式的检查;即便遭遇重大突发事件或较高级别的紧急专项检查,也须遵循"先备案后检查"的模式。① 地方政府为追求税收和政绩,与制假售假企业进行利益交换,他们通过设立"企业宁静日"制度,来给企业撑腰,终极目的是为了得到税收和更加漂亮的GDP数值。这种行为严重阻碍了质检部门等的监管执法,名为"企业宁静日",实则是地方政府对造假企业的"保护日"。

2013年,山东等地的化工厂、造纸厂等企业将大量的工业污水通过挖渗坑、渗井的方式偷排,有的污染企业甚至用高压泵将大量污水直接注入地下,不仅造成整个华北地区地下水的严重污染,导致可饮用水源的极度短缺,而且还严重危及了当地老百姓的生命安全,每年因饮用受污染地下水而得癌症死亡的人数触目惊心。在民众频频举报、媒体屡屡曝光企业地下排污的恶行后,地方监管部门仍选择放纵不管,甚至连一句惯用的"正在调查"也懒得说。② 据新华网报道,中国水资源总量的三分之一是地下水。有关部门对我国118个城市的连续监测数据显示,约有64%的城市地下水遭受严重污染,33%的地下水受到轻度污染,基本清洁的城市地下水只有3%;另外,中国地

---

① 廖爱玲:《质监等部门打假,地方干扰仍严重》,《新京报》2013年2月12日,第10版。
② 《传山东等多地企业用高压泵向地下排放致命性污水》,中国日报网,http://caijing.chinadaily.com.cn/zxqxb/2013-02-17/content_8273619.html,2014年4月1日查询。

质调查局的专家在国际地下水论坛的发言中也提到,我国90%的地下水遭受了不同程度的污染,其中60%污染严重。① 由此可见,政府部门监管职能的缺位,已对我国可用水资源造成了难以估计的破坏,直接危及了人们的生存发展。

在"建设型""生产型"政府的指引下,地方政府始终把发展经济放在首位,尤其是各级地方政府,注重本地区经济的提升和GDP的增长,放任企业的违法犯罪行为。有些腐败官员甚至与违法企业主沆瀣一气,狼狈为奸,为经济利益肆意包庇纵容制假售假、偷排废水等违法行为,从而导致当前监管失灵问题始终未能有效解决。

2. 政府既是执法者和监管者,又是市场参与者

当前,中央政府与各级地方政府都拥有数量庞大的国有企业,国有企业无论是在市场地位、资金的获取还是在政策优待方面,都远胜于其他市场主体。具备"共和国长子"特殊身份的央企,更是垄断得利、与民争利,在市场中既充当"运动员"角色,又扮演"裁判者"角色,严重破坏了市场秩序。据统计,仅在2011年企业家涉案的199例案件中,国企企业管理人员(包括有国有股份的股份制企业等在内,以下称"国企企业家")犯罪或者涉嫌犯罪的有88例,涉案的国企企业家平均年龄为52.59岁,人均贪腐金额3380万元,其中光明集团创始人、前董事长冯永明一个人就贪了7.9亿元。如果去掉这一特殊案例,平均每人贪污金额也达到2077万元,而2010年这个数字是957万元。② 短短一年时间国有企业高层领导贪污腐败的金额就增长了一倍之多,实在骇人听闻。政府在市场经济体制下,既充当执法者和监管者,又充当市场参与者,国企尤其是央企的违法违规行为屡禁不止。

2013年8月以来,"中石油窝案"的发生,充分暴露了政府对现行国有资产监管的缺位与错位,在国有资产监管中,最关键的出资人监管,还是沿用了政府监管的形式和路径。比如监事会监事的选任、

---

① 《山东潍坊等地企业高压泵地下排污,监管部门沉默》,21世纪网,http://www.21cbh.com/HTML/2013-2-19/3MNDE3XzYyMTc3MA.html,2014年4月1日查询。

② 陈晶晶:《内地去年88名国企老总落马,平均贪腐3380万元》,凤凰网,http://news.ifeng.com/mainland/detail_2012_01/15/11986978_0.shtml,2014年4月1日查询。

权利保障、作用发挥等,都与党政机关的纪律检查部门的运作机制相似,都是一种职能性工作,并不能很好地体现出资人的内生性态度、责任和动力,不能发挥出资人代表那种近身监督、全程监督和事前监督的作用。① 中石油垄断封闭阻拦民企进入,权力过大而监管缺位,缺少有效的公司治理机制,政府在国企中的角色不清,进而导致政企不分、政监不分等问题。国有企业内部管理、监督机制的不完善,以及政府对国企尤其是央企外部监管的乏力,造成企业无视法律法规、破坏市场公平竞争的现象愈演愈烈。

3. 行政审批制下的重事前审批,轻事后监管

我国的行政审批制度脱胎于计划经济时期,在计划经济体制下,行政审批制度成为政府管理社会的主要手段,尤其在经济领域,行政审批成为政府配置资源的核心手段。但是,随着我国社会主义市场经济体制的建立与不断完善,行政审批制度已严重制约了经济的发展。在市场体制下,政府重事前审批,轻事中、事后监管,用行政权力代替市场机制,用政府决策代替市场博弈,就会导致许多企业只要通过了行政审批环节,接下来就处于无人监管的状态,从而助长了企业的违法行为。以钢铁行业为例,钢铁工业的生产过程是化学、物理的变化过程,对环境污染严重,被列为污染危害最大的三大部门(冶金、化工和轻工)和六大行业(钢铁、炼油、火电、化工、有色金属冶炼和造纸)之首,因此政府对于钢铁行业的生产监管尤为重要。然而,我国政府对于高能耗、高排放的钢铁行业却处于监管缺位的状态,特别是国内一些钢铁脱硫等环保设备"开两天停三天",在线监测数据失真、篡改相关数据、偷排漏排现象比比皆是。据统计,2010 年钢铁工业二氧化硫、氮氧化物、烟尘和粉尘的排放量分别占工业排放量的 9.5%、6.3%、9.3% 和 20.7%,严重影响了大气质量。环保部污染排放总量控制司司长刘炳江在 2013 年第四届中国钢铁节能减排论坛上表示,当年 1 至 5 月份大气污染最严重的 20 个城市中,17 个城市有钢铁企业。由于政府对钢铁行业缺乏有效的监管,使得当下大气

---

① 《中石油为何容易涉腐》,凤凰网,http://finance.ifeng.com/business/special/zhenxiang55/,2014 年 4 月 1 日查询。

污染如此严重。①

(二) 法治的缺陷

市场经济是建立在契约基础之上的平等竞争的经济,它的良性运行,离不开保护契约和市场主体平等竞争地位的法治。市场监管领域法治的缺陷,主要体现在政府在履行市场监管职能时有法不依、执法不严、违法不究等问题。这个总是具体表现为两方面:一是法治不彰,法律得不到遵守,由此引起的法律权威性不足。以我国的资本市场为例,资本市场是一个资金场、信息场和名利场,因而又必须是一个法治的市场,如果没有健全完备的法律体系,必将导致市场秩序的混乱和市场失灵。我国证券市场建立以后,直到1998年才有了《证券法》,但与《证券法》相配套的《期货法》、上市公司监管条例、证券期货投资者保护基金条例、类别股份发行管理规定、私募基金监管条例等,至今还没有制定起来。《证券法》作为资本市场的"基本法",虽经2005年的修订,但其中许多条款已经严重滞后于资本市场的发展,亟需重新修订。同时,现有的法律法规之间也没有很好衔接,如《证券法》与《刑法》《公司法》等法律之间,尚存在许多互相矛盾的条款。损害赔偿制度也因为相关法律法规不健全而虚置,无法起到保护投资者合法权益的作用。由于证券市场的法治建设严重滞后,法律法规很不完善,市场监管者经常面临无法可依、无章可循的的窘境,导致违法犯罪行为认定难、立案难、取证难、赔偿难,严重影响和制约了市场监管的绩效。

二是法律法规不健全、违规成本低以及政府监管部门的执法不严,造成监管的无效。首先,法律本身不健全,从而影响到法律的权威性。如现行的《食品安全法》中对于餐具消毒企业的监管,对于流通领域中生产加工食品的监管等应当由哪个部门来监管,没有做出规定,存在着监管的空白地带。其次,法律对违规成本的处罚轻,起不到监管的目的。如现行《中华人民共和国证券法》作为中国资本市场的"根本大法"于1999年7月1日开始施行,2005年10月份进行

---

① 《17个大气污染严重城市有钢铁企业,环保部称将彻查》,中国网,http://news.china.com.cn/shehui/2013-07/01/content_29279901.htm,2014年4月1日查询。

了修订。尽管《证券法》中对于市场主体的违法行为的惩罚条款有许多,但纵观《证券法》中的各项违规惩罚条款,我们可以发现大多以罚款的方式对违法的市场主体进行惩处,最高惩罚金额也不超过60万元。另外,监管部门对于违规的处罚,一般都侧重于诫勉谈话、出具警示函、公开谴责,最重的莫过于市场禁入。总体而言,这些"隔靴搔痒式"的处罚,既不能达到严惩违规者的目的,也达不到警示后来者的效果。最后,政府监管部门的有法不依、执法不严等问题更加剧了监管的无力。据证监会统计,仅2009—2012年,证券市场违法违规案件年均增长14%,2012年同比增长21%,2013年上半年同比又增加40%。与此同时,证监会每年立案调查110件左右,能够顺利做出行政处罚的平均不超过60件;每年平均移送涉刑案件30多件,最终不了了之的超过一半之多。政府监管部门的低效率监管执法和监管方式的不当,严重损害着广大中小投资者以及中国资本市场的整体利益。

(三) 监管体系不健全,监管职能分割与"九龙治水"式监管

现阶段,我国市场监管体制不健全突显,存在着监管部门之间权限不清晰、职能交叉、政出多门的现象,而且这一痼疾长期得不到解决。"九龙治水"分段式多头监管执法,使得监管部门越多,职责界线越模糊,重复监管越严重,监管不到位屡屡出现,进而导致监管资源分散、整体行政效能不高。

"九龙治水"是对中国水资源管理模式极具形象的比喻。根据《中华人民共和国水污染防治法》,管理水资源的部门涉及环保部门、交通主管部门、水利行政主管部门、国土资源部门、卫生部门、建设部门、农业部门、渔业部门,以及江湖流域水资源保护机构等9家。在各自的职责上,水利部门紧盯水资源短缺,建设部门更注重建市政给排水管网,国土资源部门则侧重管地下水,环保部门更多是控制达标排放,从中央到地方各个政府部门职责不清、权限模糊,经常推诿扯皮,不能达到有效解决水污染治理的问题。① 从山东潍坊地下水污染,到日前华北55家企业利用渗井排污,造成整个华北平原浅层地

---

① 《中国深陷水污染公共危机,"黑色水图"触及七大江河》,新华网,http://news.xinhuanet.com/local/2009-09/22/content_12095974_2.htm,2014年4月1日查询。

下水仅22.2%可直接饮用;从水资源的镉污染到铅污染,再到药品污染,一连串触目惊心的地下水污染事件从未消失在人们的视线里。我国的地下水监测、开采和地下水环境分别在国土部、水利部和环保部的管理下,部门间权力、责任比较分散,呈现"九龙治水"的弊端。权责难以界定,弱化了管理效果的落实,交织固化的部门利益、老旧的监测体系以及滞后的法律监管,严重制约着地下水污染防治。① 据国家环保总局的调查显示,自2005年松花江特大污染事件以来,我国共发生150多起水污染事故,平均每两三天便发生一起与水有关的污染事故。而据监察部统计,近几年全国每年水污染事故都在1700起以上。另外,据环保总局发布的《中国环境状况公报》称,全国近14万公里的河流中,近40%的河水受到了严重污染;全国七大江河水系中劣V类水质占41%。同时,环保总局发布的另一项重要调查显示,在被统计的我国131条流经城市的河流中,严重污染的有36条,重度污染的有21条,中度污染的有38条。② 可见,这种"九龙治水"的机制客观上强化了职能部门的局部利益和单一目标,却弱化了水资源的宏观管理功能;谁都负责,也就意味着谁都可以不负责。政府监管职能的缺位与不作为,是目前水污染问题频发的体制性问题。

(四)地方主义

地方主义,也称地方保护主义,它是阻碍建立公平、竞争、开放、统一的社会主义大市场的主要原因,也是引起当前我国政府市场监管职能失灵的重要障碍。现行官员升迁制度和财政分权体制使得政府官员追逐物质利益和经济发展的冲动非常强烈,加之国家立法对地方保护主义缺乏有效的防范和制约,我国对地方官员的评价体系仍然停留在以GDP衡量政绩的阶段,司法的监督又不到位,地方保护主义便日益成为一种社会顽疾。③ 地方保护主义观念的根深蒂固,各级政府以GDP增长为主要指标的政绩考核和官员晋升激励机

---

① 《七部委严查渗井排污,地下水污染防治立法正推进》,大公网,http://finance.takungpao.com/hgjj/q/2013/0604/1664226.html,2014年4月1日查询。
② 党文伯、陈健等:《水污染事件频发暴露多重深层次问题》,经济参考网,http://jjckb.xinhuanet.com/2011-08/01/content_324411.htm,2014年4月1日查询。
③ 冯玉国:《地方保护主义损害市场经济》,《上海证券报》2007年4月3日,第5版。

制,都弱化了政府的监管功能。

由于企业上市可以为当地政府招商引资,大幅度地增加地方的财政税收,而且推动企业上市也是一项重要的政绩,因此,地方政府一直热衷于推荐企业上市,为拟上市企业出具必备的公文证明。有些地方官员为了在短期内得到晋升,对上市公司的违法行为不闻不问,甚至经常纵容、保护,与违法的企业主同流合污,直接导致政府监管职能的失灵。地方保护主义在绿大地股份有限公司欺诈上市事件上表现得最为突出。一家企业要想上市,首先必须要通过所在地的工商、税务、环保、质检等多个部门的合法合规证明。而绿大地股份有限公司却一下子绕过了地方政府、中介机构、地方证监局、证监会发行部、发审委等五道关口,暂且不说地方政府是如何帮助绿大地股份有限公司欺诈上市的,但就案发之后的各种迹象来看,云南省地方政府为保护企业也可谓是不遗余力。绿大地股份有限公司董事长何学葵被捕前,曾以公司名义向云南省政府书面求援。云南省花卉产业办公室也曾向绿大地股份有限公司风险处置及维稳工作领导小组打报告,请求协调有关部门在处理绿大地案件方面从轻从宽。在案发前后,云南省有关地方领导还多次赴京,与证监会高层会晤,为绿大地股份有限公司说情。调查人员在整个调查过程中面临着较大的阻力,公安部门对何学葵的批捕方案也曾数次被地方检察院驳回。①

四、加强中国政府市场监管职能的对策建议

1992年以来,中国政府运用法律法规、行政权力、行政授权等手段对社会主义市场经济实行了多轮监管,然每轮监管过后,相同的问题又重复上演,甚至愈演愈烈。政府监管部门每次对市场经济的监管都是采取"头痛医头""脚痛医脚"的运动式治理,政府自身定位一直处于模糊不清的状态,既当"裁判员",又当"运动员",所采取的措施也都是治"标"而不治"本",始终没有触碰到市场监管失灵背后的体制性根源。我们认为,要从根本上消除市场监管失灵的顽疾及其

---

① 赵晓辉、陶俊洁:《五道关挡不住公司造假? 绿大地欺诈上市引发的思考》,新华网,http://news.xinhuanet.com/fortune/2011-12/07/c_111224782_2.htm,2014年4月1日查询。

负效应,需要从以下方面着手:

1. 推动"生产型""建设型"政府向法治政府、责任政府和公共服务型政府转型

　　日本、韩国等国家实行政府主导型经济已经被证明是行不通的。在市场经济体制下,政府应该正确处理好政府与市场、政府与企业、政府与社会的关系,把市场经济能够有效调节的还权于市场,社会能够管好的交给社会,政府只需保证公共产品和公共服务的充分供给,只有这样才能充分激发市场、社会、企业各自的活力。当前,中国政府的市场监管职能失灵有很大部分原因在于政府自身角色的错误定位,政府把经济发展作为首要目标,尤其是各级地方政府沉迷于漂亮的 GDP 数值,对破坏市场秩序的违法行为庇护纵容,甚至某些官员与企业主同流合污、沆瀣一气,自然导致监管失守,问题频繁出现。因此,在中国这样一个政府主导型的社会,经济转型首先需要政府转型。所谓"政府转型"就是要完成从当下的"生产型""建设型"政府向"公共服务型"政府的转型。① 中共十八届三中全会明确提出,必须切实转变政府职能,深化行政体制改革,创新行政管理方式,增强政府公信力和执行力,建设法治政府和服务型政府。日前,中组部又发布通知,明确取缔了单纯以 GDP 为标准来考核党政干部政绩的指标,提倡政府应根据不同地区、不同层级领导班子和领导干部的职责要求,设置各有侧重、各有特色的考核指标。同时,加大资源消耗、环境保护等指标的权重,更加重视对科技创新、教育文化、劳动就业、居民收入、社会保障、人民健康状况的考核。这是一大历史进步。

　　推动政府转型,还需实现政府从经济目标优先向社会目标优先的转变。我国当期正处于经济转轨和社会转型的关键时期,伴随经济的快速增长,政府迫切需要解决好人民的劳动保障、医疗卫生、城乡差距等问题,创造良好的社会环境。政府只有明确自身的角色定位,加快职能转变,推动自身转型,才能克服市场监管失灵这一久治不愈的顽疾,实现市场秩序的根本稳定。

---

① 陈剩勇:《后金融危机时代的政府与市场:2009 中国公共管理高端论坛文集》,中国社会科学出版社 2010 年版,第 13 页。

2. 推进国有企业市场化改革,破除央企的垄断地位

市场经济的主体是企业而且主要是民营企业,政府不应当凭借自己的行政权力、特殊地位直接介入市场领域干预经济发展。政府不是国有企业的"老子",也不能充当国有企业的"幕后老板",而应该减少行政管制与干预,采取"一视同仁"的态度来正确对待国有企业与民营企业的公平竞争。特别是各级地方政府需摒弃历来的地方保护主义和行政干预,建立和完善公平竞争的市场机制,充分发挥市场竞争的优胜劣汰作用。

国有企业自身应进行市场化改革,通过建立和完善以产权清晰、权责明确、政企分开、管理科学为特征的现代企业制度,来实现与政府的彻底分离。西方发达国家的成功经验表明,国有企业只有像民营企业那样公平地参与市场竞争,彻底地改革国企"官本位"的用人制度,运用市场化的方式选拔和任用企业的经营管理层,以企业的绩效导向来衡量管理层的政绩,才是实现国有资产保值增值的正确途径。实现政企分离,推动国有企业特别是央企走向市场,彻底剥离权力对国企的包装,破除央企的垄断地位,是遏制当下国有企业破坏市场秩序、扰乱政府监管执法现象的不二法门。

3. 厘清政府与市场关系,加强政府监管职能

政府是市场经济的服务者而不是审批者,政府的主要职责是创造市场经济发展的大环境,监管违反市场规则的行为,维护市场经济秩序。政府要扭转当下粗放式审批、运动式监管的理念,探索联动监管、多元监管等市场监管的新模式,并积极推动行业自律性组织建设,强化行业自律监管;同时,应加大以公司治理为核心的股东自治、公司自治,真正实现全方面监管,使市场监管常态化。

另外,政府应加大对行政审批制度的改革力度,尽管政府早已意识到这一问题,并于2001年开始以简化或取消行政审批事项为内容进行了六次行政审批制度改革,但是至今,中央级的审批项目还有一千多项,地方级的更有接近两万项之多。政府部门重事前审批、轻事中事后的监管职能虽然有所改变,但成效甚微。行政审批制度是传统计划经济时代的特有产物,是当下全能型政府干预市场经济的集中体现。企业要不要投资,要不要生产,应该由市场机制说话,而不

是由政府"有形之手"掌舵。因此,当前政府应进一步加大行政体制改革,大刀阔斧地取消行政审批制度,切实落实《国务院关于第六批取消和调整行政审批项目的决定》,凡公民、法人或者其他组织能够自主决定,市场竞争机制能够有效调节,行业组织或者中介机构能够自律管理的事项,政府都要退出。凡可以采用事后监管和间接管理方式的事项,一律不设前置审批。① 唯有切实转变政府职能,严格依法行政,以事后监管取代前置性行政审批,真正还权于市场、还权于民,才是破解当下"监管失灵"之良方。

4. 完善市场监管法律法规,做到依法行政、依法监管

市场经济,也称法制经济,成熟健全的法律体系是保证市场主体权益的先决条件,也是政府有法可依,维护市场秩序的必然要求。由于我国政府的市场监管职能从建立之日起就是目标先行,相配套的法律体系严重滞后,随着市场经济的不断发展,市场监管领域的不断扩大,市场监管法律体系的缺陷与问题更加突显,尤其是像《食品安全法》《证券法》等存在虚置或不当条例的法律更需重新修订。因此,现阶段,政府应重新统筹市场监管法律资源,通过大力推进现有过时法律的修订工作,加强以往市场监管空白区域的立法工作,提高违规违法的惩罚力度,以此来完善市场监管法律体系,实现政府监管的有法可依、有章可循,真正使法律能够起到威慑作用,保证法律的权威性地位。

在完善的市场监管法律体系指导下,政府应做到依法行政、依法监管,整顿和规范市场经济秩序,严惩一切破坏市场秩序的违法行为。依法行政的核心是依法治吏、依法治权,各级政府都应依法加强市场监管,建立严格的法律问责制,积极促进建立健全行政执法、行业自律、舆论监督、群众参与相结合的市场监管体系,不断提高政府部门依法监管市场的能力和水平,努力营造公平公正、规范有序、和谐诚信的市场环境。

---

① 国务院办公厅:《国务院关于第六批取消和调整行政审批项目的决定》(国发〔2012〕第 52 号),中央政府门户网站,http://www.gov.cn/zwgk/2012-10/10/content_2240096.htm,2014 年 4 月 1 日查询。

5. 健全市场监管体制,理顺各级政府监管权限

当前政府监管机构林立、分工过细、职能界定不清等,是造成政府部门多头监管、职能交叉、政出多门的重要原因。因此,政府应推进监管部门的大部制改革,健全市场监管体制,明确政府、市场与社会的关系,减少政府对微观领域的干预。政府应通过划清职能边界,推进政府内部职能整合,最大限度地避免政府职能交叉、政出多门、多头管理,从而提高行政效率,降低行政成本,实现统一高效的治理。

在市场监管领域进行的大部制改革首要解决的是"政出多门"问题。在纵向上,政府要强调中央与地方的分权,理顺央地之间的监管权限。现阶段中央政府掌握着大量的监管资源,但实际的责任却很少,相反,作为实际监管执行者的地方政府却只掌握极少的监管权力,导致其监管效力的低下。在横向上,应划清政府与市场的边界,政府应将许多不该管、管不了和管不好的事情交给市场来处理。通过明确政府、市场与社会的关系,来确定政府机构的设置,行政资源也应遵从不损害市场功能的同时对市场实现有效的监管来分配。总之,政府在市场监管过程中,要遵循市场的原则,按照市场经济规律来进行有效监管,政府应明确哪些该管、哪些不应该管,切忌政府的缺位、错位以及监管方式不当等现象的出现,成功实现从"九龙治水"式分段无效监管向"一龙治水"式有效监管的转型。

6. 推进法治建设,克服地方保护主义

推进法治建设,是克服当前根深蒂固的地方保护主义和维护市场监管秩序的有效途径。中共十八届三中全会提出,要确立中央领导下的司法相对独立,确保依法独立公正行使审判权、检察权,通过改革司法管理体制,推动省以下地方法院、检察院人财物统一管理,探索建立与行政区划适当分离的司法管辖制度,保证国家法律统一正确实施。深化行政执法体制改革,整合执法主体和相对集中的执法权,推进综合执法,着力解决权责交叉、多头执法问题,建立权责统一、权威高效的行政执法体制。我们认为,解决了省级以下的司法独立问题,还不能有效地遏制省级层面的司法独立、监管失灵问题,还应将省级法院实施中央统一管辖,同时将之前地方法院院长的任命权由地方人大常委会收归到中央政府后集中实施,以此保证司法的

独立性与权威性。另外,还应通过设立行政法院、巡回法院,摆脱地方控制,克服司法地方化倾向,以便于当事人诉讼,有效解决行政争议。

政府实行地方保护主义,对 GDP 的迷信和推崇,根源还在于官员考核和晋升的激励机制出了问题。近期,中组部已取消单纯以 GDP 指标来考核官员政绩的措施,各级地方政府应把主要精力放在注重地区经济结构优化和产业转型升级,以及提升经济增长的质量上。政府通过营造良好的公平竞争大环境,打破垄断,消除市场壁垒,破除市场监管失灵的体制痼疾,形成统一、开放、公平、公正的市场竞争秩序,促进经济健康、可持续发展。

市场失灵与政府干预的作用及其限度

——以国际金融危机期间浙江各级政府对中小企业的扶持为例

  实现市场对资源的基础配置与政府对市场的合理干预之间的平衡,是现代政府追求的一个基本目标。近年来中国中小企业发展过程中遇到的困难及存在的诸多问题,实质上是市场失灵与政府失灵双重负效应的结果。2008年的国际金融危机,进一步加剧了中小企业发展的困境,在这期间,浙江各级政府出台了一系列扶持中小企业发展的政策举措。这种干预虽然在短期内取得了立竿见影的效果,但政府的深度介入,改变了政府与市场关系的正常平衡,扭曲了市场机制,甚至导致市场化改革的倒退。后金融危机时代,中国必须更加深入地推进市场化改革,完善市场机制,实现经济运行机制由政府主导向市场主导转变。在促进中小企业发展上,必须立足于完善市场机制和发挥政府职能作用。一方面,要深化行政审批制度改革,简政放权,转变政府职能;另一方面,要健全中小企业发展的法律体系,放开市场准入,完善中小企业的社会服务体系,构建有效的中小企业融资支持体系。在本文中,我们将以国际金融危机期间浙江各级政府对中小企业的扶持为例,考察和探讨市场失灵情况下政府干预的作用及其限度。

一、政府与市场的关系：寻求合理的平衡

政府与市场的关系历来是理论思考和实践探索的一个焦点。市场是迄今为止人类所发现的最有效率的资源配置方式。尤其是在发挥经济自由、体现消费者主权、培育企业家创新精神、保证信息效率和进行灵活价格调节等方面，市场的作用是不可取代的。微观经济学理论体系的主旨就是论证价格机制是如何有效调节产品和要素市场的供求，以使资源配置达到帕累托最优。但市场不是万能的，现实中存在许多"市场失灵"。首先，垄断的存在使市场的作用不完全。不论是垄断竞争，还是寡头垄断，或是完全垄断，都会或多或少地形成"资源分配无效率"，即出现某些产品生产过多，而其他产品生产太少，资源达不到最佳配置的现象。其次，在存在外部性的情况下市场是无效率的。在市场机制下，个人和企业具有生产过多的带有负外部性的物品的倾向，比如制造空气和水的污染，因为他们不用承担全部成本。另一方面，他们又倾向于生产过少的带有正外部性的物品，比如修建路灯、净化空气，因为他们得不到全部利益。再次，在提供公共物品方面，市场是失效的。公共物品具有非排他性、非竞争性等特征。自由市场倾向于对公共物品的生产不足，因为要排除任何人对它的分享要花极大的成本。顺次，在存在非对称信息的情况下，市场是失灵的。非对称信息是指市场上买方和卖方所掌握的信息是不对称的。在这种情况下，市场调节会出现"劣币驱逐良币"的逆向选择、败德行为和委托—代理问题。最后，市场有时不能达到公平、反失业、反通胀的目的。当经济不能充分利用可用的资源时，常常出现生产能力的闲置和工人的失业。即使在经济有效率时，也可能出现对收入分配的不公。在这种情况下，仅靠市场的调节是难以达到目的的。

这时，政府必须承担纠正"市场失灵"的功能，即维护市场秩序、提供公共产品、收集和发布为个人市场决策有用的信息，以及实行一定程度的有利于社会公正的再分配。这已成为正统经济学教科书阐

述的基本原理。① 大量有关东亚新兴市场国家和地区经济发展的文献表明,国家适度的干预完全可以纠正市场失灵,会对经济发展起到促进作用。② 因此,1991年《世界银行发展报告》指出:为了充分挖掘国民经济的潜力,许多形式的国家干预是完全必要的。

20世纪80年代以来,对国家在经济发展中的作用问题,西方一些学者给予了充分的关注,出现了一个自称为"国家主义"的学术流派。其中有代表性的是罗伯特·威德和彼得·依文斯。威德认为,国家是否能够纠正市场失灵,关键在于政府具有保证国家效率的组织和政治机制。他认为有权威的国家、自主的官僚阶层及其与私营领域的相互合作是国家效率的基础。③ 依文斯则进一步强调了"国家自主"的重要性。按照他的定义,国家自主指国家在一定内部和外部的结构联系中发挥作用的能力。他同时提出,在国家经济政策改革的发展阶段,仅靠国家的权威是不够的。政策的实施要建立在更为广泛的组织自主基础上,也就是说,韦伯意义上的政府官僚一方面要能够不发展成为特殊利益集团的代理人,不受腐败的诱惑,另一方面要能够与私营部门合作,处理好政府部门和社会集团的相互关系。他将这种能力称为"植根于社会的自主",即将政府植根于社会的能力同政府的自主性相结合。④ 只有一个能够自主行为的政府,才能提供像维护竞争秩序这样的基础公共产品,而植根于社会的能力对于获得信息和政策实施是必不可少的。然而,实践证明,政府干预也往往会带来增长停滞、宏观经济失衡以及腐败现象,人们将这种状态

---

① Paul A. Samuelson and William D. Nordhaus, *Economics*, New York: The Mcgraw-Hill company, Inc., 1995, pp. 279-281.

② 比较有影响的有:World Bank, *The East Asian Miracle: Economic Growth and Public Policy*, Oxford: Oxford University. Pr., 1993; Robert Wade, *Governing the Market: Economic Theory and the Role of Government in East Asian Industrialization*, Princeton: Princeton University. Pr., 1990。

③ 史世伟:《纠正市场失灵——德国中小企业促进政策解析》,《欧洲研究》2003年第6期。

④ Peter B. Evans, "State as Problem: Predation, Embedded Autonomy, and Structural Change", in Haggard and Kaufmann, eds., *The Politics of Economic Adjustment: International Constraints, Distributive Conflicts, and the State*, Princeton: Princeton University. Pr., 1992, pp. 178-179.

称为"国家或政府失灵"。具体而言:一是政府不可能及时获取完全信息。现代社会存在着"信息爆炸"现象,信息量越来越大,信息变化越来越快,不管多么全知全能的政府,都不可能及时获取或掌握分散发生的瞬息万变的各种市场信息。即使能获取保证经济系统顺畅运行所需的全部信息,其成本几乎是无限大的,而且政府也不可能对其所获取的信息做出及时而灵活的反应。二是政府难以形成有效的激励和约束。企业和消费者等各种市场竞争主体既需要激励又需要约束。在市场机制下,激励是通过市场交易的回报进行的,约束是通过竞争和产权来实施的。政府面对无数个市场竞争主体,几乎不可能实施有效的激励和约束,因为交易成本和监督成本十分巨大。三是政府干预影响生产者的积极性发挥和消费者的需求满足。在政府干预下,权力过分集中于政府,企业缺乏独立自主权,权利、利益和责任不对称,因而缺乏经营积极性,其结果是创新动力不足,生产效率低,资源浪费严重。同时,消费者的偏好不受重视,愿望得不到满足。四是政府干预容易导致腐败。政府干预需要庞大的官僚机构和大批执行管理职能的管理人员,维持政府运转需要庞大的费用。在民主法制基础差的情况下,政府很难消除决策的非理性、随意性和专断性。权力掌握者可以定规划,批执照,调拨物资,安排人事等,往往容易产生寻租或贪污腐化现象。一些政府往往代表统治阶级和既得利益集团的利益,政策制定特别是政策执行很难代表全体国民的利益。即使是一些再分配政策,也常常造成新的不公平和资源误置。

事实上,在经济发展中,政府和市场两者都是必不可少的。但如何实现市场对资源的基础配置与政府对市场的合理干预之间的平衡,仍是争论的焦点。"市场与政府间的选择是复杂的,而且,通常并不仅仅是这两个方面。因为这不是纯粹在市场和政府间的选择,而经常是在这两者的不同组合间的选择,以及资源配置的各种方式的不同程度上的选择。"① 当所采取的选择适应国际国内形势时,它就会对一国的经济社会发展产生巨大的推动作用;反之,当特定的国际国内环境改变时,政府就应该积极转变职能,采取新型的政府与市场

---

① 〔美〕查尔斯·沃尔夫:《市场还是政府——不完善的可选事物间的选择》,第132页。

关系组合,否则就可能导致灾难性的后果。

对政府与市场的关系,既需要根据两者的功能和边界进行常态把握,更需要结合具体的国家发展阶段和发展实际而有所侧重地妥善取舍。历史经验表明,各种形式和不同内容的危机都会给政府的改革创新提供契机。在重大自然灾害、传染疾病疫情发生或宏观经济剧烈波动等特殊时期,需要强化政府的政治权威和宏观调控功效。2009年2月2日,温家宝总理在英国剑桥大学演讲时指出,"国际金融危机充分说明,不受监管的市场经济是多么可怕","不受管理的市场经济是注定行不通的"。在当前应对国际金融危机的特殊困难时期,政府的救助往往是经济和社会最直接、最迅速、最有效、最后的"稳定器"。各国政府纷纷出招对市场进行直接干预,由此出现了"自由市场经济—国家干预—自由放任—国家干预"的轮回。

二、市场与政府双重失灵与中国中小企业的发展困境

中小企业,从经营主体上看,包括国有中小企业、民营中小企业。两类企业中,民营中小企业占的比例为80%以上。目前,我国中小企业的数量已占全国企业总量的99%以上,GDP的55.6%、工业新增产值的74.7%、社会销售额的58.9%、税收的46.2%以及出口总额的62.3%均是由中小企业创造的,全国八成左右的城镇就业岗位也是由中小企业提供。[①] 其中,民营中小企业是中小企业的主体(也是民营企业的主体),随着部分国有企业的民营化,以及国家对私有、个体企业发展的管制放松,中小民营企业无论数量还是规模,均呈现出稳步上升的发展态势。但是,当前中国中小企业也存在着自身难以克服的发展困境,如技术创新能力严重不足、企业治理机制不完善、社会信用体系不健全、不少领域的市场准入门槛过高,尤其是中小企业融资难的问题非常突出。无论是直接融资还是间接融资,中小企业都面临很多困难。据统计,各大商业银行2008年第一季度贷款额超过2.2万亿元,其中只有约3000亿元贷款落实到中小企业。中小企业在银行融资总量中的占比与其在国民经济中的地位和作用极不

[①] 刘伟章、杨振刚:《我国中小企业初创期的成长约束与治理制度创新》,《时代贸易》2007年第9期。

相称。①

中小企业作为市场主体之一,其发展受市场调整和政府干预的双重影响。政府对中小企业予以支持,从本质上讲,是政府对市场的干预。政府干预市场的基本依据是市场失灵。由于中国的市场经济体制尚不完善,现代法制体系尚未建立,政府主导经济的格局尚未转变,因此,中国中小企业的发展困境实质上是市场失灵与政府失灵双重交织的结果。

1. 市场失灵与中小企业的发展困境

由于市场的发展程度以及国情的差别,中国中小企业所涉及的"市场失灵"与西方发达国家相比有着明显的特殊性,即一般性市场失灵与市场不成熟现象并存。一般性的市场失灵内生于完善的市场经济,是市场经济本身所固有的基本特性。市场不成熟则是指由于市场主要构成要素存在重大缺陷或缺失,导致市场机制难以有效发挥作用的状况,是市场体制不健全的表现。② 主要表现在:

一是垄断行为。目前中国市场中垄断的突出特点是经济性垄断和行政性垄断并存。尤其是国有商业银行在金融市场处于垄断地位,其金融产品以国有大型企业、大型项目融资为主要对象,与中小企业需求不匹配。大型企业利用国有银行与其形成的共生关系,垄断银行信贷资源,造成中小企业特别是民营企业贷款困难。

二是负外部性效应。对于中小企业,其存在的外部性问题主要表现在:①环境污染问题。据国家统计局和环保总局的调查,目前有80%以上的中小企业存在污染问题,占中国污染源的60%。③ ②安全生产问题。中小企业安全技术落后、设施薄弱,普遍轻视安全生产,存在大量安全隐患。据统计,全国80%以上的生产事故发生在中小企业。④

三是信息不对称。中小企业受成本制约,在信息搜集方面处于

---

① 严启发:《用制度创新解决中小企业融资难题》,《中国金融》2009年第4期。
② 李明:《中国中小企业发展环境分析与政府政策支持体系的构建》,《郑州航空工业管理学院学报》2008年第5期。
③ 兰新珍:《治理中小企业污染》,《北京周报》(中文版)2004年第44期。
④ 张超、梅强:《中小企业的创新与安全生产》,《商业研究》2005年第7期。

相对弱势地位,因而在其投资、生产、销售等各个环节,都可能因信息不充分而导致决策失误。同时,一些中小企业凭借其信息优势,侵害消费者合法权益,严重扰乱正常的市场经济秩序。

四是宏观环境的风险。中小企业本身规模小,其抵御市场风险的能力也明显弱于大企业。同时,多数中小企业与大企业之间存在不同程度的依托或寄生关系,在产业链中处于从属地位。一旦遭遇经济的严重波动,中小企业必将首当其冲,其生存和发展面临种种危机。

五是市场体系不完善。突出表现在:要素市场发育还不够成熟,稀缺性要素价格、公共服务品的价格市场形成机制尚未确立;地区封锁、部门分割、寡头垄断等现象依然普遍,市场竞争不充分,部分商品和生产要素的自由流动尚未实现;市场基础建设相对滞后,流通效率较低,物流成本过高;社会化服务水平与中小企业实际需求之间存在较大差距。

2. 政府失灵与中小企业的发展困境

中国处在由计划经济向市场经济的转型时期,客观上要求政府必须转变职能。中国政府一方面需要建立起符合市场经济要求的政府运作模式,弥补市场失灵;另一方面,还要面对经济发展落后的现实困境,在一些领域不得不担负起培育市场甚至替代市场的责任。由于政府职能转变与市场体制建设不同步,因而导致政府越位和政府缺位现象并存。

一是政府越位。政府依然不同程度地沿用计划经济体制下分所有制的管理模式,对国有和非国有企业实行差别对待,形成各种有违市场经济规律的政策性进入壁垒。中小企业创立门槛依然较高,存在审批环节多、手续烦琐等问题,同时,一些在国外不需要纳入管理的非正规个体和微型企业,仍然需要注册登记。少数地方政府片面理解政府扶持,过多干预甚至直接插手中小企业的投资和经营。更为严重的是,一些政府部门和官员出于谋求部门利益等动机,采取出台政策规定的办法,主动进行制度性"设租""创租"。如有的部门巧立名目,在相关政策中强行列入诸如培训、资格审查、评比等不必要的制度,对中小企业变相摊派。

二是政府缺位。经济垄断现象依然较为普遍,大企业限制竞争、排挤限制中小企业的现象还在一定程度上存在;行政垄断以及地方保护主义并没有被根除,严重干预市场及企业经营的现象屡禁不止;对市场竞争中出现的不正当竞争行为,打击、处罚不力,一些地方市场秩序混乱;政府对一些行业缺乏必要的引导和限制,存在过度投资、低水平重复建设等问题。对中小企业污染问题、安全生产问题及产品质量问题监管不到位,使消费者权益受到不法侵害,导致环境恶化、职业安全和卫生水平下降,等等。同时,在解决中小企业普遍面临的资金、人才、技术、市场等难题方面,政府采取的措施与中小企业的现实需求之间仍然存在较大差距,中小企业经营困境并没有根本改观。一些重要的市场法规尚未出台,现有法规之间尚未形成完整一致的规则体系,相关政策法规之间甚至上下位法规之间存在不协调甚至冲突,削弱了规则的市场调控能力。国内规则与国际规则冲突的问题仍较突出,许多方面尚未与国际接轨。总之,由于政府职能的缺位,中国中小企业的发展缺乏良好的制度环境。即使在中小企业发展最为繁荣的浙江,中小企业的发展环境也不容乐观。近日,浙江省政府门户网站推出了中小企业法治环境网上调查,听取广大网民的看法和建议。在网民对于"您认为当前中小企业法治环境如何?"所给出的答案中,"很好"的占5.14%,"比较好"的占14.40%,"一般"的占32.39%,"不好"的占46.02%;另外,2.06%的网民表示"不清楚"。

三、国际金融危机、中小企业困境与政府干预:浙江案例

1. 国际金融危机冲击下的中小企业

2007年次贷危机首先从美国开始,之后迅速蔓延到欧洲、日本等发达国家,新兴市场国家也受到了较强的冲击,全球金融系统都受到重创。受金融危机影响,中国外贸进出口增幅回落较快,投资增长明显放慢;工业生产显著放缓,原材料价格和运输市场需求下降。中小企业一直以来支撑着中国经济总量的半壁江山,然而在美国次贷危机的发生及全球经济增速放缓、国内人民币升值、劳动力及原材料成本持续上涨等多重不利因素的影响下,我国的中小企业经历了严

峻的考验。国家发改委中小企业司的统计显示,2008年上半年,全国有6.7万家规模以上中小企业倒闭。2008年1—5月,纺织行业累计亏损额达99.58亿元,同比增幅高达42.54%;2008年1—5月,广东省鞋类出口企业锐减2000多家,减幅接近总数的一半。①

浙江省民营经济比重高、外贸依存度大,特别是一般贸易比重高、中小企业和轻型加工业比重高,这些经济结构特点决定了这一轮国际金融危机对浙江经济的影响尤为明显。2008年以来,浙江经济出现了工业生产下滑、出口增速回落、企业投资积极性下挫的经济运行态势,工业企业特别是中小企业的发展,经历了前所未有的困难。2009年第一季度,浙江中小企业总体上延续了2008年以来的低位运行走势,形势十分严峻。② 一是产销普遍下降。1—2月,全省规模以上中小企业累计完成工业总产值3718.5亿元、工业销售产值3635.1亿元,同比分别下降12.74%和12.38%。作为工业经济发展"风向标"的工业用电,增幅持续下降,全省规模以上中小企业1—2月累计用电140.5亿度,同比下降9.96%。二是出口持续下降。1—2月,全省规模以上中小企业累计实现出口产品交货值828.0亿元,同比下降17.09%。许多中小企业产品出口大幅受挫,出现了长单变短单、大单变小单的现象。三是效益急剧下降。1—2月,全省规模以上非国有工业中小企业实现主营业收入3561.8亿元,利润105.1亿元,同比分别下降12.67%和33.49%。利润与2008年同期相比回落了50个百分点以上的有宁波、丽水、金华和杭州,下降幅度历史罕见。根据温州市经贸委在2008年9月底对全市36个工业强镇和开发区18775家中小企业的调查,停工、半停工企业数达1461家,占调查企业数的7.8%;倒闭企业304家,占1.6%。停工、半停工和倒闭企业合计达1765家,占9.4%。

2. 浙江省政府扶持中小企业的政策举措与效应

浙江是民营经济大省,也是中小企业大省。从2007年的统计数

---

① 《纺织业期盼黎明前的曙光》,新华网,http://news.xinhuanet.com/fortune/2008-08/19/content_9500482.htm,2013年4月1日查询。

② 相关数据来自浙江省中小企业局网站。

据来看，中小企业占浙江全省企业总数的99.2%，创造了全省46.39%的国内生产总值，86.33%的工业增加值，39.47%的财政总收入，就业人数占全省农村劳动力比重已达58%。广大中小企业陷入发展危机，无疑将对浙江经济的平稳发展和社会的和谐稳定带来巨大的影响。面对企业生产经营困难加剧这一严峻的形势，2008年以来，浙江省委省政府及时提出"标本兼治、保稳促调""企业为基、民生为本"的工作思路，充分发挥政府的职能作用，密集出台了一系列的政策举措，把帮扶企业作为保增长、保民生的重点工作来抓，着重开展对企业的"解困、扶持、服务"，扶持广大中小企业的平稳发展。具体来看，主要有以下几个方面：

一是减轻中小企业负担。一方面，全面落实国家对企业的各类税收优惠政策，包括增值税转型改革、出口退税、高新技术企业税收优惠等。另一方面，在2008年取消和暂停征收100多项行政事业性收费，降低部分涉企经营服务性收费标准的基础上，2009年又继续"减、免、缓、停"一批行政事业性收费，进一步规范中介服务类收费。2008年和2009年各减征企业社会保险费1个月，同时将单位基本养老保险缴费比例逐步调整到12%—16%。通过上述措施，2008年共减轻企业负担50多亿元，2009年可减轻企业负担400亿元以上。

二是缓解中小企业融资难。2008年、2009年各安排省级小企业贷款风险补偿资金6500万元，2008年全省共有55个县市的240家金融机构新增小企业贷款133.93亿元，有力地支持了浙江省小企业的发展。积极稳妥推进小额贷款公司试点，到2009年5月末，全省已成立65家小额贷款公司，累计对2.14万户借款人发放贷款235.37亿元。在全国率先出台《浙江省股权质押贷款指导意见》，到3月末，全省办理股权质押贷款的企业已达536家，融资金额超过241亿元。开展"金融支农推进年"活动，到3月末，全省涉农贷款余额11801.57亿元，同比增长27.0%。创新金融产品，积极推进一批成长性好的中小企业在创业板上市，拓展中小企业多元融资渠道，继续推进无形资产质押和农民住宅产权、林权抵押贷款改革。

三是扶持中小企业技术创新，加快企业技术改造。继续加大技术改造"双千"工程和龙头骨干企业技术赶超计划实施力度，全省确定72个"产业调整振兴和技术改造"项目,第一批已落实37项共2.42亿元中央资金;省级财政安排3.5亿元专项资金,支持龙头企业技术改造,以此带动中小企业和块状经济转型升级。

四是加强要素保障和协调推动。完善土地、环保、规划等投资项目审批联动机制,加快项目前期、审核报批、政策处理和组织实施等工作。省级有关部门和金融机构还建立了重大项目的土地、资金等要素保障协调机制,着力解决建设用地空间结构和占补平衡问题。2009年全省安排6万亩土地指标用于重点建设,2009—2012年全省投入资金205亿元,力争新增耕地面积80万亩,确保实现全省耕地占补平衡。

五是及时介入企业破产重组。在金融危机中,浙江省各级政府建立健全政府、司法、金融等部门共同参与的经济金融风险预警和处置机制,采取综合措施预防和化解企业债务危机,积极处置多起区域性龙头企业资金链断裂事件。如2008年3月底,受人民币升值、原材料涨价、美国次贷风波以及自身管理缺陷等因素影响,我国缝纫机行业龙头企业台州飞跃集团出现资金链断裂风险。浙江省各级政府及有关部门果断出手,拯救飞跃。2008年4月初,椒江区和台州市在第一时间为飞跃集团注入9500万元财政借款,帮助企业维持正常生产;浙江省政府随后召集飞跃集团各家债权银行开会协调,使各家银行达成了"不压贷、不抽资、不起诉"的协议。2009年春节前夕,飞跃集团终于度过了持续十个多月的财务危机,成功重组,飞跃集团董事长邱继宝担任新飞跃公司的董事长。

六是支持企业大力开拓市场。努力稳定外贸出口,省级财政于2008、2009连续两年各安排3.5亿元外贸发展资金,引导市县配套资金30多亿元;同时安排3000万元建立信用保险风险基金,力争2009年承保金额比2008年提高50%以上。及时足额办理企业出口退税,2008年全省(不含宁波)累计办理出口退(免)税649.4亿元,同比增长5.74%;2009年1—5月累计办理出口退(免)税360.61亿元,同比增长13.71%。鼓励广大企业参加国内外各类展会,对企业参加的境外重点展会,给予展位费全额补贴,对企业自行参加的其他境内展会给予70%补贴,对自营出口企业投保出口信用保险给予50%的保险费补贴。实施"万企电子商务推进工程",完善交易、支付和商品配送等保障体系,引导支持企业利用电子商务开拓市场。

在政府强有力的经济刺激下,加上国际经济环境的回暖,浙江中小企业发展出现了企稳回升的良好势头,企业订单逐渐增多,不少企业重新出现了"招工难"的问题。据统计,2009 年 1—8 月,浙江省规模以上中小企业实现工业增加值 4119 亿元,同比增长 3.1%,已连续 3 个月实现正增长;实现利润 893 亿元,同比增长 0.3%,年内首次实现正增长。

3. 政府替代:金融危机下的政府行为异化

在世界经济史上,每一次大的经济危机,不论在实践中还是在理论上,都会引发政府与市场之间关系的博弈与争论。无论偏向市场一方的经济学家如何为市场辩护,但历史的天平总会在应对危机中向政府倾斜。在这次应对国际金融危机过程中,政府的干预度,无论是总量,还是结构,都存在某种程度的干预过度的倾向。政府的深度介入,改变了政府与市场关系的正常平衡,扭曲了市场机制,甚至出现市场化改革的倒退。长此以往,将导致市场与政府的双重失效。具体表现在:

一是政府重新扮演了投资主体的角色。从今年以来的宏观总量数据看,中国经济增长出现企稳回暖的趋势。但这种增长更多的是中央 4 万亿元刺激经济的投资计划和宽松的信贷政策支撑的结果,政府的投资发挥了主导性的作用。即使在民营经济发达的浙江省,政府性投资仍是拉动投资增长的主体。2009 年上半年,占比超过六成的非国有限额以上投资仅增长 6.4%,低于国有投资增幅 25.2 个百分点,其中限额以上制造业投资仅增长 2.8%;在 30 个制造业行业中有 16 个行业投资下降,纺织、家具等传统行业投资下降得更是明显;实际利用外资同比下降 13.5%。大规模的财政投入和宽松的流动性直接拉动投资尤其是政府投资,为 2009 年 GDP 的增长起到了关键作用。然而,政府主导的刺激政策的主要后患在于经济增长的活力和后续动力不足,从而政策效果局限于短期,难以持续。由此可见,这种高度依赖政府投资的复苏模式已经到了该调整的时候,解决这一问题的出路在于出台放眼中长期的经济政策,弱化政府在经济拉动中的作用,为私人部门(包括私人投资和消费)的发展提供相应的鼓励和保护,从根本上增强经济活力。

二是政府主导的"国进民退"大潮。当下,金融危机似乎成了"国进民退"的一个好借口,而这一借口往往又以产业升级为支撑。由于一些地方对产业升级的理解基本上还处于"做大规模"的阶段,这就导致部分民营中小企业"被国有化",以便实现所谓的"规模优势"。国际金融危机的严重影响,使浙江各级政府意识到,以民营经济、中小企业为主体的经济结构存在很大的风险,于是一股政府主导的"国进民退"潮流在浙江开始涌动。中国股份制公司发源地台州,正面临新世纪以来的首次民营企业规模化转制潮。引入国资、外资入股当地民营企业,是新一轮台州股份制改革的重头戏。"民营企业股权重构,是在地方党委政府应对金融危机,引领区域经济发展的一种新思考和战略创新。"同时,把积极引入大型央企项目落地作为台州调整经济结构的重要手段。台州计划在沿海地区围垦滩涂近20万亩,其中20%作为储备用地,60%作为工业用地,用于承接大型央企项目。① 政府计划在未来5年内,将台州国有经济占总量不到2%的比重提高到30%左右。这种"国进民退"的潮流,无疑是与现代市场经济发展背道而驰的。

三是政府公共资源过度向企业集中。在应对国际金融危机过程中,各地政府千方百计出台各项措施帮扶企业,把保企业作为经济工作的中心。政府是社会公共利益的代表,有限的政府公共资源过度向企业集中,无疑会弱化公共服务。如杭州市出台了公务员替投资人"跑腿"代办投资项目审批的新型公共服务模式。一个普通的投资项目,从立项到开工,需与30多个部门打交道,办理40多道各种手续,一般历时11个月左右。手续多、程序繁琐复杂。代办制则根据投资者自愿委托的要求,由公务员依法依规为其集中办理投资项目的行政许可、公共服务等事项,提供无偿、便捷、高效的全过程代理服务,使投资者省力又省心。此模式已被评为2008年度浙江省"政风建设十大新事"之一。在当前金融危机影响下,代办制确实为企业与

---

① 周政华:《浙江民企遭遇国有化大潮》,《中国新闻周刊》2009年第37期。

政府之间架起了沟通和帮扶的桥梁,让企业投资者切身感受到政府的温暖,坚定应对金融危机的信心。但这种"保姆"式的面向企业的公共服务模式,不过是短期的应急之策,如果不能从根本上转变政府职能、改革行政审批制度,此类公共服务只会更加偏离政府的公共角色。

四是政府介入微观主体的生产经营。在金融危机的情势下,一贯被视为"无为而治"、推崇市场调节的浙江各级地方政府,也纷纷加强了对民营企业的监管。政府以往对民营企业、中小企业鼓励的态度似乎正在转变,而通过企业党建、工(会)、政府融资支撑等方式,越来越多地介入到微观主体的经营活动中去。有报道称,绍兴市拟通过"将对国有企业监管的有效办法逐步引入民营企业",通过建立财会监管联席会议制度和内部审计制度,成立民营企业党工委和纪工委,根据企业的具体情况委派党组织负责人进驻大中型民营企业等措施,使得民企的一举一动,都在政府的监控之中。① 纵观改革30年来,中国企业与政府关系的变迁,其实就是一部不断扩大企业自主经营权和限制政府干预的历史,无论是国企还是民企的制度变迁和价值取向,都是为企业的自主经营权而斗争;通过立法不断给企业放权,而限制政府的权力,合理划分企业与政府之间的权力边界。这个价值取向,不仅为30年来民营企业的激荡发展所证明,更为国企改革的实践所证明,是改革开放最重要的共识。而绍兴市的监管思路显然与这种共识背道而驰,实质上扩充了政府的权力,赋予政府对民营企业的无限干预权。

四、政府,还是市场

国际金融危机发生后,各国政府和央行通过对市场所进行的前所未有的干预,虽暂时避免了世界经济可能出现更严重的衰退或者萧条。但这场国际性的经济危机留下的创伤必将对全球经济体系产生深远影响,后金融危机时代全球经济格局也将发生重大变化。危机时期各国政府的干预和经济刺激政策,将会继续引发政府和市场

---

① 周政华:《浙江民企遭遇国有化大潮》,《中国新闻周刊》2009年第37期。

在经济活动中扮演适当角色的争论。从世界经济史的演进规律来看,危机过后不可避免地会加强政府对市场的干预。20世纪20年代末30年代初的世界经济危机导致西方经济大萧条后,凯恩斯主义大行其道。"凯恩斯革命"直接导致国家概念的重新确立和政府职能的重新界定,赋予"国家干预行为"以深厚的理论依据。这时,自由主义的市场经济模式普遍遭到质疑。在最近这次国际金融危机中,关于亚当·斯密的经济自由主义和凯恩斯的国家干预主义的争论又起。许多人将国际金融危机的原因简单地归咎于"市场失灵""市场泡沫"。法国前总统萨科奇严厉地批评自由市场主义,认为"自由放任主义结束了"。可以想见,国家作用的强化和政府对市场经济介入的加深,将是后金融危机时代西方发达国家政府与市场关系变迁的一个基本趋势。

在这次国际金融危机中,中国经济的率先强势复苏,使得不少人开始对改革开放以来的市场化改革取向产生了怀疑。需要指出的是,在应对金融危机期间,世界各国政府纷纷出手对金融市场进行干预,这种干预只是短期的"救火"措施,而非对市场经济体制的否定。同样道理,中国在应急处理中加强政府干预的做法,是特殊困难时期的特殊措施,而不是常态。[①] 政府采取的一切调控措施,都要以辅助市场的自我恢复机制发挥作用为宗旨,绝不能由于紧急或危机状态下必须采取一些特殊政策而否定市场经济体制改革的基本方向。目前,在政府管理体制改革不到位、政府尚未完全从市场退出的背景下,存在着将应急管理的政策、组织与手段刚性化和长期化的潜在风险。在现有的中央和地方政府的组织机构中,有一些就是属于以前短期应急管理而长期保留下来的,这也是造成中国政府管理机构不断膨胀的重要原因之一。如果各级政府不能够正确区分短期调控与长期调控的区别,错误把短期应急调控作为长期调控来对待,其结果就会出现许多部门借应急式宏观调控的机会来扩张部门利益,滥用权力,导致政府管理向旧体制复归。

现代市场经济的基本理念是,政府和市场按照各自优势确定边

---

① 张占斌:《应对危机的长远之策》,中国评论新闻网,http://china.ibtimes.com,2009年10月21日查询。

界,各自发挥彼此无法替代的优势。现代市场经济运行中的问题不是政府要不要干预的问题,而是如何干预、干预的广度和深度问题,是宏观与微观协调机制问题。因此,后金融危机时代,中国必须更加深入地推进市场化改革,完善市场机制,健全市场体系,实现经济运行机制由政府主导向市场主导转变,确立政府在公共服务中的主体地位和主导作用,通过政府转型形成规范的公共权力行使的制度框架。尤其要尽快转变"以追求 GDP 为主要目标、以扩大投资规模为主要任务、以上重化工业项目和热衷批租土地为主要途径、以行政推动和行政干预为主要手段"[1]的政府主导型经济增长方式。

五、市场机制与政府作用:促进中小企业发展的政策选择

世界银行曾指出:良好的政府不是一个奢侈品,没有一个有效的政府,经济和社会的可持续发展是不可能的;在市场失灵的场合,没有政府的干预也是不行的。中小企业的发展尤其如此。在市场经济体制中,大量中小企业的存在对于维护竞争秩序和实现宏观经济目标(比如创造更多的就业岗位)无疑非常必要,但由于市场权力、信息不对称以及中小企业管理经验缺乏等原因,中小企业的发展往往会遇到很多困难,转手率和破产率极高,生存时间往往不足一两年。所以,中小企业的发育和成长急需政府支持。由于中国的市场经济体制脱胎于传统的计划经济体制,政府主导色彩较为浓重,因此,后金融危机时代,政府在促进中小企业发展的过程中面临着完善市场机制和发挥政府职能作用的双重使命。

一是完善中小企业发展的法律体系。市场经济是法制经济,中小企业发展以完善的法律制度为保障,而政府行为也必须严格限制在法律框架内。因此,健全和完善市场法律系统既是规范政府和企业行为的基本规则,也是保护中小企业合法权益的制度屏障。目前《行政程序法》等基础性法规尚未出台,而已经出台的《反垄断法》《中小企业促进法》《反不正当竞争法》《行政许可法》等涉及中小企业发展的法律法规普遍存在原则性规定过多、不便操作的问题,因此

---

[1] 迟福林:《后危机时代中国应推进五个转型与改革》,中国网,http://www.china.com.cn/economic/txt/2009-10/31/content_18803285.htm,2013 年 4 月 1 日查询。

要进一步予以完善或者制定相关实施细则,增强其可操作性。同时,要加快依法行政进程,逐步减少以部门规章特别是以红头文件作为管理依据的情况,从而减少政府干预中小企业经营的随意性。

二是进一步放开民间资本的市场准入。在应急的情况下需要政府扩大投资,但从可持续发展来看,更需要放宽民间资本的准入限制,允许和鼓励民间资本进入基础设施、公用事业、金融服务和社会事业等垄断性、公益性领域,扩大社会资本投资。支持和引导民营企业进入科教文卫等非营利性领域。认真落实国务院鼓励民营经济发展的 36 条规定,把反垄断作为国策和国家战略来执行。

三是进一步完善中小企业的社会服务体系。在完善中小企业外部环境方面,除了政府作用外,还特别需要发挥各种社会组织的作用,建立起为中小企业发展提供所需的各种社会化辅导体系。比如说,通过类似"中小企业协会"或者是行业协会以及以地域和行业为背景成立的商会等纯民间组织。其职能应定位于自治、自律和自我保护,了解中小企业需求与发展中面临的各种制约因素,向政府传导信息,制定发展规划,成为政府与企业间沟通的中介和桥梁。大力发展信息服务、管理咨询服务、技术服务、法律会计服务等专业性服务,充分了解经济全球化背景下的技术创新和商业机会。

四是构建有效的中小企业融资支持体系。中小企业融资,存在先天上的很多劣势,信息不对称、信用风险、抵押物较少、抗风险能力差等诸多问题都是制约中小企业融资的现实问题,即使是金融市场很完善的西方发达国家,中小企业融资也很困难。因此,中小企业融资不能单纯依赖市场来解决,政府应为中小企业的发展创造融资支持。包括:①设立中小企业发展基金,可建立中小企业信用担保基金和中小企业互助基金;②改进商业银行对中小企业的服务,通过发展各种金融服务来加强对中小企业的互助和辅导;③建立中小企业信用担保机构;④完善资本市场,提高中小企业直接融资的机会,包括建立二板市场和债券市场,尤其是企业债券二级市场和可转债市场,发展票据业务和同业拆借。

五是深化行政审批制度改革,降低创业门槛。目前政府审批事项过多,范围过广,审批过程过暗、过乱等等,已严重制约了中小企业的发展。因此,各级政府必须转变职能,简政放权,按照市场经济规律的要求,按照公开、公平、公正原则,取消那些应当由市场机制调节的项目。审批制度改革对企业和政府而言是"双赢":既可以为企业"减负",充分释放企业参与市场竞争的潜能;又能为政府"松绑",让官员抽出更多的精力履行好公共服务的职能。历史将会证明,全面改革直至取消中国式行政审批制度,把市场从审批经济中解放出来,必将为中小企业的发展提供更广阔的活动空间,从而大大增加中国经济的活力。

"央地合作模式"和央企高速扩张的风险与应对[①]

2008年国际金融危机以来,尤其是中央政府当年为应对危机而推出的以4万亿元投资和10万亿元信贷为主要内容的经济刺激计划,加剧了中国经济结构性缺陷的负效应:产能过剩问题空前严重,越来越多的中小企业陷入经营困境,经济增长日益乏力;资本市场流动性泛滥造成的资产泡沫越吹越大,恶性通胀如影相随。多年来形成的以投资主导,出口、消费和房地产三驾马车拉动的经济增长模式已经走到尽头。令人不解的是,近年来,在经济转型升级方面无所作为的各级政府,纷纷转向"傍央企",希望借助于央企的大投资、大项目重启GDP大跃进,"央地合作模式"于是应运而生。通过"央地合作模式",各大央企凭借其垄断、资金、政策等优势,攻城略地,高速扩张。据《第一财经日报》报道,2012年3月初对全国27个省区市(不含北京、上海、西藏)国资委、发改委网站所披露的央企地方合作数据(协议金额)所做的一份不完全的统计报告显示,"2008—2011年四年间,央企在地方投资增长了42倍。2009年、2010年和2011年,央企在地方投资披露总额分别为2.81万亿元、5.12万亿元和11.38万亿元"[②]。"央地合作模式"制造的天量的投资额、海量的大项目,以

---

① 本文原刊于《学术界》2013年第10期,作者陈剩勇、牛卫利。
② 郑石隐、马纪朝等:《央企地方投资四年增42倍》,《第一财经日报》2012年3月7日,第A01版。

及各地不断刷新的投资增速，堪称是"升级版"4万亿元投资计划的再次上演。

从短期看，"央地合作模式"带来的央企在各地投资的"大跃进"，似乎达成了央企与地方的双赢，央企高速扩张做大了规模，地方政府化解了地方投资增速下降的难题，拉动了地方经济增长。但从长远看，我们认为，这种以央企大规模扩张和推高地方GDP为主要目标的投资大跃进，沿袭了长期形成的政府投资主导的经济发展模式，带有很大的盲目性和随意性；它与我国经济结构调整和产业转型升级的大方向背道而驰；央企逆周期、非市场化的大规模投资与扩张，必将加剧产能过剩的危机。由此带来的"国进民退"、国企效率低下与投资风险，尤其是反市场的"央地合作模式"对市场秩序的破坏，已经构成中国经济可持续发展的一大隐患。对此，决策层应当高度重视，果断采取应对措施，标本兼治，化解央企高速扩张形成的经济风险。

一、"央地合作模式"与央企高速扩张的现状

"央地合作模式"是金融危机以后出现的一种经济现象或投资现象。中央企业作为中央政府直接管辖的国有企业，拥有雄厚的行业垄断、政策、资金等天然优势，而央企现行的考核和激励机制，也使央企管理层天然地拥有扩张冲动；对于地方政府来说，在地方经济受金融危机冲击而出现增速下行、民间投资乏力之际，拥有强大实力的央企就成了地方化解投资饥渴症的"及时雨"。央企与地方的对接，成为实现双方优势互补、各取所需的一条途径。央企利用地方资源、政策等优势来进行资源整合和扩张，增强自身实力。而对于地方而言，与央企对接可以引进大资金、大项目，迅速做大GDP政绩，拉动地方经济增长。"央地合作模式"于是推广开来。从各地公开报道看，2011年、2012年两年间，全国有26个省（市、区）先后与央企签订了投资协议。据笔者粗略统计，央企在各地的协议投资额有如表2-4所示：

表 2-4 "央地合作模式"下央企在各地的协议投资额

(单位:亿元)

省份	投资(协议)额	数据来源
广东	21548	①《广东与中央企业战略合作座谈会暨签约仪式在北京举行》,广东省人民政府网站,http://www.gd.gov.cn/gdgk/gdyw/201103/t20110315_139448.htm,2014 年 5 月 1 日查询。 ②《广东湛江钢铁基地项目获国家核准建设,年产 1000 万吨钢》,广东省人民政府网站,http://www.gd.gov.cn/gdgk/gdyw/201205/t20120525_161651.htm,2014 年 5 月 1 日查询。
福建	8684	《福建省与中央企业项目合作洽谈会在京举行》,福建省人民政府网站,http://www.fujian.gov.cn/zwgk/szfld/lcfsz/hdbd/201012/t20101210_325208.htm,2014 年 4 月 30 日查询。
上海	1000	季明、何欣荣:《千亿投资落地浦东打造央企转型推进器》,新华网,http://news.xinhuanet.com/fortune/2012-03/20/c_111680275.htm,2014 年 5 月 1 日查询。
浙江	2720	金波等:《我省与央企签约 2700 亿》,《浙江日报》2011 年 12 月 27 日,第 1 版。
江苏	4564.3	①《无锡在京签下 750 亿元大单》,江苏省人民政府网站,http://www.jiangsu.gov.cn/gzdt/201206/t 20120607_736648.html,2014 年 5 月 1 日查询。 ②《常州 50 亿元央企投资项目集中开工》,江苏省人民政府网站,http://www.jiangsu.gov.cn/shouye/tzjs/tzxw/201105/t20110504_587709.html,2014 年 5 月 1 日查询。 ③《淮安揽得 650 亿元央企投资》,江苏省人民政府网站,http://www.jiangsu.gov.cn/gzdt/201211/t 20121122_767448.html,2014 年 5 月 1 日查询。 ④《淮安新签 4 个央企项目总额 240 亿元》,江苏省人民政府网站,http://www.jiangsu.gov.cn/gzdt/201203/t20120323_722420.html,2014 年 5 月 1 日查询。 ⑤《徐州市吸引央企投资超 300 亿元》,江苏省人民政府网站,http://www.jiangsu.gov.cn/gzdt/201209/t20120910_754207.html,2014 年 5 月 1 日查询。

续表

省份	投资(协议)额	数据来源
江苏	4564.3	⑥《30亿元能源项目落户姜堰(大唐集团)》,江苏省人民政府网,http://www.jiangsu.gov.cn/shouye/tzjs/tzxw/201108/t20110819_623086.html,2014年5月1日查询。 ⑦《泰州引来央企投资162亿元》,人民网,http://cpc.people.com.cn/GB/64093/64387/15524808.html,2014年5月1日查询。 ⑧郦卫星、晏培娟:《镇江赴京招商央企签千亿大单》,《新华日报》2012年10月27日,第A01版。 ⑨《总投资500亿大型煤电中转储运能源基地项目落户港城》,新华报业网,http://js.xhby.net/system/2012/11/13/015203746.shtml,2014年5月1日查询。 ⑩《射阳沿海三大央企风电场项目昨集中开工》,中国江苏网,http://jsnews.jschina.com.cn/system/2012/11/03/015111629.shtml,2014年5月1日查询。 ⑪《无锡与央企集中签订16个合作项目》,江苏省人民政府网站,http://www.jiangsu.gov.cn/zwhd/201111/t20111120_700473.html,2014年5月1日查询。 ⑫《泰兴与央企签订7个合作项目》,泰州市人民政府网站,http://www.taizhou.gov.cn/art/2013/1/9/art_23_188374.html,2014年5月1日查询。 ⑬《央企聚焦江苏海门江海开发9企业拟投资300亿元》,中华人民共和国中央人民政府网站,http://www.gov.cn/jrzg/2011-10/28/content_1980881.htm,2014年5月1日查询。
山东	1070.46	①《青岛:与央企签20项合作协议合同金额353亿元》,中国经济网,http://sd.ce.cn/ft/dhcs/201207/21/t20120721_609169.shtml,2014年5月1日查询。 ②《对接央企到位资金超178亿元》,中国经济网,http://sd.ce.cn/xw/sd/201210/25/t20121025_684341.shtml,2014年5月1日查询。 ③《聊城在京举行对接央企联谊会签约34个项目》,新华网,http://www.sd.xinhuanet.com/wq/2012-03/06/content_24832691.htm,2014年5月1日查询。

续表

省份	投资(协议)额	数据来源
河北	7700	①《央企河北"寻亲"记》,河北省人民政府网站,http://www.hebei.gov.cn/article/20111126/1916051.htm,2014年5月1日查询。 ②《河北省对接央企近50家意向投资超万亿》,河北新闻网,http://finance.hebnews.cn/2012-06/18/content_27233075.htm,2014年5月1日查询。
海南	2288	《51个央企项目落户海南总投资达2288亿》,海南省人民政府网站,http://www.hainan.gov.cn/data/news/2012/03/149274/,2014年5月1日查询。
江西	1433.8	《江西与央企签约1433.8亿元风电等新能源项目备受青睐》,中国江西网,http://www.jxcn.cn/525/2011-11-12/30124@996191.htm,2014年5月1日查询。
山西	5132	《山西与央企加强交流合作,促进实现转型跨越发展》,人民网,http://finance.people.com.cn/GB/14128113.html,2014年5月1日查询。
湖北	6953.4	《"百家央企湖北行"签5000多亿》,《湖北日报》2011年9月20日。
湖南	2494.1	①《长沙与22家央企签订合作协议项目投资额达350亿》,湖南经济网,http://jjw.voc.com.cn/view.php?tid-52386-cid-70.html,2014年5月1日查询。 ②《郴州对接央企硕果累累获投资达334.1亿》,湖南经济网,http://jjw.voc.com.cn/view.php?tid-45825-cid-70.html,2014年5月1日查询。 ③《湖南对接央企合作项目270个到位资金1810亿元》,湖南经济网,http://jjw.voc.com.cn/view.php?tid-42451-cid-67.html,2014年5月1日查询。

续表

省份	投资(协议)额	数据来源
吉林	1367.2	①《〈国务院国资委与省政府合作备忘录〉签字暨"央企走进吉林"活动启动仪式在长春举行》,《吉林日报》2012年4月20日。 ②《签下央企四大项目总投资额达35.2亿元》,《吉林日报》2011年3月9日,第7版。
黑龙江	1283	《中央企业与黑龙江签约58个合作项目总投资1283亿元》,新华网,http://news.xinhuanet.com/2011-06/02/c_13907661.htm,2014年5月1日查询。
河南	3018	《河南:327个项目签约投资总额超3000亿元》,新华网,http://www.ha.xinhuanet.com/xhfu/2011-08/27/content_23560943.htm,2014年5月1日查询。
安徽	4429	①《7个央企项目昨开工投资额719亿》,安徽新闻网,http://ah.anhuinews.com/system/2012/05/30/004987530.shtml,2014年5月1日查询。 ②《央企项目加速"生根开花"》,安徽新闻网,http://ah.anhuinews.com/system/2011/12/25/004662613.shtml,2014年4月30日查询。
西藏	800	《15家央企计划"十二五"期间在西藏投资800多亿元》,新华网,http://news.xinhuanet.com/local/2012-03/03/c_111599156.htm,2014年4月30日查询。
新疆	9916	陆培法、林荣华:《央企进入新疆有大动作十二五期间投资近万亿》,中国经济网,http://www.ce.cn/xwzx/gnsz/gdxw/201108/25/t20110825_22645879.shtml,2014年4月30日查询。
四川	3761.5	①《省政府与国务院国资委签署合作备忘录"央企四川行"签下1300多亿元大单》,《成都商报》2011年10月22日,第3版。 ②《2300多亿央企投资落户四川》,新华网,http://news.xinhuanet.com/2013-05/17/c_115813658.htm,2014年5月1日查询。

续表

省份	投资(协议)额	数据来源
云南	7373.41	《国务院国资委与云南省政府签署合作备忘录推动央企入滇》,新华网,http://news.ifeng.com/gundong/detail_2012_05/10/14445296_0.shtml,2014年5月1日查询。
甘肃	11461	《甘肃同39家央企签约投资总量超过1.1万亿》,新华网,http://news.xinhuanet.com/local/2011-03/03/c_13758872.htm,2014年5月1日查询。
青海	1626	①《青海省与中央企业签约项目金额369亿元》,新华网,http://ccnews.people.com.cn/n/2012/0706/c141677-18457283.html,2014年5月1日查询。②《青海省与26家央企签署战略投资协议》,中华人民共和国商务部网站,http://www.mofcom.gov.cn/aarticle/resume/n/201101/20110107377562.html,2014年5月1日查询。
重庆	6856	①《重庆迎来央企3500亿元投资"彩礼"》,新华网,http://news.xinhuanet.com/fortune/2012-05/24/c_123183441.htm,2014年4月30日查询。②《中建材再造水泥航母西南水泥正式揭牌》,中国建材集团公司网站,http://www.cnbmltd.com/news/xx.jsp?newsId=4577,2014年5月1日查询。
广西	1774.9	①《"央企广西行"活动正式启动》,广西壮族自治区发改委网站,http://www.gxdrc.gov.cn/zwgk/qnyw/201203/t20120328_419762.htm,2014年5月1日查询。②《防城港钢铁基地项目全面开工目总投资639.9亿》,广西壮族自治区人民政府,http://www.gxzf.gov.cn/syttxw/201205/t20120529_412620.htm,2014年5月1日查询。
宁夏	2400	《宁夏与央企合作发展座谈会暨签约仪式举行》,新华网,http://www.xinhuanet.com/chinanews/2011-09/23/content-23763945.htm,2014年5月1日查询。
陕西	7000	《陕西:37央企签206个项目计划投资7000亿》,《人民日报》2012年6月11日。

首先,从投资规模看,2011年至今的两年多时间里,央企与地方合作的协议投资额总计已超过12万亿元之巨,是2008年4万亿元投资计划的3倍。央企全面出击,到处扩张,这种大规模扩张直接推动了地方GDP的增长。以广西为例,"截止到2011年底央地合作项目达165个,总投资2623亿元。2011年全年,驻桂央企投资项目工业增加值达到1395亿元,对广西GDP贡献率达到17.1%,拉动广西GDP增长2.1个百分点"①。一向以民营和外企投资为主的广东省,2011年与央企战略合作签约协议总投资额达到20852亿元②,央企大规模扩张性投资对当地投资环境产生了巨大的影响。

其次,从投资区域看,央企在地方扩张呈全面铺开的态势。据报道,"2011年,东部8个省份披露央企投资同比增长246.60%,西部9个省份和中部10个省份则分别同比增长131.17%和50.49%"③。据我们粗略统计,央企近两年在广东、福建、上海、浙江、江苏、山东、河北、海南等东部沿海省市,协议投资额为49253.86万亿元;在中部江西、湖北、安徽、湖南、河南、山西等省份的协议投资额为23460.3万亿元;在东北的吉林、黑龙江协议投资额为2650.2万亿元;在西部的四川、重庆、广西、云南、甘肃、新疆、青海、西藏、宁夏、陕西等省市区的协议投资额为52977.81万亿元。

从投资领域看,央企近年来的扩张性投资既包括钢铁、水泥等传统过剩行业,也包括光伏、风电等过热的新兴产业。从央地合作的项目来看,央企投资所涉及的领域几乎都是当地的优势产业,尤其是对于电力、钢铁、风电等准入门槛较高的行业,央企的投资占有绝对优势。具体情况如表2-5所示。

---

① 何丰伦:《央企成为广西区域经济发展核心推动力》,新华网,http://www.gx.xinhua.org/newscenter/2012-03/28/content_24969889.htm,2013年4月1日查询。
② 《广东与中央企业战略合作座谈会暨签约仪式在北京举行》,广东省人民政府网站,http://www.gd.gov.cn/gdgk/gdyw/201103/t20110315_139448.htm,2013年4月1日查询。
③ 《央企去年地方投资超11.38万亿,四年增长42倍》,中国产业经济信息网,http://www.cinic.org.cn/site951/jryw/2012-03-07/541388.shtml,2013年4月1日查询。

表 2-5 "央地合作模式"与部分央企近年来的投资领域

地区	项目涉及领域
安徽	先进制造业、高新技术产业、战略性新兴产业、文化产业等领域①
江西	太阳能、风电、天然气、电力、金融、矿业、化工、旅游等领域②
湖北	汽车、钢铁、石化、冶金、船舶产业、光伏、风电、制造等领域③
福建	冶金、石化、装备制造等传统产业及电子信息、创意产业、服务业等新兴产业及基础设施、能源等行业④
江苏	装备制造、新能源、新材料、物联网、物流、文化创意、新兴产业、基础设施等领域⑤⑥
海南	现代农业、新型工业、信息产业、文化产业、商贸物流、基础设施、城镇化等⑦
西藏	电力、水利、通信、能源、矿产、旅游、铁路、公路、基建、资源勘探等⑧
新疆	石油石化、煤电煤化工、有色金属、铁路、公路、通信、水利水电⑨
重庆	能源、工业、高新技术、经贸物流、现代服务、制造业等领域⑩

① 《央企项目加速"生根开花"》,安徽新闻网,http://ah.anhuinews.com/system/2011/12/25/004662613.shtml,2014 年 4 月 30 日查询。

② 《江西与央企签约 1433.8 亿元 风电等新能源项目倍受青睐》,中国江西网,http://www.jxcn.cn/525/2011-11-12/30124@996191.htm,2014 年 4 月 30 日查询。

③ 《"百家央企湖北行"签 5000 多亿》,湖北省人民政府网站,http://www.hubei.gov.cn/zwgk/zwdt/zwhd/201109/t20110920_145536.shtml,2014 年 4 月 30 日查询。

④ 潘绣文等:《福建省与中央企业项目合作洽谈会在京举行》,《福建日报》2010 年 12 月 10 日,第 1 版。

⑤ 郏卫星、晏培娟:《镇江赴京招商央企签千亿大单》,《新华日报》2012 年 10 月 27 日,第 A01 版。

⑥ 《无锡在京签下 750 亿元大单》,江苏人民政府网站,http://www.jiangsu.gov.cn/gzdt/201206/t20120607_736648.html,2014 年 4 月 30 日查询。

⑦ 《51 个央企项目落户海南总投资达 2288 亿》,海南省人民政府网站,http://www.hainan.gov.cn/data/news/2012/03/149274/,2014 年 4 月 30 日查询。

⑧ 《15 家央企计划"十二五"期间在西藏投资 800 多亿元》,新华网,http://news.xinhuanet.com/local/2012-03/03/c_111599156.htm,2014 年 4 月 30 日查询。

⑨ 陆培法、林荣华:《央企进入新疆有大动作,十二五期间投资近万亿》,中国经济网,http://www.ce.cn/xwzx/gnsz/gdxw/201108/25/t20110825_22645879.shtml,2014 年 4 月 30 日查询。

⑩ 《重庆迎来央企 3500 亿元投资"彩礼"》,新华网,http://news.xinhuanet.com/fortune/2012-05/24/c_123183441.htm,2014 年 4 月 30 日查询。

二、"央地合作模式"与央企高速扩张的形成机理

国际金融危机以来,以政府投资主导,以出口、消费和房地产为主要引擎的发展模式遇到了前所未有的挑战,中国经济的结构性缺陷及其累积的问题已经对中国社会经济的稳定和经济的长期发展形成威胁。转变经济发展方式,实现经济结构转型升级,已经成为社会各界的共识。在此转型的关键时期,"央地合作模式"助推的央企高速扩张,不仅无助于经济结构转型,而且使旧的经济发展方式再次得到强化。这种逆势而动的投资行为为何大行于天下?"央地合作模式"从表面看似乎只是一种经济现象、一种投资现象,实质上却有着深刻的政治原因。"央地合作模式"的形成机理,可以从央企和地方政府两方面予以解读。

央企为何热衷于扩张?首先,从央企自身属性来看,"国"字号的背景,使其具备了得天独厚的先天优势,无论是在市场地位、资金的获取还是在政策优惠方面,央企均远胜于其他市场主体。以信贷融资为例,相较于民营企业,由于国有企业背靠政府关系和行政资源,拥有部分先天非市场化的竞争优势,其信誉更高、风险更低,商业银行从风险控制和维护大客户的角度出发,都愿意给其以更多的信贷、更优惠的贷款利率。据《投资者报》刊登的一组统计数据,2012年度A股上市公司累计融资金额达8.2万亿元,其中融资总额最高的50家企业的融资金额总计4.27万亿元,占全部A股上市公司融资总额的52%。而这50家企业中,央企高达37家,占比74%,另有地方国企6家,而真正意义上的民营上市公司只有2家。[①] 由此可见,这种内生的先天优势为央企扩张提供了条件。

其次,是央企自身存在的强烈的投资和扩张冲动。这种扩张冲动一方面来自央企重组的压力。2003年国资委成立后,政府加大了对于中央企业的整合力度,推动了一场央企重组大战,旨在逐步减少央企数量,优化央企布局。2006年国务院第155次常务会议审议通过了《关于推进国有资本调整和国有企业重组的指导意见》,进一步

---

① 江欢:《50家上市公司去年融资4.3万亿中石化9300亿居首》,《投资者报》2013年第21期。

加快央企兼并重组步伐。受此种战略调整的影响,国资委所属的央企管理层为巩固各自所拥有的核心地位,避免被兼并和重组的噩运,都有做大、做强的愿望。与地方政府合作,把企业做大做强,可以获得更大的发展空间。另一方面,是国家对央企管理层的考核和激励机制。长期以来,中央企业负责人多以政府委派为主,政企不分,其晋升也沿用政府官员的考核和激励方式,其核心是以"政绩论英雄"。因此,地方官员 GDP 挂帅的政绩导向,在国企管理层中也同样存在。这种激励机制和晋升机制促使央企领导人在短期内出成绩升大官。这就不难理解近年来央企热衷于投资大项目,从传统产业到新兴产业,项目越大越好,抢占地盘、重复投资的乱象由此产生。

再次,是央企在国有资本经营上的软约束。从理论上说,国资委对央企要履行出资人角色,承担着对央企进行监督管理、确保国有资产保值增值的责任。但在现实中,央企作为国资委直接监管的中央直属企业,号称"共和国的长子",两者的关系俨然如"父子"关系,这种特殊关系极易造成对央企的过分偏袒。央企的投资失利或经营亏损,几乎都由政府财政买单,而相应的约束机制、问责机制形同虚设。凡此种种,再加上地方政府面对近年来经济下滑、投资下降的困境,创造各种优惠条件,提供种种优惠政策"傍央企",包括土地、资源、环境、税收和环境治理的低成本等种种优惠,极大地助长了央企投资扩张的冲动。

从地方政府一方来说,央企落户地方,其"共和国长子"的特殊身份一方面可以为其带来更多的政策资源,拉近央地之间的关系,从而为地方政府在其他相关政策资源的索取上带来便利,如信贷支持、土地划拨审批政策等;另一方面,长期以来,各地官员尤其是"一把手"的晋升往往以地方经济发展尤其是 GDP 增长作为重要考核目标,招商引资,大兴土木已成为地方政府发展经济的主要手段。而"央地合作模式",动辄上亿元的投资项目,可以为地方官员带来立竿见影的政绩效益,地方政府乐此不疲。由于受金融危机的影响,地方经济增长乏力,各地投资迅速下滑,尤其是民营企业投资严重缩减。此时,财大气粗的央企可以说已经成了地方政府重温 GDP 高速增长美梦的唯一希望所在,各地热衷于"傍央企",自在情理之中。问题在于,"央地合作模式"助推的央企高速扩张,与中国经济结构转型的大方向背道而驰,而央企逆周期盲目扩张造成的重复建设、产能过剩等负效应,蕴藏着极大的风险,其中的许多大投资、大项目,如不能妥善处置,必将成为我国经济社会可持续发展的一大隐患。

三、"央地合作模式"与央企高速扩张的负效应

我们认为,国际金融危机以后"央地合作模式"主导的央企逆周期盲目扩张带来的负效应,可以归结为以下几个方面:

1. 产能过剩与经济低质增长

中国式产能过剩已经成为多年来中国经济久治不愈的顽疾,从传统产业的钢铁、水泥、电解铝、纺织、家电、汽车,到新兴产业的太阳能光伏、风电等等,凡国人进入的每一个行业几乎都陷入过剩的泥潭。自20世纪90年代以来,中央政府曾经发起过一轮轮宏观调控,颁布了一系列法律法规,推出了各种政策措施,试图化解产能过剩问题,但几番调控下来,产能过剩问题始终无解。2008年为应对国际金融危机推出的4万亿元经济刺激计划的后遗症尚未消除,"央地合作模式"助推的央企高速扩张紧随其后,各地大规模投资和重复建设,必将加剧产能过剩的状况。对中国经济的长期可持续发展来说,有百害而无一利。

以钢铁、水泥等行业为例,我国2011年全年粗钢产量为6.8亿吨,占世界粗钢产量的44.76%①;钢材产量为8.8亿吨。2012年10月工信部举行的工业通信业发布会显示,2012年前三季度,国内钢铁、水泥等行业产能过剩情况已经非常严重。据估测,炼钢产能利用率不足75%,水泥产能利用率也仅达72%左右。又据中国钢铁协会网的数据:"2012年上半年钢铁亏损率一直很高,钢铁产量过剩已经是不争的事实,据估算,我国过剩钢铁产能总体规模已经高达1.52

---

① 2011年世界粗钢产量为1526.9百万吨,数据出自2012年1月28日国际钢铁协会发布数据。

亿吨,产能过剩率超过30%。"①但严峻的形势似乎并没有使央企停下高速扩张的步伐。央企投资钢铁项目、高速扩张的势头不减,2012年,先后发生宝钢投资广东湛江钢铁项目、武钢投资广西防城港钢铁两大钢铁项目。其中,宝钢投资的广东湛江钢铁项目,投资额696.8亿元,预期年产铁920万吨、钢1000万吨、钢材938万吨。武钢投资的广西防城港钢铁项目,预期年产铁639.9万吨、钢920万吨、钢材860万吨。此外,央企在河北、河南等地还有不少大型钢铁项目。

水泥行业亦复如此。根据有关资料,从2006年以来,我国水泥产量一直居高不下,"全国2011年水泥产能达到29.44亿吨(其中,落后产能3.5亿吨),产能过剩24%左右;2012年,仍有在建线216条,加上现有产能,预计到2013年我国水泥产能将超过30亿吨,产能过剩仍在30%左右"②。在水泥产能严重过剩的情况下,央企仍然通过与地方政府合作不断加大投入,2011年底,大型央企中国建材集团牵头投资300亿元在重庆成立西南水泥。这一项目预计产能将达到7000万吨,与2011年全重庆市的水泥产量相当。2012年,大型央企中材集团与甘肃省的几个水泥合作项目中,仅中材集团与武山县和张家川县两个项目投资额就达12.3亿元,合计水泥年产量可以达到300多万吨。③ 在水泥产量已经严重饱和的情况下,央企扩张的重复投资,将使我国水泥行业的产能过剩更趋加剧。

光伏、风电等新兴行业过剩情况同样令人担忧。近年来,光伏、风电等新兴产业成为央企投资扩张的热门行业。以光伏产业为例,"2011年和2012年,我国光伏产能已达到35GW和40GW,占全球总产能的六成以上。而2011年全球光伏发电新增装机容量不到28GW,同时未来三年内,国内光伏发电新增装机容量每年约为3GW

---

① 薛和平:《七月四亏,中国钢铁业恐现历史亏损》,中国钢铁工业协会网,http://www.chinaisa.org.cn/gxportal/DispatchAction.do?efFormEname=ECTM40&key=B2QPMAFqA2IAYQ45BGMNbAJmVzdTN1BnVGRTZwJnBDRTQF4RDhVQYFFAVBNUQwRm,2014年4月30日查询。

② 马泽民:《理性结束水泥产能过剩之争,着力探索抑制产量过剩之路》,数字水泥网,http://www.dcement.com/Article/201210/111272.html,2014年4月30日查询。

③ 《新增产能过大,甘肃未来水泥过剩堪忧》,中国建材网,http://www.chinabmi.com/info_main/20121122/431243.html,2014年4月30日查询。

至 5GW"①,产能过剩已经十分严重。风电行业,"截止到当前,我国风电生产能力已达 3500 万千瓦,是目前我国风电装机需求的 315 倍。国内风电整机行业产能约在 30GW 至 35GW,而 2011 年全国风电新增装机容量仅为 16GW,因此风电整机产能过剩率在 50% 以上;从零部件角度看,铸件过剩 100% 以上,齿轮箱过剩 100% 以上,叶片过剩 30% 以上"②。另外,从风电的利用率看,据统计,2012 年我国风电发电的弃风电量为 200 亿度,比 2011 年整整翻了一倍。但在投资驱动、地方产业政策优惠及产业政策调整的影响下,央企近年来投资光伏、风电等新兴行业势头不减。以华能、中国三峡、中电投等央企为例,2012 年华能投资约 60 亿元与江苏省盐城市开发海上风电示范项目;中国三峡集团与甘肃秦安县、甘谷县政府合作,投资 72 亿元建设风能发电项目;中电投集团总投资 75 亿元开发太阳能光伏发电项目。央企盲目扩张带来的新兴行业过剩问题,同样令人忧心。

总之,地方政府的急功近利与央企高速扩张的逆周期投资行为,从根本上忽视了整个行业的产业现状及产业生态。央企高速扩张、重复建设,在短时期内似乎为某些地区带来了光彩的经济指标及 GDP 增速,但从经济发展的全局看,这种高速扩张以牺牲经济发展质量为代价,导致我国经济的产能过剩问题愈演愈烈,形成有增长而无发展的恶性循环,大大增加了决策层解决深层次的经济结构转型的难度。

2. 央企高速扩张与"国进民退"

"央地合作"助推央企高速扩张,其直接后果是"国进民退"现象的再次上演。如近年来报道的一系列央地合作协议所展示的,地方政府为吸引央企的大规模投资,往往不惜代价,向央企提供政策、资源、信贷等方面的大力支持,这就在无形中使民营企业的生存和发展空间进一步受到挤压。从市场的角度说,在一定的时期内市场容量是有限的,政府用非市场化手段进行资源分配,其产生的外部性以及

---

① 仁际宇、刘冬梅:《光伏 vs 风电,产能过剩下的挣扎》,证券时报网,http://epaper.stcn.com/paper/zqsb/html/epaper/index/index.htm,2014 年 4 月 30 日查询。
② 同上。

引致成本必将通过各类转移支付由市场所承担,市场的均衡性就会被打破。换作企业亦是如此,国有企业凭借垄断和政策优势高速扩张,严重扰乱了市场公平的秩序,民营企业生存和发展的空间变得越来越狭窄。

从央企扩张的行业看,传统自然垄断行业仍然是大型央企投资的主要领域,虽然国家从理论上已经放宽了许多垄断行业的准入条件,如石油、航空、铁路、投资等行业,但过高的行业进入门槛和隐形的体制障碍,给民企设置了一扇"玻璃门"。以石油和天然气开采业为例,中石油、中石化、中海油是石油和天然气开采业的三大主力军。国家统计局近三年统计数字显示:石油天然气开采业国有控股固定资产投资一直占据整个投资的94%以上。从中国石化官方公布的投资数据上看,2011—2012年,仅中国石化一家央企就分别与江苏、陕西、河南、湖南、福建、重庆等省市签订投资协议,金额达到1700多亿元。

央企在传统垄断行业中的绝对霸主地位岿然不动。新兴行业亦然。在过去的30年中,民营企业为我国风电的发展发挥了决定性作用。在大型国有企业还没有顾及风电等新兴产业的时候,民营企业已为风电等行业的发展积累了一定的资金与技术。2010年由工业和信息化部、国家发改委和国家能源局共同起草的《风电设备制造行业准入标准(征求意见稿)》出台,规定"新建风电机组生产企业必须具备生产单机容量2.5兆瓦以上、年产量100万千瓦以上所必需的生产条件和全部生产配套设施;企业进行改扩建应具备累计不少于50万千瓦的装机业绩;新建风电机组生产企业应具备5年以上大型机电行业的从业经历"。这一标准出台,犹如给民营企业设置了一扇"玻璃门",把很多民营企业拒之门外,并给大型央企提供了扩张良机。仅2012年上半年,国家发改委核准的131个电力项目中,风力发电占到95%,其中华电集团通过项目为32个,大唐获批准的发电项目为27个,国电被批准项目为25个,神华分公司国华电力为23个,华能集团为18个,中国电力投资集团为6个。[①] 央企资本的集中

---

① 吴松:《风电业拐点到来"国进民退"之势或持续》,中国经济导报网,http://www.ceh.com.cn/cjpd/97491.shtml,2014年4月30日查询。

入驻,沉重挤压了民营企业在相关行业的发展空间。

"国进民退"的后果很严重。改革开放以来,民营企业作为中国经济的重要支柱,无论是对经济增长的贡献、创造的就业岗位,还是企业技术创新等方面的贡献,都超出了国有经济。据统计,中国国有企业占有全社会50%的工业资产,80%左右的能源资源,但只创造了30%的工业产值,10%的全民就业机会。换言之,民营企业为社会提供了大部分就业机会,在企业经营效率、技术创新和市场开拓方面,民营企业拥有天然的活力和强大的竞争力。遏制民营企业的发展,实际上就是扼杀了市场经济的生机和活力。政府政策助推的"国进民退"的势头如不能在短期内得到有效遏制,必将对经济社会发展造成巨大影响,甚至有可能威胁到国家的长治久安。

3. 低效国企高速扩张的风险与隐患

由于国企改革严重滞后,央企的现代企业制度建设有名无实,国有企业的公司治理结构极不完善。央企的高层管理人员均由组织部门任命,视同相应级别的行政官员,公司治理处于混乱状态。近年来媒体曝光的央企存在的隐性福利、招标乱象、违规圈地、欠缴税款、国资流失等问题,折射出了央企经营和管理的种种弊端。由此形成的企业经营低效,已经成为国企的通病。据天则经济研究所2011年发布的《国有企业的性质、表现与改革》报告,"从2001年到2009年,国有及国有控股工业企业的净资产收益率一直低于非国有企业。对国有企业的名义绩效收入加以还原,即扣除应交未交的土地租金、其他资源租金、利息优惠和补贴等,2001年到2009年,国有及国有控股工业企业的净资产收益率为负值"。

从投入产出指标看,有数据显示,2010年,工业部门,国有资产占到资产总值的42%,但是创造的产值是27%,创造的增加值是30%,提供的就业是20%。从企业的利润率看,"目前,央企有高达27万亿元的总资产,但净资产仅为10.5万亿元;2011年的净利润不到1万亿元,平均净资产收益率约8.4%;剔除息税后央企的总资产回报率仅约 3.2%,还不及银行一年期基准存款利率(3.25%)"①。即使是垄断和政策形成的国企经营效益,在经济下行周期的当下也已难以为继。2012 年,央企出现巨亏的问题日益突出,如中国远洋巨亏 95.6 亿元、中国铝业巨亏 82.34 亿元、中冶集团巨亏 69.52 亿元、鞍钢股份巨亏 41.57 亿元。

从国有企业的负债率看,从 2009 年开始,中国国有企业的资产负债率一直高达 60% 以上,一些大型央企的资产负债率之高尤其堪忧。据 2012 年度上市公司发布的年报,"中石油以 9881.48 亿元的负债总额遥遥领先,其次是另一大油企中石化,总负债为 7187 亿元,比上年末增加 815 亿元"②。除此之外,中冶集团负债率已高达 85.5%,近乎资不抵债;中铝集团也因过度投资扩张,负债率亦高达 68%;中钢集团 2012 年亏损接近 20 亿元,截至 2011 年,中钢总负债超过 950 亿元,资产负债率约 95%。高负债下肆行高速扩张,央企投资大跃进形成的风险不可低估。近年中国企业投资失败的案例多多。著名的如中投公司海外投资造成的或明或暗的巨额亏损;中国平安投资荷兰富通亏损 200 亿元;国家开发银行投资英国巴克莱银行损失上百亿元;中国铁建沙特项目巨亏 41 亿元;中信泰富上百亿美元投资澳洲铁矿业颗粒无收,期货投机亏损 200 亿港元;东航与国航等在投机期油的交易中巨亏 300 多亿元;宝钢罗泾厂上百亿投资打水漂,等等,集中暴露了央企低效的真面目。

国有企业的低效已是不争的事实。以低效的国企肆行高负债的高速扩张,"央地合作模式"助推的央企投资大跃进所隐藏的经济风险和隐患不容低估。

四、央企投资大跃进及其负效应的治理:对策思考

"央地合作模式"与央企投资大跃进,从短期和局部利益看,似乎达到了地方与央企的"双赢"。央企凭借其雄厚的国有资本和政府背

---

① 周雪松:《警惕"央地合作"模式的副作用》,《中国经济时报》2012 年 4 月 12 日,第 9 版。
② 李雪莲:《中石油 9881 亿元负债夺冠净负债率创历史新高》,《证券日报》2013 年 4 月 25 日,第 C01 版。

景,凭借其在政策、信贷和资源等方面的优势,攻城略地,做大做强。而地方政府"傍央企"、重投资,不仅能带动地方 GDP 的快速增长,而且在政治上也能通过央企为地方政府争取更多的资源。但从中国经济的大局看,这种违背市场规律的、由政府主导的投资行为,不但破坏了公平竞争的市场环境,严重挤压了民营中小企业的发展空间,而且低水平的重复建设进一步加剧了产能过剩,与中央提出的调整经济结构、促进产业转型升级的战略目标背道而驰。"央地合作模式"助推的央企投资大跃进的负效应及其治理,应当从央企和地方政府两方面进行分析。

对央企盲目扩张和投资大跃进的治理,应当着眼于以下几个方面:

一是推进国企改革,建立和完善现代企业制度,从根本上消除央企管理层的政绩冲动,消除央企无节制扩张。现代企业制度是以市场经济为基础,以完善的企业法人制度为主体,以有限责任制度为核心,以公司企业为主要形式,以产权清晰、权责明确、政企分开、管理科学为条件的新型企业制度。发达国家的实践证明,完善的企业制度,可以从根本上消除企业的制度缺陷,增强企业的经营和管理水平。建立和完善现代企业制度,实现政企分离,是央企突破现有体制瓶颈的唯一途径。央企的治理理应从建立和完善现代企业制度出发,规范企业的法人制度、企业自负盈亏制度,彻底改革国企"官本位"的用人制度,运用市场化的方式选拔和任用企业的经营管理层,以企业的绩效导向取代现行的政绩导向的考核和激励制度,消除央企管理层的政绩冲动,避免央企盲目扩张和不计后果的投资行为的发生。

二是深化市场体制改革,消除国企在廉价获取土地、贷款和政府补贴等生产要素方面的特权,使之成为市场平等主体之一参与市场竞争。成熟的市场经济需要合理、公平、有序的市场竞争,各类经济体的公平参与,可以调动经营者的积极性,提高经营管理效率,提高创新能力,优化资源的合理配置。反之,通过行政调控或非公平竞争的手段来获取市场资源,市场机制就会受到严重的破坏,从而降低市场在配置资源过程中的效率。必须破除央企在土地、信贷、资源等方面的各种"特权",剥离政府的政策保护,使央企与外企和民营等各个市场主体处在同一起跑线上,平等地参与市场竞争,从而规范央企的投资行为,遏制央企管理层盲目扩张的冲动,促进中国经济健康、平稳发展。

三是通过市场化改革,破除央企的垄断地位。中国经济存在的一大问题是过多的行政管制和干预,遏制了市场的活力和民营部门的创造力。因此,破除政府对要素市场的管制以及对某些行业的国有垄断,是实现中国经济转型升级的前提条件。长期以来,央企在金融、能源、电力、通信等行业的绝对垄断地位岿然不动,大型央企依靠行政性垄断所造成的巨额利润,给整体经济的发展带来了灾难性后果。推进市场体制改革和法治建设,避免和克服政府政策性行为对市场秩序的破坏和冲击;积极引入竞争机制,切实放宽市场准入,破除阻碍民营资本进入的"玻璃门",打破央企垄断地位,使央企在一般竞争性行业中逐步退出,积极引导、鼓励民营资本进入垄断竞争行业,建立开放、公平、公正的市场秩序和投资环境,让各类市场主体按照法治原则平等参与、自由竞争,促进社会经济的发展。

要从根本上克服央企管理层的政绩冲动,化解低效央企投资大跃进及其带来的负效应,推进国有企业改革和现代企业制度建设是不二法门。但央企的改革,包括怎么改,改到什么程度,都取决于执政党和政府的决断。"央地合作模式"造就的央企投资大跃进,其根源在各级政府。就地方政府而言,同样存在体制改革和制度建设问题。中国政府改革和制度建设任重而道远,当下最紧迫的改革包括:政府与市场关系的重构,市场化条件下政府角色、作用和功能的重新定位,政府职能转变和治理转型,市场制度建设和完善,等等。

第一,重构政府与市场的关系,厘清政府的角色、作用及其治理边界,推进责任政府、法治政府和公共服务型政府建设。随着市场经济体制的建立,政府的角色、作用和功能应该适时调整,政府是公平正义平等规则的制定者、法治环境的创造者,而不应是市场的直接参与者,因而应该退出市场;政府对市场的干预,应当遵循市场原则,发挥市场机制的主导作用,通过市场力量促进经济结构的调整,实现资源优化利用,促进经济转型和产业升级。

第二,切实转变政府职能,完善公共服务。各级政府应当加快从生产建设型政府向公共服务型政府的转型,彻底退出微观经济领域,把主要的精力集中在提高公共服务水平上。应当果断抛弃 GDP 挂帅的政绩考核和官员晋升的激励机制,消除各级政府盲目追求 GDP 增长的政绩冲动,使他们更加注重经济结构优化和增长的质量。同时,要坚持市场在资源配置中的基础性作用。须知,行政力量的干预可能使央企取得一时的扩张,但不能实现长远的发展。应当努力创造一个良好的投资环境,让各类市场主体平等参与竞争,努力避免对经济活动的过分干预。政府的职责是做好"裁判员",严防兼任"运动员",更不应以提高产业集中度、维护经济安全的名义,对民营资本设置准入障碍,人为制造市场主体间的不公平竞争。

第三,完善市场经济体制,规范市场行为,改善投资和经营环境。完善的市场体制是经济运行的基础,统一、开放、公平竞争和有序的市场环境是企业发展不可缺少的外部条件。要推进市场化改革,消除对民企和中小企业在市场准入方面的歧视性体制障碍,建立公平、公正的市场竞争秩序;各级政府都要尊重并充分发挥市场配置资源的基础性作用,让央企、国企、外企和民企各种类型的企业以平等的身份参与市场竞争。要完善相关的立法和法规,规范政府行为,规范各类市场主体的市场行为,促进国民经济的健康发展。

五、结语

国际金融危机以后,在中国经济处于结构转型的艰难时期,央企和地方政府无视中国经济产能严重过剩的现实,通过"央地合作模式"盲目扩张、重复建设,其根源在地方政府一方,是政府改革和市场制度建设严重滞后,"全能型政府"的角色定位根深蒂固,政府在经济活动中始终处于主导地位,市场始终只是作为经济增长的辅助工具和手段存在。与此同时,在现行的以 GDP 增长为主要指标的官员考核和晋升机制的激励下,各级政府官员热衷于追求 GDP 总量增长的政绩"锦标赛"。央企一方面在行业准入、融资、资源等方面享有国家的各种政策庇护和最惠待遇,得以在经济下行周期仍然拥有超强的扩张能力;另一方面,央企领导作为组织部门任命的官员,同样有着在短期内把企业做大做强的政绩冲动,而国有企业经营和管理体制的弊端,则为央企管理层的盲目扩张洞开了方便之门。

  问题在于,多年来形成的由政府而不是市场来调动和配置资源、支撑高增长的经济发展方式走到了尽头。由政府主导的央企投资大跃进,背离了调整经济结构、转变增长方式的大方向,其负效应不仅将使中国经济的产能过剩问题更加恶化,而且由此造成的"国进民退"和低效国企带来的投资风险,尤其是反市场的"央地合作模式"对市场秩序的破坏,已经构成中国经济运行的一大隐患。决策层应当高度重视,果断采取因应措施,标本兼治,化解央企投资大跃进所形成的市场风险,同时,应大刀阔斧地推进政府和市场改革,推进现代国家制度建设,完善市场体制,转变经济增长方式,根除政府主导式投资大跃进及其负效应,促进经济结构调整和转型。

第三编 政府与民生

民生问题与公共服务型政府建设

——以浙江省为个案的研究

改革开放三十多年来,中国经济突飞猛进。2007年,中国凭借GDP达3万亿美元而跃居世界GDP排名榜的第四位,2010年中国GDP总量超越日本而跃居世界第二。然而,与经济的高速发展如影随形的是转型期存在的种种社会问题。近十年来,国家在高等教育、社会保障、医疗卫生等方面的财政投入总量虽然每年都有所增加,但其增速远小于公共财政收入和GDP的增速,社会保障体系建设严重滞后,许多应由政府承担的保障和改善民生的责任,被政府以"市场化"为由一股脑儿推向市场,"看病难、住房难、上学难"问题,已经成为压在普通民众头上的新"三座大山",中国经济发展和社会发展的不平衡日益显现。

中国是政府主导型国家,政府是社会经济发展的主导力量,理应承担改善民生、保障民权的责任。中共十七大报告提出:"必须在经济发展的基础上,更加注重社会建设,着力保障和改善民生,推进社会体制改革,扩大公共服务,完善社会管理,促进社会公平正义,努力使全体人民学有所教、劳有所得、病有所医、老有所养、住有所居,推动建设和谐社会。"现在的问题是,政府究竟应当通过什么途径解决经济和社会发展的不平衡,当前的几大民生问题如何才能得到解决。我们认为,推进公共服务型政府建设,打造一个对人民负责、为人民服务的现代政府,是民生问题得到有效解决的基本途径。在接下来的讨论中,我们试以浙江省为个案,探讨公共服务型政府建设与民生问题之关系,以及推进公共服务型政府建设、改善民生问题的对策。

浙江省是改革开放以来中国社会经济发展增速最快、人均GDP最高的省份之一。截至2008年底,浙江省的GDP为21486.9亿元,其中非公经济占全省生产总值的70%以上;人均GDP从1978年的331元增加到2008年的42214元,按同期汇率计算为6078美元;全省实现财政收入3730亿元,其中地方财政收入1933亿元;城市化水平达到57.6%以上。按照世界银行的衡量标准,浙江省已经处于中等收入国家或地区的水平。可以说,浙江省已经具备建立基本社会保障体系,改善教育、医疗、就业、住房等民生问题的能力。在具体的研究过程中,我们将以英国为参照对象,通过对中英两国收入分配机制的比较,考察和分析浙江省居民生活水平与财政收入的关系及社会保障存在的问题,探讨并提出推进公共服务型政府建设以保障民权、改善民生问题的对策建议。

一、当下中国的民生问题

民生问题在中国是个古老的话题。传统中国的民本政治强调君主和国家统治者要"以民为本",如孟子主张:"民为贵,社稷次之,君为轻。"君主奉"天命"统治天下,承担着爱民、养民和教民的责任,为官者则在其位谋其政,常以民生为念。《左传·宣公十二年》记载:"民生在勤,勤则不匮。"据《辞海》的解释,"民生"的意思就是"人民的生计"①。孙中山曾将民生定义为"人民的生活、社会的生存、国民的生计、群众的生命"②。有学者据此认为,民生问题就是"国民的生活问题"③,其要素主要包括衣、食、住、行等等。随着社会经济发展水平的变化,不同阶段所体现的民生"关键词"也不尽相同。改革开放初期,民生问题主要是人民的温饱问题,因而,其民生"关键词"就是"衣"和"食";经过改革开放三十多年的发展,人民的生活已基本达到小康水平,民生"关键词"变为"住""行"以及新时期出现的一些其他需求,如对社会公平正义、民主法治、社会保障等的政治权利和

---

① 夏征农、陈至立:《辞海》,上海辞书出版社1989年版,第4721页。
② 孙中山:《三民主义》,岳麓书社2002年版,第167页。
③ 郑功成:《民生问题为什么如此重要——郑功成教授在中国人民大学的讲演》,《人大复印资料——社会保障》2005年第1期。

社会权利。要更好地改善民生,保障民权,满足人们不断增长的物质文化需求,必须以平等的教育制度、健全的社会保障体系、合理的收入分配机制以及稳定的就业环境为保障。

当今中国存在的最突出的民生问题,包括以下几个方面:

(1) 就医和药品安全问题。主要表现为医疗资源的配置不均衡,城乡差距大;医疗保障体系不健全,相当多群众靠自费或者大部分自费就医;药品的生产流通秩序混乱,价格过高,并且存在一定的安全隐患。

(2) 就业问题。近几年,我国城镇登记失业率一直在4.0%以上。如果考虑隐性失业人员(即流动的那部分剩余劳动力),将远远不止这个数字,更不用说生活在农村、不在政府登记失业范围内的数亿农民。我国就业、再就业形势的严峻,由此不难推断。

(3) 住房问题。全国大部分城市房价"高烧"不退,普通百姓如何安家成为难题。截至2008年5月,全国房价排名前三位的城市分别是温州、上海和杭州,平均房价分别为17700元/平方米、14099元/平方米以及13338元/平方米,就是排名第二十位的南昌平均房价也超过了5000元/平方米。①

(4) 教育问题。我国教育资源不均衡的现象日益突出,尤其是城乡教育水平的差距不断扩大,教育公平问题亟待解决。另外,国家对教育的投入也极为不足。2007年中国政府教育投入1076亿元,仅占当年GDP的0.44%左右。②

民生问题成为当今社会的突出问题,其根源在于中国经济发展和社会发展的不平衡,而造成这一不平衡的主要原因,则是社会分配机制的不合理,以及公共财政对社会保障的投入严重不足。这一问题的严重性,可从中英两国收入分配机制的比较分析中窥见一斑。

二、收入分配机制:英国与中国的比较

(一) 英国的收入分配机制

英国是世界上最早完成工业革命的国家,同时也是最早出现贫

---

① 数据来源:赶客网,《2008年6月中国城市房价排行》。
② 数据来源:温家宝:《2008年政府工作报告》。

富差距、就业等问题的国家。面对不断激化的社会矛盾,英国政府通过一系列改革,如建立比较完善的个人所得税、社会保障税、遗产税等税收制度,建立社会保障制度、实施义务教育和反贫困措施,使收入分配差距的均衡调节取得了一定的效果,缓解了社会矛盾,并促进了经济的持续稳定发展。

1. 财政投入分配概况

表3-1　1990—1999年英国财政支出结构

(单位:亿英镑)

项目＼年份	1999	1998	1997	1996	1995	1994	1993	1992	1991	1990
总支出	3244	3138	3066	3073	2952	2779	2668	2579	2292	2074
一般公务支出	136	128	112	113	112	105	100	104	96	92
国防	230	230	214	212	216	239	246	255	241	238
公共秩序和安全	113	101	101	98	95	98	94	92	84	72
教育	121	125	130	112	113	132	118	86	76	67
卫生	500	476	447	437	413	387	368	362	325	291
社会福利	1184	1135	1127	1100	1069	869	834	763	666	571
住房和通讯	73	69	73	61	52	55	72	75	78	56
文化娱乐和宗教	9	15	13	12	14	15	14	13	12	9
能源	4	4	6	16	29	4	9	24	23	57
农业	12	12	13	14	8	33	42	28	27	26
工业	5	5	7	7	10	16	12	12	12	10
交通运输	28	21	34	35	43	25	29	55	51	46
其他经济活动	92	89	75	96	86	58	52	50	52	65
其他支出	737	729	714	761	693	618	568	683	573	495

数据来源:中华人民共和国国家统计局:《英国中央政府财政支出(1990—1999年)》。

以上数据表明,1990年到1999年英国财政支出大幅上升,公共秩序和安全、教育、卫生以及社会福利方面的支出占中央财政支出的比例也大幅上升。其中,社会福利方面的支出,1999年比1990年增加近610亿英镑,增长超过了一倍;占中央财政支出的比例,从

27.6%增长到36.5%。国防、一般公务支出、住房和通讯、文化娱乐和宗教方面的支出变化不大,占中央财政支出比重有所下降;而能源、工业、农业和交通运输方面的支出则是缓慢下跌,在中央财政支出结构中的比重不断下降。由此可以发现,20世纪90年代英国第一、第二产业以及能源结构比较稳定,政府基本不需要对其进行扶持和帮助;政府的行政、国防以及文化娱乐和宗教等方面的开支,基本维持在一个稳定的水平,政府结构和体制相对稳定;而公共物品和公共服务提供方面,如社会福利、教育、卫生和公共安全,无论是其绝对开支还是占中央财政支出的相对比例,都有大幅度的提升。政府将公共财政支出的大部分投在了民众身上。以上分析表明,英国已经成为一个社会保障体系比较完善的福利国家,国家财政的重点早已转向公共物品和公共服务的提供上。

2. 国民社会福利和社会保障的财政投入

从图3-1中,我们可以观察到英国政府用于国民社会福利和社会保障方面的开支及历年增长情况。

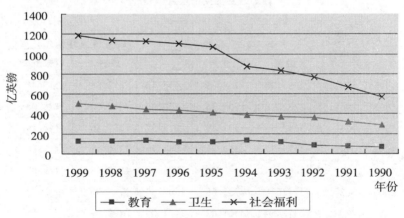

图3-1 1990—1999年英国三项公共服务支出的变化趋势

在英国中央财政支出的项目中,用于社会保障的财政投入大致有三个方面,分别是教育、卫生以及社会福利。1990年,中央财政在这三方面的支出分别是67亿英镑、291亿英镑、571亿英镑,占中央财政支出的3.2%、14%和27.6%。1995年,中央财政在这三方面的支出分别是113亿英镑、413亿英镑和1069亿英镑,占中央财政支出的3.8%、14%和36.2%。1999年,中央财政在这三方面的支出分别是121亿英镑、500亿英镑、1184亿英镑,占中央财政支出的3.7%、15.4%和36.5%。20世纪90年代,英国教育和卫生方面的支出虽然在绝对值上有所提高,但相对比例上保持着一个稳定的水平,而社会福利方面的绝对支出持续提升,相对比例缓慢增长,直到1995年才停滞。其中我们可以发现,英国政府提供公共服务的支出令人惊讶,仅社会福利一项就占了公共财政总支出的三分之一以上,这方面的开支包括各种社会保险、社会救助和专项津贴(见表3-1)。正是国家的大规模财政投入,把国民的生计照顾得相当周到,国家为国民提供的社会福利,涉及各阶层人民生活的方方面面,"从摇篮到墓地",几乎尽皆囊括其中。英国社会保障体系覆盖面之广、福利保障水平之高,由此可见一斑。

(二)中国的收入分配机制

1. 1995—2005年公共财政支出结构

表3-2 中国财政主要支出项目(1995—2005年)

(单位:亿元)

年份	支出合计	经济建设费	文教、科学、卫生费	国防费	行政管理费	抚恤和社会福利救济费
1995	6823.72	2855.78	1467.06	636.72	872.68	115.46
1996	7937.55	3233.78	1704.25	720.06	1040.80	128.03
1997	9233.56	3647.33	1903.59	812.57	1137.16	142.14
1998	10798.18	4179.51	2154.38	934.70	1326.77	171.26
1999	13187.67	5061.46	2408.06	1076.40	1525.68	179.88
2000	15886.50	5748.36	2736.88	1207.54	1787.58	213.03
2001	18902.58	6472.54	3361.02	1442.04	2197.52	266.68
2002	22053.15	6673.70	3979.08	1707.78	2979.42	372.97
2003	24649.95	6912.05	4505.51	1907.87	3437.68	498.82
2004	28486.89	7933.25	5143.65	2200.01	4059.91	563.46
2005			6104.18	2474.96	4835.43	716.39

数据来源:中华人民共和国国家统计局网站,《中国统计年鉴》(2005年、2006年)。其中2005年财政支出合计以及经济建设费的相关数据缺失。

中国国家财政的主要支出项目有经济建设费,文教、科学、卫生支出,抚恤和社会福利救济费,国防支出,行政管理费以及政策性补贴支出等等。其中,经济建设费又包括基本建设支出,增拨企业流动资金,企业挖潜改造资金和科技三项费用,地质勘探资金,工、交、流通部门事业费,支农支出等。根据表3-2可知,1995—2005年间,经济建设支出占中国财政总支出的比例最大,约占30%—40%;用于文教、科学、卫生事业的支出次之;行政管理费用也占了较大一部分,如2003年、2004年其所占比例分别为13.9%和14.3%;而抚恤和社会福利救济费只占总支出的一小部分,甚至不到行政管理费的15%。

2. 财政收入占GDP比重与劳动者报酬占GDP比重的比较

2005年中国财政收入占GDP的17.3%,相比之下,职工工资所占比例仅为10.8%。GDP以年均12.1%左右的速度增长,近几年的财政收入均以大比例增长。尽管从数量上看,每年的职工工资总额和平均水平都在增长,但是其增长的速度远不及GDP和财政收入增长的速度;从比例看,2002—2005年间职工工资占GDP比重呈逐年下降的趋势,与财政收入比重直线上升的趋势形成鲜明对比。

表3-3 财政收入占GDP比重与劳动者报酬占GDP比重的比较(1995—2005年)

年份	国内生产总值(亿元)	财政收入合计(亿元)	财政收入占GDP比重(%)	职工工资总额(亿元)	职工平均工资(元)	职工工资占GDP比重(%)
1995	58478.1	6242.20	10.3	8100	5500	13.9
1996	67884.6	7407.99	10.4	9080	6210	13.4
1997	74462.6	8651.14	11.0	9405	6470	12.6
1998	78345.2	9875.95	11.7	9296	7479	11.9
1999	82067.5	11444.08	12.8	9875	8346	12.0
2000	99214.6	13395.23	13.5	10656	9371	10.7
2001	97314.8	16386.04	14.9	11830	10870	12.2
2002	104790.6	18903.64	15.7	13161	12422	12.6
2003	116741.2	21715.25	16.0	14743	14040	12.6
2004	136584.3	26396.47	16.5	16900	16024	12.4
2005	183867.9	31649.29	17.3	19789	18364	10.8

数据来源:中华人民共和国国家统计局网站,《中国统计年鉴》(2005年、2006年)。

三、民生与社会保障的现状:以浙江省为例

(一)居民生活水平与财政收入的关系

1. 财政收入与社会保障水平

浙江省作为全国经济大省,1995—2005年10年间GDP由3557.55亿元增至13437.85亿元,年均增长14.2%;财政收入从248.5亿元增至2115.36亿元,增长了8—9倍,并且财政收入呈直线增长趋势。相比之下,其社会保障支出虽然有了大幅度的增长,但是从社会保障水平来看,几年来一直介于2.15%—3.07%之间,不仅增长速度大大低于GDP和财政收入的增长,1998年以后甚至还出现了倒退迹象(见表3-4)。

表3-4 1995—2005年浙江省社会保障水平

年份	GDP (亿元)	社会保障支出 (亿元)	财政总收入 (亿元)	GDP增长率 (%)	社会保障水平 (%)	总收入占生产总值的比重(%)
1995	3557.55	104.22	248.5	26.13	2.93	7
1996	4188.53	123.80	291.75	17.08	2.98	7
1997	4686.11	139.62	340.52	10.95	2.98	7.3
1998	5052.62	154.87	401.8	6.87	3.07	8
1999	5446.92	134.05	477.4	6.25	2.46	8.8
2000	6141.03	140.55	658.42	10.64	2.29	10.7
2001	6898.34	178.21	917.76	10.52	2.58	13.3
2002	8003.67	213.15	1166.58	9.74	2.67	14.6
2003	9705.02	253.80	1468.89	12.87	2.62	15.1
2004	11648.70	275.70	1805.16	17.71	2.37	15.5
2005	13437.85	288.51	2115.36	14.52	2.15	15.7

数据来源:浙江统计信息网、浙江统计局网站,《浙江统计年鉴》。

2. 财政收入与人均收入

近年来浙江省在社会保障上的财政投入虽逐年增加,但是其占

财政支出比重却呈现下降趋势。这从一个角度反映出浙江省居民生活水平与财政收入呈非正相关关系。下面,我们将通过比较财政收入与人均收入的关系,进一步考察浙江省居民生活水平与财政收入的关系。

表3-5 浙江省全省生产总值和人均收入情况统计(1995—2005年)

年份	全省生产总值(亿元)	财政总收入(亿元)	城镇居民人均可支配收入(元)	农村居民人均纯收入(元)	城镇居民人均可支配收入增长(上年=100)	农村居民人均纯收入增长(上年=100)
1995	3557.55	248.5	6221	2966	105	105.3
1996	4188.11	291.75	6956	3463	101.8	106.1
1997	4686.11	340.52	7359	3684	101.6	103.8
1998	5052.62	401.8	7837	3815	105.3	104.7
1999	5443.92	477.4	8428	3948	108	105.6
2000	6141.03	658.42	9279	4254	109.1	107.8
2001	6898.34	917.76	10465	4582	113.3	106.9
2002	8003.67	1166.58	11716	4940	113.4	108.4
2003	9705.02	1468.89	13180	5431	111.9	107.8
2004	11648.70	1805.16	14546	6096	107.4	107.4
2005	13437.85	2115.36	16294	6660	110.4	106.4

数据来源:1995—2005年《浙江统计年鉴》。

从表3-5可以看出,1995年至2005年,浙江省城镇居民人均可支配收入从6221元增长至16294元,年均增长10.1%;农村居民人均纯收入由2966元增至6660元,年均增长8.4%。这期间的财政收入增长率及GDP年均增长率分别为14.2%和23.9%,大大超出了居民人均收入的增长速度。如果扣除物价上涨因素,居民人均收入实际增长将更低。另外,从表5中我们可以看出,城镇居民收入明显高于农村居民;并且自1998年以来,城镇居民人均收入的增长速度大大超过农村居民的人均收入增长速度。如果考虑到城镇居民人均收入起点本来就比较高,城乡之间的差距呈现出不断扩大的趋势。

由此可见,浙江省一般居民的生活水平并没有随着经济发展及财政收入的增加,而获得相应的增速。通过以上数据分析,可以得出如下结论:第一,浙江省社会保障水平与其经济发展水平不相称;第二,居民人均收入的增速低于政府财政收入的增速,结合物价等因素,在人均收入增长的情况下,一般居民生活水平的提高并没有达到人均GDP和财政收入的增速;第三,在经济发展、政府财政收入增加的情况下,社会贫富差距反而扩大了;第四,社会保障体系的不完善以及政府对民生项目投入的不足,是民生问题改善不力的重要原因。

(二) 社会保障体系与公共服务型政府建设

从世界工业化国家的社会保障体系的发展实践看,欧美大多数国家普遍都是从二战后开始建构社会保障制度,经过20年的发展和完善,到20世纪70年代进入福利国家的行列。在这一过程中,西方各国的经济发展水平不断提升。以美国为例,按1996年价格计算的人均GDP,1950年人均GDP 1950美元;1960年人均GDP 2935美元;1970年人均GDP 5100美元。2004年浙江省GDP突破1万亿元大关,2007年浙江省人均GDP达到5000美元。根据这几年世界银行的发展报告,人均GDP 3000美元是进入中等收入国家或地区的门槛。发达国家在经济发展的同时,及时建立和完善了社会保障体系,例如英国在20世纪40年代就建立了包括医疗、养老、失业和工伤保险在内的全民社会福利制度,社会保障支出总额在1949—1950财政年度为103亿英镑,占GNP的4.7%;1979—1980年度(同前)支出总额增加到449亿英镑,占GNP的9%。而这还不包括社会保障系统之外的其他公共福利支出。可以说,浙江省在经济上已经达到发达国家70年代的水平,但社会保障体系尚处于英法等国三四十年代的水平。浙江省社会保障体系的建设进程已经明显滞后了。

首先,是社会保障体系建设不平衡。浙江省实行国家组织的基本保障、企业补充保险和个人储蓄保险相结合的社会保障制度。目前主要靠企业补充保险和个人储蓄保险。由于不同企业的效益不同,个人收入也存在巨大差距,因而社会保障的水平呈现不平衡状态。当前我国还没有出台统一的机关事业单位养老保险,因而,各地区都是根据本地实际情况来实行相关的缴费比例、缴费方式等等,导致地区发展不平衡,城乡差距尤为明显。如2006年浙江省企业退休人员平均基本养老金为1080元/月,仅为事业单位退休人员退休费的49.9%。①

其次,是社会保障的覆盖面不够广。社会保障目前仅仅覆盖到部分城镇劳动人口,还有部分城镇劳动人口、绝大部分农村人口没有覆盖。如2006年末,全省基本医疗保险参保人数为731万人;失业保险参保504万人;工伤保险参保604万人,而浙江省常住人口为4980万人,可见参保率是极低的。同时,该年全省企业职工基本养老保险参保人数仅占二、三产业从业人员总数的30%不到,丽水市甚至不到20%。②

社会保障体系建设滞后,与公共服务型政府建设滞后有直接的关系。从发达国家的现代化进程看,当一国的人均GDP达到1000美元之前,其经济增长主要是由产权保护、市场竞争、产业进步三者构成的传统经济增长方式,政府的作用是为市场经济秩序的运行提供产权保护机制,促进市场竞争,公共服务的作用主要是辅助性的、基础性的,经济增长的动力主要来自经济利润的刺激;人均GDP达到1000美元之后,经济增长的机制发生了重要转变,即转变为由人力资源投资、社会保障、技术创新三者构成的现代经济增长方式,这一时期,现代公共服务是经济增长的根本保证。公共服务是实现人的基本权利、稳定社会、提高人民生活和满意度等的基础与核心。③浙江省人均GDP已达到5000多美元,因而,现阶段,政府应大力加强社会保障和公共服务建设。事实上,浙江省政府公共服务的水平还达不到这一经济发展水平的要求,公共服务型政府建设滞后。具体表现为:

第一,社会经济尚未完成从政府主导向市场主导的结构转型,政府错位、越位等现象一定程度上还存在。第二,公共服务水平和效率

---

① 陈荣华:《浙江省社会保障体系建设分析与对策研究》,《中共浙江省委党校学报》2008年第1期。
② 金汝斌:《浙江统计年鉴(2007)》,中国统计出版社2007年版,第80、604页。
③ 参见李军鹏:《公共服务型政府建设指南》,中共党史出版社2006年版,第67页。唐铁汉等:《国外政府公共服务的做法、经验教训与启示》,《国家行政学院学报》2004年第5期。

有待提高。城乡一体化的医疗卫生服务体系还未建成,人民群众多层次多样化的医疗卫生服务需求还未得到满足,卫生公平性、可及性和反应性尚待提高;就业结构性矛盾还未得到根本性的扭转;经济增长的资源、环境压力不断扩大。第三,公共服务体制发展的不平衡问题。主要表现为两个不平衡:一是地区之间的不平衡,除了杭州、宁波、温州等地,浙江其他地区的公共服务体制仍然不够健全,政府统管的现象还普遍存在,直接导致了大量社会资源的浪费、公共服务成本的提高、政府公共服务和社会管理效率的低下。二是城乡之间的不平衡,主要是城乡公共物品的分配不均匀,城乡之间公共服务不均等问题极为突出。

因此,今后一段时期,浙江省政府应根据自身服务型政府建设的现状、存在的不足及其原因,积极探索与浙江省经济社会发展现状和浙江省文化传统相符合的公共服务型政府建设的基本路径,完善社会保障体系。

(三) 当前民生问题突出的原因分析

1. 财政支出的结构极不合理

(1) 民生支出与国外相比差距还很大。

长期以来,民生支出偏低是中国财政分配机制的一大不足,浙江省也是如此。如 2006 年,全省财政用于教育的支出(其中教育事业费支出 269 亿元,教育费附加支出 30.6 亿元)占同期 GDP 比重不到 2.5%。据 2007 年中国青少年研究中心发布的《"十五"期间中国青年发展状况与"十一五"期间中国青年发展趋势研究报告》,我国政府公共教育经费占 GDP 的比重严重偏低。我国政府公共教育经费包括各级财政对教育的拨款、城乡教育费附加、企业办中小学支出以及校办产业减免税等项。1993 年《中国教育改革和发展纲要》提出,到 2000 年时,我国政府公共教育经费占 GDP 的比重要达到 4% 的战略发展目标。然而,直到 2004 年,这一比例仍然只有 2.79%;"十五"(2000—2005 年)期间,政府公共教育经费占 GDP 的比重,始终在 2.8%—3.3% 之间徘徊。而目前世界上的平均水平为 7% 左右,其中发达国家达到了 9% 左右,经济欠发达的国家也达到了 4.1%。

（2）行政管理费用支出比重过大。

目前浙江省的财政支出结构中,行政管理支出占财政支出比重过大。2005年浙江省行政管理费支出141.9亿元,占财政总支出的11.2%,而在1997年,该项支出只占8.8%的比重。在欧美等发达国家,该项比重随着经济社会的发展不断下降。如英国1990—1999年的财政支出中,一般公务支出从4.4%下降到4.2%,且基本趋向平衡(见表3-1)。

2. 公共财政对社会保障的投入严重不足

按照世界银行的衡量标准,浙江省已经处于中等收入国家或地区的水平,政府财政收入也已具备改善民生的能力。各级政府理应加大财政投入,加快完善社会保障体系,解决就业、住房以及就医和药品安全等民生问题。然而,目前用于一般民众的社会保障,包括养老、失业、医疗保险等,主要还是靠企业和个人储蓄,公共财政对社会保障的投入严重不足。由于经济水平存在地区差异和城乡差异,社会保障在不同地区发展极不平衡,城乡差距尤为明显。

四、对策建议

改善民生,保障民权,是执政党和政府的基本责任。中共十六届六中全会提出,到2020年,构建社会主义和谐社会的目标和主要任务是:完善民主法制;缩小城乡、区域发展差距;改善就业,基本建立覆盖城乡居民的社会保障体系;完善基本公共服务体系,提高政府管理和服务水平;提高全民族的思想道德素质、科学文化素质和健康素质;提高创新能力和资源利用率,改善生态环境等等。民生问题的解决与和谐社会建设息息相关,是和谐社会建设的目标和主要任务之一。社会主义和谐社会建设的成效,很大程度上取决于民生问题能否得到明确改善,取决于惠及全民的城乡一体化社会保障体系的建设。因此,改善民生,解决一般民众的就业、住房、教育等老大难问题,缩小城乡差距和区域发展差距,必须坚持和谐社会建设的目标,加快推进公共服务型政府的建设。

一是调整收入分配结构。在贫富两极分化、社会不平等日益严重的当下,改善民生的关键措施在于调整收入分配。同时,在保证经济持续稳定增长的基础上,各级政府必须加大公共物品和服务的投入,提高社保水平和福利水平,从社会长远利益出发,建立健全以提供公共服务为主的财政体制。首先,理顺分配关系,提高低收入者收入,调节过高收入,建立职工工资正常增长机制,逐步缩小贫富差距;其次,调整和优化政府公共服务结构,明确区分直接为市场发展、经济增长服务的财政支出和公共性的公共服务支出;减少非公共性财政投入,加大在社会公共需要的非竞争性领域的财政投入,将财政支出主要用于社会保障、科教文卫、公共安全和基础设施建设等方面,真正将经济建设型财政转变为公共服务型财政。

二是将民生投入放在公共财政支出的第一位次。民生的改善在很大程度上属于社会再分配范围内的事情。所以,公共投入优先顺序的合理安排对于改善民生、保障民权具有至关重要和最直接的意义,浙江省的民生支出严重偏低。从长远利益看,要改善民生问题,促进社会稳定持续发展,浙江省政府必须将民生投入放在公共财政支出的首要位置,这里面涉及一个公共投入的排序问题。吴忠民认为,公共投入安排优先顺序有三条依据:第一,公共投入的主要职能是满足民众的需要;第二,民众的需要分为不同层面,有基础层面的需要、一般层面的需要和高层面的需要;第三,就公共投入对于民众不同层面需求的满足,其顺序应当是由低到高、梯度型地予以满足,即先满足民众基础层面的需要,再满足一般层面的需要,最后满足高层面的需要。因此,"就公共投入的优先顺序而言,应当以民生问题为优先,应当把民生问题作为最基本的着眼点"[①]。

三是控制行政成本,建设节约型政府。居高不下的行政管理成本是浙江省政府收入分配不合理的一个重要原因。建设节约型政府必须做到以下几点:第一,深化行政体制改革。从现实情况看,各级政府的行政成本居高不下,公款吃喝、公务用车和公费出国等"三公经费"的浪费是最大的浪费。行政管理体制改革的核心内涵是从"部门行政"向"公共行政"转型。这就要求大力推进政府管理创新,强调政府部门之间通力合作,以降低行政成本,实现"廉价政府"。第

---

① 吴忠民:《改善民生的有效途径》,《北京观察》2008年第2期。

二,转变政府理念,由管制型政府转向公共服务型政府。注重培养政府官员的管理成本意识和节约观念,真正建设一个廉洁、透明、公平公正的公共服务型政府。第三,完善相关政策和制度安排,对政府行政收支加强监管。如,制定出台"官员职务消费标准",建立节能奖惩制度;建立政府采购制度,降低政府采购成本;强化人大对政府及所有公共部门的监督。

四是建立和完善城乡一体化的社会保障体系。社会保障体系应当惠及全体民众,必须做到广覆盖和有实效。它应当覆盖到全体社会成员,包括农村居民,而不只是党政机关、事业单位和城市居民。这个全覆盖的社会保障体系建设至少包括以下两方面的内容:一方面,建立并逐步完善城乡居民基本养老、最低生活保障和住房保障制度;建立和完善基本医疗卫生制度,建立城乡一体化的医疗服务体系、公共卫生和药品保障体系以及全民健身服务体系,使全省尤其是农村地区人民健康有所保障;另一方面,国家应加快民生和社会保障的相关立法,建立并不断完善与之相应的监督、执行机制,以确保社会保障体系的公平、公正和有效。

当前,经济发展与社会发展的不平衡,包括收入分配不公,贫富两极分化,以及城乡差异、地区差异等,导致了社会矛盾的不断激化。教育、就医、住房及社会保障等民生问题已成为普通民众难以承受之重的新的"大山"。浙江省是我国经济大省,经过改革开放三十多年的发展,浙江经济的发展水平已达到中等发达国家或地区的水平。同时,浙江省也是国内较早探索并推进公共服务型政府建设的省份之一。浙江各级政府在提高国民社会福利、改善民生方面理应走在全国前列。因此,浙江省应根据其经济社会发展的现状,吸取欧美等国家的经验和教训,积极推进公共服务型政府建设,努力改善民生,完善社会保障体系,使人民"学有所教、劳有所得、病有所医、老有所养、住有所居",让每一个社会阶层的成员都能分享到改革开放和经济高速增长的红利。

进城劳工阶层的现状、问题与对策[①]

——以浙江省为个案的调查研究

  与中国改革开放和现代化进程相伴而生的进城劳工问题,是一个关系到社会稳定与社会公正的大问题。中国社会将长期处于转型期的特点,决定了解决这一问题的长期性与艰巨性。通过对中国民营经济最发达、外来人口流入最多的省份之一浙江省的个案调查,我们发现,进城劳工在就业、合法权益维护、社会保障、生活质量、子女就学等方面问题突出,这些问题能否得到妥善解决,不仅直接关系到社会的稳定、经济的可持续发展,而且也是全面实现社会公正、建设一个文明健康的现代社会的基本前提。我们认为,执政党和政府应该把进城劳工问题当做解决"三农"问题的主要抓手,将进城劳工问题纳入法制化轨道,全面清理和取消针对进城劳工的歧视性法律、法规和政策;革除现行劳工管理的体制性弊端,加快劳工管理和服务体制的制度创新,为劳工提供就业服务、仲裁协调劳资关系、维护劳工的权益,制定《劳工法》,修改《工会法》,逐步落实进城劳工的国民待遇,从根本上解决进城劳工和相关的社会问题。

---

  ① 本文主要内容曾刊于《浙江学刊》2004年第1期,作者陈剩勇、颜江伟、傅炎平等。本文讨论的"进城劳工",就是我们的社会通常名之为"农民工"或"民工"的那个社会群体(或阶层)。我们认为,"农民工"或"民工"是一个对进城务工的农村居民含有地域性和身份性双重歧视的称谓,是计划经济时代城乡二元结构体制和观念的残余物。实际上,这个庞大群体中的绝大多数已经告别土地,长年在城市或乡镇的各类工商企业从事着工人的职业,是转型期中国社会出现的新一代工人阶级。因此,我们用"进城劳工"这一较为中性的名词取代"农民工"或"民工"的称谓。

一、进城劳工：一个期盼公正的社会阶层

随着改革开放和工业化、城市化进程的高速推进，我国的社会阶层发生了巨大的变化，其中两个全新的社会阶层的崛起尤为引人注目：一个是民营企业主阶层，一个是从农村进入城镇打工的劳工阶层。从人数上看，温家宝总理在上任后第一次记者招待会上公布的数字，中国的劳动力有7.4亿人，每年新增劳动力1000万人；中国13亿人口有9亿农民，进城的农民工一般保持在1.2亿人。与两个阶层在人数上的巨大差异共存的是两者社会地位和现实处境的巨大反差：民营企业主阶层以其巨大的财富力量挤进了中国政治舞台，并逐渐拥有了初步的参政议政权和相对强势的话语权。以今年的两会为例，参加全国两会的代表和委员中就有65名非公有制企业的富人、老板。与此形成鲜明对照的是，进城劳工阶层除了凭借自身廉价的劳动力为城市现代化建设贡献汗水和青春之外，其社会地位和社会影响力却非常低微。这个阶层也同样为中国的城市化、工业化作出了巨大的贡献。一方面，他们为二、三产业的发展提供了低成本的劳动力，增强了中国产品在世界上的竞争力；另一方面，进城劳工阶层将他们在城市里赚到的工资和学到的技术反向输入农村，其中的一部分农村精英从城市返回乡村，兴办各类企业，为农村经济的发展作出了巨大的贡献。但是，由于众所周知的原因，劳工阶层从诞生开始便决定了他们是一个需要关注与救助的弱势群体。他们游离于城市的边缘，是城市的边缘群体；生活在社会的底层，生活质量低劣。他们不论流落到哪里，都是城市或工作所在地主流社会的"陌生人"或"外来客"，不仅遭遇到一般城里人的冷眼和歧视，而且经常受到地方政府官员、公安、城管和社区管理人员的不公正对待。因此，中国社会转型期的进城劳工问题，已经不仅仅是简单的农民就业问题，而是一个关乎社会稳定、关乎社会公正的大问题。

进城劳工问题在我国的出现有历史的必然性。从发达国家的历史经验来看，工业化、城市化和大批农民与小资本家、手工业者的破产、进城寻找出路并成为雇佣工人往往同步发生。中国是世界上最大的发展中国家，拥有世界上最庞大的人口数量，而农民又在所有人口中占据了大多数。要实现国家的工业化、城市化就意味着将有接近一半的农民成为城市人。有关调查显示,"九五"期间,我国从农村向城镇转移的人口已超过 1 亿人。① 根据全面小康指标,到 2020 年我国城镇化率要达到 56%,这就意味着今后每年要有 1300 万农民进入城镇。专家们预测,今后 10 年我国从农村转移到城镇的人口总量将达到 1.76 亿人,这一数字将在今后 20 年里超过 3 亿。② 要确保这一庞大的进城劳工队伍的就业,进而使他们与城市居民共同安居乐业,其难度之大,可想而知。

浙江省是我国民营经济最发达、市场发育最早的省份之一,改革开放以来,在温州、台州、义乌等地个体、私营和民营经济大发展的带动下,全省社会经济呈现持续高速发展的局面,发达的民营经济吸纳了成千上万来自经济欠发达地区的外来劳工。随着近年来全省城市化进程带来的基础设施建设和旧城改造力度的加大,对一般劳动力的需求进一步增加,这一切决定了浙江省成为全国外来劳工集中流入最多的省份之一。据统计,2002 年流入浙江省打工的民工数量比 2001 年同期增长 9.1%。③ 随着进城劳工队伍的不断扩大,相关问题也接连暴露出来:劳工的生活质量极其低劣,面向劳工的社会保障机制严重滞后,劳工的合法权益得不到应有保护,各地城市为保护当地下岗、失业人员的利益而普遍设置了歧视性的就业政策,等等,使进城劳工始终生活在"边缘化"的生存空间,在政治、经济和社会上都处于一种弱势地位。这种生存状况和弱势地位深刻地影响着进城劳工的行为方式,如果任其发展而不加以妥善解决,势必导致社会矛盾的不断激化,甚至引发影响社会稳定的突发性事件的频繁发生。2000 年 11 月浙江省发生的"诸暨李字"事件,即诸暨市李字蚊香厂私营企业主侵犯劳工权益而激起上千名外来打工者在浙赣线铁路集体坐轨

---

① 杨步月:《农民进城大势所趋,未来 10 年将达 1.76 亿 20 年超过 3 亿》,搜狐网,http://news.sohu.com/32/49/news147744932.shtml,2014 年 4 月 30 日查询。

② 杨步月:《预计今后 10 年我国从农村转移到城镇的人口总量将达到 1.76 亿》,新华网,http://news.xinhuanet.com/fortune/2002-01/24/content_252649.htm,2014 年 4 月 30 日查询。

③ 数据来源:浙江省劳动厅:《浙江省 2001 年春运期间组织民工有序流动工作总结》。

抗议示威,就是这类突发性事件中的典型案例。由此可见,进城劳工问题是一个关系到社会发展大局的大问题,是中央政府必须直面并加快予以妥善解决的老大难问题。

中国作为世界上最大的发展中国家,实现现代化、工业化和城市化进程的长期性,以及计划经济时代形成的城市与农村的二元结构,决定了解决进城劳工问题的艰巨性、复杂性和长期性。鉴于解决进城劳工问题的急迫性及其社会意义,从2002年5月开始,浙江大学政治学与行政管理系会同"九三学社"浙江省委开展了一项名为"浙江省民工问题现状与对策研究"的课题研究。课题组在全省范围内选择了几个具有典型意义的地区进行了一次调查活动,本文的相关数据以及从这些数据得出的一些想法,都是建立在此次实地调查的基础之上的。我们认为,浙江省进城劳工的问题在全国范围内都具有一定的典型意义。作为全国民营经济最发达的省份之一,浙江省理应推进制度创新,在解决进城劳工问题上先行一步,相信这种创新对其他省市也具有一定的借鉴作用。

二、现状与问题:对浙江省进城劳工阶层现状的调查

本次调查采用以问卷调查法为主,座谈法、个案访谈法为辅的调查方法,问卷设计过程中经历了两次小规模的问卷试测,以便于问卷的修改与完善。调查样本为浙江省6个在民工问题上具有典型性的城市,即经济相对发达、民工相对集中且对民工流动实施重点监控的杭州、宁波、温州、嘉兴、绍兴、金华等市县。2002年5月17日至5月28日,主要为问卷的完善期,期间在5月22日还召开了专题座谈会,与会者包括浙江省就业局、统计局、劳动与社会保障局的相关负责人。从6月19日到7月初,课题组以杭州市区为中心对周边城市一些民工较为集中的工地、企业、农贸市场作实地调研,获得各种访谈记录、文字材料20余万字;同时,在浙江省杭州、宁波、温州、嘉兴、绍兴、金华等6个民工流动监控城市开展问卷调查,通过现场发放、邮寄投放等途径,发放问卷900份,回收759份,有效回收率84.3%;问卷回收后,经过分类、编码并输入计算机,采用SPSS 11.0专用统计软件对数据进行统计处理分析。通过对上述问卷统计数据和相关调

查资料的分析与研究,我们认为,当前进城劳工阶层中普遍存在以下几个方面的主要问题:

1. 文化程度低、技术水平低,是进城劳工群体在城市就业的自身缺陷

据劳动和社会保障部有关调查显示,随着市场经济的快速发展,企业对劳工的文化程度和技术水平的要求越来越高。近年来,浙江各地企业对使用民工的文化、技术素质提出了明确的要求。在文化水平方面,90%以上的岗位要求具有初中以上文化程度,其中20%以上的岗位需要高中以上文化程度。技术水平方面,80%的岗位需要达到初级工以上的水平,81%的岗位需要熟练工人。但据我们调查统计,在进城劳工群体中,大学及大学以上学历者只占6.0%,高中、中专及同等学历占24.5%,初中占52.7%,小学及小学以下占16.8%(见图3-2)。

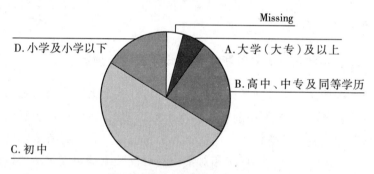

图3-2 民工文化程度统计状况

虽然有些进城劳工掌握了一些简单的职业技能,但绝大多数没有职业资格证书。因此,劳工本身的文化素质、技能水平是造成其就业困难的主要因素。当前,我国城镇有大量的国有和集体企业下岗职工、失业人员,就业形势本已不容乐观,进城劳工要长期面对我国严峻的就业形势和加入WTO后国际对就业岗位竞争的大环境。在我们的调查中,外来劳工平均年龄为30.6岁,大多吃着"青春体力"饭,在劳动力市场中处于弱势地位,缺乏竞争力。为了生存,他们往往只能填补城市"剩余"的高劳动强度的就业岗位,如建筑业、服装业、餐饮娱乐业、家政服务业等。在对"影响个人生活最大的三个问

题是什么"和"影响您就业的最大障碍是什么"的多项选择调查中，"就业"和"文化程度、技术水平低"分别成为其首选的问题。这一结果表明进城劳工自身对此有深切感受。

2. 进城劳工合法权益遭受侵害的现象较为普遍

生活条件差、工作时间长、劳动强度大、劳动合同签订率低、社会保险覆盖面小，特别是拖欠工资严重，是多数劳工遭遇到的问题。而缺乏劳动保护、工作环境恶劣、签订不平等"生死合同"是少数用工方损害民工权益的另一种表现。对外来劳工的调查结果显示，有67.5%的人不同程度地遭遇过"所在单位不给自己交保险、提高工作强度却没有提高相应的报酬、被企业拖欠或克扣工资、所在单位没有与自己签订合同、工伤得不到保障"。近年来，劳工权益受侵害事件呈上升趋势。据浙江省劳动监察大队提供的数据显示，去年涉及民工投诉的案件占受理投诉案件总数的90%，通过该省劳动监察大队追回拖欠、克扣的劳工工资共8000万元。其中，最严重的行业是建筑业；查出企业非法雇用童工474人。

提问：您曾经遭受过哪些不公正的遭遇？
A. 拖欠、克扣工资　　　　　　　　　　　　　19.8%
B. 无端遭到（企业主或包工头的）辱骂、殴打　　4.5%
C. 提高工作强度而没有相应提高报酬　　　　　31.9%
D. 工伤得不到应有的保障　　　　　　　　　　6.2%
E. 和当地人发生纠纷，管理部门仲裁不公　　　10.4%
F. 所在单位没有给自己交保险　　　　　　　　13.9%
G. 所在单位没有和自己签合同　　　　　　　　6.0%
H. 其他　　　　　　　　　　　　　　　　　　7.3%

令人可喜的是，在回答我们"当你遭遇不公正对待时，你采取什么途径解决？"的问题时，多达35.4%的进城劳工选择"运用法律手段（包括求助于法律援助中心）"予以解决，进城劳工阶层的法治意识之强，多少有些出人意料。当然，还有占35.7%的进城劳工选择了忍耐。通过个别访谈、问卷调查了解到，有9.8%的劳工选择"找工会、找妇联"的途径解决问题，有5.4%的人试图寻求新闻媒体的帮助。

但是,也还有2.8%的人表示要通过"打击报复"的途径来解决。这种情况并非浙江省特有,凡有外来劳工的地方都普遍存在。劳工的合法权益长期得不到维护,给社会秩序和社会稳定埋下了重大隐患。

3. 进城劳工生活困苦,大多数人缺乏基本的社会保障

进城劳工从事的多是条件最差、负荷最重的劳动,不少劳工超时工作,一人承担几份活,但其收入较低。调查结果显示,浙江省外来劳工月收入600元以下的占36.2%,601—1100元的占45.4%,1101—1500元的占12.5%,1501元及以上的只占5.9%;从他们的消费结构看,收入的71.6%用于吃,其他还要租房、抚养子女并供子女入学、赡养老人等等,平时没有什么娱乐活动,业余生活枯燥。96.5%的劳工居住在集体宿舍、私人出租房和临时工棚里。

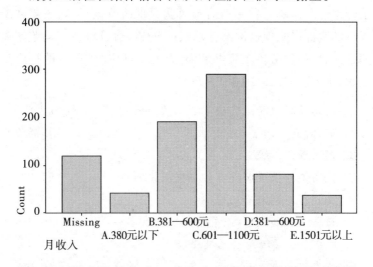

参加社会保险是外来劳工获取生活保障权益的基础条件。目前,外来劳工中的大多数仍然游离于社保的安全网之外。外来劳工在城市或打工所在地的社保,目前涵盖的主要是已经进入非公有制企业打工的那部分人,在市、县一级按照企业、劳工个人各交一部分,政府承担一点的方式实施。但现实的情况是,对于企业主一方来说,为劳工投保势必要增加企业的成本投入,因而不愿实施社保措施;而对于劳工一方来说,由于他们工作的流动性大、工作场所不固定,再加上各地社保的政策不统一,使已经甲地参保的劳工,一旦离开甲地

到乙地打工,便无法将他在甲地投保的那个社保份额转移到乙地或劳工的原籍所在地,这就导致劳工方也不愿在打工地掏钱投保,而没有更长远打算,参保积极性不高。凡此种种,造成了非公有制企业主和劳工双方都缺乏参保积极性的尴尬现象。调查发现,有39.6%的人认为没有参保的原因是"所在单位不给自己交保险"。实际上,即使企业为劳工交了保险,也存在操作中的规范问题,很多没有能落到民工个人账户。外来劳工由于经济拮据,又没能参加保险,特别是医疗保险、工伤保险,所以常常因付不起医疗费用而"走单",成为医院的"头疼病"。劳工们最大的生活逻辑是"要生存"。我们调查中遇到有劳工这样说:"遇到没钱,不去偷、不去抢,怎么生活?"外来劳工生活缺乏最低限度保障的状况,必须引起各级政府的高度重视。这个问题能否加以妥善解决,直接关系到社会的稳定。

4. 外来劳工子女在工作所在地就学难

有数据显示,我国现有流动人口1.2亿人,其中,"农村民工的学龄子女估计有240万至360万。北京、上海、深圳各有20余万"①。他们目前的就学现状有三种:一是完全辍学;二是在流入地公办全日制学校借读,但借读费较高,有的在评"三好生"等方面还遭受不公平待遇;三是在"民工子弟学校"上学,但其教学质量难以保证,有的还存在卫生、安全隐患。从全国范围来看,外来劳工子女就学难是一个亟待解决的社会问题。据不完全统计,在北京的300万流动人口中,6—14岁儿童占3.6%,达10万余人,而其入学率仅为12.5%,还有87.5%的儿童被排斥在学校之外。在浙江,据我们设置的"您的子女在哪里上学"一栏统计,进城劳工的子女有4.9%完全辍学;7.3%在流入地公办学校就读;81.6%的外来劳工的子女选择在原籍所在地上学(见表3-6)。

---

① 周晓曲:《郑惠强代表:关注流动人口子女教育问题》,《光明日报》2003年3月18日,两会特刊。

表 3-6 提问：您的子女在哪里上学？

	Frequency	Percent	Valid Percent
Valid A. 工作所在地的公办学校	27	3.6	7.3
B. 工作所在地的民办学校	23	3.0	6.2
C. 在老家上学	302	39.8	81.6
D. 失学	18	2.4	4.9
Total	370	48.7	100.0
Missing	System	389	51.3
Total	759	100.0	

这从一个侧面反映出目前进城劳工子女就学困难问题。劳工子女教育问题实际上是涉及我国城乡分割的义务教育体制问题。进城劳工在农村缴纳了教育附加费，但这部分费用并没有根据其就业流向划转，他们打工所在地的城市财政体制在义务教育支出中没有包含进城劳工子女的教育经费。再加上目前的教育统计仍以"户籍人口"作为口径，其评价体系势必影响具体行为。这等于说在我国目前的义务教育体制中出现了一个真空地带，它的实际受害者是进城劳工的下一代。需要引起注意的是，城市教育对外来打工者子女的排拒，势必进一步加剧城乡之间的对立、深化社会断层鸿沟，并对进城劳工子女的心理状态造成直接的负面影响。他们与父辈的经历和期望不同，其中的大多数人或出生或自幼随父母进城并在城市里长大，却因为城乡二元结构的制度安排而从一开始就被城市抛到了社会的边缘，他们内心感受到的是强烈的不平等；如果不能接受正规有效的教育，他们很可能会产生对整个社会的抵触和仇视情绪，进而发展成为影响社会安定的因素。

5. 进城劳工普遍遭遇城市主流社会的歧视和偏见

大量农民进城，使得二元社会结构下形成的居民与农民两个不同的群体第一次在城市空间进行大规模的面对面接触，难免产生摩擦与碰撞。国家在计划经济时代赋予城市居民与农村居民国民待遇时的厚此薄彼，造成了长期以来农民一直处于被剥夺、被歧视（城乡歧视)的不利地位;国家在具体事务中始终把农民当做"二等公民"对待的观念和行为方式,使得在计划体制下处于优势的城市居民群体,对外来劳工怀有一种天生的偏见与歧视。改革开放以来,特别是随着市场经济的发展和民营企业主阶层的崛起,城市居民对乡村农民的天然优越感虽然有所淡化,但城乡二元结构下形成的对外来劳工的种种制度性歧视根深蒂固。客观上使得进城劳工在求职、生活、交往、教育、就业和社会保障等各个方面,依然难免事实上的二等公民的地位。平常市民对劳工的歧视,使他们在心理上遭受到巨大的压力;身居都市的"边缘化"生存状态,往往容易使他们萌生对城市文明和城里人的反感情绪,这种情绪从积累到宣泄,也构成了城市不稳定的根源。因此,劳工需要社会认可和人文关怀。

6. 劳工在城市或打工所在地无法正常行使其政治权利

调查显示,目前,外地劳工游离于城乡之间,他们中的大多数往往被排斥在城市的政治生活之外,难以正常行使其拥有的公民政治权利。在我们提出的关于"您希望在打工所在地正常地行使自己的政治权利吗?"的问卷调查中,有81.7%的人表达了自己对能够在工作所在地行使政治权利的愿望,进城劳工政治参与的热情和积极性之高,实在出乎我们的意料(见表3-7)。

表3-7 提问:您希望在打工所在地正常地行使自己的政治权利吗?

	Frequency	Percent	Valid Percent
Valid A. 想	545	71.8	81.7
B. 不想	28	3.7	4.2
C. 无所谓	94	12.4	14.1
Total	667	87.9	100.0
Missing System	92	12.1	
Total	759	100.0	

需要指出的是,在浙江,一些地方政府敏锐地观察到了外来劳工的这种政治诉求,并且认识到满足这一诉求对于促进当地社会经济发展的重要意义。因此,早在2001年12月12日,浙江省义乌市大

陈镇人大换届时,就有7名来自不同省份的外来打工者被选为这个镇的人大代表①,成为浙江省第一个从暂住人口中直接选举产生乡镇人大代表的乡镇。从全国的情况看,外来打工者被选为人大代表,义乌市大陈镇的做法也属首例。此后,这一做法被浙江省其他许多地区所效法,有越来越多的外来打工者被推选为基层的人大代表或政协委员。

三、进城劳工的困境:现存问题的原因分析

进城劳工阶层面临的问题和困境,除了自身存在文化素养和技术素质较低等因素之外,建国以来针对农民、农业和农村问题而构筑起来的现行制度安排,无疑是导致进城劳工难以融入城市主流社会和现代文明的主要制度性障碍。经过二十多年的改革开放,这种制度性障碍虽然有所突破,但是,建立在城乡二元结构基础之上的户籍制度、只面向城市居民的传统的社会保障制度等等,并没有及时加以清除和改革,从而在现实中阻碍了进城劳工享受宪法赋予的各种政治权利、经济权利和社会权利的机会。此外,城市化落后于工业化、改革推进速度和地区之间的不平衡等体制性弊端与发展带来的种种问题,直接造成了进城劳工阶层的生存困境。

1. 城乡二元结构的制度缺陷,是造成进城劳工社会困境的根本原因

农业人口在非农化过程中产生的种种社会问题,是任何一个国家工业化过程中都存在的问题。但相比较而言,由于中国社会具有典型的城乡二元结构,特别是农业与非农业两种不同户口的身份划分造成的城乡隔绝与城乡差别,使得广大农民在进城之初,就遭遇身份歧视、基本权益得不到维护和保障、子女的受教育状况恶劣等难题。应该说,经过二十多年的改革开放,中国社会已经发生了深刻的变迁,但是城乡二元结构依然存在并始终对我国社会的工业化、现代化、城市化进程造成巨大而深远的影响。虽然从20世纪90年代起,

---

① 《七名外来务工者当选义乌市大陈镇人大代表》,《人民日报》2001年12月14日,第2版。

中央与各地政府都在努力改革现行的户口迁移制度,例如上海、深圳、广州、厦门、海南等一些改革开放的前沿城市,通过推出"蓝印户口"来实现对现行户籍制度的制度补充;被誉为全国改革力度最大的广东省户籍改革前不久正式推出:将以准入条件取代进城人口控制指标,取消农业户口、非农业户口性质,统一称为居民户口;浙江衢州实行"零门槛"落户政策,规定只要符合在市区居住或有就业岗位,连同和其共同生活的直系亲属,都可登记为常住人口等等。但是,这些政策都属于临时变通的办法,根本性的、结构性的问题还没有解决。由于现行的制度安排和"离土不离乡"等歧视性法规政策的限制,大量的农村剩余劳动力进城后,因为无法获得合法的身份,而被城市的社会保障系统拒之门外,使之成为所在城市的无归属的群体和事实上的"二等公民"。每年春节前后、农忙季节出现的"民工潮"便是民工游离于城乡之间的最真实写照。进城劳工"离土不离乡"的结果,便是成千上万的劳工一生处于飘浮状态,无法在城市或工作所在地的小城镇扎根。这不仅阻碍了我国城乡统一的劳动力市场的形成,而且严重制约了农业人口向城镇转移的规模与速度,延缓了城市化进程。

需要指出的是,城乡二元结构的制度壁垒的破除,并不仅仅是一个简单的户籍制度改革问题,它涉及劳动就业、社会保障、城市公用事业和基础教育等一系列现行制度安排的改革。从现实的情况看,现阶段农民进城,需要跨过城市向他们设置的一系列高"门槛",交纳各种名目的进城费,还要面对不少地方针对进城劳工就业、社会保障、子女入学等方面的歧视性政策。事实已经很清楚,城乡二元结构的制度壁垒造成进城劳工这个向往城市文明、实际上也已经长年生活在城镇的数以亿计的新一代工人阶级,始终难以融入城市社会和现代文明,从而给城市和社区的社会管理带来巨大困难和压力,构成了制约我国市场经济体制完善和社会可持续发展的一大障碍。只要针对农村人口的制度壁垒及相应的政策法规没有得到完全清除,就算户口迁移放开了,进城劳工的问题也不会在短时间内消失。

2. 现行的劳动管理和服务体制陈旧,难以因应进城劳工的社会需要

我国各级政府针对劳工的管理和服务的职能部门,依然沿袭着计划经济时代的管制体系,国家劳动和社会保障部以及地方上的相关厅、局,管理和服务的主要对象局限于城镇户口的居民,主要承担国有、集体企业和事业单位职工或下岗工人的就业指导、劳动管理和社会保障工作,而把亿万农村户口的劳工排除在劳动管理和服务的工作范围之外。政府至今既没有对进城劳工这一事关社会进步和经济发展之大局的重大问题制定战略性的对策,也没有设置一个专门的进城劳工的归口管理机构,对进城劳工及其问题进行宏观调控、规划和协调。目前承担进城劳工管理任务的主要有公安、计生、劳动、工商等部门,形成了条块分割、政出多门的局面,致使不同职能部门之间在具体管理工作中不能很好地协调,从而形成合力,对进城劳工实施有效的管理和服务。

与此同时,面对亿万农民进城打工而出现的新情况和新问题,现有政策法规中的许多内容已经显得不合时宜,而针对新情况、新问题的法律法规则又存在空白。例如,对建筑工地、经商用工如何加强管理,都缺乏明确的法律规定;对有关劳动监察部门在执法过程中采取强制性措施手段提供的法律条款刚性不强,这就造成了地方和基层劳动职能部门在具体工作中无法可依、无章可循,从而给城市管理和劳工服务工作带来很大的困难。目前,地方政府部门对进城劳工的管理手段仍以机械的登记、发证为主,无法适应动态管理的需要;有关劳工的信息系统尚未完善,既有的信息也难以在各个部门之间共享,部门管理的信息不能发挥综合效能。近年来,尽管从中央到地方的各级政府都制定并推出了一系列政策和措施,试图改变进城劳工管理和服务问题上的缺位和被动状况,但是,终因相关政策和措施缺乏系统性、前瞻性,而给人以"头痛医头,脚痛医脚"的感觉。总的来说,收效不大。

近年来,一些经济发达的沿海省市的劳动和社会保障部门,虽然开始关注进城劳工的社会保障问题,但从总体上说,从工作范围到工作方式,都还没有迈出实质性的一步。以浙江省为例,该省下岗职工

的基本生活保障与失业保险已经实行并轨,失业保险已经成为浙江省社会保障的一种主要形式。而据最新的调查,占全省经济比重较大的非公有制企业绝大部分都没有参加失业保险。在台州的玉环县,我们在调查中了解到,政府劳动管理部门假借培训之名行敛财之实。在既没有培训设施又没有技术人员的情况下,竟然下文要求全县范围内各类民营企业的劳工全员参加所谓的职业技术培训,而最高的收费高达 300 元/人。这种培训理所当然遭到企业的拒绝和反对。总而言之,地方政府专司劳动和社会保障的部门,从管理体制到工作职能的转变,都已经远远落后于时代,难以适应经济和社会发展的需要。这是进城劳工的生存状况及其引发的社会问题不能得到实质性改善的重要原因。

3. 政府管理"越位"、服务"缺位",未能善尽保障民权的责任

政府劳动管理和服务部门沿袭传统计划经济时代的那一套职能定位,而各级政府相关职能部门的官员,在管理理念和管理方式上普遍存在重管理、轻服务的现象。公务员的服务意识薄弱,"官老爷"意识根深蒂固,既缺乏基本的依法行政和民主治理的理念,更缺乏主动为劳工服务的公仆意识,存在着严重的管理"越位"和服务"缺位"现象。针对当今极普遍的侵害进城劳工合法权益的现象,例如克扣或拖欠工资、因工作环境恶劣而致残致伤等侵犯劳工基本人权的事件,地方政府官员几乎都习惯于采取被动应对式的工作态度和工作机制,往往等到出了问题后,才采取一些事后的对策与措施。

更严重的问题是,从劳动管理部门到公安、城管、治安和街道社区,各级政府的官员和工作人员在处理涉及进城劳工的具体事务中,往往漠视进城劳工阶层合法的利益诉求,习惯于采取管制性、惩罚性的措施和手段,罔顾法律,执法犯法,导致侵犯进城劳工基本权益的事件不断发生。2003 年 3 月发生在广州的"孙志刚事件",就是现行外来劳工管理体制弊端与政府管理人员"越位"双重作用的恶果。据报道,外来劳工孙志刚因为没有办理暂住证,而被当地治安人员收押进了收容遣送站,并在收容遣送站无辜遭毒打而致死。"孙志刚事件"发生后,全国各大新闻媒体广泛报道,专家学者从司法、人权、公民权利和政府责任等角度全面反思,一些学者上书要求全国人大启

动对收容制度的"违宪审查"。面对民间的呼声,新一届政府以最快速度回应,及时废除了从1982年起实行了二十多年的《城市流浪乞讨人员收容遣送办法》,代之以全新的《城市生活无着乞讨流浪人员救助管理办法》。收容制度的废除,标志着政府在保障进城劳工的基本人权方面迈出了实质性的一步。

但是,我们也必须看到,收容制度虽然寿终正寝,但与之同体而生的进城农民的暂住证管理制度,却还没有随着收容制度的废除而取消。这不能不说是一大憾事。暂住证管理在其推行之初,一度是政府部门流动人口管理工作的基础。政府让进城劳工办理暂住证的初衷,除了维护城市的政治稳定和社会安定的需要外,也不能说没有保护广大进城劳工的合法权益的考量,但在基层一级的具体执行过程中,某些部门往往通过办理暂住证牟取部门利益或个人私利。前些年,国家规定只收工本费5元或15元的两种暂住证,在有的地方一度被人借机抬到40—60元;代办费更是高得吓人,低则80—100元,多的达到150—200元。有些地方政府的职能部门利用权力牟取部门利益,警察、城管、社区治安管理人员在办证查证过程中滥用权力的现象,严重侵犯了进城劳工的基本人权及其他合法权益。

4. 进城劳工不能依法组建劳工自治组织,无法通过合法的制度化渠道表达其利益诉求

在现行针对农民的"离土不离乡"的政策限制之下,进城劳工虽然已经生活在城市,从事城市劳工的工作,却依然被迫顶着"农民工"的帽子,生活工作在城市而没有参与管理所在城市公共事务的权利,更没有按照自愿的原则组建劳工社团、实行自我管理的权利。因此,在现今的中国,同样都是劳工阶层,城市户口的居民可以拥有属于自己的组织——工会,来保障和维护其合法权益,但是身份尴尬的进城劳工却没有属于自己的组织。进城劳工依法结社的宪法权利被无情地剥夺了。

在浙江,我们在调查中发现,各地一些资产上规模、管理较规范的民营企业,都开始在企业内部组建起劳工的工会组织。宁波的余姚市、杭州的余杭区还尝试推行了由劳工直接选举工会主席的制度。工会的组建和工会主席直选制的推行,在维护进城劳工合法权益方

面无疑迈出了实质性的一步。但是,我们也注意到,私营企业中的工会领导人与企业主的关系,说到底还是雇用与被雇用的关系。由老板聘用和任命的工会主席,在处理劳资纠纷时往往自觉不自觉地向企业主利益倾斜;由直选产生的工会领导人在开展本职工作(维护劳工权益)的过程中,当劳工的权益与企业主的利益发生矛盾或冲突时,随时都面临被老板解雇危险的他又该作如何选择?一旦老板在这种情况下干脆将他解雇了事,由直选产生的工会主席还凭什么来维护劳工的权益?因此,在国家法律还没有对民营企业工会与企业主的关系作出明确规定之前,民营企业的工会组织表面上虽然搞得风风火火,实际上处于一种极尴尬的地位。

与此同时,我们还要看到,组建起工会组织的民营企业仍是少数。目前大多数进城劳工,特别是那些在小规模的家庭或家族制企业打工的劳工,基本上还处于无组织化的状态。在浙江省的温州市,外来劳工曾经尝试组建自己的自治组织,例如在温州瑞安市的塘下镇陈宅旺村,1450多位外来打工者曾于2002年4月成立了"外来人口协会",希望通过自己的自治组织实现自我管理、自我服务,借助组织的力量实现外来打工者的利益诉求,能够以一种相对平等的地位与资方对话,在法律的范围内协商处理劳资纠纷,维护自己的合法权益。在当地政府的支持下,瑞安的外来打工者甚至一度召开会员代表大会,组建了市级协会——瑞安市外来人口协会。温州人敢为天下先的精神在打工者自治组织这一敏感问题上再次得以体现。令人遗憾的是,外来打工者组建自治组织的努力虽然得到地方民政部门的同意,却没有得到更高层的官方认可。据我们了解,在《南方周末》等报刊和网站报道此事后,瑞安的打工者自治组织最后在有关方面的"劝说"下宣布自行解散。温州外来劳工组织自治社团的尝试以这样一种结局告终,在很大程度上凸现出我国现行利益代表机制严重失衡的现实。这样一种失衡的现实,明显不利于进城劳工生存状况的改善。

四、解决进城劳工问题的对策

农村人口向城镇转移是中国工业化、城市化和现代化的基本途径和历史发展的必然趋势。随着我国经济社会的持续发展和加入WTO,将会有越来越多的农村剩余劳动力向城市流动、向非农产业转移。进城劳工阶层作为中华人民共和国的公民,依法享有我国宪法赋予每一个公民的政治权利、经济权利和社会权利。为此,党中央和国务院也一再要求各级政府遵循"公平对待、合理引导、完善管理、搞好服务"的原则,妥善处理农民进城务工问题。但是,如何构建一个适应市场经济发展、符合文明社会要求的制度体系,将宪法赋予公民的各项权利落实成为进城劳工的实有权利,还需要社会各界的共同努力,特别是从中央到地方各级政府的积极作为。我们认为,要妥善处理进城劳工的问题,切实帮助这一阶层摆脱目前的困境,应当从以下几个方面推进改革和制度创新。

(一) 改革户籍制度,允许农民"离土离乡",消除城乡二元结构的制度壁垒

近年来农民如潮水般涌入城市和进城劳工阶层的崛起,凸现了我国农村人口数量多、比重大、农村劳动力大量过剩的事实。农村地区严重的隐性失业问题,是制约我国经济与社会进一步向前发展的"三农"问题的集中体现。近年来,我国农业效益普遍低下,农民收入增长缓慢,农民税费负担沉重,城乡收入差距持续扩大,区域发展极不平衡且呈继续扩大趋势。我国加入WTO以后,效益低下的农业还将遭遇外国农产品的激烈竞争,农村、农业和农民问题的形势日益严峻。因此,加快解决"三农"问题,切实提高农民收入,既是中国经济社会步入良性发展轨道的必由之路,也是解决进城劳工及其社会问题的必要条件。

在我们看来,彻底消除城乡二元结构的制度壁垒、消除城乡差别、落实农民的国民待遇是解决"三农"问题和进城劳工社会问题的一大关键。从我国现代化发展战略的角度看,政府理应把消除城乡二元化制度壁垒纳入我国经济社会发展的总体规划,争取在10—15年时间内,彻底革除建国以来形成的对农民、农村和农业的歧视性制度和政策,通过改革和制度创新,使农民和城市居民同等享有本国政府提供给国民的一切福利待遇的权利。

要消除城乡二元结构的制度壁垒,必须加快现行户籍管理制度

的改革。众所周知,现行《户口管理条例》自1958年出台以后,至今没有作过任何实质性的修改。从全国范围来看,1984年国务院颁布的《关于农民进入集镇落户问题的通知》,虽曾在促进我国小城镇发展方面有过积极的作用,但是,改革开放以来实行的严格限制农民迁居城市的所谓"离乡不离土"的政策,以及大、中城市对农民进城设置的种种难以逾越的高门槛,反而使城乡二元结构的制度壁垒越来越强化,从而一方面剥夺了成千上万进城劳工依法享有宪法赋予他们的各种政治、经济和社会权利,另一方面则使农村、农业和农民问题的解决难度增大,使城乡分裂和社会断层更加扩大,严重阻碍了我国经济和社会健康、可持续的发展。

近年来,许多省市都尝试在大、中城市准入与户籍管理制度改革方面有所突破。户籍制度的改革毕竟不是用一纸法令简单地取消农村户口就可以完成的事情。需要指出的是,在户籍管理制度的背后,隐含的是长期的行政控制而导致的城乡居民对国民财富的分配不均,对社会资源占有的不平等。这种不均和不平等,集中体现在城乡居民的就业养老、医疗保险、子女教育、文化设施和享受社会公共服务等权益保障的不平等上。在现阶段,要建立城乡一体化的社会保障体系,让亿万农民享有与城市居民同等的社会保障,从国家的财政能力看,几乎是不可能的。在此情况下,全面放开城市户籍,让农民无限制、大规模地涌入大城市,很可能导致大城市出现大量的"贫民窟"。这样一种结局从表面上看似乎改善了农民的人权状况,实际上是把城乡对立转化为城市内部富豪阶层与贫民阶层的对立。因此,考虑到我国城乡差别大、流动人口数量惊人和社会治安管理任务艰巨的现实,城乡二元结构的消除和户籍制度的改革都不可能一步到位,而必须从我国的国情和现实出发,采取渐进改革的方式,逐步修正现行户籍身份制度的缺陷,建立起城乡统一的、保障公民自由迁徙权的户籍制度,达成缩小工农差别和城乡对立的目标。

在新的户籍法出台前,各地城市可通过制定一定的准入条件,探索和构建适合各地实际情况的、具有可行性的新户口管理办法,使进城劳工可以有条件地成为城市正式居民。这种准入条件,可以考虑如下原则:凡在某大、中城市生活3年以上,有固定住所且在当地申报纳税的,不管他是企业主还是打工者,白领还是蓝领,都可以依法成为该市的正式居民,并与城市居民享受同等的社会地位和政治、经济、社会权利,拥有选举权与被选举权,获得城市社会保障权、子女在城市的受教育权。在现阶段,政府还应考虑立即废除与收容制度密切关联的《暂住证》制度,取消依附于《暂住证》的诸如《务工证》及其他各种收费,并在全国实行申报暂住登记制度。我们认为,户籍制度的改革和暂住证制度的取消,将有助于消除身份歧视和区域限制,使宪法规定的公民权落到实处,确保每一个公民都能够获得在城市合法居住的权利,促进社会人员流动和人力资源在全国范围的优化组合,从而大大加快我国城市化和现代化的进程。

与此同时,各级政府还应加快政府职能、管理理念的转变,推进劳动管理和服务的制度创新,建立系统的社区服务网络,为进城的农民在就业、生活上提供必要的服务与指导。各级职能部门的工作人员都要积极改进管理手段和工作方式,切实解决目前对进城劳工的管理中普遍存在的"越位""错位"和"缺位"问题,真正保障进城劳工的各项权益。此外,政府和社区组织还应积极创造条件,努力营造一种平等、友善、和睦的社会氛围,使进城劳工享受到社会的尊重和保持人格尊严的权利。历史上,农民为了我国的建设和发展做出了很大的牺牲,理应受到全社会的尊重和关心。而且,进城劳工中不乏积极进取、勤劳苦干、见义勇为的人士,新闻媒体应加大宣传力度,多报道他们中涌现出来的好人好事;要及时曝光和批评那些侵害进城劳工合法权益的典型案件,形成强大的社会舆论和社会压力。同时,社区和劳工所在企业还应积极开展各种丰富多彩的社会活动,增进进城劳工与城市居民的交流、理解。在城市,送温暖工程关心下岗失业人员;在农村,扶贫工程关注贫困地区贫困人口;同样,政府和社区组织也应该把关怀和温暖送到工地、车间、厂矿、宿舍,鼓励并且促使进城劳工阶层积极融入城市和城市文明。

(二)革除体制弊端,逐步落实进城劳工的国民待遇

进城劳工问题,说到底,是国家长期以来实行城乡二元体制,剥夺广大农民的国民待遇这一历史遗留问题的直接产物。从根本上说,进城劳工问题的解决,必须以落实农民的国民待遇为前提和保

障。从现实来看,落实农民的国民待遇显然不是一朝一夕就能够解决的问题。因此,进城劳工问题的解决,需要政府长远规划与短期措施双管齐下:一方面,通过"三农问题"根治规划的制定,在十年或更长一段时间里,逐步消除城乡二元化的制度壁垒,彻底落实广大农民和进城劳工的国民待遇;另一方面,从当前的情况来看,政府应当积极发挥其在解决进城劳工问题上的主导作用,把进城劳工问题纳入日常管理工作程序,按照"政策引导,有序流动,加强管理,改善服务"的方针,在全面推进现行户籍管理制度改革的基础上,对有关法律、法规和政策进行一次全面的清理,并做出必要的修正。

1. 政府应制定公平的、城乡一体化的就业政策,并建立城乡统一的劳动力市场

结合我国户籍制度的改革,适应加入 WTO 后建立统一、开放、竞争、有序、城乡一体化的劳动力市场的需要,必须积极构建一个城乡统筹安排的就业管理制度,逐步打破城乡就业在政策上、制度上的界限,取消"先城镇后农村""先本地后外地""先省内后省外"以及某些岗位限制农村劳动力准入等就业方面的歧视性政策,积极促进农村剩余劳动力向城市的转移,使针对进城劳工的就业政策向服务型、平等型转变。把企事业单位招工的"户籍门槛"变为求职人员的"素质门槛",并在工资福利、社会保险等方面实现同工同酬。保证进城劳工的劳动权益、劳动安全和享受与当地城市居民相等的基本社会公共服务。建立城乡统一的劳动力市场,大大推动各种资源与生产要素的自由流动,促使人力资源在市场机制作用下达成优化组合,显然有利于社会经济的快速、健康发展。

2. 健全和完善有关管理劳工和服务劳工的法律法规

为了使政府对进城劳工的管理逐步走上法制化、规范化轨道,必须尽快制定和完善相关法律法规。例如,在现行《劳动法》的基础上,制定并颁布《劳工法》,切实保障劳工的工作安全和健康。随着地方社会和经济的发展,逐步改善劳工的权益,为他们创造一个公平合理的工作环境,努力使民营企业主与劳工的利益达致合理的平衡。尽快出台一部保障劳动者工资权利的《工资法》,规定工资支付行为,并强化执法手段。贯彻执行《居民身份证法》,取消《暂住证》制度,对

进城劳工统一实行身份证管理。同时,还应允许各地根据本地区的实际,制定相应的地方性法规,加强对劳工的有效管理,切实维护劳工的合法权益。

3. 逐步将进城劳工纳入城镇社会保障体系

一元化的社会保障制度安排是我国社保制度长期的发展目标,但近期多元化社保制度安排可作为一种过渡。将进城劳工全部纳入城镇保障体系,从目前来说欠缺财政、技术及相关政策条件的支撑,但继续将其排除在外,则有违公平的原则。目前可以操作的办法是,考虑结合进城劳工的需求与地方政府的财政状况,按分类分层保障原则,向他们提供必要的社会保障。作为农民,参加农村最低生活保障(浙江省已建立农村最低生活保障制度)。作为进城务工人员,在城镇就业后,通过企业实现参保。问题的关键是,一要在全国范围内实现并执行好农村最低生活保障制度;二要加强对企业特别是非公有制企业为劳工缴纳强制性失业保险、养老保险和医疗保险工作的监管;三是要建立社区等各类非营利性组织的社会救助制度。为避免用人单位成本的急剧上升与劳工即期收入的大幅度减少,建议企业和个人所缴保险费率控制在用人单位与劳工双方都能够接受的范围内。另外,可以考虑先行建立一项最基本的社保项目,即针对劳工的工伤、大病医疗保障制度,以解除对他们最具危险的后顾之忧。

4. 依法保障进城劳工子女接受义务教育的权利

子女在城市就学难是困扰进城劳工的大难题。这个问题直接涉及我国现行义务教育体制改革和实行城乡公平、地区公平的国民义务教育制度的建立。它的解决也不是一朝一夕之事,而需要在推进城市化的过程中和实行农村税费改革后逐步得到解决。在过渡期间,政府应充分考虑如下实情:进城劳工在无法享受城市居民各项公共福利的状况下,以极低的成本为城市的企业提供了大量利润并创造了城市的税收,同时还在很多方面承担各种不公平的费用;真正能够使子女在城市就学的劳工,需要有稳定的收入和就业条件,这样的家庭并不多;解决进城劳工子女受教育问题,其意义不仅仅在于向失学儿童提供了基础教育本身,更重要的是政府在推进城市化和缩小城乡贫富差距方面迈出了实质性的一步。

从提高整个民族的基本素质的角度看,进城劳工子女就学事关中华民族下一代的素质。"再穷不能穷教育""再苦不能苦孩子"的口号喊了那么久,现在该真正把进城劳工子女就学问题的解决付诸实际的政策和措施之中。建议政府按照第五次人口普查的标准,来确定中央对于各级地方政府义务教育经费的支出,依法保障进城劳工子女的基本教育问题。目前,浙江省的一些地方,例如绍兴县、杭州市等,开始采取措施,全部或部分解决进城劳工子女入学难的问题。有些地方制定的对流动人口中适龄儿童少年实施义务教育的暂行办法,对各中小学接纳符合条件的流动儿童少年入学就读做出责任规定;一些地方政府通过增加城市中小学班次,充分挖掘公办学校教学资源;鼓励社会力量创办有一定教学质量的"农民工子弟学校",帮助解决其在办学过程中遇到的困难和问题,并对其收费进行严格监督。浙江省在现阶段为解决进城劳工子女入学难而采取的有效措施,值得在全国范围内推广借鉴。

(三)建立统一的归口管理机构——劳工部,强化各级政府的监管职能和服务职能

1. 建议设立劳工部,负责提供就业服务,协调劳资关系,维护劳工权益

我国政府应该把对进城劳工的管理和服务工作纳入劳动管理职能部门的工作范围。鉴于现行的职能部门——劳动与社会保障机关从职能设置、工作目标和服务对象等方面都存在较大的局限性,建议中央考虑予以改组重建,分别筹建国家劳工部、社会保障部,在省、市、县各级政府相应设立劳工局和社会保障局。

作为管理劳工的专门机构,国家劳工部除了负责全国劳工政策的制定工作之外,还应着重研究和制定促进农村剩余劳动力转移的政策和规划,通过政策上的宏观调控,加强对城乡劳工开展统一、有序的管理。地方政府的劳工局,将主要负责制定和采取各种有效措施,贯彻执行《劳工法》及其相关条例,并向公众提供全面的就业服务,积极协助城市下岗职工和进城农民尽快重新投入工作,或尽量缩短他们的失业期。同时,地方劳工局还将通过监督雇主确保其向劳工提供正常的工作场所和居住条件,促进和保障劳工特别是进城劳

工的权益和福利,保证劳工的职业安全与健康。同时,劳工局还负责协调劳资关系,调解或仲裁劳资纠纷、劳工索赔案件,致力于营造一个良好、和谐的劳资关系,促进职业安全与劳工的健康,为地方经济发展和社会稳定奠定基础。

2. 建立政府、社会、企业之间良性互动的管理和服务机制

现阶段,随着外来劳工群体的不断壮大和管理、服务任务的日益增多,各大城市政府职能部门除了普遍存在人力、经费严重不足等问题外,管理体制上的分头管理和条块分割,也在客观上使得一些管理措施和任务难以从根本上得到落实。建议由政府主持,建立一支由公安、工商、法院、劳动保障监察、税务、经贸委、社保等有关部门参加的综合管理执法队伍,采取"综合管理、合署办公、分级负责、分别执行"的做法,形成统一领导、统一管理、统一服务、统一检查的"四统一"工作机制,推崇文明执法。同时,各级政府还要积极推进劳工管理与服务的社会化进程,提升社区管理能力,积极探索私营企业对劳工的民主管理模式,充分发挥企业工会、调解委员会的作用。

建立一套进城劳工管理的信息系统和通信网络,实行科学高效管理,服务于现实需要。建议劳务输出地的政府劳动部门,有组织地输出劳务人员,把劳务输出当做新兴产业,按市场化、企业化的要求,从机构组织、教育培训、劳务信息、权益保障等方面规范劳务输出行为。劳工输出地的劳动管理部门还应大量收集各地真实可靠的劳务信息,通过广播、电视、报纸等渠道,提供劳务信息,减少农民外出打工的盲目性。同时,劳工输出地的劳动管理部门还应加大同输入地政府的联系,为农民外出打工架桥铺路,并实行跟踪管理,及时为进城劳工排忧解难。

3. 加强监管工作,保证各项政策、措施能够落实到位

在全国范围内,相关部门联合行动,每年至少开展一次劳工权益保护专项检查活动。主要检查各类用人单位,重点是非公有制单位,特别是涉及有毒有害作业的企业,同时包括各类职业中介机构办理劳工用工手续情况、遵守禁止使用童工规定情况、签订劳动合同情况、缴纳社会保险费情况、支付工资情况、执行工作时间规定情况、执行女职工及未成年工特殊保护规定情况、遵守劳动力市场管理和民

工有序流动规定情况等。严厉处罚违法违规行为。在日常的企业信用评级、经营信息披露中,要增加对有关法律、法规的执行内容,加强对企业的监管和约束。地方政府要切实解决针对进城劳工的乱收费问题,严格执行国家已做出的取消对农民工暂住费等7项收费的规定,实实在在地减轻他们的负担。

在通常情况下,外来打工者与企业间出现纠纷,企业主与雇工往往无法实现平等对话。劳工如果要诉诸法律或劳动仲裁部门,由于法律程序时间过长,还需要一定的诉讼费用,他们一般不会求助于劳动监察和仲裁机构。因此,急需要一个畅通的渠道,使进城劳工获得法律救助。劳动部门必须对有关情况进行调查处理,城乡都要建立劳工法律维权中心,开通服务热线,向劳工宣传法律知识,为解决劳资纠纷等提供快捷、便利、有效的服务。

4. 做好对进城劳工的培训工作,保障他们与城市居民享有同等的接受各种教育与培训的权利

现有的职业培训和职业介绍服务要向进城劳工延伸,以促进其就业与再就业。这就要求建立由政府主持、劳动保障部门主办、社会有关方面参与的进城务工人员培训体系。现阶段,可以考虑通过开放原有职业学校,并提倡由用工单位和学校联合办学,创办各种形式的劳工学校,加大职业培训工作力度,建立劳工减、免费培训制度。培训经费由有关促进就业经费中补助,并将培训工作纳入社会教育,抓住教育、培训、就业三个关键环节。简化入学手续,降低入学门槛。在教学管理上,允许工学交替、分阶段完成学业,分期分批进行交通、法律、职业技能、电脑知识等培训,加强职业道德、文明素养和诚信等教育。职能部门还应根据"以需定供、订单培训"的市场化运作方式,将培训工作拓展、前移至劳务输出地,由输出地对进城劳工进行基本文明素养和就业技能培训。在培训方式上,可采用先免费培训,形成技工储备,等被企业招聘后,培训费由企业支付作为企业上岗前培训经费支出。这样既可解决政府培训资金不足的问题,又能满足进城劳工不交钱就能培训的愿望,还能使企业避免长时间的岗前培训,而更重要的是增强了进城劳工在劳务市场中的竞争力。

(四)修订《工会法》,建构进城劳工利益代表和表达的新机制

《宪法》规定:"中华人民共和国年满十八周岁的公民,不分民族、种族、性别、职业、家庭出身、宗教信仰、教育程度、财产状况、居住期限,都有选举权和被选举权;但是依照法律被剥夺政治权利的人除外。"①根据我们的调查,在进城劳工中,有72.9%的人进城打工时间已经1年以上,有多达53.2%的劳工进城时间长达2年以上。这些长期在城市打工的外来劳工,实际上已经是工作所在城市的一员,他们理应有权参与城市或工作所在地的公共生活和公共事务,选举自己的代表,参与城市的人大和政协,表达进城劳工阶层的利益诉求,协助政府解决他们生活中亟待解决的实际问题。从此意义上说,进城劳工的优秀分子应该更多地出现在市、区、县等基层代表的候选人名单上,而外来打工者,特别是那些在一地工作2年以上的,理应享有工作所在地的选举权与被选举权。

此外,进城劳工作为新一代工人阶级,理应享有我国《宪法》赋予工人阶级的组建工会的权利。各级政府应尽快促成和帮助上规模的非公有制企业建立起工会,在那些家庭企业聚集之地,在单个企业中组建工会有困难的情况下,政府应该允许由数家小企业的外来打工者联合组建劳工工会或外来打工者协会,让进城劳工或外来打工者拥有一个对付严重侵害劳工合法权益的企业主的组织平台。当然,政府有关部门必须对劳工工会的组建及其运作情况进行监督与审核,保证这些工会真正代表和维护进城劳工的利益。

我们认为,在以往以国有企业工人为主体的官方工会的代表性渐失、影响力日衰的情况下,如何解决新一代劳工阶层的代表安排,如何建构一个全面反映社会各阶层利益诉求的利益代表机制和利益表达通道,从而确保新兴劳工阶层的利益诉求的表达和实现,是一个无法回避的现实。因此,国家必须尽快修改《工会法》,允许进城劳工建立自己的自治性的工会组织,让他们通过合法组织的形式,实行自我管理、自我服务,依法协调有关部门清收被拖欠的工资,出面协调、协商务工农民伤亡事故赔偿事宜,出面调解劳资、劳务纠纷,负责对

---

① 见《中华人民共和国宪法》(1999年修订版)第二章第三十四条。

进城劳工的登记,为劳工提供就业信息,以维护自己的合法权益。进言之,进城劳工或外来打工者自愿组织起来的自治性社团或进城劳工工会组织,在充当起劳工阶层的合法权益的保障者、维护者角色的同时,还可以发挥其在集中、聚合和表达劳工阶层各种利益诉求的通道或平台的独特作用。因此,可以考虑将各种进城劳工的基层自治组织纳入现行的工会体系,这也是从根本上改变目前进城劳工既无组织又无话语权的被动状况、解决目前各地普遍存在的侵害劳工基本权利事件、维护和保障进城劳工基本权益的基本途径。

国有企业"双轨制"用工制度改革：
目标与策略①

企业用工制度是指有关企业在用工过程中对劳动力进行招收、录用、分配、工作条件、工作期限等方面所做的规定的制度总称，其实质就是企业和职工以一定的方式确立某种性质的劳动关系。因此，用工制度本质上属于劳动关系范畴。具体言之，用工制度包含三个方面的内容：一是用工单位、劳动者和政府三者之间的关系；二是建立、变更、终止、解除劳动关系的基本制度，包含着职工的招收、录用、调配、辞退等内容；其三，用工制度涉及一系列国家对社会劳动力进行招用方面的政策法规。此外，用工制度还有一些延伸内容，即用工单位与劳动者就用工时间、用工条件、劳动报酬、教育培训等方面的协定。国有企业用工制度属于国有企业的公司治理问题，同时又与国有企业的整体发展密切相关，对国有企业管理体制、经营效益、企业形象和社会责任等，都有很大的影响。

改革开放至今，我国国有企业的用工制度基本完成了从计划用工向市场用工、从固定工制到劳动合同制的转变。在这个过程中，国有企业获得了用工自主权，劳动者拥有了择业自主权，用工制度变得相对灵活和多元化，这是国有企业用工制度改革的成果。然而，由于国企市场化改革的不彻底，国有企业本应实行的市场化用工制度，演变成为"双轨制"下等级化、身份制的用工制度，体制内和体制外劳动

---

① 本文原刊于《学术界》2012年第1期，作者陈剩勇、曾秋荷。

者同工不同酬,体制外员工作为劳动者应当拥有的劳动平等权、人格尊严权和自我实现权等,都遭受到不同程度的侵犯和损害,企业与职工、职工与职工之间的矛盾和摩擦不断加剧。因此,加快推进国企用工制度改革,破除具有明显身份歧视的用工形式,建立符合市场原则和现代企业伦理的新型劳动关系及相应的用工制度,已经成为各级政府尤其是国企监管部门的当务之急。

一、国有企业"双轨制"用工制度的现状与问题

(一)"双轨制"用工制度的一般情况

改革开放以来,中国国有企业的转型,是以改革和改良的方式推进的,即在大体维持原国有经济体制的前提下,引入部分市场机制,从而形成计划和市场双轨并行的状态。国有企业的这种"双轨制"体制,在用工制度上即表现为"双轨制"用工。1978年以来国有企业用工制度的变革,大致可以划分为三个阶段:第一阶段从1978年到1985年为一元用工制度,即固定工制;第二阶段从1986年到1991年,从固定工制向二元用工制度转变,即"双轨制"用工开始出现;第三阶段从1992年开始至今,国企的用工制度逐渐形成了以"双轨制"为主干、用工形式和劳动关系多样化的形态。

双轨用工体制的核心是以编制为限制,有正式编制的为体制内劳动者,没有正式编制的则为体制外劳动者。由此,"双轨制"用工就分为"正式"与"非正式"、"编制内"和"编制外"或者"体制内"和"体制外",这构成了体制性用工歧视。在这样的用工制度下,国有企业形成了正式工、合同工(劳务工)、临时工、劳务派遣工等多样化的用工形式。

正式工由于具有传统"固定工"的性质,因而又被称为"固定工"。他们长期聘用,没有规定具体的使用期限,与国有企业形成稳定、规范的劳动关系,在工作时间、收入报酬、工作环境、社会保险、职业发展等方面享有较高规格的标准。当前国有企业中的正式工主要有三种来源:一是国企改制前的老员工在改制时直接置换成正式工。尽管从1994年开始要求全员实行劳动合同制,但众多有关系的员工躲避了劳动合同的限制。二是国有企业根据每年的用工计划或定

额,在社会公开招聘、择优录用并签订正式的劳动合同,但是这种名额非常少。三是国有企业的内部招录,一般专门留给员工家属等"关系群体"。

合同工,也称"劳务工",是国有企业和劳动者通过签订劳动合同,明确双方的义务和权利,实行责权利相结合的一种用工形式。这种用工较多是通过社会公开招聘的,一般安排在需要一定时间使用的岗位上,包括普通工种和技术工种。根据国有企业的需要,劳动者与国有企业可以签订长期合同,也可以签订短期合同,一般以三年、五年较为常见。合同工与国企形成的劳动关系的稳定性,低于正式工,但又高于临时工、劳务派遣工等。如果他们在国有企业中的工作时间较长,同时又有较好的工作表现,则具有转为正式工的可能性。聘用合同工最常见的组织形式就是大型国有企业成立的实业公司或技术公司。中国电信、中国移动等国有企业,通常分为主业公司和实业公司(技术公司)。主业公司主要负责核心技术的开发与支持,其员工基本都是正式员工。而实业公司或技术公司,则负责末梢业务,如营销、维护等,由此相关营业中心的柜台人员、设备维修中心的工人就基本是劳务工或合同工。

临时工,是国有企业因临时性或季节性工作任务,经劳动部门批准招收而临时任用、规定有使用期限的职工。临时工的劳动关系极不稳定,待遇明显低于正式工,也低于劳务工或合同工,基本没有福利和社会保险。临时工还包括极不稳定的非全日制用工,用工双方可以只订立口头协议,并可以终止用工而不需要支付任何经济补偿,基本上可以"招之即来、挥之即去"。

劳务派遣,是指劳动者作为劳务派遣机构的员工,与劳务派遣机构签订劳动合同,再被派遣到其他用工单位,从事生产劳动。这种用工形式,形成了用工单位、劳务派遣机构、劳动者三者之间复杂的关系。劳动者与劳务派遣机构之间存在劳动关系,却在公司里没有实质的工作岗位;劳动者在用工单位中有相应的工作岗位,却不与企业形成劳动关系,即所谓的"有关系、无劳动;有劳动,无关系"[1]。2007

---

[1] 黄河涛、赵健杰:《经济全球化与中国劳动关系重建》,社会科学文献出版社2007年版,第168页。

年《劳动合同法》出台后,劳务派遣作为一种灵活的、补充性的用工形式被正式合法化,越来越多的企业为规避相关的法律责任而使用劳务派遣工,导致劳务派遣的非正常繁荣和派遣用工的"主流化"。在这过程中,国有企业一马当先,在大量长期性、重要的岗位上大量使用劳务派遣工,使劳务派遣成为"双轨制"用工的最主要部分。劳务派遣之所以广受国有企业青睐,是因为它灵活、便捷,可为企业节省大量用工成本。与正式工相比,劳务派遣工的工资低、福利低、社会保险费用少,更容易使唤;出现意外事故,可以把问题推给劳务派遣机构,逃避法律责任;企业可以轻易地裁员,却基本不要承担法律责任或经济补偿。

(二)"体制内"与"体制外"的差距:职工的构成、收入分配及其他

国有企业"双轨制"用工制度的出发点是为了适应国有企业市场化改革的需要,似乎给人们一种灵活的、多元化的、有效率的印象。但是,由于我国社会保障体系残缺不全,对劳动者权益保障的法律难以落到实处,以致"双轨制"用工制度在市场化改革中走向了歧途,演变成了一种等级化、歧视性的用工制度。这种用工制度造成了以正式工为代表的体制内群体和合同工、临时工、劳务派遣工等体制外群体之间的巨大鸿沟,逐步形成了在成员构成、收入分配、政治权利及其他方面的巨大差异。

1. 人数、构成与来源

从1996年开始,我国逐步确立了国有资本战略性调整的方针政策,也即进入国企改制的关键时期。国有企业整体布局逐步收缩战线,大量国有企业职工下岗,重新进入劳动力市场。同时,全球化和市场化的效应进一步强化,并对国有企业用工制度的变化产生了重要影响。因此,我们选择1996年作为统计分析的开始。从图1可以看出,从1996年到2008年,国有企业(无论是央企还是地方企业)的就业人数,都呈下降趋势。全国国有企业就业人数从7500万人左右下降到2500万人,央企从2000万人左右下降到1000万人左右,而地方国有企业从5500万人左右下降到2500万人。从下降幅度来

看,1996年到1998年,下降趋势非常明显;1998年到2005年,下降趋势减缓;从2005年开始,下降幅度已不明显。

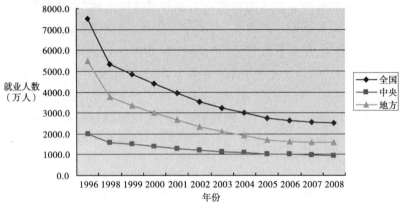

图 3-3　国有企业 1996—2008 年就业人数统计

资料来源:根据《中国劳动统计年鉴》1996—2008 年数据整理、计算所得。

国有企业就业人员又由不同类别的或者具有不同性质劳动关系的劳动者构成。根据国家统计局的统计口径,国有企业的所有就业人员分为在岗职工、不在岗职工和其他就业人员,而在岗职工又分为长期职工和短期临时职工。"其他就业人员"指的是劳动统计制度规定不作职工统计,但实际参与单位生产或工作并取得劳动报酬的人员,包括再就业的离休人员、民办教师及其他外方人员(如劳务派遣人员)。"长期职工"指的是用工期限在一年以上(含一年)的职工,包括原固定职工、合同制职工、长期临时工以及其他在一年以上的原计划外用工。"短期临时职工"指的是用工期限不超过一年的职工,包括签订一年以内的劳动合同或使用期限不超过一年的临时性、季节性用工。如表 3-7 所示,从 1996 年到 2008 年,在国有企业所有就业成员中,在岗职工占绝大部分,其他从业人员的比重相对较低;而在岗职工中,长期职工又占大部分,短期临时工比重也较低。但是,从变化趋势来看,当总就业人数不断向下降时,短期临时工人数的下降并不明显,比重呈波动式上升,而其他从业人员则出现明显的增长趋势,比重逐年增高,从而这二者的比重趋势线都是上升型的,这体现在图 3-4 中。这表明,近十年来国有企业非正式就业人员数量不断上升,劳动关系的不稳定趋势不断强化。

表 3-7　国有企业所有就业人员构成

年份	年末总就业人员（万人）	在岗职工（万人）				其他从业人员（万人）	其他从业人员占总就业人员比重
		总人数（万人）	长期职工（万人）	短期临时工（万人）	短期临时工占在岗员工的比重		
1996	7503.6	7404.3	7003.6	400.7	5.41%	97.3	1.30%
1998	5327.7	5220.4	4851.9	368.5	7.06%	107.3	2.01%
1999	4855.2	4733.2	4485.5	247.7	5.23%	122.0	2.51%
2000	4394.9	4265.4	4034.4	231.0	5.42%	129.5	2.95%
2001	3953.8	3809.2	3598.7	210.5	5.53%	144.6	3.66%
2002	3531.0	3381.9	3181.9	200.0	5.91%	149.1	4.22%
2003	3225.4	3066.7	2830.2	236.5	7.71%	158.7	4.92%
2004	3008.2	2841.4	2609.9	231.5	8.15%	166.8	5.54%
2005	2730.1	2569.6	2314.8	254.8	9.92%	160.5	5.88%
2006	2615.7	2456.0	2271.2	184.8	7.52%	159.0	6.08%
2007	2553.2	2382.1	2196.7	185.4	7.78%	171.1	6.70%
2008	2501.1	2318.0	2142.6	175.4	7.57%	183.1	7.32%

资料来源：根据《中国劳动统计年鉴》1996—2008年数据整理、计算所得。

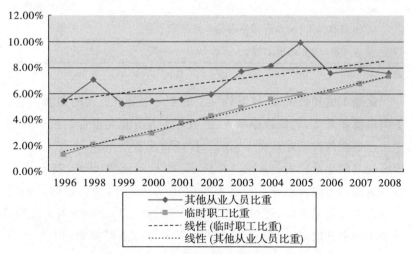

图 3-4　临时职工占在岗职工和其他就业人员占总就业人员比重

资料来源：根据《中国劳动统计年鉴》1996—2008年数据整理、计算所得。

事实上,这些不同类别的就业者可以按照"双轨制"用工进行分类(如表3-8所示):长期职工中的原固定工和一部分合同制职工属于"体制内"的正式员工;而长期职工中大部分合同制职工、长期临时职工、原计划外用工,以及短期临时工和其他就业人员,都属于"体制外"的非正式员工。而这部分劳动者的数量绝不在少数。据报道,仅据国家劳动和社会保障部掌握的数据,我国各类企业使用劳务派遣工的人数就有2700万人。有关专家估计,我国劳务派遣工的实际数字远不止这些。而国资委的数据显示,截至2009年底,89%的央企使用劳务工,劳务工占央企职工总数的16%。其中,央企劳务工主要分布在石油石化、通信、电力、建筑施工和军工企业,仅石油石化和通信两大行业的劳务工就占央企全部劳务工的53%。① 由此可以推算,国有企业的体制外员工占所有就业成员的比重不低,并具有明显的上升趋势。

表3-8 国有企业"双轨制"用工的构成

在岗职工	长期职工(劳动合同一年及一年以上职工)	原固定工、部分合同制职工	"体制内"员工
		大部分合同制职工、长期临时工、计划外用工	"体制外"员工
	短期临时工(劳动合同不超过一年的职工)		
其他就业人员(劳务派遣工等)			

就原本的身份来说,体制外员工的来源主要有返聘的离休人员、下岗再就业人员、复员转业军人、进城务工人员和大中专院校毕业的学生。他们的特点是具有丰富的工作经验或者是年轻、有体力,同时面临较大的生活压力。如表3-9所示,2000年到2008年,国有企业每年返聘的在岗离退休人员基本都在10万人到14万人之间。而就业流入人员的来源中,进城务工人员每年在60万人到90万人之间,并基本呈上升的趋势;复员军人的流入尽管呈下降趋势,但到2008

---

① 《数千万劳务工,好用就滥用?》,《中国青年报》2011年12月1日,第6版。

国有企业"双轨制"用工制度改革:目标与策略

年还保留在 11 万人左右;大中专、技工学校的毕业生,则是流入来源的巨大群体,从 2001 年开始基本保持在 85 万人到 97 万人之间。可见,返聘的离退休人员、复员转业军人、进城劳工(农民工)和大中专院校毕业的学生每年都有一定规模的人数流入到国有企业中,他们中基本只有高校毕业生中的部分人可能成为体制内成员,其他大部分人都是体制外人员的身份。

表 3-9　国有企业体制外就业者的主要来源

年份	返聘的离退休人员(万人)	就业人员流入的部分来源(万人)		
		进城劳工	复员转业的军人	大中专院校毕业生
2000	10.5	58.6	24.5	111.0
2001	9.4	59.1	19.7	97.3
2002	11.8	64.0	16.2	88.6
2003	13.4	70.4	15.0	85.6
2004	14.9	69.4	14.9	88.3
2005	12.9	89.8	15.6	88.6
2006	12.7	83.6	13.7	89.9
2007	13.0	82.9	12.5	93.2
2008	—	77.2	11.7	97.7

资料来源:根据《中国劳动统计年鉴》2000—2008 年数据整理、计算所得。

2. 收入分配

国有企业就业人员的劳动报酬一般来说包括两个部分:一是工资收入,包括基本工资、加班工资、奖金等,这是基本的劳动收入;二是福利收入,一般包括社会保险费、职工福利费、住房公积金等。在工资收入方面,尽管接受国资委等有关部门的监管,但是国有企业以"核心岗位"和"边缘岗位"为由来拉开不同用工形式劳动者的收入差距;在福利收入方面,由于相关政策没有把保险福利费用、住房公积金、转移性收入和其他收入等隐性收入纳入到工资总额中而缺乏监管,导致国有企业管理者经常为自己及正式职工巧立名目、增加工资外收入。由此,工资收入和福利收入的双重收入差距,造成体制内和体制外劳动者的分配不公。

(1) 基本工资收入。

国有企业体制内和体制外员工的不平等,最明显、也最直接地表现在基本劳动报酬上面。表3-10、图3-5分别反映了国有企业不同就业人员从1996年到2008年的平均基本劳动报酬和变化趋势。就全部就业人员来说,无论是全国还是地方,其工资水平都呈稳定增长趋势,这与国有企业这段时期的稳步发展有关系。但是地方的报酬水平一直低于全国,而地方国企的就业人数明显高于央企,这可以推算出是央企的高报酬水平拉高了全国的报酬水平,也就说明了央企的待遇明显高于地方国企。就不同就业人员来说,国企在岗职工的平均工资略高于所有就业者的平均工资,但是却明显高于其他从业人员的平均工资,并且由于国企在岗职工工资的增长趋势大于其他从业人员的工资,从而造成二者之间的差距随着时间的改变而不断扩大。如图3所示,截至2008年,国企在岗职工的平均工资30780元,是其他就业人员平均工资17736元的近两倍。而我们知道,国企在岗职工中只有一部分人属于体制内员工,他们的平均工资肯定要高于30780元。因而,保守估计,体制内员工的基本工资是体制外员工的3—4倍。表4中还要特别说明的是,在体制外人员中,返聘离退休人员的工资水平长期高于其他从业人员的整体水平。由此可知,返聘离退休人员凭借其技术、经验及原有与国企的关系,在体制外人群中的待遇相对较好。

表3-10　国有企业不同就业人员平均基本劳动报酬

年份	所有就业人员平均基本劳动报酬(元)		在岗职工平均工资(元)	其他从业人员平均工资(元)	
	全国	地方		全体	返聘离退休人员
1996	6260	5374	6269	3465	—
1998	7614	6408	7644	4591	—
1999	8297	6876	8350	5838	—
2000	9245	7561	9324	5651	7736
2001	10513	8507	10619	6796	9382

续表

年份	所有就业人员平均基本劳动报酬(元)		在岗职工平均工资(元)	其他从业人员平均工资(元)	
	全国	地方		全体	返聘离退休人员
2002	11966	9477	12109	7851	10504
2003	13802	10838	14028	8608	12412
2004	16005	12504	16336	9666	13688
2005	18629	14586	19069	10928	15217
2006	21668	17201	22246	12197	17098
2007	25548	20092	26284	14502	19727
2008	29826	23578	30780	17736	—

资料来源:根据《中国劳动统计年鉴》1996—2008年数据整理、计算所得。

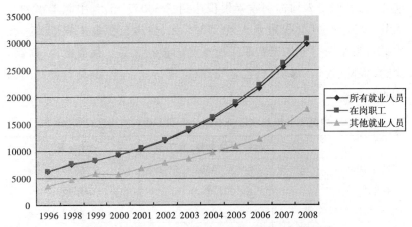

图3-5 国有企业不同就业人员平均基本劳动报酬

资料来源:根据《中国劳动统计年鉴》1996—2008年数据整理、计算所得。

(2)福利性收入。

国有企业对劳动者吸引力大的原因,不仅在于其基本的工资收入相对于一般企业要高许多,更在于其福利水平明显高于非公有制经济领域的单位。由于福利性收入相比较工资收入,更具有隐蔽性,因而成为众多国有企业不断提高体制内员工收入的主要方式。特别是一些垄断行业的国有企业,凭借强大的政治优势,获取巨额的利润,并在获得自主分配权的情况下,其享受的福利性收入更加高得离谱。对于"体制内"的正式职工来说,福利收入一般包括三部分:一是日常职工福利,如节假日补贴、寒暑补贴、交通通信补贴等,这些基本都是直接货币补贴。另外,还经常有一些油、米、饮料等实物补贴,以满足日常的需要。二是社会保险费,包括医疗保险、基本养老保险、失业保险、工伤保险、生育保险。三是住房公积金。按照现行的公积金制度规定,职工和单位公积金缴存比例均不得低于职工上一年度月平均工资的5%,原则上不高于12%。而不少垄断国企将这一比例提升到20%,为职工超标多缴公积金,成为变相增发福利的一种典型。另外,一些高收入行业还实行企业年金计划,也就是企业根据自身经济实力,按国家规定,为企业职工建立的一种辅助性养老保险。其保险金按月缴纳,可能高达员工上年月平均工资的20%,又是变相增加收入的方式。以中石油为例(如表3-11所示),根据中石油2009年年报,其职工人均福利收入累积达到了34037元,其中职工福利费人均5976元、社会保险费人均21335元、住房公积金人均6726元。由此可见垄断行业的国企职工所享受的福利之高。目前电力、铁路、金融、保险、通信、煤炭、有色金属、航空等行业,基本都具有如此的福利水平。

表3-11 中国石油天然气股份有限公司职工福利支出情况(2009年)

类别	实际支付总额(百万元)	人均(元)
职工福利费	3564	5976
社会保险费	12723	21335
其中:医疗保险费	2974	4987
基本养老保险	7011	11757
失业保险费	551	924
工伤保险费	321	538
生育保险费	147	247
住房公积金	4011	6726
合计	20298	34037

资料来源:中国石油天然气股份有限公司2009年年报

对于体制外的那些劳动者来说,体制内职工的福利收入是高不可攀的,二者差距甚大。在社会保险方面,大部分的体制外劳动者只有医疗、基本养老、失业保险三项,有些甚至连基本的医疗和养老保险都没有。在城镇就业人员中,养老、医疗保险参保率仅为62%和60%;进城劳工的参保水平更低,其参加养老、医疗保险的不足20%和31%;许多劳务工的社保缴费基数低于其工资水平,甚至按最低工资标准计算。① 而诸多的劳务派遣工,更要经常面临用人单位(劳务派遣机构)和用工单位(国有企业)在缴纳社会保险费上的相互推诿,为了确保自己的社会保险费有缴纳而在两家单位来回奔波。在日常的职工福利上,合同工、临时工、劳务派遣工也基本享受不到,只能无奈地看着正式职工领取红包、超市卡、油、米等。至于住房公积金,这更是体制外劳动者享受不到的。由于体制外劳动者的工资收入本来就低,在物价不断上升、住房租金大幅提高、社会保障不到位时,他们连基本的生活都很难保障。

3. 政治权利及其他

劳动者参与劳动、体会劳动的成就感,不只在于谋求劳动报酬,以满足其物质生活需要,他们也希望得到关注,获得发言权,拥有一定的政治权利;希望获得职业发展机会,在职业道路上稳步前进等。但这些方面,"体制内"和"体制外"劳动者同样面临不同的待遇。在政治权利方面,职工一般是通过参加工会、职工代表大会来参与企业的民主管理。对于正式员工来说,这方面的权利是理所当然的,他们把握着各方面的话语权,拥有一定的活动经费,参与丰富的职工活动。而非正式员工中,短期临时工和劳务派遣工由于其尴尬处境,几乎参与不到工会组织中;合同工、长期临时工有机会成为工会成员,但是天然的身份弱势使得他们无法行使像正式员工一样的参与权、监督权、选举权和被选举权。总体上来说,体制外劳动者缺乏利益诉求的代表机制和有效渠道,往往处于"被告知"的境地,在企业中是"沉默的大多数"。在职业发展方面,体制内和体制外劳动者有不同的培训、升迁通道。前者每年有一定的教育培训经费,有更多提高专

---

① 张世平:《坚持社会公平正义 保障职工收入分配权益》,中国网,http://www.china.com.cn/policy/txt/2010-03/09/content_19564370.htm,2014 年 4 月 30 日查询。

业知识、技能的培训机会,通过自身的努力有更大的发展、升迁空间。而后者则难以制定出相对清晰的个人职业发展规划,他们缺少就业的安全感和满足感,即使竭尽全力也难以跨过"编制"障碍。对于合同工来说,他们可能会抱着"从编外走向编内"的痴梦在岗位上苦苦挣扎,而临时工和劳务派遣工甚至连做梦的机会都没有,基本上完成任务后就得无条件走人。

二、国有企业用工制度存在问题的原因分析

国有企业"双轨制"、多样化的用工制度及其呈现的弊端,造成了"体制内"与"体制外"职工在收入分配、社会福利和政治权利等方面的巨大差距,这既与国有企业的本质属性严重冲突,也有悖于国际和国内法律保护劳动者合法权益、实现劳动者体面劳动、促进社会公平正义的价值理念,更不符合市场竞争的基本原则和现代企业制度的精神。"双轨制"用工制度的形成与固化,一方面是因为国有企业改革不到位,另一方面也在于中国社会转型期政治、经济、社会和法律问题的高度复杂性。

(一)国有企业改革不到位与国企经营发展过程中的政策偏差

改革开放以来,中国实行的是一种国家主导的发展主义模式。在中国背景下,发展主义是一种通过国家主导发展和国家控制社会实现快速经济增长的意识形态。发展主义模式本身并不存在问题,在发展中国家这是一种常见的模式,它能够依靠国家整体的力量、通过各种政策实现既定的目标。在这一目标导向下,国有企业改革和发展的目的就是"发挥国有经济的主导作用,增强国有经济的控制力"。这种发展模式往往以牺牲劳动者利益为代价换取经济增长,其与国企改革不到位结合在一起,更容易造成权力与资本的结合,形成政策执行者的短视性或策略性问题,导致企业发展过程中的政策偏差。

国有企业基本实行中央和地方两级国资委分管的管理体制,形成的政策偏差也体现在这两个层面。在中央层面,对应的国有企业是央企,由国务院国资委履行出资人代表的职责。尽管央企数量不多,只有120家左右,但其强大的经济实力对整个宏观经济环境有极

大的影响。本来,国务院国资委的主要职责是加强推进国有经济的布局调整。但是,国务院国资委似乎具有完全增强国有经济控制力的倾向,并将央企的责任或者目标定位为"实现国有资产的保值、增值"。这一目标导向必然导致资本对劳动的挤压。因为过于重视资本的作用,过分追求实现国有资产的保值增值,企业有意无意地以牺牲劳动者利益为代价以求最大限度地发挥资本的作用。在体制内职工铁饭碗难以打破的情况下,更容易形成对体制外劳动者劳动分配和社会保障权益的侵害,导致央企内部分配失衡。

在地方层面,对应的是地方国有企业,由各地区的国资委负责监管,与所在地区的发展模式密切相关。执政党和政府在推动经济改革过程中,同时推行了行政分权,将地方经济和社会管理权下放给地方政府;这既加强了地方政府的预算约束,也增强了相互之间的竞争。地方政府为了尽可能获得经济发展优势,提高政绩,依靠国有企业的发展是一个有利的方式;而国有企业在应对外部竞争的压力下,要求采用一种灵活的、非正规的用工形式来控制用工成本。正是国有企业经理人与地方政府之间良好的官商合作互利关系,创造了一种有利于劳务开发的环境:企业的管理层拥有几乎绝对的用工自主权,而地方政府也无意为处于弱势地位的劳动者提供必要的政策法规和监管平台来保护他们的合法权益。因此,在发展主义模式之下,地方国有企业也同样热衷于对经济指标的片面追求,而缺乏保护的劳动者不可避免地走向了悲剧的角色。

(二)国有企业中的"内部人控制"问题

日本经济学家青木昌彦在对社会主义国家早期经济转型过程中的企业制度进行深入研究后指出,"内部人控制"是"转轨经济过程中所固有的一种潜在可能现象,必须采取措施加以克服"[①]。这种现象也广泛存在于中国转型过程中的国有企业中。"内部人控制"问题得以产生,一是国有企业经营者的利益与国有企业本身利益之间不同;二是国有企业中没有形成所有者与经营者之间有效的制衡关系。

---

① 〔日〕青木昌彦等:《转轨经济中公司治理结构:内部人控制和银行的作用》,中国经济出版社1995年版,第30页。

显然,国有企业的经营者作为"经济人"追求的是自身利益的最大化,他们本身是一个有着共同特殊利益的集团;而国有企业及其所有者追求的是公共利益,要实现国有资产的保值增值。这就很容易造成经营者利用专业、信息优势不断侵蚀国有企业的利益。为此,必须建立起所有者与经营者之间有效的制衡关系,通过对经营者的激励和约束,使二者的利益相对一致。但是,在中国,这个制衡关系始终难以建立起来。在2003年国资委成立之前,国有企业所有者的代表一直得不到落实,国有企业的经营者或管理者往往拥有双重身份——他们既是国有资产的代表者,又是国有企业的职业经理人。在这里,所有者与经营者之间的监督与被监督关系,就变成了自己监督自己。在国资委成立后,由国资委履行国有资产代表者职责,所有权与经营权得以分离,但是由于信息的不对称以及监督不力,国有企业的经营者仍然得不到约束,"内部人控制"问题仍然存在。

"内部人控制"问题之所以容易在经济转轨过程中发生,是因为在转轨过程中往往会形成一种"双轨制经济"的过渡形式。而"在双轨制经济中,有一种能够用行政权力分配资源的机制存在。在一定条件下,这种凭证的货币化会向权力的货币化转化,即分配凭证的权力实际上是分配货币的权力"①。如前文所说,国有企业现有的用工制度正是一种"双轨制"用工,这种用工制度的好处不仅在于它能够控制国有企业的用工成本,而且更能为经营者带来自身的利益。拥有权力的领导者可以将"编制"作为一种"身份凭证"进行货币分配,不断地将"编制"纳入自己的利益群体。同时,"编制"还可以成为国有企业经营者向政府官员游说的一种诱惑,是一种有效的"贿赂"形式。拥有"编制"的群体就形成了一个利益集团,成为国有企业中的"内部人",他们垄断稀缺资源、攫取高额利润,同时牢牢把握着企业的话语权,通过影响政策的制定和执行不断地提高自身的劳动分配,拒绝与"编制外"的员工同工同酬。因此,"双轨制"用工实际上给国有企业创造了一张官员养老、安插亲属、窃取公共利益的温床。对这

---

① 《"给政策"引出的改革思路——刁新申谈双轨制经济中的"权利货币化"》,《经济学周报》1989年3月5日。转引自吴敬琏:《当代中国经济改革教程》,上海远东出版社2010年版,第59页。

种用工制度进行改革,势必深深触及国有企业经营者和固定工的利益,他们会尽最大努力进行抵制,国企用工制度改革由此缺乏内在动力。

(三)全球化背景下非国有经济对国有企业的冲击

中国从计划经济体制转为市场经济体制,走的是一条"增量改革"的道路,即在改革国有企业的同时,推动国有部门以外的经济领域发展。通过开放外商直接投资、允许外资企业进驻、鼓励和引导民营企业发展使非国有经济逐渐发展起来,从而给国有企业造成了前所未有的竞争压力。在改革开放初期,为了创造好的环境,吸引外国的直接投资,中国给予了外资企业诸多的优惠政策,包括灵活的用工、税收的减免、相对宽松的监督等。与此同时,民营企业迅速发展壮大,民企在用人方面的体制优势日益凸现,这些都迫使国有企业使用灵活的用工方式以降低生产成本、吸引人才。各级政府对国企效益的片面追求,以及对劳动者合法权益保护的严重缺位,使得国有企业的劳动政策逐步放宽,企业拥有了比较灵活的用工、工资分配的自主权。在这种情况下,国有企业经营者普遍实行有弹性的用工形式,企业在让核心劳动力享受较高的工作待遇的同时,在短期项目上雇佣子公司的工人或者通过劳务公司雇佣临时工、派遣工等,国有企业内部逐步形成了更年老的固定工和更年轻的合同工、核心的员工和边缘的员工之分。可以说,外企和民营企业的冲击是国有企业最初实行双轨制用工制度的一大动因。

(四)劳动力市场的自身缺陷

约瑟夫·斯蒂格利茨曾指出,与发达国家相比,发展中国家通常面临更加严重的市场失灵问题,包括劳动力市场的问题。① 确实,劳动力市场本身是不完善的,存在着内在的缺陷。一个完全竞争的劳动力市场是相对完善的,但完全竞争是非常难以实现的。因为"完全竞争的前提是雇员和雇主在劳动力市场中是经济和法律上的平等主体。但是由于信息不对称、流动成本甚至倾斜的利益结构,公司往往

---

① 〔美〕约瑟夫·斯蒂格利茨:《发展与发展政策》(纪沫等译),中国金融出版社2009年版,第405页。

拥有买家垄断权。更为普遍的情况是:由于存在流动成本以及缺乏家庭储蓄和其他资源,再加上劳动力供应过量,这使得个体工人无法拥有与雇主平等的谈判权"①。在我国,此种情况尤为明显。社会转型过程中,城市化进程加快,大量的农村富余劳动力涌入城市,再加上城市中原有的下岗再就业人员、大学毕业生等,劳动力市场明显供过于求。过剩的劳动力资源使用人单位拥有劳动力的买家垄断权,而劳动者则处于被动的地位,无力与用人单位形成有效的抗衡,只能忍气吞声。而大部分特别是一些垄断行业的国有企业,由于整体待遇明显好于其他类型的企业,更是让大量的劳动者挤破脑袋也要占有一席之地。因此,可以说国有企业是拥有劳动力买家垄断权的,这就给国有企业实行身份制、等级化的用工制度提供了可能。当诸多的劳动者进入国有企业后,即使长期遭受不平等待遇,他们也由于户籍制度、社会保障制度等的限制,在巨大的流动成本压力下想动而不能动。"工人会没有市场,而市场绝不会没有工人。这种市场的霸权和无可逃避性的意识形态,在国有企业为竞争而采取的实践中得到了反映"②,就是对国有企业的劳动力市场的真实写照。

(五)国有企业中工会的角色偏离

国有企业在发展主义模式和非国有经济的冲击下,不可避免地走向了一种相对灵活的"双轨制"用工的劳动实践。这种用工制度是向市场化转变的一种过渡,但是却给劳动者带来极度的阵痛感。本来,在这个过渡期通过建立起代表工人的有效组织——工会,可以保护劳动者、减轻弱势劳动群体的阵痛,中央政府和全国总工会也曾鼓励甚至强制在国有企业中成立工会和集体协商,以此来改善经济转轨时期的劳动关系,使劳动者尽量平等化,但是这些努力并没有取得什么成效。国有企业中工会的尴尬地位使得工会本该有的作用根本得不到发挥。工会具有作为工人代表、保护工人的职责;更要对党负责,接受党的领导和监督,工作方向要保持与党和政府的方针政策一

---

① 〔美〕约翰·W.巴德:《人性化的雇佣关系——效率、公平与发言权之间的平衡》(解格先等译),北京大学出版社2007年版,第123页。

② Marc Blecher, "Hegemony and Workers' Politics in China", *China Quarterly*, Vol. 170, No. 6, 2002, pp. 283-303.

致。这也是工会的首要职责。由于国有企业的管理者基本都由党组织和政府部门委任,而工会领导者也是党组织指派的。当劳动者与国有企业及其管理者发生冲突时,工会无论愿不愿意都要站在管理者的一边。因此,国有企业中的工会角色是偏离的,它更像是一个官僚组织,是党和政府的附属物。作为劳动者的保护组织,它的力量是非常弱小的。国有企业中大量的体制外劳动者由于身份的原因而被挡在了工会的大门外,就更谈不上工会的保护了。

(六)政策法规的不完善和执法监督的不到位

国家的法律法规和相关的劳动政策、工会组织的力量以及政府的监管,是现代社会保护劳动者权益的基本形式。然而,在当下的中国,这些都无法改变国有企业"双轨制"用工体制下劳动者不平等的现状。改革开放以来推出的一些法律法规和劳动政策,更多的是倾向于国有企业发展的一种实用主义的选择。在涉及国有企业劳动政策方面:1981年关于实行固定工、合同工、临时工等多种用工形式的规定,1986年、1992年、1994年关于实行劳动合同制的规定,都是为了适应国有企业市场化改革的需要而颁布的。在缺乏政府有效监管的情况下,这些法规事实上为等级化和歧视性的用工制度提供了便利。在专门的劳动法律法规方面:尽管1996年颁布的《劳动法》强调了所有劳动者的基本权利,消除了固定工、合同工、农民工等之间的法律差别,但它的背后有另一层意味,即为国有企业创造一个更公平的制度。再如2008年1月1日开始施行的《劳动合同法》,可能立法者的本意更多的是要保护劳动者的利益,但是这部法律同样存在不少的漏洞:对同工同酬的规定只是停留在了一个原则性要求层面,对于同工不同酬的问题,没有明确的法律界限和具体的法律追究惩罚机制;对劳务派遣进行合法化和规范化,并明确规定"劳务派遣一般在临时性、辅助性或者替代性的工作岗位上实施",但是这样的规定过于笼统,导致劳务派遣用工被滥用。另外,社会保障体制的不到位、不完善,把大量的体制外劳动者排除在保障范围外,使他们得不到基本的医疗、住房、子女教育等方面的福利,从而造成"体制内"与"体制外"劳动者的收入差距进一步扩大。

三、建立一种新型的国有企业用工制度：目标与原则

（一）国有企业用工制度的国际经验

20世纪70年代以来，西方发达国家为摆脱"政府失灵"和福利国家的危机，在推动国企私有化的同时，那些还保留的国有企业（国营企业），其生产和雇佣关系也越来越趋向灵活化和非正规化。一些非正规（也称"非典型"或"非核心"）的灵活就业形式开始出现，用工模式逐渐显露出二元的、松散的、不稳定的特质。这要求国营企业及其监管部门妥善处理两方面的关系：一是要满足企业自身自主用工、灵活用工的需要，二是要保护灵活就业人员的合法权益。欧盟各国以完善的制度安排为特点，包括一体化的劳动市场、工会和集体协商制度、对灵活就业者广覆盖的社会保障制度、对灵活用工有明确规定的法律规制。韩国主要采取了两大措施：一是诞生了专门针对非典型工作人员的保护法——《固定期限合同工和部分时间雇员保护法》，二是行业工会和集体谈判发起了保护非典型就业人员的持续运动。日本则是依靠企业工会发挥关键性的作用，企业工会利用其强大的力量和独立的立场直接将非正规就业人员纳入体制内。

从20世纪80年代中后期开始，中东欧国家（包括波兰、保加利亚、匈牙利、俄罗斯等），伴随剧烈的政治、经济和社会体制改革，其雇佣关系也经历了一个复杂的、多层次的转变。国有企业进行了大规模的私有化，原有的依附性的、全日制的用工体制逐渐被打破，出现了一些固定工以外的用工形式，如有时间期限的劳动合同（固定期限或短期合同）、劳务派遣、非全日制等。为了避免非正式用工的滥用，防止劳资矛盾的过度激化，减少改革中的不稳定因素，中东欧国家普遍采取诸多强制性政策。如保加利亚、波兰、捷克共和国都对灵活用工进行了严格的限制，对灵活就业的工作时间、工作岗位、收入报酬作出明确的规定。由于政策的限定，众多国有企业纷纷采取正式员工的弹性工作制，很好地解决了临时用工的需要，避免了大规模非正式员工的出现。因此，中东欧国家在转型过程中，凭借强有力的政策规制和国有企业自身的策略，基本实现了用工制度从计划体制向市场体制转变，劳资关系逐步缓和，劳资双方没有出现明显的冲突。

由此可见,非正规的、灵活的就业形式在国有企业出现是顺应市场和改革的需要。无论是在西方发达市场经济国家,还是在中东欧的社会转型国家,20世纪七八十年代后都出现了一定程度的二元用工模式。而我国国有企业当前普遍存在的"双轨制"用工似乎是顺应潮流、符合国际趋势。确实,我国的"双轨制"用工一开始是有借鉴国外的经验,但是发展到现在,事实上它已经背离了国际经验,走向了困境。"双轨制"用工变成半计划、半市场的劳动关系,出现明显的"体制内"与"体制外"裂痕,身处体制两端的劳动者利益分化日趋严重。而国外的用工制度,尽管具有一些二元特质,但整个的用工体制都是市场化的关系,依靠劳动力市场调节;它可能有用工形式的差别,但很少有对劳动者的歧视性待遇。外国的经验给我们最大的启示在于:具有一定灵活性的用工制度,需要有完善的制度体系相配合,才能实现灵活与规范、雇主与雇员之间的平衡,实现劳动者的公平待遇、体面劳动。具体来说,包括两方面的内容:

第一,现代用工制度需要有适度的灵活性,但企业不能过度依赖灵活用工。无论是面对全球化和技术进步,还是应对经济危机,又或者是适应市场化改革的需要,现代用工制度都需要有一定的灵活性,以满足人力资源调整的需要。为此,企业可以适度地使用一些非正规就业人员,比如临时工、劳务派遣工等,以顶替暂时不在岗的人员或者完成季节性的工作任务。但是企业不能过度依赖灵活用工,在长期性的、重要的岗位使用非正规人员,这很可能会造成企业内部的管理混乱,带来一些新的成本。因此,灵活用工并不一定能够带来效率,企业要想提高市场竞争力,关键是要进行技术创新;依靠灵活用工来降低成本,并非长久之计。另外,企业应对暂时性的用工不足或过剩,可以像中东欧国家那样通过企业内职工合理的工作时间和工资水平的调节来实现,而不是非要使用或者解雇非企业内的人员。

第二,实行有一定灵活性的用工制度,必须要有健全的配套制度相支持。在这方面,政府或有关监管部门的作用至关重要。因为,灵活用工要允许一定程度的收入差距,由此又不可避免地会出现一些矛盾,只有有效的规制和监管,才能做到灵活而不失规范、有合理的收入差距而又不失公平。而一系列的配套制度包括几点:一是要有专门针对灵活就业者的劳动保护法,严格规范企业雇佣灵活就业者的条件、程序,在法律上确保灵活就业者的地位,享有与正规就业人员同等待遇的权利。二是要有相对完善的社会保障体系,扩大社会保障范围,将灵活就业者纳入体系内。三是要促进劳动力市场的正常运转,实现劳动力的合理配置。同时,要建立起就业服务体系,让劳动者充分了解市场变化和就业信息。四是要建立起劳动监察制度和劳动争议处理制度,及时纠正企业的不平等用工行为,对企业就业歧视、不公正待遇等行为进行惩罚,公正及时地处理劳资纠纷案件。五是确实发挥工会和集体协商制度在保护劳动者方面的作用,这是工业民主的重要方面。要让劳动者(包括灵活就业者)有发言权,有争取自己合法权益的权利。这些方面可能很难一一俱全,但是至少要在一两个方面起到作用,否则灵活用工制度的改革很难进行。

(二)建构国有企业新型用工制度的基本原则

国有企业的用工制度存在诸多弊端,执政党和政府应当加快推进国企及其用工制度的改革,引导并督促国有企业通过制度创新,建立新型的企业用工制度。国有企业用工制度改革既不能回到计划经济体制下平均主义的"固定工制",也不能在现有的分配不公的"双轨制"上修修补补,而是要创造出一种新型用工制度——既能体现国有企业的本质属性,又符合市场化改革的基本方向和现代企业制度的要求,符合劳动立法保护精神,实现劳动群众体面劳动,促进社会公平正义。这种新型的用工制度与现有的"双轨制"有明显的区别(如表3-12所示)。

表3-12 新型用工制度与现有的用工制度的区别

	对比项目	新型的用工制度	现有的用工制度
内部机制	用工形式	单轨制	双轨制
	管理模式	契约—协调型	等级—控制型
	与旧体制的关系	切断	关联
	劳动关系	市场化	半计划半市场

续表

对比项目		新型的用工制度	现有的用工制度
主体关系	企业与员工的关系	主人翁	半雇佣
	员工与员工的关系	平等	不平等
	政府的作用	归位	缺位、越位
	利益关系	利益共享型	利益冲突型
社会功能	劳动者	体面劳动	差别劳动
	国有企业	效率提升	效率损害
	社会效益	分配公平	分配不公

我们试从内部机制、主体关系和社会功能三个方面对国有企业新型用工制度的目标和建构原则作一简单的阐述：

1. 内部机制

内部机制反映的是用工制度内部的运行规律和特点，体现的是各部分之间相互作用的过程和方式，对整个用工制度起着基础性的、根本的作用。

第一，新型的用工制度是一种单轨制的用工形式，在国有企业内部不再有体制内和体制外的二级劳动力市场分割。作为国有企业的员工，他们通过统一的劳动合同与企业建立契约关系。这种合同只存在工作时间、工作内容、工作收入等方面的不同，而不存在正式工合同、合同工合同等本质上的差别。也就是说，在一个企业内部，没有明确的正式工与非正式工之别。但是，单轨制用工并不是说国有企业的用工制度要回到改革开放前的固定工制，实行"终身制"，缺乏用工的灵活性。为了适应知识经济时代、高科技时代的特点，为了适应企业部分弹性工作岗位和工作内容的需要，为了适应灵活工作者自由支配劳动时间的需求，单轨制用工并不排斥灵活用工，它允许季节性用工、临时工、小时工等用工方式在一定范围内存在。因此，确切地说，新型的用工制度是一种以灵活用工为辅助、以单轨制用工为主的用工形式。

第二，新型的国有企业用工制度实行的是协调型而非控制型的管理模式。现有的用工制度背离了国有企业的本质属性，以国有资本雇佣劳动力,让体制外的劳动者成为了国有企业的打工者,这决定了管理方式以控制监督为主。而新型的用工制度建立在平等而相对稳定的用工方式下,企业经营者对普通员工有较充分的信心和信任,其采取的管理方式是协调型的,鼓励劳动者主观能动性的发挥,注重上下级的双向沟通;允许员工参与企业的管理,为企业的发展建言献策;在出现矛盾时,基本采用协商的方式解决。

第三,新型的用工制度要建立的是一种完全市场化的劳动关系。国有企业的人力资源与外部劳动力市场相联系,通过市场化的方式实现人力资源的合理配置。这种用工制度与旧体制是相分离的,劳动者通过自主择业、竞争上岗,不存在部分员工利用旧体制的庇护在国有企业内部保持着"终身制";进入企业后,员工能上能下,以能力和业绩为依据进行分配,有着有效的激励机制和竞争机制。

2. 主体关系

国有企业新型用工制度的主体关系是涉及企业、劳动者与政府三者的互动关系。(1)国有企业的本质属性决定了员工处于主体位置,是企业天然的"主人翁";员工与企业具有同等的权利和义务,劳动者并不是处于弱势的一方。无论哪种用工形式,员工都不能是国有企业纯粹的雇佣者,国有企业不能以剥夺员工权利来换取企业经济效益的提高。因此,国有企业与员工之间的冲突不是完全对立的,而是可以通过协调的方式内部解决的。(2)员工与员工之间的关系,是平等和互助的。企业中不存在上等工或是下等工,无论长期在企业中工作的正式员工还是短期在企业工作的灵活工作者,都处于平等的位置进行竞争,通过自己的努力和能力实现其在企业中的职业发展。(3)政府希望将国有企业作为国家宏观调控的有力工具,这要求政府作为国企用工的第三方,能够成为劳动者的有力保护者、国有企业的有力监督者、企业与员工之间利益的协调者。从总体上说,企业、员工、政府作为用工主体,三者之间是一种利益共识型的关系,他们通过相互合作致力于实现员工的个人发展、企业的生产效率和社会的公平,从而促进国民经济的健康发展。

3. 社会功能

单轨制用工提倡"制度面前人人平等",员工参与竞争的机会是均等的,劳动者没有身份之别,也不存在歧视和群体剥削现象。这意味着员工收入主要取决于其自身的能力以及他在工作岗位上所付出的努力程度,因而个人的工作积极性高、生产效率也高,从而获得较高的劳动报酬。同时,劳动者也不会被排斥在社会保障体系之外,可以获得工会和集体协商制度的保护。因此,对于劳动者来说,单轨制用工能够较好地实现体面劳动,享受到劳动的果实。对于国有企业来说,单轨制用工允许一定程度的灵活用工,能满足其用工的弹性要求,同时又能相对保持企业内劳动关系的稳定。总体上,它可以创造一种良性的竞争环境,有利于形成一种公平而又充满活力的企业文化,员工倾向于团队合作,相互间进行学习和创新,为国企在稳定中发展提供了条件。因此,单轨制用工的正面效应是明显的。陶厚永等通过实验证明"用工单轨制更具有适应性效率,更能促进组织绩效的快速增长;用工双轨制具有刚性特征,组织很难进行自我矫正"①。对于整个社会来说,当前收入分配问题广受社会争议,社会公平正义面临严峻的挑战,而国有企业内部"按身份分配"就是一个严重的层面。采用单轨制用工,劳动者同工同酬,可以相对减少国有企业的分配不公问题,同时也能通过国有经济的主导作用树立起合理分配的正面形象,从而促进整个社会层面的分配公正。

四、推进国企用工制度改革的政策建议

改革国有企业"双轨制"用工制度,构建一种新型的国有企业用工制度,需要国有企业与政府双方的共同努力。首先需要国有企业的自觉行为。国有企业必须要认识到当前用工制度的严重缺陷和问题,痛下决心,通过内部的努力来促进用工制度的改革。不过,改革的本质就是利益的重新分配,难免会触及一部分人的利益,在"内部人控制"问题严重的情况下,单纯依靠企业自身的改革是不现实的。因此,深化国有企业用工制度改革,还要依靠国家的强制力,充分发挥政府的作用。

---

① 陶厚永、刘洪:《何种用工制度更具适应性效率——用工双轨制与单轨制的比较研究》,《中国工业经济》2009年第1期。

(一) 推进国有企业体制改革,建立现代企业制度

1. 转变发展模式,打破行政垄断

国有企业特别是央企,凭借资源和政治优势,在市场竞争中占据绝对的垄断地位。在国家发展主义模式下,国有企业具有强化资本、削弱劳动价值的倾向,甚至不惜牺牲广大劳动者的利益来获取短暂的经济效益,这对国有企业自身及整个国民经济的发展都是不利的。因此,国有企业必须转变发展模式,采取对劳动者和其他市场竞争主体更具有包容性的发展方式。一方面,要充分尊重劳动者,激发劳动者的积极性。企业的市场竞争力,不能过度依赖灵活用工方式来降低用工成本,而是要进行技术创新,研发核心技术,这就要依靠劳动者的技能水平和创造力。另一方面,就是要破除行政垄断,这是国有企业改革的攻坚难题。国有企业要与其他市场竞争主体处于平等竞争地位,不能有过多的特权或政策优势。这就需要进一步调整国有经济布局,进行战略性收缩,使其从一般竞争性领域退出。明确国有企业经营范围,对于可以市场化的领域,坚决市场化,而不要过多以"关系国计民生"为说辞,让一些本该退出市场的国有企业继续生存下去,从而让"内部人"变公为私获取大量公共利益。

2. 调整薪酬分配结构,逐步缩小收入差距

收入调整直接涉及利益冲突,导致企业内部的混乱,为此要在"尊重历史、承认差别"的基础上逐步调整薪酬结构。在"体制内"与"体制外"并轨之前,要对原有的固定工进行一定的经济补偿。"双轨制"用工一直存在,就在于"老人老办法"难以破除。确实,对于老员工来说,由于以往较长时间拿着相对低的工资,现在要与"新人"同工同酬,对他们也是一种不公平。要解决这个问题,关键在于对他们以前的牺牲做出补偿。正如曼瑟·奥尔森所说:"对经济效率和接受补贴者的利益两方面而言,影响最大的问题是补贴,而不是私有或公共所有的身份。"①因此,可以通过对"老人"应得利益进行清算,采取分次补贴或一次性买断等方式,彻底打破老员工的"铁饭碗",由"双

---

① 〔美〕曼瑟·奥尔森:《权利与繁荣》(苏长和等译),上海人民出版社2005年版,第134页。

轨"转化为"单轨"。对固定工进行补偿后,就要从按身份分配转变为按劳分配,"因事设岗"而不是"因人设岗",通过岗位匹配原则,确保员工能够各尽其能、各得其所。再依据员工所在岗位、技能等个人素质和对组织贡献发放薪酬,形成合理的收入差距,使薪酬结构既有激励性又有公平性。

3. 改革并重塑工会角色,建立起行业工资集体协商制度

工会和集体协商制度是克服雇主和单个雇员之间力量的结构性不平衡的关键手段,是工业民主的一种形式。而长期以来,工会在国有企业中只是个行政附属机构,在财务、人事各方面都不具有独立性。为此,国有企业应该放弃对工会的控制权,赋予工会更多的自主权,使其发挥对劳动者的保护作用。实现独立的工会,应该扩大群众基础,解决不同劳动者的会费问题,将灵活就业者纳入保护范围,巩固他们在工人阶级中的政治地位。在集体协商体系的建设上,中国更是明显落后于西方国家。不论是工资还是劳动条件方面,都未形成具有普遍成效的集体协议。在这方面,国有企业可以起到带头作用,自觉联合工会代表、职工代表,就企业内的工资分配制度、工资水平、工作条件、平等用工等事项进行平等协商,形成集体合同。再将集体合同的效力不断扩展到行业中的其他单位,使集体合同具有普遍约束力。

4. 实行民主管理,塑造以人为本的企业文化

在一个民主社会,不应存在这样一种人为的区别对待,即认为人们在政治决策中有发言权,而在经济决策中则没有,尤其是当经济决策可能更直接地影响到个人的生活时。[1] 这是企业要实行民主管理的最根本的理论依据。劳动者必须基于工作中的权利拥有发言权,对企业中的大小决策有参与权、知情权、表决权。特别是对于危及自身合法权益的事情,有权提出抗诉并寻求解决。此外,国有企业还要塑造以人为本的企业文化,这与其本质属性是一体相承的。在工作中以及各种活动中,充分唤起所有劳动者的主体意识,调动他们的主动性和创造性,增强企业凝聚力,推动企业和劳动者全面发展。无论

---

[1] J. A. Estey, *The Labor Problem*, New York: The McGraw-Hill Company, 1928, p.103.

是民主管理还是以人为本的企业文化,事实上都是让劳动者有尊严地工作。"工人的尊严,归根到底要求积极参与到工作生活中的各个方面,无论是通过正式的方式,还是非正式的方式。尊严依赖于发挥作用的机会。"①

(二)重塑政府角色,推进市场体制和社会体制创新

1. 政府的作用与角色定位

约翰·W.巴德认为,理论上,政府是天然的决定工作场所规则的中立方,但是它的不足在于它处于雇佣关系的外部。而且,政府也可能陷入当前的政治中,因而不会是严格中立的。② 这正好指出了当前中国政府在国有企业用工制度改革中的角色偏离问题。特别是地方政府,为了谋求政绩,创造了外国投资和国有企业发展的良好环境,而不顾劳动者的利益,放任企业进行劳务开发。甚至,有些官员与国有企业管理者合谋,形成利益集团,对企业过度使用"体制外"劳动者进行庇护。这样,政府在劳动者保护特别是灵活就业者的保护中是完全缺位的。因此,政府要发挥在国有企业用工制度改革中的作用,首先就要重塑自己的角色定位,明确自己是实现劳动者体面劳动的制度保障主体,是保障劳工权益的最有力屏障。对于在劳动者保护中"不作为"或"有所不为"的官员给予严惩,使政府工作人员切实从劳动者利益出发。

2. 加快劳动立法,完善法律法规

社会主义市场经济体制的建立,从本质上要求打破身份和等级观念,契约和法律才是约束人们行为的基本方式,身份不应该再是权利地位不平等的标准和印记。对此,国家应尽快完善劳动法律法规,把和谐劳动关系的构建纳入规范化、制度化、法制化轨道。一方面,对现行法律法规中的漏洞进行修订,比如针对《劳动法》《劳动合同法》中"同工同酬"、劳务派遣等规定不具体、不具有可操作性的问题

---

① Paul Bowles and Gordon White, "Labour System in Transitional Econmonies: An Analysis of China's Township and Village Enterprises", *International Review of Comparative Public Policy*, No.10, 1998, pp.245-272.

② 〔美〕约翰·W.巴德:《人性化的雇佣关系——效率、公平与发言权之间的平衡》,第178页。

重新修订,防止诸多企业钻法律的漏洞。另一方面,根据新形势下出现的新的就业形式进行专门的法律制定,如针对灵活就业群体的问题制定《公平劳动标准法》《灵活就业保护法》《工资法》等,使执法者、劳动者、企业能够有法可依。当然,完成这些立法的改革,还面临着一个艰巨的难题,即立法者要在对整个劳动力市场的制度环境进行判断和兼顾的前提下,寻找到企业灵活性需要和劳动者公平性需要之间的平衡。

3. 健全社会保障制度,扩大劳动者保障范围

社会政策伦理派认为,社会政策就是要在国民经济生活中实现的"正义分配",要求国家权力"超阶级、超伦理的照顾,使其成为社会弱者的保护人和救济者"①。社会保障制度正是这样的一个典型,是"再分配要更加注重公平"的主要实现形式。实行具有一定灵活性用工制度的一个重要前提就是社会保障制度到位,扩大保障范围,将灵活就业者纳入保障体系。针对灵活就业人员,特别要健全最低生活保障制度、养老保险制度和失业保险制度,并制定住房、医疗、教育等相关政策,同时要在特殊时期提供政府补助,以帮助他们渡过难关。不过,由于灵活就业者的流动性和分散性,不宜直接套用正规就业人员的社会保障制度,也不宜具有同等的保障水平。二者在保障水平上应该存在一个适度的差别,否则,劳动力市场必要的弹性和灵活性将难以保持。

4. 建立一体化的劳动力市场,形成就业服务体系

一体化的、没有分割的劳动力市场是实行单轨制用工的必要条件,而严格的户籍制度是实现这一点的一大障碍。在户籍限制下,劳动力流转困难,流动成本巨大,不利于企业与员工之间的双向选择,因此必须废除户籍制度。另外,一些地方政府也要克服地方保护主义,减少对外来务工人员的诸多政策限制,实现地区之间人力资源的合理流动与有效配置。当然,一体化的劳动力市场还要有完善的就业服务体系与之相配套。包括建立起及时、全面、正确的劳动信息系

---

① 张敏杰:《社会政策及其在我国社会经济发展过程中的去向》,《浙江社会科学》1999 年第 11 期。

统,实现劳动力市场主体的信息共享;为不同类型的就业者提供有针对性的培训学习计划,克服灵活劳动者在提升自我技能、谋求职业发展方面的障碍;为有条件的灵活就业者提供资金、信贷支持,鼓励自主创业,从而解决劳动力过剩问题,减少企业中的非正规就业人员;完善人事代理和个人账户,实行有效的劳动力市场管理。另外,还要向灵活就业者提供法律援助,使他们能够平等地享有行政救济的权利。

五、结语

总结以上研究,我们对国有企业用工制度问题的认识可以归纳为以下几点:

第一,在现代工业文明社会,劳动者的主体性和劳动权属于人权和生存权,是天然的、不可剥夺的。在2011年6月1日举行的第100届劳工大会上,国际劳工组织总干事胡安·索马维亚在题为《世界需要走入一个社会正义的新时代》的报告中指出:"目前很多国家的增长模式导致了对个人和社会越来越不平等的结果,……需要建立完善的增长模式,承认社会正义愿望和体面劳动等政策高于一切。"①社会主义的国有企业,"公有性"是其本质属性,劳动者当家做主是题中应之义;现代企业制度内在地要求建立平等的契约关系,实行民主化管理。凡此种种,决定了国有企业的用工制度改革,必须坚持市场化的方向,消除身份差别,给予劳动者应有的尊重和保护,实现劳动者体面劳动,促进社会公平正义。

第二,国有企业实行的"双轨制"用工,事实上是一种等级化的用工制度。这种用工制度造成了体制性的歧视和严重的分配不公;侵害了体制外劳动者的劳动权、生存权和平等权。这既违背了国有企业的本质属性,脱离了市场化的轨道,更有悖于社会的公平和正义。国有企业"双轨制"用工制度的形成,一方面是国家发展主义模式下,国有企业在权力与资本的紧密结合下出现政策偏差,过于追求经济利益,"内部人"得不到控制;再加上非国有经济的冲击,"双轨制"用

---

① 胡安·索马维亚《世界需要走入一个社会正义的新时代》,联合国电台网,http://www.unmultimedia.org/radio/chinese/detail/151006.html,2011年6月1日查询。

工成为企业逐利的工具。另一方面,则是国家在允许国有企业拥有必要灵活性和自主性的同时,放弃了对国有企业的公法约束和对劳动者合法权益的有效保护,劳动法规、社会保障、工会和集体协商的脆弱,造成了"双轨制"用工制的尴尬。

第三,从国外用工制度的实践看,无论是发达市场经济国家的经验,还是中东欧转型国家的经验,都说明坚持市场化的方向、拥有必要的灵活性是现代企业用工制度的趋势,但是必须要有完善的配套制度相支持。要推进国有企业用工制度改革,破除劳动者的身份差别,实现从半计划、半市场的"双轨制"向完全市场化的"单轨制"转变,还需要国有企业体制改革的深化和政府的强力推动。

"下山脱贫"的浙江经验与中国的反贫困战略

反贫困是中国在 21 世纪面临的一大挑战。中国反贫困事业能否向纵深推进,是检验执政党和政府"以人为本"的科学发展观能否落到实处的标尺之一。从 20 世纪 90 年代开始,浙江省各级政府借助行政力量,帮助生活在偏远山区的农民移民下山,脱贫致富。浙江省高山农民"下山脱贫"的成功经验,是反贫困模式的一大创新,极具推广性和可复制性。就全国范围而言,执政党和政府如能在西部或边远贫困地区复制或借鉴这一模式,将大大推动我国西部地区的反贫困事业,促进西部大开发战略的实施,缓解东西部之间的发展不平衡问题。

一、移民扶贫:中国反贫困战略的新思维

改革开放三十多年来,中国的反贫困事业取得了举世瞩目的成就。据国家扶贫办公室称,中国的贫困人口(人均年收入 785 元以下)已从 1978 年初的 2.5 亿人,减至 2007 年末的 1479 万人。世界银行的数据显示,过去 25 年全球脱贫事业成就的 67% 来自中国。[①]在取得这一成就的同时,官方和民间都清醒地认识到,中国贫困人口的绝对数量依然很大,工作难度越来越大,中国的反贫困任务依然任重道远。中国政府已经在 2004 年全球扶贫大会上作出庄严承诺,到

---

① 于文静:《30 年间中国绝对贫困人口 2.5 亿减至 1500 万以下》,《人民日报(海外版)》2008 年 10 月 18 日,第 1 版。

2010年要基本解决现有贫困人口的温饱问题。如何完成这一反贫困的宏伟目标？城市化、开发扶贫和"输血"扶贫，无疑是解决"三农"问题和推进反贫困事业的基本途径。

问题在于，"三管齐下"的战略从理论上讲十分有效，但在现实国情下却存在一些难以克服的缺陷。首先，我国农村剩余劳动力过多，假如全部转移到城市的话，粗略估算，至少还要增加10个以上上海市规模的城市。同时，由于农村劳动力素质总体较低，大部分人员无法竞争城市的中高端工作，因此通过城市化来实现农村劳动力的全面转移也并不现实。其次，现存贫困人口的大多数分布在自然条件极为恶劣的脆弱生态环境地区，这些地区地处偏远，交通闭塞，基础设施极为缺乏，社会服务极其落后，基本不具备人类文明生活和生产条件。近年来开发式扶贫效率逐渐降低的事实，已经表明这些工作很难从根本上解决贫困问题。对赤贫地区实施"输血"式扶贫，我们认为也是治标不治本，何况国家不能也不应该通过"包养"贫困人口的办法来实现消灭贫困的目标。

那么，贫困地区的人口通过什么途径才能从根本上摆脱贫困，并与全国人民一起共享改革开放和经济大发展的成果呢？答案很简单，就是移民。从高山向平地移民，从西部向东部移民。具体来说，对于现今生活在自然条件极为恶劣的1479万贫困人口来说，国家可以考虑通过向发达或较发达地区移民的办法，把西部贫困人口整体搬迁到生存环境较好的地区，甚至移民到东部发达地区，从根本上改变这些西部贫民的生存环境，然后通过扶贫配套措施，如开发扶贫、职业培训等手段，帮助他们在新的家园发展生产，或进入城镇重新就业，从而彻底摆脱贫困，过上富足的生活。

移民扶贫的战略是否可行，实施后能否见效？在这方面，浙江省创造的移民扶贫模式，以及该省贫困山区成千上万农民"下山脱贫"、异地致富的成功经验，为我国西部地区的反贫困战略和扶贫模式的创新提供了有益的启示。

二、高山农民"下山脱贫"的浙江经验

浙江是中国改革开放以来民营经济发展最快、社会经济最发达

的沿海省份之一。截至2007年底,浙江省的GDP总量达到1.86万亿元,人均GDP近4000美元,人均可支配收入达20574元。浙江虽是个经济发达的沿海省份,但由于地理环境的差异,同样存在着地区发展不平衡的问题。1997年以前,该省中南部的温州、金华、丽水和衢州四地,总共有8个山区贫困县。1997年底,这8个县脱贫摘帽,基本实现了解决农村贫困人口温饱问题的目标。到2000年4月,浙江省还有60万左右的贫困人口,而已经脱贫的数百万贫困人口也存在着如何巩固脱贫成果的艰巨任务。① 近十年来,浙江省各级政府积极实施扶贫开发和"下山脱贫"两条腿走路的反贫困战略,在消除贫困,特别是在帮助那些生活在高山赤贫地区的农民实现脱贫致富方面,取得了令人瞩目的成就。

"下山脱贫",指的是地方政府把生活在高山的赤贫人口搬迁下山、重新整体安置并创造各种条件促使其脱贫致富的反贫困模式。在浙江,鉴于高山深山地区生活生产条件恶劣、贫困农民在当地已经无法脱贫致富的现实,地方政府通过提供政策、资金、土地等方面的支持,帮助那些高山地区的贫困农民整体搬迁下山,到县城或乡镇或中心村等地建立的扶贫小区及扶贫点重新落户定居,进而脱贫致富。这是一种通过移民使贫困人口异地脱贫的反贫困模式。

这一针对高山深山贫困人口的全新的反贫困模式,最初是从浙江省中部的一个山区贫困县——武义县发展起来的。武义县是浙江省原有的8个贫困县之一,从自然地理环境看,武义县位于浙江省中部金衢盆地的东南方,境内多高山,俗称"八山半水分半田",其中海拔800米以上的高山就有101座。该县贫困人口集中的南部山区,有8万人居住在高山、深山和石山区,其中4万人的生存环境特别恶劣,它不仅给当地农民的日常生活和生产活动造成了严重困难,而且制约了当地社会经济的发展。对于贫困山区的农民来说,"脱贫致富"似乎是个遥不可及的梦想。

为了使贫困山区的农民摆脱贫困走上致富之路,武义县政府最初也沿用了"输血"扶贫和"开发"扶贫两大扶贫模式,来帮助当地农

---

① 《中共浙江省委、浙江省人民政府关于进一步加强扶贫开发工作,加快欠发达地区经济社会发展的意见》(浙委[2000]12号文件),2000年4月12日。

民脱贫致富。政府和社会各界通过向贫困地区提供无偿捐助、挂钩扶贫,投入大量人力、财力、物力,开山凿路,架线通电;贫困山村的人民自身也付出了种种努力,肩挑人扛,修桥铺路,但扶贫的效果并不理想。对于生活在生存环境恶劣地区的山民来说,政府和社会直接向贫困地区输送扶贫资金和物资的救济式扶贫,其结果虽然能救山民一时之"急",却难解其长远之难。而一味地"输血"扶贫,还容易导致贫困人口滋生"等、靠、要"的依赖心理,"输血式""救济式"扶贫模式功效甚微。因此,在扶贫工作开始的最初几年,县乡两级政府基于"无工不富"的思路,发动农民发展工业,搞了一些木材加工业等等,其结果是农民没有富起来,一座座青山却成了一个个"癞痢头",山区的生态环境遭到严重破坏,山民的生存环境反而更加恶化了。

严峻的现实使武义县委、县政府认识到,对于那些生活在崇山峻岭深处的贫困农民来说,如果听任他们一味固守在故土,运用祖先世代相传下来的自然经济模式,要实现脱贫致富几乎是不可能的。即使国家和社会不断地向这些地区"输血",恐怕也只能救济一时,并不能从根本上解决贫困问题。而在贫穷的山区发展工业、搞活经济,就更加不切实际。只有从根本上改变贫困村民的生产和生活环境,引导和鼓励他们搬迁下山,才能彻底摆脱贫困,走上致富之路。

从1994年开始,武义县政府改变过去"输血式""救济式"扶贫模式,推出了引导和鼓励贫困山区农民"下山脱贫"的新举措。县政府根据《国家八七扶贫攻坚计划》的战略目标,在试点的基础上,于1994年5月颁布了浙江省第一个专门引导和鼓励农民"下山脱贫"的县政府令——《武义县高山深山农民居住迁移试行办法》,并在1996年11月正式发布了《武义县高山深山农民下山脱贫办法》。随着"下山脱贫"工作的推进,1999年又相继出台《武义县下山脱贫若干问题的处理意见》及《补充处理意见》。对下山搬迁的农户,县乡两级政府在资金、用地、供电、通水、通信、预防保健、子女入学等方面给予积极扶持,帮助下山农民解决在实际中遇到的诸多问题,把山区农民搬迁所需要的成本降低到最低限度。

在提供公共服务方面,武义县政府的具体做法是:

(1) 政府提供必要的财政支持和政策优惠,鼓励农民下山搬移脱贫。县委、县政府除在县级财政每年安排下山脱贫专项资金之外，还积极争取省财政专项扶贫基金的支持。同时，通过社会筹资、单位筹资、结对单位援助等，多渠道筹措资金，支持下山移民在异地发家致富。县政府出台的政策向下山移民搬移提供了一系列的优惠措施：下山移民接受新调整的口粮田和宅基地，全部按低于当地平均调整价的一半左右收取；有关部门在用电增容、安排用地指标、规划建设审批、交通、通信、广电等方面采取减免收费等倾斜政策。凡是符合下山脱贫条件的村、户，政府优先安排土地指标，以划拨性质给农户；是涉及下山脱贫的地方性规费，予以减免或减半收取。下山农户在子女入托、入学、预防保健、就医看病等方面享受当地村民和居民的同等待遇。针对旧村宅基复垦、退耕还林等问题，县委、县政府出台了一些鼓励性政策，规定下山移民户可以继续保留原耕地承包、使用权，原有土地退耕还林的调减农业税、农特税，实行税费优惠，同时每亩给予0.8—1.5万元的资金补助。

（2）政府提供各种公共服务，引导农民下山移民。县委、县政府和有关部门领导还经常跋山涉水、进村入户宣传发动，消除山区农民的思想顾虑，鼓励他们下山搬迁和创业。同时，建立扶贫办牵头的下山脱贫工作联席会议制度，定期研究解决下山脱贫工作出现的具体问题。县委、县政府还把下山脱贫工作列为部门、乡镇工作的重要考核内容，使各部门、乡镇和村干部都广泛参与到这项工作中，主动为下山群众做好各项服务工作，协调解决具体困难和问题；在项目立项、新村规划、土地和建房审批等方面实行乡镇全程代理、部门限时办结制度，提高办事效率。县机关各部门积极开展下山脱贫援助行动，结对扶贫帮困，让那些最困难的群众也能搬迁下山。妥善解决好整体搬迁下山自然村的行政设置、行政管辖权归属、村级组织建设、户口迁移、留守人员安置等问题，确保下山脱贫工作有序、顺利开展。

（3）政府采取一系列举措，协助下山的移民安居乐业、发家致富。武义县的经验是下山脱贫与推进工业化、城市化相结合，下山脱贫与农村劳动力培训就业工程相结合，下山脱贫与发展特色产业相结合。县政府通过推进工业化、城市化，引导下山搬迁人口向城镇迁移，为下山农民提供更多的非农就业岗位和新的生活空间。为此，政府制定了一系列优惠政策,扶持欠发达乡镇发展工业,促进城镇化和工业化的共同发展。同时,县财政每年筹措专项资金,用于农村劳动力的职业技能培训,提高下山农民的自身素质,拓宽农民的就业门路。目前,武义县下山劳动力中70%实现产业转移,从事二、三产业,其收入约占下山农民总收入的85%,下山移民走上了小康之路,昔日的农民逐渐成为市民。县委、县政府还以建设生态县为契机,把发展高效生态农业作为主攻方向,引导山林承包关系向大户流转,建立健全生态公益林建设补偿机制,鼓励下迁农民返乡开发经济林,兴建山上"绿色银行"。

浙江省武义县的"下山脱贫"新政,从1994年开始实施,迄今已有20年,移民扶贫收到了明显的绩效。截至2007年,武义县累计投入下山脱贫扶持资金1亿多元,省政府下拨财政帮扶资金5000多万元,共有346个村、14955户、45657人实现了下山脱贫致富,占全县总人口的1/8,占全县深山高山区群众的2/3,实施搬迁的自然村占全县总数的1/4。下山农民的人均年收入不断提高,从下山前的不足400元提高到现在的4000余元。① 据统计,目前全县下山脱贫村已实施退耕还林2500亩,宅基复垦1700亩,发展经济林1万亩,封山育林3万亩。全县森林覆盖率由1994年的68%提高到目前的82%,空气质量优良率达到100%,75%的地面水达到Ⅱ类水质标准,主要库区达到Ⅰ类水质标准。②

"下山脱贫"这一全新的反贫困模式在武义县的成功经验,逐渐引起各界的关注,并得到了浙江省委、省政府领导的高度重视和肯定。基于反贫困战略和扶贫模式的全新认识,浙江省委、省政府把武义经验向全省推广。从2001年起,浙江省在实施"欠发达乡镇奔小康""山海协作""百亿帮扶致富"等工程的过程中,推出了高山贫困地区农民异地脱贫的扶贫工程,并在浙江省范围内全面实施。

---

① 徐晓恩、徐军、章军:《武义县实施农民下山脱贫战略纪实》,《浙江日报》2004年5月19日。徐晓恩、周关河、朱跃军:《下山脱贫工程绿了深山,武义高山生态旅游火起来》,《浙江日报》2005年8月9日。

② 徐晓恩、徐军、章军:《武义县实施农民下山脱贫战略纪实》,《浙江日报》2004年5月19日。傅利常:《武义县2008年政府工作报告》,武义新闻网,http://www.e-gov.org.cn/ziliaoku/newsoo2/200803/85120.html,2014年4月30日查询。

为了支持贫困地区农民下山脱贫,浙江省、市、县各级财政先后专项列支下山脱贫基金,省财政从2000年起每年安排专项下山脱贫扶持资金,主要用于下山脱贫点水电路等配套设施建设补助,支持乡镇建设下山脱贫小区。从2003年到2007年末的五年间,省级财政累计安排脱贫项目资金10.52亿元,使下山脱贫事业有了强有力的保障;同时,对下山脱贫、特色立业和农民转移培训等进行重点支持,共培训农民209万人,有85万人实现转移就业。

浙江省政府2005年7月制定的《关于进一步加快欠发达乡镇奔小康的若干意见》,对高山深山生活、生产条件恶劣地区的农民下山脱贫工作做出了具体规划。省政府一方面明确要求各级政府按照"政府引导、农民自愿,整体规划、分步实施,整村搬迁、灵活安置"的原则,制定欠发达乡镇下山脱贫和自然村搬迁规划,并具体落实一些缺乏基本生产生活条件的高山远山地区、重点水库库区、地质灾害频发地区农民的整村搬迁工作。另一方面,省政府进一步明确相关优惠政策:(1)省财政每年安排专项资金,重点对纳入省扶持范围的欠发达乡镇的整村搬迁给予支持。(2)省政府把下山脱贫列入浙江省的"五大百亿"工程,专项安排下山脱贫小区建设所需的建房用地指标,下山农民建住房用地免缴地方水利建设基金和省级耕地开垦费,省级以下收取的耕地开垦费按最低标准的70%执行;使用土地整理折抵指标的,其承担的成本回收款标准不得高于当地耕地开垦费征收标准。(3)交通、水利、电力、通信、广播电视等政府职能部门积极筹措资金,对安置整村搬迁农户的下山脱贫小区基础设施给予重点支持。

为了促使下山以后的贫困人口迅速脱贫致富,浙江省政府还要求各级政府,加强欠发达乡镇农村劳动力培训和转移就业工作,重点开展适应二、三产业发展要求的职业技能培训和围绕当地农业特色产业的农业技术培训,帮助下山农民增加在二、三产业的就业机会,或通过发展特色农业脱贫致富。

高山农民"下山脱贫"的扶贫新模式,在浙江全省推广已取得了超过预期的绩效。据统计,2003年至2007年末,全省有26个欠发达县区共下山搬迁10.2万户、36.3万人。加上2003年以前的数据,迄今全省累计下山搬迁12.5万户、43.8万人。① 生态农业成为欠发达地区加快经济发展新的增长点。通过建立和健全以政府为主导、社会各界共同参与的全方位的结对帮扶机制,共有117个省级单位和133个经济强县强镇与欠发达乡镇建立了结对帮扶关系,五年间共提供帮扶资金3.06亿元,向欠发达地区派遣科技特派员837人,推广农业新技术和新品种。2007年,全省80%以上的欠发达地区农民人均纯收入超过全国平均水平。

与此同时,浙江省还将生态保护与下山脱贫有机结合起来,积极统筹区域发展。从2005年起,浙江省出台了生态补偿政策,向欠发达地区的省重点生态公益林建设、退耕还林等提供资金补助,预计2005年省级财政用于生态补偿转移支付的资金总额将达63.58亿元。该省的重要生态功能区,包括江河源头、饮用水源涵养地区、自然保护区、森林和生物多样性保护区等地,随着大量人口移民下山,零星散布在高山深处的一大批村落从地图上消失。据浙江省民政厅区划地名处工作人员初步估算,浙江的村庄已从原来的4万多个缩减到目前的约3.8万个。②

三、移民式扶贫战略的可行性分析

作为当今中国社会经济最发达的沿海省份之一,浙江省在反贫困过程中创造的"下山脱贫"、异地致富的扶贫新模式,是不是具有可复制性?能不能在全国范围内推广实施?这是我们最感兴趣的问题,也是接下来需要讨论的中心议题。我认为,鉴于我国农村现存的2610万贫困人口的绝大部分都分布在生产生活条件极其恶劣的高山荒岭地区,推进城市化和"输血"式开发扶贫战略对此又非治本之策,国家的反贫困战略应该有新思维、新路子、新办法。总之,在坚持既往的城市化、开发和救济"三管齐下"的扶贫方略的基础上,国家应

---

① 吕祖善:《2008年浙江省政府工作报告》,浙江省政府网站,http://www.gov.cn/test/2008-02/15/content_890451.htm,2011年6月1日查询。

② 陈文龙:《村庄少了,森林多了》,《都市快报》2004年12月1日;赵麟溢:《生态补偿助推浙江生态省建设,框架已初步建立》,萧山网,http://xsrb.xsnet.cn/xsdaily/gb/content/2005-07/24/content_479389.htm,2014年4月30日查询。

该根据扶贫事业面临的新情况,适时调整扶贫战略,引进移民式扶贫战略。

我们认为,中央政府在实施"十一五"规划的过程中,可全面推广浙江省下山脱贫的反贫困模式,分阶段、分层次、有步骤地实施移民扶贫脱贫工程。这是我国反贫困事业在城市化、开发式扶贫和输血式扶贫之外,针对赤贫地区的最具可行性的一种扶贫新思路。

首先,中国已经初步具备了启动大规模移民扶贫工程的经济实力。经过改革开放以来30年的发展,我们国家的财政能力有了巨大的提升,2007年,国内生产总值达到246637亿元,全国财政收入达到51304亿元。① 东南沿海地区一批经济发达的省份,如广东、浙江等早在2004年地税收入就已超过千亿元。广东省2007年地方一般预算收入为2785亿元,浙江省为1650亿元;如加上土地拍卖收入,这些经济发达省份地方财政收入至少增加一倍以上。中央和地方特别是沿海发达省份的经济实力,为大规模移民扶贫奠定了坚实的物质基础。

其次,从20世纪50年代开始,国家为兴建大型水利工程而实施的一系列大规模移民工程,为政府主导的移民扶贫工程的展开积累了丰富的经验。以三峡工程的库区移民为例,整个工程涉及20个区县、277个乡镇、库区移民总数多达113万人,总共分三期迁移:第一期涉及湖北和重庆的12个区县、38.71万人,通过政府安置和分散自主投亲靠友两种方式,迁往国内25个省(市、自治区),政府为安置他们共兴建了各类房屋1670万平方米,完成工矿企业搬迁820家。到2002年12月底二期移民工程结束时,共移民72.16万人。剩下的40多万移民预计到2009年三峡工程结束时也将全部搬迁安置完毕。② 三峡百万移民工程的顺利实施,从移民的规划、迁移资金的管理、移民外迁和安置,到促进经济和社会的发展,帮助移民在定居地

---

① 谢旭人:《关于2007年中央和地方预算执行情况及2008年中央和地方预算草案的报告》,新华网,http://news.xinhuanet.com/misc/2008-03/20/content_7827166.htm,2014年4月30日查询。

② 国务院三峡二期移民验收委员会:《长江三峡二期工程移民工程终验报告》,中国水利国际合作与科技网,http://www.cws.net.cn/journal/three_gorges/20037-8/19.htm,2014年4月30日查询。

安居乐业、发家致富，都为今后移民扶贫工程的展开积累了丰富的经验。

当然，中国毕竟还是个发展中国家，对于高山偏远地区的1479万多贫困人口来说，要通过实施大规模移民扶贫工程把他们全部搬迁下山，在短期内迅速解决我国的贫困人口问题，显然也不切实际。但如果因为工程浩大、政府财力不足，而无限期地延缓移民扶贫工程的启动，同样也是于国于民不负责任的态度。

我们认为，中国的移民扶贫工程应该是全国一盘棋，中央政府要从现实的国力和国情出发，通过科学、民主的决策程序，制定移民扶贫工程的长远规划。同时，要充分调动地方及社会各界的积极性，统筹兼顾，分地区、分阶段，渐进启动大规模的移民扶贫工程。

(1) 发达地区先行一步，分地区推进移民扶贫工程。在中央政府财力有限的情况下，国家的移民扶贫战略应该根据各地区的实际情况，先东部、后西部地渐进展开。现阶段可考虑先从沿海经济发达地区开始实施，依靠发达省份自身的人、财、物力，争取用十年左右的时间，把沿海地区不适宜人口居住地区的贫民迁移下山。东南沿海地区的贫困人口，可以就地消化，就近安置在各自省区自然条件较好的城镇或中心村，并帮助他们安居乐业、脱贫致富。

至于西部的贫困人口，现阶段可考虑由中央政府主导，先解决西部地区最贫困的人口的移民扶贫问题。再视中央政府和西部省(市、自治区)的财力，因地制宜地实施进一步的移民扶贫工程。

(2) 区分轻重缓急，分阶段推进移民扶贫工程。对于现存的尚未解决温饱的贫困人口，中央政府要根据这些贫困人口的分布情况，分别其轻重缓急，有步骤地实施移民扶贫工程。据国务院扶贫办调查，全国现有贫困人口中，连年没有解决温饱的贫困农户有76%生活在山区，有46%的农户人均耕地不足1亩，目前还有700万左右的贫困人口住在生存条件恶劣的地区。因此，在移民扶贫的第一阶段，可以考虑先把最困难的700万人迁移出来，安置好这部分贫困人口后，再继续进行新一轮的移民扶贫工作，直到全部解决贫困问题。

(3) "西民东迁"与西部大开发工程的合并实施。西部贫困地区的反贫困事业，应该与国家西部大开发的战略结合起来，通盘考虑。

从"以人为本",全面、协调与可持续的发展观出发,西部大开发不应再走东部"先破坏环境、不惜一切代价发展经济,再回来治理污染"的老路。对于西部那些自然条件恶劣和生态敏感地区来说,不要说发展工业,即使放任那里的农民开垦种植而导致环境的恶化,对整个国家来说也是得不偿失。因此,国家应该从环境保护的大局出发,严格限制西部的农业或工业等大规模的经济开发活动,用西部一些地区的"不发展",换取自然环境的优化和国家的大发展。但是,从保护西部地区生态环境的需要出发,严格限制自然条件和生态恶化地区的发展,决不能以牺牲落后地区人民的幸福为代价,而是要设法让那里的贫困人口与发达地区的人民一道,共享改革开放和国家进步繁荣的丰硕成果。而要做到这一点,唯一可行的办法是移民,把西部生态恶化地区的人口迁移出来。

对于一些生态环境持续恶化的西部地区来说,中央政府可考虑运用三峡移民的模式,通过大规模远距离的移民,把他们从西部的穷乡僻壤迁移出来,安置到适合人类生活和生产的东部发达地区。中央政府可考虑通过对发达地区实施税收返还,同时以用地指标、资源调配等要素为杠杆,调动发达省份接收西部贫困人口移民的积极性。东部地区接收移民越多,西部的人口压力就会越轻。这样一来,既可消化和吸收西部地区的贫困人口,加快推进西部地区的开发进程,也有助于缩小贫困地区与发达地区之间的差距、缓解东西部地区的发展不平衡问题。

第四编　政府间关系

政府间关系、城市层级制度与城市治理[①]

——20世纪50年代以来中国城市体制变迁与改革战略

在现代工业社会,城市是经济、社会和文化发展的主要载体,大、中型城市更是社会经济活动的动力中枢。20世纪50年代以来,尤其是经过改革开放30年的发展,中国初步完成了从传统农业文明的乡村社会向现代工业文明的城市社会的转型。到2007年末,中国已有655个城市,其中地级及以上城市287个;全国城镇人口达59379万人,占全国总人口的比重为44.9%;地级及以上城市(不包括市辖县)地区生产总值157011亿元,占全国GDP的63%。地方财政预算内收入14066亿元,占全国地方财政收入的59.8%。[②] 城市已经成为引领中国经济社会发展和现代化进程的火车头、直接参与全球竞争的主体力量。

城市体制是一个国家运用政治权威对城市的经济社会资源进行组织动员、管理控制时运用权力的模式。它既包括中央政府对城市总体上的宏观管理体制(即"市制"),也包括单个城市内部的微观管理体制。中国是一个国家主导型的社会,城市体制是否科学合理,是否适应城市发展的需要,直接影响着城市运转的效率和功能的发挥,是关系到城市能否科学和可持续发展的一大关键。科学合理的城市

---

① 原文以《建国60年中国城市体制的变迁与改革战略》为题刊于《社会科学》2009年第8期,作者陈剩勇、杨馥源。
② 中华人民共和国国家统计局:《城市社会经济建设发展成绩显著——改革开放30年我国经济社会发展成就系列报告之七》,中央政府门户网站 http://www.gov.cn/gzdt/2008-11/04/content_1139530.htm,2014年4月30日查询。

体制能促进城市的发展和进步;反之,则将阻碍和滞缓城市的发展。因此,如何进一步理顺城市体制、完善城市管理,促进城市治理和城市的健康发展,已经成为执政党和政府必须妥善因应的重大课题。詹姆斯·坎顿在《超限未来》一书中指出:"对于解决庞大的人口的所有需要,以及中国如何管理城市等问题来说,未来30年将是非常关键的。"回顾和反思建国60年来我国城市体制的变迁过程,科学地总结市制变迁的经验教训,探讨推进体制改革和制度创新的战略,完善当代中国的城市体制,以回应中国城市化进程中产生的问题与挑战,就显得迫切而有现实意义。

一、20世纪50年代以来我国城市体制演变过程的简单回顾

近代中国城市的形成和发展是一个历史的过程,与此相对应的现代城市体制,是在中国现代化的过程中形成并随着经济社会的发展而不断调整和完善起来的。中华人民共和国建立之初,城市管治基本上延续了民国体制,对设市标准和城乡划分作了严格的规定:市是人口密集的聚居"点"上的行政建制,城市政府是在城乡分治框架下、独立于地域性政权的城市型行政组织,其居民主体是从事第二产业和第三产业的市民,即所谓非农业人口。应当说,这种城市体制还是比较符合世界通例的。在民国院辖市和省辖市基础上,新中国确认了专员公署对省辖市的管辖权,并把直辖市(即院辖市)交给大行政区管辖,从而形成了大区辖市、省辖市、专署辖市三种市建制,发展重点则放在专署辖市(即县级市)以上的各种市建制方面。但城乡分治这一基本原则在很长时间未发生大的变化,市域仍然还是城市建成区及其有限的周边地带,县域为传统农村地区,市、县实行分置。

20世纪50年代农村实行统购统销和合作化以后,城乡之间的市场和商品联系被政治权力强行切断,政府越来越依靠行政力量来保障城市粮食、蔬菜和副食品的供应,随之而来的便是城市郊区的不断扩大。1948年,北京市区周边只设有8个郊区县,城郊面积共654平方公里,郊区人口仅48万。而到1958年,北京市增加郊区面积约

8200平方公里,增加郊区人口约200万。① 其他一些城市也有类似的郊区扩展过程。这种趋势在"大跃进"失败后受到遏止。

市管县的体制起源较早,早在建国之初,省辖市无锡和兰州就开始实行市领导县的体制,分别管辖属下的无锡县与皋兰县。此后,大区辖市旅大、重庆、天津和省辖市贵阳、本溪等,也陆续实行了这种市领导县的体制。但从全国的情况看,市管县的体制尚属特例。

改革开放以后,随着工业化、市场化和城市化进程的推进,建市的标准逐渐放宽,城市体制发生了比较大的调整和变化。从1982年开始,经过地市合并、市管县、整县改市、撤县并市、城市计划单列等一系列体制改革和调整,中国的建制市逐渐演变成为一种地域型的行政建制;城市政府逐步变为和省、地、县、乡等政权一样的地域性行政组织。②

地市合并和市管县体制是1982年开始实施的。是年中共中央51号文件正式提出改革地区体制、实行市管县体制。年末,江苏省率先试点,并于翌年开始逐步推向全国。1983年2月15日,中共中央、国务院再发《关于地市州党政机关机构改革若干问题的通知》,要求"积极试行地、市合并",地市合并后来演变成了地区改市。地市合并给中国的行政区划体系带来两大变化:一是地市合并以后,地区一变而成为地级市,从省政府的派出机构转化为一级政府,中国县级以上的地方政府便由二级制变成了三级制,亦即绕开宪法规定增设了一级政府。二是地市合并使地级市成为领导县的市,导致地级市建制由50年代基本上是一种城市型行政建制演变为90年代的地域型行政建制。自1982年底至1998年底,全国的地区数从170个减少到66个,地级市的数量从109个增加到227个。

撤县设市的体制调整始于1979年。最初由广东省以撤县设市的模式建立了珠海市和深圳市,而四川省建立了乐山市。到1983年,撤县设市形成了一个高潮,当年有39个县改成了市。1986年4月19日,国务院批转民政部《关于调整设市标准和市领导县条件的报告》,该报告提出不仅要"切块设市",即把达到标准的镇改为市;

---

① 韩光辉、尹钧科:《北京城市郊区的形成及其变迁》,《城市问题》1987年第5期。
② 杨长明:《城市管理体制必须进一步深化改革》,《开放时代》2000年第12期。

还要"整县改市",即把符合条件的县撤县设市。1993年以后,每年以"切块设市"的方式新设立几十个县级市,"整县改市"模式基本替代了"切块设市"模式。由此,县级市与地级市一样,也从城市型行政建制转变成地域型行政建制。

城市计划单列体制是改革的产物。从1983年起,中央政府为了发挥区域中心城市对周边地区的辐射带动作用,先后将16个城市明确为享受省级经济管理权限的计划单列市,分别是重庆、沈阳、大连、长春、哈尔滨、南京、杭州、宁波、厦门、济南、青岛、武汉、广州、深圳、成都、西安。后来由于计划单列的省会城市与省的摩擦日益突出,1993年中央决定撤销省会城市的计划单列。作为一种政策上的平衡,同年,中央编制委员会将曾经单列过的10个省会城市和重庆、深圳、厦门、宁波、青岛、大连六个继续单列的城市明确为副省级。从此,就有了所谓的"副省级城市"。

值得一提的是,1997年7月、1999年12月香港、澳门先后回归祖国,我国从此有了实行高度自治的城市,即作为特别行政区的香港和澳门。此外,为促进三峡水库的建设,中央政府于1998年将计划单列市重庆从四川省分离出来,升格为中央直辖市。在四个直辖市中,重庆是全国面积最大、下辖县市数量最多的地域性行政建制城市。但从严格意义上来说,重庆更像是一个省。

总之,中国城市管治体制经过60年来的发展,不仅形成了以地域性行政建制为主的城市模式,而且形成了多样化的城市类型,城市的层级繁多,政府机构庞杂。

二、中国城市的类型划分与城市政府的机构配置

根据宪法及相关法律的规定,从国家结构制度、政权组织形式和行政管理层级等层面审视,现阶段中国的城市主要有以下几种类型。

从国家结构制度的层面,中国的城市有三种类型:(1)作为国家基本行政单位的城市,即北京、上海、天津、重庆四个直辖市;(2)作为地方行政单位的设区的市和不设区的市,由于不设区的城市往往下辖乡镇,所以中国基本没有作为基层行政单位的城市;(3)实行高度自治的城市,即作为特别行政区的香港和澳门。

从政权组织制度的层面,中国的城市有四种类型:(1)中央直辖市是中央政府辖下拥有相应的立法、司法、行政、军事四种权力机构的城市。(2)作为特别行政区的香港和澳门是拥有完全独立的立法、司法和行政三种权力系统的城市。(3)设区的市有两类,其中一部分是具有相应的行政、司法、军事等三种权力机构的城市,另一部分是具有相应的立法、司法、行政、军事等四种权力机构的城市。(4)不设区的市,一般都是两权城市,即有相应的司法权和行政权,而没有立法权。

从行政管理的层级看,目前中国的城市有以下几种类型:(1)省级城市(即中央直辖市),包括北京、上海、天津、重庆和香港、澳门。(2)副省级城市,这是中央和省、自治区共同管辖的城市,包括计划单列城市、部分省会城市(自治区首府城市)、经济特区城市。(3)地(州)级城市:由省、自治区管辖的设区的城市,这些城市大多由原先的地区(盟)行署转制而来。(4)县级市,这是由地区(盟)行署、地(州)级市管辖的不设区的城市。地区行署所辖县级市大多是行署所在地城市,大多存在于中西部地区;盟行署管辖县级市的情况存在于内蒙古自治区;地级市所辖县级市大多存在于沿海发达地区;州辖市一般是自治州所在地城市。此外,一些由省级政府直接管辖的不设区的市,虽然其干部可能享受副地(厅)级甚至正地(厅)级待遇,但这些城市本身应当还是县级行政建制,只不过是其干部高配而已。例如,由重庆管辖的不设区的城市合川、永川、南川、江津,都属于这种情况。(5)乡级镇,包括县、县级市、旗和市辖区管辖的建制镇。可见,目前中国的城市政权组织系统包括有省级、副省级、地级、县级、乡级(建制镇)五个层级,与广大农村地区的政权组织系统一起构成了具有中国特色的城乡双轨制地方管治体制。

中国城市体制随着经济社会和行政体制的发展而不断变化,目前在设区的市形成了内部的二级和三级混合设置,在不设区的市形成了一级和二级混合设置。地级以上的建制市一般均设置了区,在城区形成了"两级政府(市—区)、三级管理(市—区—街道)"的结构,在郊区、县形成了"三级政府(市—郊区、县—乡镇)、三级管理(市—郊区或县—乡或镇)"的结构。县级市均不设区,在城区形成了"一级政府(市)、二级管理(市—街道)"的结构,在郊区和乡镇形成了"二级政府(市—乡镇)、二级管理(市—乡镇)"的结构。街道办事处是为了适应城市管理上的需要,经由上一级人民政府批准设立的;作为市辖区、不设区的市政府的派出机关,其本身并不是一级政权机构。

中国城市政府的机构配置情况,自1949年新中国成立以来经历了几次较大规模的结构调整和体制改革。建国60年来,中国城市政府的结构调整大致可以划为四个阶段。

第一阶段从1949年至1956年,为城市政府机构初步建立时期。这期间城市政府的机构配置比较精简,政府设置的职能部门,一般在10到20个之间。

第二个阶段从1957年至1977年。这一时期城市政府机构的主要特点是,随着计划经济体制的建立,行政管理部门越来越多,越来越集中。到1965年时,一般市政府下设机构有20到50个。

第三个阶段从1978年至1992年,是全能型城市管理体制的鼎盛时期。改革开放之初,各地城市政府全面恢复了"文革"前的机构设置,后来又随着以经济建设为中心的工作需要不断增设各种经济管理机构。到1982年,城市政府的机构配置达到了建国以来机构设置的最高峰,一般市级政府拥有多达50到70个部门。为此,国务院在1982年进行了一次政府机构改革,试图精简机构,提高管理效率。

第四阶段从1993年至今,是城市行政管理体制不断调整和改革的阶段。为了适应市场经济体制改革和经济高速发展的需要,消除政府机构臃肿、人浮于事的弊端,国务院于1993年、1998年先后两次推动机构改革,全国城市政府也随之进行了相应的机构调整和改革。现在看来,这些改革的成效并不明显,政府机构臃肿、人浮于事的弊端依旧。因此,党中央和国务院于2008年推出了实施大部制的机构改革战略,以期建立与社会主义市场经济相适应的行政管理体制。目前,各级城市政府正在酝酿或着手推动与此相应的新一轮机构改革。

三、过度行政化:城市体制的缺失与城市发展的困境

中国城市体制历经百年变革,特别是经过20世纪80年代以来

的一系列体制调整和改革,目前已经形成了以地域性建制为主、层级繁多,实行市管县、镇带乡的城乡合治体制。这种脱胎于计划经济时代的以城市政府间行政层级控制为主导的城市体制模式,虽然因应了当时的现实需要,并促进了城市经济的发展。但是,当中国基本完成了从计划体制向市场体制的转型,尤其是工业化、市场化和城市化进程的高速推进,这种全能型政府模式的城市体制便越来越不适应全球化和区域社会经济发展的内在需要,中心城市的辐射带动能力得不到有效发挥,各种弊端不断显现出来。可以说,过度行政化是当前中国市制的主要体制性障碍。其主要表现是:

1. 城市行政层级过多

中国的城市小到乡级镇,大到中央直辖市,多达五个层级。以浙江省宁波市的溪口镇为例,它头上共有四个婆婆,在它与中央政府之间有奉化市(县级)、宁波市(副省级)、浙江省三级中间政府。行政层级过多会导致以下问题:

(1) 各级城市政府"职能同构"。按理讲,不同层级政府的职能结构是大不相同的。越是基层的政府,其职能结构的重心应该越接近于市场的边界,而越是更高一级的政府,其职能结构的重心越远离市场的边界;而且,凡是下级政府能够做的事情,上级政府就应该尽量放手,上级政府的工作重点应该放在下级政府管不了、管不好的事情上。而事实上,中国不同层级的城市政府拥有的职能却极为相似。下级政府能够做的事情,上级政府也在做,而且对于有利可图的还有可能争着做;下级政府做不了的事情,特别是那些无利可图的事务,拥有更多资源和权力的上级政府却不会主动来承担,要么熟视无睹,要么把责任推给下级政府。因此,从某种程度上来说,五个层级的城市(镇)政府的职能在很大程度上存在同构性,各级政府的机构设置尽管有一些差异,但从总体上看是相同的;即使是中央直辖市,从机构和职能配置看,也不过是规模和管理范围更大的县级市乃至乡级镇而已。近年来层级相邻政府之间的利益博弈,导致各级城市政府之间的争权现象越演越烈,其根源就在于城市间政府职能的高度重合或同构。

(2) 行政效率低下。行政层级过多导致下情难以及时准确地上传,上情也难以及时准确地下达。中央的政策措施容易被中间层次的政府扭曲,下放的权力也很容易被中间层次的政府截留,而地方特别是基层的自主权也难以得到落实。这不利于调动基层政府的主动性、积极性和创造性。这些问题不仅影响了政令畅通,降低了行政效率,而且容易导致人浮于事、相互扯皮等现象。

(3)各级城市政府间事权与财力的分配不规范。有学者指出:"四级完整的地方财政,在世界其他国家是闻所未闻的,要在如此之多的地方政府间规范化地分配事权和财力,几乎是不可能的。"①虽然中国从1994年起实行分税制,从法律上对中央的税收和地方的税收作了明确的划分,但是,对属于地方税收的那部分,省、市、县各级城市政府之间如何进行分配,法律并没有作出明确的规定。由此,各级城市政府之间的利益博弈就不可避免,讨价还价式的争吵就成了家常便饭。

(4)城市政府层级繁多,容易造成城市政府层级的概念混淆。在国外,普遍的情况是所有的市在法律上都是平等的,层级都是统一的。而在中国,县级市叫市,省级的中央直辖市也叫市,不仅让外国人看不懂,就是中国人自己也不能完全正确地加以区分。

2. 城市型行政区的地域化

历史上,中国长期忽视城市型行政区和地域型行政区的差异。城市型行政区的地域化现象,实际上是传统的城市管治体制在今天的回潮。城市型行政区的地域化表现在以下几个方面:(1)市管县体制下一个地级市管辖区域过宽的问题。1983年以来,全国普遍实行市管县体制,有的市所管的县的数量甚至多达十多个。由于一个地级市管辖的区域过广,导致这些区域性的中心城市不能有效发挥其应有的经济辐射作用,难以带动周围县的发展。(2)大量的建制市,特别是通过整县改市方式新设立的县级市,城市化的特征并不明显,尤其是在中西部地区,诸如城市人口的增加、城市规模的扩大、城市容量的提高等城市化加速期应有的特征并没有普遍出现,县级市与一般的县没有实质性的区别。(3)城市型行政区地域化最直接的后

---

① 喻希来:《中国地方自治论》,《战略与管理》2002年第4期。

果,是造成了虚假的城市化,如重庆总面积 82000 平方公里,总人口 3000 余万,号称中国面积最大、人口最多的一个中央直辖市,实质上是一个省,而且是一个不小的省。这种虚假的城市化削弱了城市政府作为城市管理者的行政管理职能。中国城市的公共服务供给水平与西方发达国家相比普遍存在巨大差距,与此不无关系。

3. 城市政府间的横向合作机制不健全

城市政府间的横向关系,指的是作为管治主体,行政上不存在隶属关系的两个或更多的城市政府及部门之间的关系。改革开放以后,中央对地方的权力下放和市场化改革的推进,大大促进了各地区之间的经济合作,推动了区域性城市政府间的横向合作。长三角、珠三角等城市群的形成正是区域相邻城市横向合作的产物。但是,由于中国的体制长期以来强调纵向层级、行政隶属关系,在区域间存在严重的行政分割,而随着市场经济的发展和中央政府"放权让利"改革的推开,各地的城市政府越来越具有"经济人"特征,从而大大强化了各自的独立利益主体地位,使得各城市政府间的横向关系发展受到严重阻碍。

首先,在中国这样一个地域观念和地方主义传统根深蒂固的社会,一些城市政府出于自身利益的考量,在行政区范围内构筑了自我封闭、自我配套的经济结构体系,对经济活动进行"超经济强制性"封锁,有意识地限制生产要素的跨行政区自由流动,人为分割要素市场,使区域性的公平、有序和自由竞争的统一市场一直难以形成。各个城市政府基本上是各自为政,缺乏系统的区域协调发展规划。地方保护主义使城市群、城市圈、城市带的区域经济发展有悖于一体化的发展方向,造成严重的重复建设和城市产业结构趋同,加剧了城市政府间相互分离的趋势,成为危及整个社会经济稳定与协调发展的潜在因素。这一问题在近十年来长三角地区的上海、宁波、苏州等城市间的港口竞争中得到充分体现。

其次,《宪法》缺乏对中央与地方政府权限进行明确划分的条款,关于城市政府之间关系协调的内容也少有涉及,这就造成了法律上的缺位与行政协调的缺失。在法治框架下合理竞争资源是各个城市政府的合理诉求,但在各级城市政府职能重叠同构、行政级别差异悬殊、彼此缺乏信任的情况下,很容易陷入竞争过度而合作不够、甚至是无所适从的困局。当利益牵涉到不同层级的多个城市政府时,建制级别高的城市更容易"近水楼台先得月",从而使得城市间的横向关系协调和利益调整过程有失公正。

4. 城市建制的合法性不足

现行的城市建制缺乏法律依据:

(1)(中央)计划单列市和副省级城市的设置不符合宪法的规定。宪法第三十条将城市分为三类,即中央直辖市,较大的市(即设区的市)和不设区的市,并没有(中央)计划单列市和副省级城市之规定。因此,这两者从严格意义上说都有违宪之嫌。这些城市的市长享受副省长的待遇,没有宪法依据。

(2)市管市体制不合宪法。宪法第三十条规定较大的市可以划分为区和县,但没有规定这些城市可以划分为市、区、县。所以,地级市、副省级市、中央直辖市管市的体制没有宪法依据。

(3)县级市和县级区管辖乡、镇不合宪法。宪法第三十条规定,县、自治县可以管辖乡、民族乡、镇,市辖区和不设区的市(即县级市)则不能划分乡、镇。目前市辖区和县级市普遍具有管辖乡镇的权力,这显然是不符合宪法的。

(4)行署管市不合宪法。目前还存在一些地区行署和盟行署的设置,它们本身均没有宪法依据。它们管辖不设区的市,自然也不符合宪法的规定。

四、大都市化、都市圈的兴起与中国城市体制改革的目标原则

中国城市体制过度行政化这一弊端,严重制约着城市的发展和城市化进程的推进。从西方发达国家城市化的经验看,20 世纪以来,美国等发达国家的城市化普遍进入大都市化或都市圈阶段。大都市化体现在空间上,是指一个由中心城市以及与该中心城市有着较高社会经济整合度的邻近郊区卫星城市组成的巨大区域——大都市区或都市圈的出现。在美国,都市经济圈人口已经占到全国总人口的 80% 以上。在日本,近八成的国内生产总值集中在东京、大阪、名古屋、福冈等四大都市经济圈。在欧洲,大伦敦地区、大巴黎地区等是世界上历史最为悠久的都市经济圈,并且从巴黎经布鲁塞尔、阿姆斯特丹直到鲁尔、科隆,从曼彻斯特、利物浦到伦敦形成了若干个都市经济圈在地域上彼此相连的现象。都市经济圈已经成为区域经济的主要形式和参与国际竞争的主导力量。城市化发展进入大都市化和都市经济圈的出现,在中国沿海经济发达地区也已初露端倪。其中,长江三角洲、珠江三角洲、京津冀三大城市群汇集了全国超过30%的国内生产总值和高达70%多的外国投资,成为中国经济社会发展的巨大增长极。

大都市化和都市经济圈的形成,对中国各级城市政府的行政管理提出了更高的要求和挑战。由于大都市区一般都超出了地方政府甚至区域政府管理和服务的范围,其内部复杂的政治和经济结构对经济发展、社会状态以及人们的生活方式都具有深远的影响,这就迫使我们必须认真思考如何构建大都市区内的政府间关系,如何通过行政、经济等手段调整大都市区各利益群体的矛盾或冲突,以促进社会经济的稳定发展,从而为城市和国家综合竞争力的提升创造良好的条件。在这方面,美国等发达国家提供了改革体制、促进治理的经验。为了克服大都市区政治分散化所带来的种种弊端,美国联邦政府一直在不断探索新的城市体制,从中心城市兼并、市县合并、联邦式大都市政府构建等传统的结构性改革,到建立特区、促进政府间合作、加强城市县和建立区域性协调组织,从"统治"走向"治理"。发达国家城市体制变革和政府间关系重建的基本趋势是,政府间关系的合作化导向和纵向权力关系上的分权导向,从而最大限度地促进和实现地方治理。

在全球化和区域一体化的驱动下,城市日益处于多层次的组织体系中,从国际组织、国家政府到地方层级政府等各组织之间已环环相扣。全球竞争体系中的城市可能会结成地方或区域性的联盟,从而造成忽略民族国家,转而追求跨国合作的局面。城市作为一个竞争主体,其政府的权力自主性受限于其治理的城市行政范围,还关系到城市在政府层级中的地位和权力。地方政府的权力自主必须展现在与上级政府关系的调节中,获得来自中央的授权和资源;同时,城市政府的施政能力又必须展现在城市空间的规划、地方财政平衡、公共服务供应等。因此,我们认为,中国城市行政生态的变迁呼唤着市制转型,走向城市政府间治理已成为中国城市政府行政模式转型的必然选择。

治理指在一个既定的范围内运用权威维持秩序,满足公众需要。治理的目的是在各种不同的制度关系中运用权力去引导、控制和规范公民的各种活动,以最大限度地增进公共利益。全球治理委员会1995年在一份题为《我们的全球伙伴关系》的研究报告中指出:治理是各种公共的和私人的个人和机构管理其共同事务的诸多方式的总和。它是使相互冲突的或不同的利益得以调和并且采取联合行动的过程。这既包括有权迫使人们服从正式的制度和规则,也包括各种人们同意或以为符合其利益的非正式的制度安排。它具有如下特征:治理是一个过程;治理过程的基础不是控制,而是协调;治理既涉及公共部门,也涉及私人部门;治理是一种持续的互动。① 从政治学的角度看,治理是指政治管理的过程,它包括政治权威的规范基础、处理政治事务的方式和对公共资源的管理。它特别关注在一个限定的领域内维持社会秩序所需要的政治权威的作用和对行政权力的运用。②

新中国成立以来中国城市体制变迁的历史趋势、当前城市体制的制度困境和国外的经验表明,优化城市体制必须改变单纯的行政层级控制和权力收放的传统"统治"模式,要以治理为导向,在传统的城市政府间以命令—服从为主导的关系模式中嵌入协商—合作要素,构建起治理型的城市间关系模式。这样一种中国城市体制改革的新思维,主张打破传统的区域和层级观念,建立强调权力或资源相互依赖和合作的城市间关系。这是一种以合作为基础的互惠的政府关系模型,其一方面强调城市政府间在信息、自主性、共同分享、共同规划、联合劝募、一致经营等方面的协力合作,另一方面强调公私部门的混合治理模式,倡导第三部门积极参与政府决策,实现多元治理。基于以上认识,我们认为,治理型城市政府间关系模式的建构应

---

① 全球治理委员会:《我们的全球伙伴关系》,牛津大学出版社1995年版,第23页。
② 俞可平:《治理与善治》,社会科学文献出版社2000年版,第1—5页。

当包括如下一些目标原则：

（1）在行政理念上，不再固守政府主体的唯一性，而是强调政府与非政府的组织或个人的合作，强调从单中心的政府管理走向多中心的城市治理。

（2）在行政目标的确立上，不再以政府的单一政绩追求为出发点，不再将行政目标简单化、短期化，而是在统筹考虑城市的全面与可持续发展的基础上，在尊重非政府主体意愿的基础上，科学地规划城市政府的行政目标。

（3）在行政架构的安排上，不再以便于行政权力自上而下的单一向度运行和在平行部门设置上的因事设立为原则，而是从增强政府的回应能力出发，以有利于行政机构内部上下双向互动和政府与社会的沟通、协商与目标协同为原则。

（4）在行政行为方式上，强调管理就是合作、协调与引导，而不是权力的强制推行；要推进行政民主，鼓励公民直接参与地方公共政策的制定和公共事务的管理活动，赋予公民参与以合法性与必要性，并主动为行政参与创造各种有利的条件。

五、推进城市体制改革的战略思考

治理型城市间关系模式作为改革城市体制的一种新思维，运用到中国的城市体制中，在具体的制度设计和政策思路上必须要实现三个方面的转变：

一是城市层级政府的职责权限从模糊化向制度化转变。构建治理型城市间关系模式，必须明确各级城市政府的职责及其权限，并将其制度化，使政府的职责和权限纳入到国家制度的框架内运行。按照权力和责任相一致、财权和事权相匹配和涉及地方利益的资源分配保证地方代表权原则，完善政府间权力分配机制。在明确划分不同层级城市政府职权的同时，还要明确各自应当承担的责任，做到权力和责任相统一。

二是各个层级的城市政府间关系从纵向控制向协商合作转变。治理型城市间关系模式的建构必须在通过制度化明确各级政府职责权限的基础上，推进各级政府间的协商合作，实现优势互补，互利共赢。在治理型城市间关系模式下,上级政府尽管具有生产法律和制度的实质优势,但其改变游戏规则必须经过合法的程序,且要经过必要的代议和听证程序,要在制度上保障地方能够参与规则的制定;新规则在出台前,应与地方充分协商并获得地方政府认同。上级政府不能再像过去那样通过命令的方式让下级政府制定公共政策,而是要通过利益引导寻求地方政府的支持与合作。同时,在跨区域公共事务领域或尚未界定的职能领域,建立政府间的协商合作机制,如政府间协议、转移支付等途径。

三是层级政府间"职责同构"向自主设置转变。必须重构政府间职能—结构—机构的关系,改变原先依据行政级别配置职能、设置机构和确定编制的方式,根据经济发展水平、人口规模和社会发展阶段等区域特点,在政府职能的配置上赋予更大的自主权,科学设置机构和确定编制总数,并在核定的机构编制总数内由各级政府自行设置机构和分配编制。积极调整相关部门的人员力量配置,腾出人员编制,充实和加强市场监管、社会管理及公共服务部门的力量。

在具体的制度安排上,我们认为,中国城市体制改革要按照有利于调动中央、地方两个积极性的要求,根据城乡分治、减少层级的原则,按照构建治理型城市间关系模式的目标原则,整体谋划、逐步实施,将它纳入到整个国家行政管理体制建设的大框架之中。

(1)重新明确市的性质和功能。重新明确城市体制的定位,必须立足于中国国情,同时要积极吸取世界各国的共同经验,充分体现城市化发展的内在要求和一般规律。在新的城市体制中,市有三个基本特征:一是城市型而非省、县一样的广域型行政建制;二是直接面对民众的基层地方政府;三是在法律地位上一律与县建制相同,下不管县、市,也不管乡、镇。根据这个界定,今后的市没有大小之分;这样,也就不会出现直辖市、副省级城市、地级市、县级市层层套叠的现象了。

(2)推动城市有限自治。城市自治是健全城市管治体制、促进城市经济社会发展内生机制形成、增强城市发展活力的关键举措。自治创始于城市,并在城市中日臻完善,城市完全具备实行自治的条件。我国公民社会的培育不应该从农村自治开始,而必须从城市自治入手，由城市自治去推动农村自治。城市自治对于推动公民社会的培育进程、促进民主政治的发展将起着极为重要的作用。新的城市体制下的城市，将不再是纯粹意义上的上级政府的代理人，而是具有比较完整的社会功能，并集立法权、行政权、司法权于一身的城市自治体。当然，为确保稳步推进，开始时可以通过法律对城市自治的强度作一些硬性限制。

（3）适时逐步设立"都"制。设"都"是解决我国城市间横向关系问题的现实选择，也是适应世界性的城市化发展的大趋势，促进中国城市带、城市群、城市圈的经济社会又好又快发展的重要举措。按照我们的构想，"都"是在城市密集地区设立的与"省"同级的区域性行政建制，以管市为主，也可管县。"都"的数量必须加以严格控制。"都"和省一样，拥有立法权、行政权、司法权，代表中央对区域内的各市进行协调、监督，其主要职责是落实国家法律、传达中央政令、监督法律和政策实施过程、开展咨询调研、协调区域发展、谋划区域战略、解决区域内各市县之间的矛盾和摩擦。"都"的行政长官是中央政府的代理人，依法对由选举产生的市、县首长行使监察权。"都"的设立，应以经济发达、城市化程度高的东部沿海地区为主，适当兼顾中西部地区。具体步骤是：首先，将目前的北京、上海、天津、重庆4个中央直辖市改为都，并将大连、青岛、宁波、厦门、深圳5个国家计划单列市升格为都；然后，以城市经济社会发展主要指标为标准，逐步选择部分副省级城市和地级市升格为都。其余的副省级城市和地级市则统一变为新市制的市。如此一来，城市的行政层级至多也就只有中央、都（省）、市、区四级了。同时，设都也是成本最小、最可行的一种缩省方式。设都后，省级政区的数量将会增加，理想的省、都总数以50个左右为宜。

（4）继续下移权力重心。在新型的城市体制下，市（县）级政府是直接面对公众、职权完整的基层政府，是政府和公民的直接对接点，是各种利益和矛盾的交汇处。"基础不牢，地动山摇"，市（县）在整个国家经济社会的稳定和发展中处在特殊位置。科学、合理地配置地方各个层级政府的权力，不断下移权力特别是行政权力的重心，强化市（县）一级建制，是中国行政管理体制改革的当务之急。中共十七大提出要加快推进省直管县体制,这是强化市(县)的重要一步。但仅仅迈出这一步还是不够的,实行省管县,只是表面地解决了(地级)市管县(市)的问题,而没有从根本上明确市(县)政府与上级政府的职权范围。如果不从体制上明确市(县)与上级政府各自的职权,市管县(市)体制所存在的问题在省(都)直管市(县)的体制中依然会产生。因此,在取消(地级)市管县(市)的过程中,必须依法科学地划分省一级政府和市(县)级政府的职权,对(市)县的功能进行重新定位。省(都)一级政府应该是中央政府在地方的派出机构,要更多地充当中央政府代理人的角色,而不应该成为资源和权力的直接分配者;要把地方自治范围内的财权、事权重新交回市(县)级政府,促使市(县)政权真正成为直接面对城乡民众的独立、完整的一级政府,逐步形成市(县)域经济社会发展的内生机制。

(5)保持强区弱街格局。市辖区是直辖市和较大的市城区划定的行政分区,较大的市的"区"与县、县级市同一层级,其主要任务是承担市政府赋予的管理和服务职能。因垂直管理部门的增加、条条干预过多,区政府职能出现被肢解、削弱的趋势。随着社会经济和城市自身的发展,在一些大城市特别是特大城市,需要管理的城市事务越来越多,市政府难以全部承担。在当下"撤县设区"盛行的情况下,强化区级政府的职能,将更多的服务管理等行政职能下放给市辖区政府是城市发展的内在要求。这既有利于改变以往市政管理权力过分集中的状况,让市政府把更多的精力用于做好城市的统一规划和建设,又便于为市民提供各种快捷有效的服务。区级政府应该在市政府的总体规划和指导下,全面负责本行政区域内的经济社会发展和城市管理工作。值得注意的是,作为区政府的派出机构,街道近些年来不断被赋予招商引资、区域经济开发等经济管理和发展职能,甚至在一些地方设置了街道人大、政协机构。街道机构实体化,将人为增加新的城市政府层级,必须采取措施加以防止,街道的职能应该界定在负责社区管理和社区服务。街道作为区政府的派出机构,要把它打造成为区政府的名副其实的"连锁店"。连锁店没有相对独立的权力,但能全权代表总店。连锁店式的街道由于不是一级利益主体,它既能把区政府的管理和服务有效地延伸到居民,又能避免在执行法律和上级政府的政策措施时打折扣现象的发生。

（6）推进依法治国，把城市间关系纳入法治轨道。法律支持力度的大小直接影响行政管理体制改革能否顺利推进并取得成功。以上五个方面的政策措施，本质上是调整并完善与城市发展息息相关的府际关系，这是工作的难点所在。城市府际关系包括城市政府与上下级政府间的垂直关系、与同级地方政府之间的水平关系、与不具有隶属关系的不同级别地方政府之间的交叉关系，所涉及的内容包括职能划分、权力配置、利益分配和责任分担等。传统上，我国调整这些关系的手段是政策而非法律，而政策常常是谈判的结果，随意性大、稳定性差、成本高，缺乏民主参与和科学论证。[①] 特别是城市政府与上级政府之间的权利、义务划分，不是通过一个稳定的制度框架进行，而是通过讨价还价式的谈判确定，从而造成政策的极不稳定性，城市的上级政府随时可能收回一些政策和权力。要确保城市管理体制改革的顺利开展，必须将城市府际关系纳入到法治轨道，通过立法程序对城市政府与上下左右之间的职权进行科学的配置，通过及时的法律法规修订工作保障城市管治体制改革工作的顺利进行。要及时修订宪法，在宪法中确立新的市制和都的建制，明确中央与地方的权限划分，明确都和市之间的权限划分，明确对地方政府间关系进行协调的指导原则，并对省（都）、县（市）的立法权作出明确规定。同时，加快修订《地方组织法》和《立法法》，把新宪法的精神和原则具体化。

与此同时，我们要以城市管治体制的完善为突破口，积极稳妥地推动省、县、乡层面的区域性行政建制的改革工作，采取切块设市的方式，积极稳妥地推进县改市，最终建成以区域型行政建制为依托、城市型行政建制为重心、类似太阳系行星运动模式的国家管治体制。所谓太阳系行星运动模式，就是好比太阳系的九大行星围绕太阳在各自的轨道上自转和公转一样，中央政府处于整个国家的中心，通过依托中央部、委和省、都采取直接、间接方式对资源、权利的控制，使自治的市（县）政府始终围绕着中央设计的轨道运转。在该模式中，

---

① 薛刚凌：《论府际关系的法律调整》，《中国法学》2005年第5期。

市(县)政府是整个国家和社会运行的基础和主体。中央政府主要承担着国家发展战略和国家安全的任务;省(都)主要代表中央对各市(县)进行协调、监督;城市政府则是行政实施的重心,具有自我同一性和相对独立的主体地位,具有完善的市民社会功能,又始终围绕中央政府在法律规定的轨道上"自转"和"公转"。我们认为,这种新型的城市管治模式既有利于减少政府层级、提高政府的效能,促进地方自治、调动地方的积极性,也有利于城市横向合作和城市集群发展,同时能够确保中央政府的权威及其控制力,确保中央政府的中心地位,有利于维护国家的统一和社会的稳定,促进城市化和都市圈经济社会的健康发展。

区域政府合作:区域经济一体化的路径选择[①]

经济全球化和区域经济一体化是当前世界经济发展的两大趋势。改革开放以来,随着中国社会经济的发展,尤其是20世纪90年代以后市场化改革的不断深化,中国区域经济联系越来越紧密,区域合作的范围和领域不断拓展,合作规模不断增大,形成了像长江三角洲、珠江三角洲等重要的经济区域。与此同时,计划经济时代形成的"行政区经济",以及近年来愈演愈烈的地方保护主义,则严重地阻碍了区域经济一体化的进程,增加了地方之间贸易的交易成本,损害了经济增长。按照法国经济学家Sandra Poncet的研究,1997年中国国内省际商品贸易平均关税达到了46%,比10年前整整提高了11%。这一关税水平超过了欧盟各成员国之间的关税水平,和美国与加拿大之间的贸易关税相当。也就是说,1987年中国消费者购买各自所属省份自制产品的数量是其他省产品的10倍,而到了1997年,这一比重达到21倍。[②] 因此,中国加入WTO以后,在加快与国际社会接轨、尽快融入全球化世界的同时,如何打破地方保护主义,构筑区域经济的总体优势,加强国内各区域间的经济合作以实现区域经济一体化,已经成为当前摆在中国政府和学界面前的重大课题。

[①] 原刊于《政治学研究》2004年第1期,作者陈剩勇、马斌。

[②] Bruce Gilley, "Provincial Disintegration: Reaching your Market is more than just a Matter of Distance",《远东经济评论》2001年第11期。

一、文献综述：相关研究的简单回顾

现今学者对区域经济发展与地方政府间关系的研究，主要集中在两个领域：一是区域经济学的研究。就当代中国区域问题研究而言，区域经济学的研究是最丰富和最深刻的，它不仅从经济学的角度对其进行了深刻的理论分析，而且提供了丰富的实证材料，尤其是近段时期以来围绕着长江三角洲区域经济一体化问题的一系列实证分析和理论探讨的论著①，大大推动了该领域研究的深入。在诸多经济学者看来，当代中国区域经济的顺利发展只能寄希望于市场经济的发展和完善，因为市场的力量迟早要冲破行政区划的边界，从而促进经济的合理分工与协作，促进资源的合理配置。他们认为，一旦企业主导型的区域经济合作组织定格为区域经济合作的主角，一个国家便步入了兴旺发达的现代化快车道。② 二是经济地理学和政区地理学的研究。20世纪90年代以来，国内经济地理学与政区地理学的研究也不断触及区域行政问题。这一领域的学者往往从行政区域改革的角度切入这一研究课题，从管理幅度与管理层次适度的原则出发，考察中国现行行政区划存在的种种问题，并围绕着一些热点问题如"撤县改市""市领导县体制""撤销地区行署建立实体市"等，展开激烈的争论并提出了一些改革的对策。③ 这些对策的一个共同的思路就是调整行政区划，使行政区与经济区尽可能一致。这一点在区域经济学研究中也得到了不少学者的认同。

经济学家和地理学家的见解，为我国区域经济一体化的发展提供了许多富有建设性的理论指导和政策性建议。但是，我们也必须

---

① 代表性研究成果有：上海证大研究所：《长江边的中国：大上海国际都市圈建设与国家发展战略》，学林出版社2003年版；洪银兴、刘志彪等：《长江三角洲地区经济发展的模式和机制》，清华大学出版社2003年版，以及发表在2003年《浙江社会科学》《浙江经济》的数篇文章。

② 其中最典型的，参见张云可：《区域大战与区域经济关系》，民主与建设出版社2001年版。

③ 代表性研究成果有：张文范：《中国行政区划研究》，中国社会科学出版社1991年版；浦善新等：《中国行政区域概论》，知识出版社1995年版；刘德君：《中国行政区划的理论与实践》，华东师范大学出版社1996年版，以及近几年发表在《中国行政管理》上的数篇论文。

看到,在我国现有的体制背景下,上述两种思路都存在着明显的缺陷。首先,从区域经济学的视角来看,依靠市场经济的发展和完善来促进区域经济一体化的实现,毫无疑问,应是解决中国区域经济发展障碍的最佳思路。然而,我国从计划经济到市场经济的社会转型绝非一朝一夕之功,市场化机制的发育成熟、统一的大市场的形成,无疑是一个漫长的发展过程,即使在市场经济已经完全发育成熟的发达国家,其固有的市场失灵的客观存在也使我们无法完全将解决区域经济发展问题的希望寄托于市场万能的神话之上。进而言之,正如许多经济学家指出的,市场力量的作用通常倾向于增加而不是减少区域差异,因此,即使是市场发达的社会,也倾向于实行政府干预型的协调模式。其次,经济地理学和政区地理学的改革思路,即重新调整行政区划,从理论上看似乎可行,从实践的角度看却未免是脱离了当代中国政治与社会现实的纸上谈兵。众所周知,许多行政区划是历史形成的,具有相当的稳定性和刚性,不能也不应该随着经济活动的频繁变化而随意调整。同时,经济区以经济为主要标准甚至是唯一的尺度,而行政区则要考虑到综合性因素,而不能仅以经济为限。对现行的行政区划的重新调整,涉及政治、经济、文化等各个方面,很可能是一项比需要解决的问题本身还要困难和复杂的工程,搞得不好恐怕治丝益棼,引发出难以预料的后果。

我们认为,研究现阶段我国的区域经济发展与区域合作,需要从政治经济学的维度切入,通过对政府结构、政府的决策程序及其微观基础的考察和审视,推进问题的解决。因为,实现区域经济一体化的主要障碍,即地方保护主义的根源在于现行的体制和结构。在市场机制尚不完善、法治极不健全的情况下,仅仅依靠民间经济交往这一自下而上的市场力量,显然难以冲破这一体制性的障碍。在我们看来,通过构建一个强有力的区域政府合作机制,依靠政府间的合作,积极推动区域经济一体化,是在现行体制下实现我国区域经济一体化发展的理性选择。

二、区域经济一体化的体制障碍:区域政府合作的逻辑起点

区域经济一体化,指称的是按照自然地域经济内在联系、商品流

向、民族文化传统以及社会发展需要而形成为区域经济的联合体。区域经济一体化同时也是建立在区域分工与协作基础上，通过生产要素的区域流动，推动区域经济整体协调发展的过程。目前，包括长三角、珠三角在内的经济区域存在的最大问题是各自为政，地方市场分割和地方保护主义阻碍了经济资源的自由流动和跨地区的经济合作。尽管随着经济发展水平和市场发育水平的提高，随着国家立法的完善和执法环境的变化，地方市场分割和地方保护主义的内容和表现形式也在发生变化，但造成该现象的体制性根源依然根深蒂固，体制转轨过程中行政性分权下的中央与地方之间的权力结构、"政绩合法性"主导下的地方干部考核制度、政府机构庞大与地方财政困境，以及计划经济时代遗留的工业布局，共同造成了区域经济一体化的体制障碍。新制度经济学认为："对于一个有着长期集权且市场不发达的国家来讲，供给主导型的制度变迁将起主要作用。"[1]在我们这样一个政府主导型的发展中国家，只有通过政府进行市场化的制度创新，才能打破传统体制的制度均衡，从而推动区域经济朝一体化的方向发展。

1. 行政性分权下的中央与地方之间的权力结构

1978年以来，以下放财政权、税收权、投融资权和企业管辖权为核心的行政性分权，有效地调动了地方的积极性，促进了我国经济的飞速发展，但这种以行政性分权为核心所形成的体制存在严重的缺陷，并直接导致了地方市场分割格局的出现。[2] 从财税体制看，20世纪80年代的几次改革都突出了"包"的特点，都是围绕着实行和强化包干制而展开的。财政包干制明显带有向地方倾斜收入的色彩，地方政府往往通过对企业减免税收，然后以集资、摊派等形式，通过体外循环，把税负纳入地方政府的财库，从而造成了国家财力的分散化。尤其值得注意的是，由于实行了财政包干制，地方政府在增加本级财政收入的动机诱导下，往往容易忽略规模经济和技术更新换代

---

[1] 卢现祥：《西方新制度经济学》，中国发展出版社1996年版，第122页。
[2] 银温泉、才婉茹：《我国地方市场分割的成因和治理》，《经济研究》2001年第6期。

的要求,一味地盲目投资、重复建设,导致地区间产业结构趋同,从而降低了资源配置的效率。从企业的实际地方所有制看,企业划归地方或由地方新建,形成了所谓的产权地方化。由于按照企业隶属关系征税,地方国有企业就成为地方财政的重要财源。而产权地方化则导致国企改革相对迟缓,政、企分开的改革措施不能落实,使企业始终难以成为独立经营的市场主体,同时也强化了地方政府作为一级利益主体的身份。

2. "政绩合法性"主导下的地方干部考核制度

在经济权力下放和市场化的过程中,地方政府的合法性基础也发生了相应的变化。在这种新的制度环境下,经济发展成为考核地方官员业绩的最重要指标之一。地方政府的领导人通过发展地方经济,推动 GDP 的增长,一方面可为自己赢得上层的肯定,另一方面通过为辖区内的人民提供广泛的社会福利,又可获得地方人民的支持和认可。地方政府的政治统治基础开始发生转变,形成了所谓的"政绩合法性"。有学者指出,在中国现行政治制度下,越来越出现一种倾向,表明地方政府官员的提升与当地的经济发展成正比。斯坦福大学的周黎安博士运用了一个委托代理的模型,对 1980 年至 1993 年间中国内地 28 个省(除西藏和海南)的数据进行了实证检验,结果显示各省的经济绩效与地方官员的晋升之间呈现出高度的正相关性。[1] 因为现行的干部考核制度特别是对地方干部政绩的评价与考核过分强调与所辖地方经济发展业绩直接挂钩,而这种业绩又主要以上了多少项目、建了多少企业、经济增长速度多少等指标来进行简单量化和比较。这样,就必然导致各行政区首脑或部门干部强化资源配置本地化和保护本地市场。再加上地方官员频繁的地区间调动,更使地方政府在经济竞争中急功近利,寻求短期经济行为,从而使国民经济的发展缺少可持续性。

3. 政府机构庞大与地方财政困境

地方市场分割、政府间合作动力不足的另一个重要动因在于政

---

[1] 周黎安:《晋升和财政刺激:中国地方官员的激励研究》,提交给"北京大学中国经济研究中心研讨会"的论文,北京大学,2002 年 11 月 17 日。

府机构庞大,而地方财政困难。当前,中国政府机构人员队伍十分庞大,超编严重,不少地区政府财政十分紧张,拖欠工资现象很普遍。1996年底,财政供养人口3673万人,比1978年增长了82.3%,大大高于同期人口增长的速度。在财政供养人口中,党政机关干部约1100万人。1993—1997年,国家财政收入每年增加1000亿元左右,但同期财政供养人口每年增加100多万人,加上增加工资的部分,财政每年需增加工资性支出600多亿元,占国家新增财力的60%以上。在不少地区,新增财政收入80%以上用于人员经费。① 政府财政成了典型的"吃饭财政"。尤其是对很多不发达的地区来说,财政上的困境更使得地方政府走入两难境地:一方面,如果要搞活当地经济,就需要对公共设施投资,减轻当地经济主体的负担;另一方面,各种财政刚性支出迫使地方财政必须不断扩大或维持财政收入,结果当地经济主体的税负不减反增。这些地区的财政困境和当地经济发展水平形成一种相互遏制的格局,一旦地方政府缺失自身动力进行制度创新来打破这种格局,往往就会转而采用地方保护主义,以分割市场的形式来增加当地的财政收入。

(四) 传统体制下遗留的工业布局

在传统体制下,中央政府除强调在全国建立独立的工业体系外,还强调在大区、某些省份建立自己独立的工业体系,从而形成了封闭的或自成体系的工业布局。我们可以从传统体制下我国两次典型的以地方分权为主的计划经济运行特点得到更有力的印证。在"大跃进"时期,为了实现毛泽东在中共八大二次会议上提出的7年赶上英国、8—10年赶上美国的发展目标,中央政府出于自身财力有限的考虑,只好下放权力,发挥地方政府参与经济建设的主动性。于是,在以经济协作区为单位组织经济建设的同时,中央同意每个省、直辖市、自治区都建立起自己独立的工业体系,从而促成了经济发展的分散化和分割化趋势。在"文革"期间,由于受到极"左"思想的影响,加上中苏关系危机引发的对当时所谓战争形势的错误判断,中央政府再一次下放权力,鼓励各个地方甚至企业都要自力更生、自给自

---

① 数据来源:《中国统计年鉴》1993—1997年历年的相关统计数据。

足,以便战争发生时能够"各自为战"。计划经济时代遗留下来的这种封闭的或自成体系的地方工业布局,现在看来实际上已经成为以市场为取向的区域经济一体化的发展障碍。

总之,这种人为的条块分割、画地为牢的经济分散化和分割化过程,助长了"大而全""小而全"、重复建设,阻碍了地区间分工和交换的发展。全国的经济运行,正是这样被分割成为许许多多互不相关和互相隔绝的地方经济单位。澳大利亚学者奥德丽·唐尼索恩(Audrey Donnthorne)在1972年发表于英国伦敦《中国学季刊》的一篇文章中,曾经将这种独特的经济现象比喻成"蜂窝状"经济(Cellular Economy)①,这一比喻是相当贴切的。

三、区域政府合作机制的建构思路

区域政府合作的目的,从根本上说,就是通过行政性力量基于对市场规范的共识,扫除行政壁垒,促进区域内部要素的流动,实现资源的有效配置,最终形成一个统一的地域经济组织,即区域经济共同体。这一合作机制与传统体制下的地区合作与发展不同,它必须是建立在分享共同利益的基础之上的合作行为。在市场经济深入发展和各地方政府利益独立化的制度背景之下,区域内各地方政府之间的合作行为是一种利益驱动下的战略选择,区域政府合作框架必须是基于各地的共同利益之上,并且使区域内的地方政府意识到只有选择合作策略才能增进和分享共同的利益。因此,从追求区域共同利益这一合作原则出发,区域政府合作机制的建构思路应体现为以下几点:

1. 区域政府合作必须构建一个统一协调的市场竞争规则

区域经济一体化的关键是市场竞争规则的一体化。欧共体创建和欧盟运行的实际经验表明,一个统一协调的市场竞争规则对建立区域经济一体化的发展机制来说是至关重要的。没有它的支撑,就

---

① 〔澳〕奥德丽·唐尼索恩:《中国的蜂窝状经济:文化革命以来的某些经济趋势》,载于 D. H. 帕金斯等:《走向21世纪:中国经济的现状、问题和前景》(郭益耀译),江苏人民出版社1992年版,第33页。

无法在区域大市场范围内,协调各地方政府的行为,无法限制地方政府主导的盲目重复建设的冲动,无法使区域内市场主体进行充分、有效、公平的市场竞争,无法防止市场竞争被各地区行政权力和垄断势力扭曲,无法实现区域范围内资源的有效配置。因此,区域内各政府应奉行统一的非歧视性原则、市场准入原则、透明度原则、公平贸易原则,清理各类法规文件,逐步取消一切妨碍区域市场一体化的制度与政策规定,取消一切妨碍商品、要素自由流动的区域壁垒和歧视性规定,促进市场的发育与完善。

2. 区域政府合作必须要有跨行政区的制度性的组织协调机构

由于我国区域经济一体化是建立在跨行政区基础之上的,为了消除局部利益对区域共同利益的侵蚀,必须在分立的行政区基础上形成共同的内在机制,并在保证共同利益的基础上制定具有约束力的共同政策和制度规范,实现组织体系内超行政区的协调与管理。① 没有统一的跨行政区的区域协调管理机构,区域合作就很难进入真正的实质性阶段;没有明确的协议或制度,就很难保证地方政府在追求地方利益的同时不会对共同利益产生消极影响。但值得注意的是,这样一种框架性制度结构必须建立在相关地区自愿合作的基础之上,而且是一种对各地具有明确约束性的机制。这种机构应该有明确的职能和权限,并且其所作出的决策可以以立法等形式对各级地方政府的行为构成有效约束。

3. 区域政府合作必须强化对区域内交通、港口、通信等基础设施的统筹与管理,实现基础设施建设的一体化

基础设施一体化是区域一体化的基本架构,交通、港口、通信是推进区域一体化的重要基础,也应该是区域整体规划的核心。② 没有基础设施的一体化,不仅会造成现有资源与设施的空置与浪费,而且也极大地影响地区间生产要素的自由流动,提高了区域内的交易成本。目前,由于受条块分割体制的影响,跨区域基础设施很难实现"无缝隙"衔接,甚至地区之间竞相追求大而全、小而全,严重影响了

---

① 盛世豪:《长三角一体化中的政府与企业定位》,《浙江经济》2003年第6期。
② 同上。

区域整体形象,制约了经济效率的提高。以长江三角洲为例,该区域在基础设施建设的统筹规划与管理方面存在着不少问题。如地区间及各种交通运输方式之间的协作配套比较差,很少从综合运输的角度来统一规划和建设本区域的交通设施。

4. 区域政府间合作必须构建区域经济特色,充分发挥产业竞争力

区域整体竞争力归根到底在于产业的竞争力,而产业竞争力的关键在于产业区域特色优势的形成。因此,区域内各地必须从自身的比较优势和竞争力出发,统一制定适合本地区特点的区域产业政策。各地政府要充分尊重企业的意愿,努力为企业跨地区扩张和竞争创造更为宽松的条件和环境,在竞争中进行产业整合,在竞争中形成合理的产业分工和区域优势。目前,在我国由于各区域一般都没有一个统一的产业发展协调机制,各地区在制定或规划各自的支柱产业时,大都是从各自的行政区利益或眼前利益出发,产业的同构化现象严重,这十分不利于区域产业的协调发展和区域经济一体化,降低了区域的产业整体凝聚力和开拓力。因此,区域经济一体化必须形成统一的区域产业政策,加强各地方政府间的协调,为企业间的竞争创造良好的市场条件,通过竞争实现整合,逐渐形成以分工协作为基础的区域性产业网络,进而形成整体优势和网络。

四、现阶段我国建构区域政府合作机制的理性选择

根据我国现有的制度结构,借鉴国外的实践以及结合区域政府合作的基本原则,我们认为,在现阶段建立区域政府合作机制并确保这一机制的有效运转,直接取决于我们能否建构起良好的制度环境、合理的组织安排和完善的区域合作规则。其中,制度环境是基础保障,组织安排是结构保障,行为规则是具体的激励与约束保障。在区域政府合作机制的建构过程中,中央政府与地方政府在各自的范围内进行有效的制度创新,则是问题的关键之所在。

1. 良好的制度环境:制度基础的完善与体制的改革

按 L.E.戴维斯和 D.C.诺斯的理解,制度环境"是一系列用来建

立生产、交换与分配基础的政治、社会和法律基础规则"①。而中央政府作为全国各族人民利益的总代表,它支配着各种政治资源,是维系政治系统稳定的主要力量,承担着提供宪法秩序、基本法律和主流意识形态等制度安排的主要职责。因此,建立区域政府合作机制所需要的良好的制度环境,在很大程度上取决于中央政府的制度创新能力。

(1) 积极推进法治建设,完善相应的法律制度。市场经济是法治经济,基于市场经济的区域政府合作机制离不开法律制度的规制。在西方发达国家,法律对于反垄断、促进自由市场的形成与发展起到了极其重要的作用。② 因此,对于中央政府来说,首先,必须提高宪法权威,强化宪法在统一国内市场中的作用。在宪法中明确禁止地方政府分割市场的行为,其条文核心是"不得以任何形式限制国内自由贸易";明确、细化违宪审查程序,切实建立违宪审查制度,以宪法诉讼、行政诉讼等方式防范、惩戒分割统一市场的行为,尤其是抽象行政行为。其次,完善相应的竞争法来阻止地方保护主义的行为。竞争法在建立和维护市场秩序方面起着至关重要的作用,它主要包括反限制竞争法和反不正当竞争法,而反限制竞争法就属于反垄断包括反行政性垄断的根本大法。当前,我国只出台了《反不正当竞争法》,尚未出台《反限制竞争法》,即反垄断法,因此,中央政府必须根据我国的现实情况,借鉴发达国家的相关经验,尽快出台一部行之有效的《反限制竞争法》,其中应包括反行政性垄断和地方保护主义的法律规定。此外,还应出台一部地区关系法,以法律的形式明确地区政府间关系。

(2) 改革中央与地方之间的关系,深化财税体制改革,完善分税制。财税体制是中央与地方关系的核心问题,合理界定中央与地方的财权直接关系到全国统一市场秩序的形成。鉴于长期以来中央与

---

① 〔美〕L.E.戴维斯、D.C.诺斯:《制度变迁的理论:概念与原因》,载于〔美〕R.科斯、A.阿尔钦、D.诺斯:《财产权利与制度变迁——产权学派与新制度学派译文集》,上海人民出版社1996年版,第270页。

② 美国1887年通过的《州际商业法》、1890年的《谢尔曼反托拉斯法》以及后来的《克赖顿法》都对美国统一自由市场的形成起到了极为关键的作用。参阅〔美〕希尔斯曼:《美国是如何治理的》,商务印书馆1988年版,第499—504页。

地方之间"治乱循环"所带来的一系列不良后果,我们必须深化财税体制改革,完善分税制。首先,进一步合理界定政府事权,划清各级政府的支出责任,并以此为基础划分税制。其次,建立规范化的中央对地方的转移支付制度。一般包括:一般性补助即税收返还,专项拨款补助,特殊因素补助等。再次,应调整税费关系,规范政府收入,同时进一步完善地方税体系。发达市场经济国家政府理财的一条重要原则是预算的完整性,即政府部门依赖国家的行政权威、资产所有权或提供某种特殊服务而向企业和个人征收的各种收入,都应作为财政收入。因此,我国应通过"费改税",扩大现有税种、税基或设置新税种等办法加以规范,并建立国家预算,建立以税收为主、收费收入为辅、税费并存的财政收入运行机制,同时也为地方政府建立稳定的税基。①

(3) 建立科学的地方政府官员绩效评价体系。如前所述,在以经济建设为中心的制度背景下,一个地方的经济发展状况往往直接决定了该地方政府官员的政治、经济收益。所以,在这样的绩效评价体系的指引下,地方政府官员往往会为了自身利益的最大化而忽视全局利益,以至于地方政府行为呈现出异化特征,从而导致地方政府间利益关系的不协调、地方保护主义和地方市场分割盛行。因此,必须建立起科学的地方政府官员绩效评价体系,通过其正确的方向引导,规范官员们的行为取向和行为模式,实现地方政府行为的正常化,从而达到协调和改善政府间利益关系的目的。我们认为,科学的地方政府绩效评价体系的建立应该体现以下思想:一是对一个地方政府政绩的评价应该把该地方社会经济发展与其历史状况及长远发展有机结合,尤其要注重该地方的可持续发展的能力;二是对地方政府官员的考核、评价应该取向于一个综合的指标体系,而不应仅仅局限于发展经济的能力。应当设计一套科学、规范、可量化的干部绩效考核指标体系,其中不仅要有经济数量、增长速度指标,更要关注经济增长的质量指标、社会效益指标和环保指标,关注在遵守国家法律法规方面的表现,对直接干预市场运转或企业活动所造成的经济损

---

① 银温泉、才婉茹:《我国地方市场分割的成因和治理》,《经济研究》2001 年第 6 期。

失必须承担相应的法律和经济责任。

（4）实现政企分开，使企业真正成为市场的主体。地方保护主义、地方市场分割实际上是行政性关系在资源分配过程中占上风的结果，它缘于地方政府对微观经济主体控制权的膨胀，而建立全国统一市场，形成区域市场机制的核心之一是要形成独立运转的市场主体，使企业成为真正的法人实体和市场竞争主体。因此，区域经济一体化的培育最重要的是使地方政府从微观经济活动中撤离，减少对企业不必要的行政干预，为企业走向区域市场创造条件，在区域市场内能够实现生产要素的自由流动和资源的优化配置。具体来说，应该重点抓好以下两项工作：一是积极推动地方国有企业的产权改造，对国有经济实施战略性布局调整，有所为有所不为。二是加快国有资产管理体制改革步伐，成立独立于行政系统的国有资产运营机构，通过出售等方式加快非国有化。

（5）重建地方政府竞争秩序，促进政府职能的转变。在西方国家，政府竞争是产生产权保护机制、有限政府制度和企业家创新制度的前提，其核心在于制度竞争，通过竞争性地向市场主体和公民提供优质的公共服务，塑造了有效政府的制度基础，从而促进了经济的增长。我国20世纪80年代推行分权改革以来，地方政府间围绕着经济增长为首要目标的竞争，一方面，推动了我国经济的快速发展，另一方面，为了实现本地区的高速增长和充分就业，地方政府往往不顾资源整体配置的效率，热衷于推行地方保护主义的政策措施，致使诸侯经济泛起、地方主义泛滥。因此，重建地方政府竞争秩序，必须从以地方保护主义为策略的封闭式竞争转向开放式的以制度创新为基础的制度竞争，通过制度创新来吸引资源、创新技术、促进增长，而不是通过地方保护主义来维持增长。

2. 合理的组织安排：创立制度化的多层次组织机构

区域政府合作机制的实现，不但要有良好的制度环境，更要有实施具体合作事宜的组织载体。在 V. W. 拉坦看来，一个组织一般被看做是一个决策单位，对资源的控制由组织实施，制度概念包括组织的含义。① 诺思认为,有效的组织是制度变迁的关键。② 区域合作是通过区域合作组织进行的,区域合作组织本身的出现是制度安排创新的产物,它使区域利益主体的获利空间得以扩大或延伸,能将原来对立的利益转化为一致的利益,而且这种组织的安排方式处于动态的调整过程中,它既可能是正式的,也可能是非正式的;既可能是强制性的,也可能是诱致性的。从我国实际情况和西方国家区域合作的实践来看,区域政府合作机制要得以真正建立,必须在中央政府、地方政府和市场中介组织三个层面上形成制度性的组织机构,实行多层面的协调互动。

(1)"区域协调管理委员会":中央政府的组织创新。区域政府合作机制的建立,离不开中央政府的直接介入,尤其是在中国这样一个制度不完善,而中央政府又掌握了大量的资源配置权的国度里。正如迈克尔·泰勒所言:"国家干预经济最有说服力的理由在于,如果没有国家,人们就不能卓有成效地相互协调,以实现他们的共同利益,尤其是不能为自己提供某些特定的公共产品。"③在我国,由于机构改革大大滞后于区域经济发展,目前中央政府尚未建立起专门性的区域协调机构,这完全有悖于区域合作的基本原则和发达国家的一贯普遍做法。在当代几乎所有发达国家,中央政府在区域管理领域都发挥了积极的作用。在西欧国家,议会中都有永久的或临时的专门委员会,其职能是既介入一般区域管理与规划的制定,又参与解决最严重的区域问题。正如有学者说,"如此大国没有一个专门的区域协调机构在全球来看是少见的"④。

因此,根据对发达国家的经验总结和对中国改革开放以来在区域合作方面存在问题的分析,我们认为,在我国,中央政府必须设立

---

① 〔美〕V.W.拉坦:《诱致性制度变迁理论》,载于〔美〕R.科斯、A.阿尔钦、D.诺思:《财产权利与制度变迁——产权学派与新制度学派译文集》,上海人民出版社1996年版,第329页。

② 〔美〕道格拉斯·C.诺思:《经济史上的结构和变迁》(厉以平译),商务印书馆1992年版,第69页。

③ Michael Taylor, *The Possibility of Cooperation*, New York: Cambridge University Press, 1987.

④ 张可云:《区域大战与区域经济关系》,民主与建设出版社2001年版,第506页。

一个负责区域管理的综合性权威机构——区域协调管理委员会。该机构应由国家发改委、经贸委、财政部、中国人民银行等有关部门领导和区域经济专家组成,其基本职能包括:提出区域经济发展与区域经济协调的建议并报请中央与立法机构审批;具体执行经立法程序通过的政策、规划与其他规划,与地方政府合作协调不同地区利益主体间关系并约束地方政府行为;统一管理根据需要设立的专门性区域基金,并约束有关部门的区域资源的使用方向;具体负责区域划分工作,组织实施全国性跨区域重大项目,组织研究重大区域问题;审查和监督区域政府间自主达成的区域合作规则的执行情况,等等。同时,还要赋予这一权威性机构与其职能相匹配的权力和资源,进而理顺其与国家立法机构、国务院以及其他相关职能部门的关系,并使之法律化、制度化。

(2) 建立跨行政区的协调管理机构:地方政府间自愿合作的制度创新。尽管中央政府在促进区域政府合作中发挥着重要的作用,但地方政府毕竟是区域合作的主要参与者,因此,如何发挥各地方政府的积极性,建立一个反映各地方政府意愿、能获得区域内各地方政府普遍认同的、具有民主的治理结构的跨行政区的协调管理机构,则是区域政府合作机制能够真正建立的关键。

新制度经济学认为,交易双方如果试图通过第三方的介入来协调彼此间关系,则必然会使交易费用增加,而协调地方政府之间的利益关系,单纯寄希望于中央政府的宏观调控,不仅成本太高,也难以达到目标。其原因在于:一方面,中央政府远离各地方,在信息收集上,其无法摆脱哈耶克所说的"构造性无知"的困境,其所提供的制度安排虽然具有规范性、制度化水平高的优点,但由于它是以高度的强制性权力为基础的,其制度安排不以一致性为前提,因而其动力水平相对比较低,而且要提高其动力水平就必须付出较高的政治成本(如用于宣传、教育等费用)。而地方政府直接接触当地的个人和团体,能够及时了解个人和团体自发产生的创新意图,因而地方政府间合作所提供的制度安排更能满足制度需求。另一方面,地方政府权力尤其是经济权力的扩张,改变了它们在政府权力结构中的地位和角色,使它们由集权体制下单纯的中央政府的派出和代理机构,转而成为相对独立的行为主体,大大强化和提高了地方政府作为制度创新主体的地位,使地方政府具有了追求本地经济快速增长以及相应获利机会进行政府间合作的权力和动机。所以,美国著名的新制度主义学者埃莉诺·奥斯特罗姆指出,"我不同意如下的看法,即中央政府管理或私人产权是'避免公用地灾难的唯一途径'"。埃莉诺·奥斯特罗姆还通过实证研究,认为"在一定的自然条件下,面临公用地两难处境的人们,可以确定他们自己的体制安排,来改变他们所处的情况的结构"①。因此,促进地方政府间合作应该成为协调地方政府间利益矛盾、走出"公用地灾难"和"囚徒博弈困境"的必然选择,而实际上,由于资源禀赋等的差异,各地区之间客观上存在着通过互利合作而实现利益最大化的相互需要。只要能进行良好的信息沟通,建立双边或多边协商机制,降低交易费用,在一个相对规模较小的组织中,实现集体行动应该是可能的。②

从近些年我国的发展实践来看,地方政府为了协调相互间关系,也往往倾向于加强横向合作与联系以实现利益最大化,但现阶段合作往往还处于一种非制度性的阶段,缺乏强有力的组织保证。因此,应对区域经济一体化发展的客观需要,建立一个跨行政区的协调管理机构尤为必要。具体来说应体现以下几点:①该机构的具体组织形式,可借鉴世界发达国家和国际组织的经验和做法,比如,美国的区域开发委员会及区域规划协会、德国的区域联合体、加拿大的大都市,并赋予该组织相应的立法权、行政权和财政权等。②其主要职能是:组织协调实施跨行政区的重大基础设施建设、重大战略资源开发、生态环境保护与建设以及跨区生产要素的流动等问题;统一规划符合本区域长远发展的经济发展目标和产业结构;制定统一的市场竞争规则和政策措施,并负责监督执行情况;协助各市县制定地方性经济发展战略和规划,使局部性规划与整体性规划有机衔接。③关于组织内部的功能性机构设置方面,除负责日常联络和组织工作的

---

① 〔美〕V. 奥斯特罗姆、D. 菲尼、H. 皮希特:《制度分析与发展的反思——问题与抉择》(王诚等译),商务印书馆1996年版,第89、98—99页。
② 〔美〕曼库尔·奥尔森:《集体行动的逻辑》(陈郁等译),上海三联书店1996年版,第71页。

秘书处外,还应根据专业、精简、高效的原则设立各种专业委员会和工作小组。它们有一定的管理、协调、研究分析和组织职能,并越来越具有一定的常设性质。如长江三角洲地区可根据实际情况设立区域规划与产业协调委员会、重大基础设施开发管理委员会、上海国际航运中心管理委员会、太湖流域环境保护与治理委员会等专业或综合职能管理机构。④在机构的人员配备方面,应坚持公正和专业的原则,在各地方政府的经贸委、计委、财政部、人民银行等相关职能部门中抽调部分公务员,并且保证区域内各地方政府人员数量的平衡。⑤该机构的治理结构应适度效仿民间组织,其主要领导人必须由各地方政府民主选举或中央政府在充分征询各地方政府意见的基础上协商产生;机构内设立理事会作为该组织的最高权力机关,理事会成员由各地方政府的行政首长和中央政府相关部门的官员兼任,共同协商决定有关区域发展的重大战略问题,其作出的决策对区域内各政府具有普遍的约束力。

(3) 鼓励建立各类半官方及民间的跨地区的民间组织。各级政府应积极推进体制改革,打破阻碍民间组织发展的制度障碍,为民间组织发展创造良好的制度环境,组建跨地区的民间组织,以民间的力量自下而上地推进区域政府合作,进而实现区域经济一体化。我们认为,以民间力量推动经济合作,不仅具有成本低、见效快的优势,而且民间组织观念开放,没有地区利益等方面的影响。因此,在现代市场条件下,应当充分重视民间组织在区域经济一体化中的推动作用。

民间组织的主要职责是研究区域发展战略和推进地区协作。具体形式可有不同层次:一是可建立以各地经济专家为主体的,如"长江三角洲经济一体化发展咨询委员会""长江三角洲经济协调联合会""长江三角洲经济一体化促进会"等组织。这些组织机构不同于一般的研究机构,它们应成为地方政府决策的咨询参谋机构。二是充分发挥行业组织在区域产业一体化中的积极作用。这里的关键是,行业协会要突破行政区划障碍,组成跨地区的行业联盟,共同制定区域行业发展规划、区域共同市场规则,推进区域市场秩序建立,探索区域各类市场资源的连接和整合等。三是可组建跨地区的股份制区域性集团公司。跨国公司是打破国家之间关税和非关税壁垒的最有效方式;同样,跨区公司也是打破区域封闭格局最好的方式。因而,要倡导组建各地相互参股的跨地区的超级巨型企业集团,这既是其参与国际竞争的需要,也是打破封闭、优化资源配置、增强综合竞争力的需要。当然,这种超级企业集团不是行政的捏合,而要遵循市场规律。可以探索通过跨地区强强联合组成具有规模和竞争力的龙头企业,再通过龙头企业联合、控股区域内的上下游配套企业,形成由紧密层和松散层组成的巨型企业集团。

3. 完善的区域合作规则:自愿遵守的激励和约束机制

国际经验表明,区域经济一体化进程发展的快慢与是否有完善的制度保障直接相关。以目前运作最为规范的欧盟为例,作为制度一体化的欧盟,其每个阶段都制定相关法律,成员国依此实施一致对内对外政策,并经历了由低到高的一体化形式。《巴黎条约》建立了欧洲煤钢共同体,反映了特定经济部门的一体化。《罗马条约》建立了关税同盟,实行区域贸易自由化。《单一欧洲法案》对商品、劳动、人员和资本的自由流动列出了约300项立法,并规定了完成这些立法的时间表。1993年,欧洲统一大市场正式形成。随后,欧共体成员国签署了《马斯特里赫特条约》,并于1999年实现了经济货币联盟。如今,欧盟各国又将实行统一的宪法提上了议事日程。今后,欧盟将迈向完全的经济一体化,对各种经济政策通过超国家机构进行协调和统一。在我国,经济区域内缺乏一致性的规则,各地区在招商引资、土地批租、外贸出口、人才流动、技术开发、信息共享等方面的政策上都存在很大的差异,没有规范区域一体化发展的统一法规。这个问题不解决,区域政府合作就缺乏必要的制度保障。因此,在区域合作的进程中,区域政府间针对区域整体发展所达成的共识,必须要以制度性的合作规则来保证。这种区域合作规则应达到两个基本要求:一是为合作行为提供足够的激励;二是对违反"游戏规则"者采取机会主义者予以严厉的惩罚,以使违规者望而生畏。

从制度理论的角度来说,区域合作规则是利益相关的个体即区域内各政府,在一个有限的"囚徒困境"博弈中产生的一种合作均衡,它必须以一致同意为前提。这种规则虽然是从经验产生的,但它们在一个群体内以正规的方式发挥作用并被强制执行。可以说,区域合作规则具有以下三个特点：第一，规则的形成是地方政府间相互博弈的产物，体现了参与者的一致同意；第二，将规则以文字的形式规定下来，具有较强的制度性；第三，有正式的执行机制。在区域政府合作中，跨行政区的协调管理机构和中央政府（一般在地方政府间利益纠纷无法得以解决时，才予以介入）充当了地方政府间利益纠纷的中间人，由它们就什么是违反规则的行为作出裁决，以一种正式化的方式维护区域合作规则。

因此，我们认为，区域经济内很有必要制定一个各地共同遵守的区域公约，以强化地方政府调控政策的规范化和法制化。内容可包括：形成区域生产力布局原则和区域产业发展准则；开放共同市场，促进人才交流；建立协调的基础设施网络，统一开发利用自然资源，统一整治和保护环境；建立协调与管理制度，在户籍制度、住房制度、就业制度、医疗制度、教育制度、社会保障制度等改革方面加强行政协调，联手构建统一的制度架构和实施细则，以此协调各地区的政策行为；在招商引资、土地批租、外贸出口、人才流动、技术开发、信息共享等方面，营造无特别差异的政策环境。待时机成熟再将这个公约上升为区域发展与管理法，实现区域制度架构的融合。

需要特别一提的是，区域合作规则的形成和有效运作，必须要有与之相适应的新型的"区域利益分享和补偿机制"。我们知道，区域政府合作的出发点是地方政府通过合作来共享整体利益，而打破传统的"小而全""大而全"的工业体系，重新调整各地方政府的产业结构，形成合理的产业布局和产业分工体系是区域政府合作的题中应有之义。但合作结构中总有优势一方，有些地区可能必须从某些产业中退出，去重新定位自己的优势产业，而另一些地区则可以乘机扩大市场和规模，进一步壮大自身的产业优势；有些地区生产的可能是低附加值的上游产品，有些地区生产的可能是高附加值的下游产品，于是发生了地区利益从劣势一方流向优势一方的问题。这就需要合作优势一方给予劣势一方以必要的补偿，让区域内所有的地区都共享合作的收益，否则，合作关系就会被破坏，彼此利益都会受损。因此，区域合作规则要有效地发挥作用取决于能否达致各方利益的平衡，实现合作双方或多方的双赢或共赢，这就需要有一个与此相适应的"区域利益分享和补偿机制"。所谓区域利益分享和补偿机制,指的是各地方政府在平等、互利、协作的前提下,通过规范的制度建设来实现地方与地方之间的利益转移,从而实现各种利益在地区间的合理分配。当然,在这一机制中,中央政府的协调作用是不可或缺的,尤其是涉及财政转移支付方面,更离不开中央政府的宏观调控。

五、结语

综上所述,区域政府合作机制,就是在中央政府良好的政策引导下,依靠区域内地方政府间对区域整体利益所达成的共识,运用组织和制度资源去推动区域经济一体化,从而塑造区域整体优势。作为实现我国区域经济一体化的现实选择,这是由我国改革的初始条件决定的。我国是一个政府主导型的、现代化的后发型国家,一方面,计划体制下政府对经济予以深度干预,政府手中掌握了大量管理和直接运行经济的权力和能力;另一方面,市场经济发育还极不成熟、公民社会的力量也还有待于发展和壮大。所以,除非政府之间达成共识,通过政府间合作,依靠一致性的行政力量、中央政府的政策资源和法律制度去实现一体化,否则在政府之外几乎没有足够的力量和制度渠道来实现这一制度变迁。当然,以政府合作来推动区域经济一体化,并不是强调以政府的力量去替代市场,而是试图通过区域内地方政府的共同行动,一起尝试并进行以市场化为导向的制度创新,为区域内社会经济资源的优化配置提供一个一体化的制度平台。

同时,我们也必须认识到,在一个缺乏普遍的法治规则、统一的市场秩序和完善的区域政策的国度里,要真正建构起一个行之有效的区域政府合作机制,实现区域经济一体化,绝非一朝一夕的事。从发达国家的经验看,甚至连欧洲的一体化也走过了半个世纪的艰难历程。但区域经济一体化的前景是诱人的。而且近年来,以长江三角洲和珠江三角洲为代表的经济区域内各级政府通过实质性的合作所表现出来的区域经济一体化的绩效,也使我们有足够的理由相信,建构一个行之有效的区域政府合作机制,推动和实现区域经济一体化,进而实现全国统一市场的形成,也绝非一个遥不可及的乌托邦。

20世纪50年代以来地方行政区划和政府间关系的变革与展望①

地方行政区划②和政府间关系③的重构是20世纪以来中国的现代国家制度建设工程的重要内容,关系到国家的政治稳定和地方社会经济的可持续发展。中国是个单一制的共和国,地方行政区划和政府间关系是中央与地方关系模式的基本要件,在国家全面推进行政管理体制改革,努力建设法治政府、责任政府,从全能型政府向有限政府、从发展型政府向公共服务型政府转型的过程中,地方行政区划和政府间关系的重构及其配置方式,直接关系到中国的政治稳定和社会经济的可持续发展,因而受到国内外学者的持续关注。

近年来这方面的研究主要有:华伟、于鸣超等从政治制度史的视角梳理了近代以来中国行政区划的沿革,提出未来中国应该变中央直辖市、计划单列市、省会城市、地级市和地区为都、府、州作为上级地方自治体和变县、区下辖市、镇、乡为市、镇、坊作为社区自治体

---

① 原文以《建国60年来中国地方行政区划和府际关系的变革与展望》为题刊于《浙江工商大学学报》2009年第5期,作者陈剩勇、张丙宣。

② 行政区划是为了对全国实行有效控制和管理,在综合考虑地理条件、历史条件、经济联系等状况的基础上,根据政权架构和职责履行的需要,对国家领土的行政管理区域划分和调整,主要包括行政层级的设置(政府层级架构)和各级政府间权力的配置。本文中的地方行政区划不包括民族区域自治和特别行政区,而是指省及其以下的行政区划。

③ 政府间关系又称府际关系,是一个国家内部不同层级政府之间的互动关系。从形式上看,它包括纵向的政府间关系(尤其是中央和地方政府间关系)和横向的政府间关系;从内容上,它包括政府间的职能配置、财税关系、人事关系等。本文的府际关系特指地方政府间关系,即省、市、县、乡各级政府间在职能配置、财税关系以及人事关系等。

的两级地方自治。① 郑永年从新制度主义的视角考察了新中国建立以来的行政区划和府际关系,认为中央与省之间是"事实上的联邦制"关系。② 谢庆奎、孙学玉等从减少地方行政层级的视角指出变市管县体制为省直管县体制。③ 刘小康等从经济区与行政区关系上提出改革市管县体制的目标和路径。④ 马斌从地方治理的视角考察了省、市、县之间的关系,并指出实现府际治理的路径。⑤ 这些学者从不同视角对中国行政区划和府际关系改革进行的研究,为我们的研究奠定了基础。

在接下来的讨论中,我们试以制度变迁理论为分析工具,考察1949年以来中国地方行政区划和政府间关系变革的动力、逻辑与过程,探讨现代国家建设与地方行政区划和政府间关系的内在逻辑,检视地方行政区划与政府间关系的变革与地方治理的关系,总结地方行政区划和政府间关系变革的历史经验,探讨推进国家制度创新、完善中国地方行政区划和府际关系架构的对策思路。

一、制度变迁与中国地方行政区划和政府间关系的演进

制度变迁理论由诺思等学者提出。关于制度,诺思认为它是一个外生变量,包括正式制度(例如法律)、非正式制度(例如习俗、宗教等)以及它们的实施过程。⑥ 贝兹(R. H. Bates)认为制度是一整套

---

① 华伟、于鸣超:《中国行政区划改革的初步构想》,《战略与管理》1997年第6期。华伟:《地级行政建制的演变与改革设想》,《战略与管理》1998年第3期。于鸣超:《现代国家制度下的中国县制改革》,《战略与管理》2002年第1期。

② Yongnian Zheng, *De Facto Federalism in China: Reforms and Dynamics of Central-Local Relations*, Singapore and London: World Scientific Publishing, 2007。郑永年、吴国光:《论中央—地方关系:中国制度转型中的一个轴心问题》,香港:牛津大学出版社1995年版。

③ 谢庆奎、杨宏山:《对我国地方行政层级设置前思考》,《红旗文稿》2004年第4期。孙学玉、伍开昌:《构建省直接管理县市的公共行政体制》,《政治学研究》2004年第1期。宫桂芝:《我国行政区划体制现状及改革构想》,《政治学研究》2000年第2期。

④ 刘小康:《行政区划改革:视角、路径及评价》,《北京行政学院学报》2006年第3期。周克瑜:《论行政区与经济区的关系及其协调》,《战略与管理》1994年第1期。

⑤ 马斌:《政府间关系:权力配置与地方治理》,浙江大学出版社2009年版。

⑥ 〔美〕道格拉斯·C.诺思:《制度、制度变迁和经济绩效》(陈郁等译),上海人民出版社1994年版,第4页。

约束和激励机制。① 制度变迁理论认为,制度是受到规则约束与激励的理性行为体进行创新和适应的过程,它以诱致性或强制性、渐进的或激进的方式被替代、转换与变换,实现从供求不均衡到供求均衡的过程。对于制度的作用,诺思认为国家或政治制度是经济增长的关键,然而国家又是经济衰退的根源。② 地方行政区划和地方政府间关系既是政府制度的重要组成部分,又是一套不同层级政府间集体行动的激励和约束机制,这一约束和激励机制包括国家的发展战略、不同性质的公共服务被不同主体更为廉价优质高效地提供、地方政府职能与层级设置、政府间事权划分与财税权力的配置、政府的投资权与产权的划分,等等。这些激励与约束因素的调整形塑了不同层级的政府的行为,影响乃至改变其提供公共服务的程度与方式,从而促进地方社会经济发展。

中国现代的地方行政区划和地方政府间关系,在很多方面继承了传统中国的遗产。两千多年来中国地方政府间关系虽然十分复杂,地方政府层级差异很大,或两级(如秦汉的郡县制),或三级(如明清的省、府、县制),甚至四级,但其运行的基本逻辑并未发生多大的变化,即属地化管理和行政内逐级发包制。前者指称居民的日常事务只与所在地的行政组织或地方政府打交道,并由其直接管辖,地域与地域之间联系较少,各自为政,中央派出机构的人员、经费等由地方政府负责;后者指称的是政府责任和权力的向下转移过程。③ 由于中央对地方的控制受到信息和财力的约束,属地化管辖和行政发包制既节约了组织和管理成本,又明确了各级地方政府的责任,同时,也增强了地方政府的行政自主权。④

20世纪以来,晚清和民国政府基于建立现代国家体系的需要,对地方政府职能进行了重新配置,建立省、县、乡镇财政,推行乡镇、

---

① Robert H. Betes: *Beyond the Miracle of the Market*, Cambridge: Cambridge University Press, 1989.

② 〔美〕道格拉斯·C.诺思:《西方世界的兴起》(厉以平等译),华夏出版社1989年版,第10页。

③ 周黎安:《转型中的地方政府:官员激励与治理》,上海人民出版社2008年版,第57—59页。

④ 同上书,第66—72页。

县、省自治。不过,由于受到西方列强的侵扰和国内政局动荡,地方自治并未真正得到实施,而且,古代一直延续下来的属地管辖和行政发包制并未被放弃。新中国建立后,取消了地方自治,属地管辖和行政发包制则继续沿袭下来,并以条块管理和职权同构的三级或四级地方政府架构的新形态呈现。当然,以十一届三中全会为分界线,建国以来的地方行政区划和政府间关系明显地划分为两个阶段:1949—1977年,以统收统支的财政体制和条块管理、职权同构的治理结构为核心,属于现代行政集权体制;1978年以来,以行政分权、财政包干和分税制、人事制度为核心,为中央与地方分权的多层治理结构。

二、行政集权体制与地方政府间关系(1949—1977年)

建国初期,面对控制地方、建立秩序、巩固政权、建设独立自主的新国家、恢复经济等一系列挑战,执政党和国家断然改变了晚清和民国时期地方自治的取向,确立了行政集权体制。这种体制在地方行政区划和政府间关系上表现为:增加行政层级,建立统收统支的地方财政体制,形成职权同构的地方政府结构和以行政力量为主导的资源配置的纵向管理方式,通常称为"条条管理"。

1. 地方行政区划的演进

1949—1978年中国地方行政层级变化较大,宪法规定地方政府为三级或四级,但在实际运行中,地方政府的行政层级为四级和五级。这一时期行政区划的演进主要分为三个阶段。

第一阶段为基本体制的形成时期(1949—1954年):实行大行政区—省—县—乡四级制。其中,1948年中央设置了大行政区,作为最高一级地方政府;为强化中央集权,1952年大行政区变成中央的派出机关。大行政区管辖省级政府,省级政府的数量发生了很大的变化,从1949年的52个减少到1954年底的30个。同时,建立乡(行政村)人民政府,缩小乡(行政村)的范围。另外,行署和区公所分别作为省和县的派出机构而存在。① 凡此种种,奠定了新中国地方行政区划和地方政府结构的基础。

第二阶段为规范与探索时期(1955—1966年):地方上实行省—县—乡(人民公社)三级制。地方政府三级制为1954年的《宪法》和《地方政府组织法》所认可。为加强中央集权,减少行政层级,1954年撤销了大行政区建制,省的数目基本保持未变,而县级建制则经历了剧烈变动,许多县被撤并、之后又分开。1958年乡镇改为人民公社,其总体规模增加、数量减少。② 这期间,行署和区公所继续存在,街道作为市辖区之下的准层次也开始出现。

第三阶段为"文化大革命"时期(1967—1977年):实行省—地区(市)—县—人民公社四级制。省、县数量和规模没有大的变化,但行署由省的派出机构变为一级正式政府。1967年,行署建立了革命委员会,行署遂改为地区。按照1975年《宪法》规定:地方各级革命委员会是地方各级人民政府,那么,地区就变为正式的一级政府,并为宪法所认可。同样,街道也由派出机构变为正式一级政府。在乡村,人民公社实行"三级所有、队为基础"的政社合一的体制。

2. 地方政府的职权与结构

1949—1977年中国地方政府的层级变化很大,但是地方政府的基本结构却十分稳定,其突出特征是:形式上的职权同构和条块管理,实质上的条块专政和行政集权。

(1)职权同构与条块管理。从各级政府行政管理的范围和机构设置看,除了国防和外交外,县以上的地方政府是中央政府的翻版,是按一个职权同构的模式设计,即上下级政府间很少分工,政府间事权的划分不是根据公共产品的性质,而是根据行政隶属关系和属地原则进行。③ 地方政府的职权同构与多层次结构组合成横向的"块块"和纵向的"条条"的矩阵结构,即各级地方政府都设立了职能统

---

① 陈小京等:《中国地方政府体制机构》,中国广播电视大学出版社2001年版,第147—181页。
② 谢庆奎:《当代中国政府》,辽宁人民出版社1996年版,第228—229页。
③ 周黎安:《转型中的地方政府:官员激励与治理》,上海人民出版社2008年版,第74页。

一的上下对口、左右对齐的机构,实现政府间的条块管理关系。职权同构的结构和条块管理关系的运行,目的是保障上级政府将职责逐级向下传递。

（2）条条专政与行政集权。"条条"指从中央到地方的各级政府业务内容相同的职能部门。与中央集权管理体制相联系的,条条管理是中央或上级政府职能部门对本系统实行直接垂直领导,上级政府依靠"条条"对整个区域实行集中统一的领导,从而形成了纵向政府部门间的集权关系①,这一集权关系被称为"条条专政"。

条块管理表面上反映了上下级之间的辖制与权限关系,实质上涉及纵向政府间职权的配置与协调问题,即所谓"条条专政"。1954年之前,地方政府之间只是简单的业务与技术指导关系,不存在领导与被领导的关系。1954年《地方组织法》调整了纵向地方政府间关系,规定"人民委员会的各部门受人民委员会和上级主管部门的双重领导",这项改革为条块关系和条条专政的形成奠定了基础。② 从"一五"到"三五"时期,国有企业的管理、项目审批、基础设施的投资与建设、物资分配等权力大都集中在中央各部委和省政府主管部门,省以下各级政府主要从上级"承包"政治、经济和社会事务的管理权。此后,虽然条块关系不断调整,也有几次行政分权,但是条块管理和行政集权成为新中国建立前30年的主流。

3. 地方政府间的财税体制与人事制度

职权同构和条条集权的纵向政府结构的运作,直接借助于统收统支的计划型、公有制财政,国有企业的利税体制和党管干部、"下管两级"的人事制度。

（1）计划型、公有制财政。财政目标服务于国家的总目标,即为巩固国防和恢复国民经济、推行计划经济体制等筹集资金、集中国家财力。在这一财政目标下,地方财政体制经历了三次大的变化:一是1951年地方财政分为大行政区—省二级财政。二是1953年将大行

---

① 马力宏:《论政府管理中的条块关系》,《政治学研究》1998年第4期。
② 陈志红:《当代中国政府间纵向关系研究》,天津人民出版社2005年版,第106—111页。

政区、省(市)二级地方财政改为省(市)—县(市)二级财政,开始划定县级财政的收支范围,进行县总预算。三是"文革"时期,地方财政体制实行省—地(市)—县(市)三级财政,1971—1973年实行了财政分级包干制,扩大了地方政府的财政收支范围,调动了地方政府的积极性。这一时期的财政活动主要围绕国家计划进行,地方财政从根本上附属于中央财政,是整个国家计划经济体制的一部分;而且,它又是提供地方公共产品和公共服务的公有制财政,但是,它不是直接向个人提供,而是向行政隶属关系的单位、企业提供。①

(2) 高度集中的税收管理体制、产权改制和国有企业的产权制度。首先,税收的立法权集中于中央,主要税种集中于中央。1950年的《全国税收实施要则》规定,税政、税种、税率等都由中央集中掌握;地方性的税收立法,也要呈报中央备案。其次,1954—1956年中国产权制度的急剧改变,即迅速地从多种所有制转向国家所有制,各级政府是国家集体财产的所有者,随之建立计划经济体制。再次,企业利润收入占财政收入的比重越来越大,从1950年的13.98%增长到1960年的63.93%。② 因此,中央对地方财政体制的调整,归根结底是围绕着国有企业产权的收益进行,地方政府活力的根源也在于对这一产权的分享程度。

(3) 党管干部与"下管两级"的人事管理制度。干部人事制度与财税体制相结合,形成中央和上级政府推行政策并监控下级政府的强有力的制度。党管干部是中国人事制度最主要的特征。1953年,中国建立了各级党委组织部门统一管理下的分级管理干部的制度。同时,党委和政府分工,分工分部门管理干部,各级政府设立人事机构,协助党委组织部门综合管理政府机关及其企事业单位中的干部管理。人事干部管理中分工分部门管理一般按照"下管两级"的原则来确定自己直接管理干部的幅度。③

总之,中国行政区划的历史与现实的内在逻辑,以及1949—1977

---

① 杨志勇、杨之刚:《中国财政体制30年》,上海人民出版社2008年版,第19—28页。
② 同上书,第32—33页。
③ 陈振明:《公务员制度》,福建人民出版社2007年版,第124页。

年间的国家目标——恢复国民经济、建设现代国家体系、建立计划经济体制,决定了地方行政区划和政府间关系的模式,即以地方政府多层次的、职权同构与条块管理的组织结构为特征的属地管辖为基础,行政内部发包制在地方政府间的计划型的公有制财政体制、高度集中的税收体制、国营企业产权制和党管干部"下管两级"的人事管理制度构成的约束和激励机制下运行。建国以后建构的行政集权体制,在建国之初确实也达成了集中全国的资源以巩固国防、建立大型工业基础设施的目标。但是,这种全能型政府架构中的行政区划与地方政府间关系,尤其是大一统的计划体制和运动型经济建设模式,也由于对地方统得过死而压抑了地方的积极性,造成了这一时期经济建设效率低下、国民经济发展停滞不前的困境。

三、行政分权、中央与地方关系的调整与 M 型地方政府结构的形成(1978—2008 年)

中共十一届三中全会以后,随着国家战略从阶级斗争向经济建设的转移,执政党为适应经济建设、促进地方社会经济发展的需要,对中国地方行政区划和政府间关系进行了一系列调整和改革。其内容是在延续既有的属地管辖和行政发包制的治理逻辑的同时,注入了一系列新的激励因素,包括行政分权、财政包干制和分税制、人事管理制度改革、国有企业和集体企业改制、改革并建立现代金融体制,等等。在过去的 30 年里,中国地方行政区划变革和调整的方向是改革省以下的地方政府建制和城市建制,而地方政府间关系的调整目标是上下级政府间的行政和财政分权,在职权同构和行政分权的基础上形成了不同层级的政府分权治理的结构,从而最大限度地调动了各级政府发展地方经济的积极性和主动性。

1. 地方行政区划的调整

改革开放以来,中国的地方行政层级是三级(省—县—乡镇)与四级(省—市—县—乡镇)并行。1954 年以后,除了 1988 年将海南从广东省划出,成立海南省,1997 年将重庆从四川省划出,成立重庆(直辖)市外,中央基本上没有对省级行政区进行过大的调整。随着改革开放的深化和中央向地方不断地放权,省级政府的财力和地位越来越重要,省级政府掌握和行使着越来越大的行政权,尤其是社会经济事务的管理权。最近30年地方行政区划和政府间关系的改革集中在市、县、乡镇之间,具体而言,有以下几方面的内容:

(1) 废除人民公社、恢复乡镇建制,合并乡镇。家庭联产承包责任制的推行,直接推动了人民公社体制的终结,1982年《宪法》和1983年国务院《关于实行政社分开建立乡政府的通知》废除了人民公社,恢复了乡镇建制。此后,由于不断合并乡镇、乡改镇或乡镇改为街道,乡镇的数量逐年减少,从1988年的49159个下降到2007年的34379个,其中乡的数量下降得更快,从2002年的18773个下降到2007年的15139个。

(2) 减少准层级。减少的准层级主要是地区和区公所。1978年制定,1979年修订的《宪法》废除了"文革"期间地区作为一级政府的地位,重新将其作为省的派出机构。从1979年起,地区的数量不断减少,从1977年的175个减少到2007年的50个。乡镇政府恢复之初,每个县的乡镇数量较多,且规模普遍较小,加上交通设施落后,极不便于管理。为了加强县级政府对乡镇的管理,县以下设立区公所管理乡镇。随着乡的合并和撤乡改镇,区公所的数量不断减少,到1986年中央规定县以下不再设区,区一级建置从此废除。

(3) 市管县体制。随着城市化和城市经济的发展,建制市逐渐演变为一种介于省与县之间的一级政府。改革开放以来,中央向地方政府下放权力,扩大地方经济管理权力,提高地方发展的积极性,成为政府间纵向关系运作的主导趋势。从20世纪80年代开始,执政党试图通过推行市管县体制,加强城乡经济联系,由经济较为发达的市带动周边县的农村经济发展,以实现城乡经济协调发展。截至2007年底,全国地级市总数达到238个,占地级行政单位的79.3%,从而市管县体制成为现阶段地方政府层级结构的主流。

(4) 推进城市建制。随着工业化、市场化和城市化的高速推进,城市的作用和功能越来越重要,推进城市建制是改革开放30年地方行政区划的重要特征。城市建制除了包括地级市外,还包括副省级城市(省会城市和计划单列市)、县级市、市辖区和街道的建制。副省级城市享有省级的经济管理权限,行政隶属关系基本不变。① 县改市是经济较发达的地区从广域建制向城市建制转变的结果。20世纪80年代以来,县级市的数量越来越多,从1985年的262个增加到1996年的445个,随后逐年减少,到2007年减少为368个。20世纪80年代,特大城市、大城市的政府纷纷向所辖区政府放权,使市辖区政府开始从准层级政府向一级政府转变②,市辖区的数量从1991年的650个增加到2007年的856个。同样,街道的数量从2002年的5576个增加到6434个。不过,与市辖区类似,街道是否应当成为一级政府迄今一直是个有争议的问题。

2. 行政分权与M型政府结构

与1949—1977年相比,改革开放30年来地方政府间关系的调整与演进,虽然也有大规模的剧烈变动,如推行市管县体制、县改市、撤并乡镇等等,但都不再是对地方政府层级结构的根本性重组,而是在既有的职权同构、条块管理的地方政府结构和按地域划分地方政府框架内,合理配置各级地方政府间的权能,进行政府间分权。当然,这里的分权不是各级政府间的政治性权力,而是经济性权力,如各种经济管理权、基础设施建设权、物资分配管理权、投资权、融资权,以及调整政府与市场的关系。通过经济性分权,上级政府赋予了下级政府充分的发展地方经济的自主权。

省、市政府由于拥有比以前更多的经济和社会管理权、基础设施投资权等,其自主发展地方基础设施的能力和经济实力随之不断增长。与此同时,20世纪80年代到90年代中期,县、乡政府充分利用上级政府下放的各种经济管理权、投资权、融资权,积极发展县属工业企业、乡镇企业和私营企业,乡镇企业不断壮大,县乡政府从地方经济发展中获得了较大的经济利益。90年代中期以来,随着企业产权制度改革、民营经济发展和融资环境的改善,地方经济开始高速发展、地方政府的财政收入不断增加。

---

① 谢庆奎:《当代中国政府》,辽宁人民出版社1991年版,第319页。
② 浦兴祖:《中华人民共和国政治制度》,上海人民出版社2005年版,第288—290页。

一些学者指出,中国经济持续30年高速发展,与经济转型和因行政分权而形成的地方政府的M型结构密切相关。M型结构(Multidivisional Structure)是一个管理学名词,用以指称根据产品或地区建立的(单层)多部门企业形式,它又被称为多元结构、多事业部结构,总部与部门之间存在着高度的分权。M型地方政府结构与M型企业组织结构有所不同,是指多层次多地区的层级制,而不是指多部门的层级制,分权发生在所有地方政府层级上,进而形成职权交叉重叠、高度分权的政府层级间关系,以及很少相互依赖的同级间政府关系。①

3. 分权式的财税金融体制与干部人事制度

地方政府M型结构的形成和运行,其根源在于20世纪八九十年代推行的财税金融体制和干部人事管理制度改革所形成的激励与约束机制。

(1)财政分权改革。自1984年恢复乡镇建制,建立乡镇财政,中国地方政府形成了三级和四级并行的财政制度。为调动地方政府发展经济的积极性,执政党和政府进行了两次主要的财税体制改革,即20世纪80年代至1993年的财政包干制和1994年的分税制。

财政包干划分中央和地方的财政收入,实行不同的财政包干办法。国有企业活力的降低,缩小了中央固定收入占总预算收入的比重,共享收入占据相对主要地位,这就意味着中央要依靠地方政府来增加财政收入。② 而省以下地方政府的财政也实行财政包干,在地方政府纵向财政收入和支出中,地市占有绝对优势地位,譬如1992年北方某省在财政转移支付前省、地市、县、乡镇收入分别为9.3%、49.9%、26.6%、18.3%,同比支出分别为24%、32.1%、33.5%、10.4%。③ 财政包干制大大调动了地方政府投资和发展的积极性。同时,财政包干制一方面导致了中央财政占GDP的比重和占总财政的比重逐

---

① 钱颖一、许成钢:《中国的经济改革为什么与众不同——M型的层级制和非国有部门的进入与扩张》,《经济社会体制比较》1993年第11期。
② 林毅夫、刘志强:《中国的财政分权与经济增长》,《北京大学学报(哲学社会科学版)》2000年第4期。
③ 同上。

年下降,另一方面,还导致了省市县乡的预算外资金和自筹资金的比例逐渐上升,地方政府所属企业的预算软约束、市场分割与诸侯经济的形成,也弱化甚至威胁到了国家宏观经济运行的稳定。

1994年分税制改革的目的是为了提高中央财政收入占GDP的比重和占总财政收入的比重,加强中央宏观经济调控的力度。分税制划分了中央和地方之间的事权与收支范围,划主要税种归国税,提高中央在共享税种中的比例,成立国税局。分税制的实行,提高了中央财政收入的比重,降低了省以下地方政府的财政比重,改变了地方政府间的财政收支结构,导致地方财力向省、市两级集中程度不断加大,如从1994年的16.8%提高到2000年的28.8%,年均提高2%。财力向省、市两级集中,但基本事权却有所下移,特别是县乡两级政府履行事权所需的财力与可用财力高度不对称。[①] 同样,县乡两级财力配置的趋势是不断向县集中,县将财政困难转嫁给了乡镇,乡镇财政自给能力不断降低。地方财力的不断降低,促使地方政府由经济的发展之手转到掠夺之手,吃拿卡要、层层截留,不仅加重了民营企业和农民的负担,而且造成了乡村债务的激增和农村基础设施建设的投入不足。

(2) 地方金融体系。地方政府间的经济行为,如不当竞争、诸侯经济等,与地方政府的财政体制密切相关,而地方的财税体制又离不开地方金融体系的支撑。改革开放30年间,财税体制与金融体系从高度一体化逐渐分开。20世纪80年代,中国人民银行与财政部分离,成为国家宏观调控的一个经济杠杆。财政包干时期,地方政府兴办企业,其资金除了来自地方财政外,地方政府还利用掌握商业银行的地方分支机构的领导任免权和福利分配权来影响金融机构提供贷款,进而导致企业预算的软约束。这种财政金融体制不久就使银行因坏账堆积而陷入经营困境。国家于是推动金融体制改革,使金融由行政控制并与地方财税相结合,转向垂直管理并与地方财税分离。这一改革还直接带动了县乡所属企业的产权改制,20世纪90年代中期以来乡镇企业改制全面推开,政企逐渐分开,地方所属企业的预算

---

① 贾康、白景明:《县乡财政解困与财政体制创新》,《经济研究》2002年第2期。

硬约束程度不断提高。

（3）干部人事制度的改革。建国后形成了上级控制下级的三种机制：党纪、意识形态和中央经济计划系统。后两者经30年的改革开放已经明显削弱。① 干部人事管理是党纪的重要组成部分，成为上级控制下级的重要杠杆。改革开放初期，干部终身制被废除，代之以"四化"的干部队伍，更新了干部的人力资本。同时，干部管理权下放，由1984年以前的"下管两级"变为下管一级，赋予下级政府更大的人事管理权。此后，相继推行了干部异地交流制度、干部目标责任制和相对绩效考核等制度。然而，令人意想不到的是，在官员由上级任命、对上负责的体制下，这些改革也加剧了领导干部晋升锦标赛②的竞争程度，提高了下级政府的直接上级的权威。③ 在乡镇层面，此一制度在促使干部积极推动乡村工业发展的同时，也为乡镇官员扭曲中央税收和信贷政策，干预企业经营，从而强化党、政府和企业之间责任不分提供了激励。④

总之，1949—1977年形成的职权同构的政府结构和政府运作的行政内部发包制，并未从根本上被动摇。改革开放以来推行的地方行政区划调整和行政分权改革，形成了中国式的M型地方政府治理结构。国家推行的在经济管理、财政税收、金融和人事制度等方面的分权对地方各级政府发展经济的积极性产生了有效的激励，使得M型结构得以真正运转起来，成为中国经济高速和持续发展的动力源。

4. 市管县体制的绩效、问题与改革策略

市管县体制既是地方行政区划，也是当前中国地方政府间关系中的一个突出问题，更是中国政府间关系运行逻辑的最为明显的案例。作为一种制度安排，市管县体制是由一系列激励机制与约束机

---

① YANG Z，"Dissecting Chinese County governmental authorities", in Yongnian Zheng and Joseph Fewsmish, eds., *China's Opening Society: The Non-state Sector and Governance*, London and New York: Routledge, 2008, p.214.

② 周黎安：《中国地方官员的晋升锦标赛模式研究》，《经济研究》2007第7期。

③ Kevin J. O'Brien and Lianjiang Li, "Selective Policy Implementation in Rural China", *Comparative Politics*, Vol. 31, No.2, 1999, pp. 167-186.

④ 〔美〕白苏珊：《乡村中国的权力与财富：制度变迁的政治经济学》（郎友兴等译），浙江人民出版社2009年版，第73页。

制构成的激励链,是中国政府间关系中行政发包制运作的一个环节。这一环节通过财政税收等手段强化了自上而下的行政内部的压力。市管县体制虽然增加了行政层级,但却减少了省直接管理的幅度。

作为一种激励制度,市管县体制至少在以下几个方面发挥过重要作用。首先,市管县体制促进了大工业生产在城乡间的合理分布,构建了一种新型产业关系,一定程度上有助于消灭城乡对立,促进城乡经济社会协调发展,起到了市带县的作用。其次,实行市管县后,撤销了地区行署的大部分部门和人员,一定程度上精简了机构和人员,提高了行政效率。

但是,市管县体制也是"诺思悖论"的一个表现形态。作为一种过渡性制度安排,市管县体制存在的弊端越来越为政界和学界所关注。第一,由原来的三级政府体制演变为四级,增加了行政层级和行政成本。第二,除传统的省会城市和一些中等发达城市带动力量较强外,一些工业基础薄弱甚至是由县级升为地级规格的城市很难有力量来帮助县级和乡村的发展。第三,由于地级市担心县级市发展过快,脱离自己的管辖范围,地级市会限制县级市的发展,束缚县级市的活力,有的市甚至与县争投资、争原料、争项目,市刮县、压县、卡县时有发生。第四,城市虚化现象严重。市管县体制虽然使县乡农民变成了"市民",推动了城市化的发展,但城市的农业人口依旧占绝对比重,第二产业、第三产业的比重也低于农业,从而造成了广域型城市的大量出现。第五,行政的市管县与经济的市带县并不一致。市管县体制更主要考虑具有排他性的行政区划因素;经济的市带县排斥垄断经营,实行公平竞争的法则。① 市管县体制的这些弊端缘于地方政府仍然不是按照公共产品的属性和划分事权的原则来设置,而是仍然按照排他性的属地管辖原则来设置。质言之,它是当下以属地化管辖和行政发包制为特点的地方行政管理体制逻辑运行的必然结果,也是 M 型地方政府结构产生的为增长而竞争的代价。②

针对市管县体制的弊端,从 2002 年开始,湖北、浙江、河南、广

---

① 宫桂芝:《我国行政区划体制现状及改革构想》,《政治学研究》2000 年第 2 期。
② 张军、周黎安:《为增长而竞争:中国增长的政治经济学》,上海人民出版社 2008 年版,第 128 页。

东、江西、河北、辽宁等省先后开始了强县扩权和扩权强县的改革,将一部分归属于地级市的经济管理权和社会管理权赋予辖下的经济强县。尤其是浙江,不仅在财政体制上实行省管县,而且在经济上也近似省直管县,涵盖了计划、经贸、外经贸、国土资源、交通、建设等12大类扩权事项,几乎囊括了省市两级政府经济管理权限的所有方面。这种"直管"还扩展到社会管理职能。同时,学界也提出省市县政府间关系改革的几种观点:(1)缩省、撤市、强县[①];(2)将直辖市、计划单列市、省会城市、地级市和地区改组为都、府、州,确定为上级地方自治单位,以按新标准设立的市、镇、乡为下级地方自治单位,推动中国未来行政区划改革[②];(3)实行省直管县、市县脱钩、市县分等,弱化市辖区建制。[③]

四、中国地方行政区划与政府间关系变革的基本经验

20世纪50年代以来,中国地方行政区划和地方政府间关系的制度变迁的方向是实现省—县—乡三级制,地方政府设置的依据逐渐从以单一的属地管理向以属地管理和事权划分相结合,地方政府间的财税金融体制也逐渐走向规范。但是,中国地方行政区划和地方政府间关系的制度变迁的基本逻辑并未发生根本性变化,即属地管理和行政内部发包制。现行体制的内在逻辑,除了沿袭了两千多年的治理传统之外,更是1949年以来,中国实行各级政府所有的产权制度,使全社会的主要财富、企业产权凝固在特定地域空间,资源在空间上的流动必须伴随其所属行政区的权力结构一起进行。[④] 我们认为,新中国成立60年中国地方行政区划和地方政府间关系的制度变迁的基本经验可以概括为以下几个方面:

第一,执政党和政府致力于现代国家制度体系的建设。地方行政区划和地方政府间关系是现代国家制度体系的重要组成部分,中

---

① 张春根:《县域论》,中国文联出版社1999年版。
② 华伟、于鸣超:《中国行政区划改革的初步构想》,《战略与管理》1997年第6期。
③ 浦善新:《中国行政区划改革的研究》,商务印书馆2006年版。
④ 阎林:《政府组织机构调整与经济发展》,社会科学文献出版社1999年版,第38页。

20世纪50年代以来地方行政区划和政府间关系的变革与展望

国地方行政区划和地方政府间关系的改革是中央与地方政府共同参与进行的,频繁的行政区划和地方政府间产权、财税的调整形成了中央和地方的不同激励结构,导致处于这一结构中的各级理性的政府间策略性的博弈行为。多次博弈过程产生了相对的博弈均衡,在此过程中,国家的经济制度、现代企业制度、产权制度、财税制度、金融制度和人事制度逐渐建立并走向制度化和规范化。

第二,挖掘中国本土传统治理逻辑和治理术,坚持走中国式道路。中国行政区划和地方政府间关系的制度变迁所遵循的基本逻辑是中国两千多年的属地管辖与行政内部发包制,多层级的地方政府结构的设置正是这一基本逻辑的表现形态,中国并没有大规模地遵循英美等国按事权和公共物品的属性的原则来设置地方政府的治理逻辑,也没有照搬苏联东欧国家的政府职能很少交叉重叠的U型结构。[1] 在治理术上,中国一直实行产权、财政税收、人事管理等多种治理工具和激励机制的多重组合。60年来,中国社会经济取得的成就很大一部分得益于正确处理了中国行政区划和中国地方政府间关系,正确处理了政府的激励[2],有效地调动了各级地方政府的活力。

第三,以社会经济的发展作为行政区划和地方政府的改革方向。在地方行政区划上,大行政区、行署、区公所的存废,除了出于政府层级和管理幅度的考虑外,更为重要的是为了社会的稳定和国民经济的发展。尤其是改革开放30年来,市管县体制的设置与省直管县的改革都在于合理平衡和配置省、市、县、乡的财政和税收,减少行政区划对经济区域化的束缚与限制。分税制改革,也是以强调中央政府对国家宏观经济调控为目标。因此,中国未来的地方行政区划和地方政府间改革也一定是以社会经济的发展为方向和目标。

第四,合理配置政府间权能,优化地方治理。地方行政区划和政

---

[1] U型结构指的是高度分工和专业化的组织形态,它很少有职能交叉重叠。在目标明确、决策简单时,U型组织具有调动稀缺资源的赶超优势,但当目标不清、决策复杂时,U型组织的适应性和活力就越来越弱化。(参见钱颖一、许成钢:《中国的经济改革为什么与众不同——M型的层级制和非国有部门的进入与扩张》,《经济社会体制比较》1993年第11期)。

[2] 周黎安:《转型中的地方政府:官员激励与治理》,上海人民出版社2008年版,第13页。

府间关系的制度变迁,注重合理设计地方政府层级,优化配置地方政府间的职能,进行地方政府机构改革以及与此紧密相关的经济体制改革、财税金融体制改革和人事体制改革,使地方政府间的权能得到合理配置,为促进地方社会经济发展和优化地方治理提供了坚实的制度基础。

需要指出的是,中国的地方行政区划和府际关系的制度变迁不会停止。以本土资源为根基,以国家发展战略为主导,以社会经济发展为目标,以响应民众的需求为依归,以财政、税收、金融、人事等制度的改革为手段的制度变迁进程,将会在诸多因素的共同激励和约束中继续向前推进。改革开放以来形成的地方行政区划和府际关系的 M 型结构,在促成 30 年经济高速增长的同时,也让中国为 GDP 的高速增长付出了沉重的代价:城乡之间、东西部之间,经济与社会、经济与文化发展的严重失衡,"三农"、教育、科学、卫生、医疗等发展的滞后和生态环境的恶化,缺乏对公民要求的响应性等等。随着国家战略目标转向科学发展观和建设和谐社会,以及政府治理从发展型政府向公共服务型政府的转型,地方行政区划和地方政府间关系的改革应该提上新的日程。

五、地方行政区划和政府间关系:改革策略与展望

中国地方行政区划和政府间关系的改革和调整,必须置于宪法和现代国家制度体系建设的架构下加以规划和设计。相关的制度设计应当以保障公民的自由和权利、促进地方经济的可持续发展和推动社会的文明进步为根本原则,在政府治理转型和建设法治政府、责任政府、公共服务型政府的进程中积极推进。在改革和调整的具体目标上,应该改变传统中国的行政内部发包制的治理逻辑和治理术,打破传统政府间为增长而竞争的集体行动逻辑,形成地方政府间以公共物品的属性和事权的划分为依据的府际治理逻辑,建立平等合作、互惠共赢的治理结构,完成国家制度建设和政府治理转型的伟业。具体言之,中国地方行政区划和政府间关系的改革和调整,要注意把握以下几点:

第一,全面推进行政管理体制改革,建立责任政府、法治政府和

公共服务型政府。政府行政管理体制改革是整个体制改革的核心环节,也是中国地方行政区划和政府间关系改革的中心。在现阶段,应把公共服务型政府建设作为优化地方政府间关系的重中之重,以责任政府、法治政府和公共服务型政府建设带动政府职能转变和各项行政管理体制的改革。①

第二,推进政府管理体制和管理方式创新,切实完成政府职能的转变,优化地方政府间的纵向关系,明确界定政府与市场、政府与社会的关系界限。政府治理转型的关键在于转变政府的职能。在市场化进程中改革和调整政府间关系,通过政府间各种激励机制和治理方式的创新,如改革行政审批制度、推进科学的民主的决策机制等措施,将政府职能从管控转向公共服务。同时,要优化地方政府间纵向权力配置,提高各级政府的行政效率和履行政府职能的能力,改善发展的激励结构。在政府与市场和社会的关系上,各级地方政府应该为企业的发展提供充分的市场信息和高效的产品交易平台,创造企业之间公平竞争的社会环境,充分发挥市场配置资源的基础性作用;建设公民社会,提高社会的自组织化程度,使各种社会团体能以独立的组织优势参与到社会公共事务的治理之中。

第三,以公共物品的属性和事权划分为依据进行城市建制,进行增量改革,控制地方政府的层级。在政府治理转型的背景下和政府职能转变的要求下,为最大限度地降低现行地方政府治理逻辑的消极影响,以经济区为主导的城市建制应该引入以公共物品的属性和事权划分为依据的建制原则,在城市进行增量的行政区划改革,建立积极响应辖区内居民的要求并积极高效地向他们提供公共服务的城市政府,而其层级的多少和管辖幅度的大小,应该确保地方政府在提供公共服务过程中交易成本的最小化。② 而在广域型建制中,必须严格控制地方政府的行政层级,取消市管县体制,根据城市化和城市管理的内在要求配置城市政府;按照乡镇自治的原则,改革和调整乡

---

① 陈剩勇:《政府创新、治理转型与浙江模式》,《浙江社会科学》2009 年第 4 期。
② Anwar Shah and Sana Shah, "The New Vision of Local Governance and the Evolving Roles of Local government", in Anwar Shah, eds., *Local Governance in Developing Countries*, Washington, DC: The World Bank, 2006, p.18.

镇一级行政管理机构,即取消乡镇政府而设置乡镇自治公所,建构起省级政府为一个层级,市、县并立的二级制政府层级结构和地方治理结构。

第四,推行省直管县、市县分治和地方自治,促进地方经济和社会的可持续发展。在地方行政区划上,现行市管县体制混淆了市县两种不同性质的建置原则,增加了行政管理成本,越来越阻碍县域经济的发展。为此,应该废除市管县体制,代之以省直管县,取消(地级)市作为管理县的建置(而不是取消市建置)。现阶段中国地方行政区划和府际关系调整、改革的基本思路是:恢复市、县两种不同性质建置,实行市自治和省直接管理市和县,打破行政区划的体制性制约,促进县域经济和社会的发展,构建起公民直接参与地方公共政策、政府及时回应社会和民众要求的民主政府。地方自治是地方民主政治发展的内在要求,实行乡镇自治进而推进县域自治,是优化地方政府间权力配置、减少地方政府层级、推动治道变革和治理转型的重要手段。

第五,完善和健全地方公共财政体制。在政府治理转型中,地方行政区划的改革必须与地方公共财政体制相配套。现阶段中国地方财政体制坚持一级政府一级财政的政策,实行省、市、县和乡镇四级财政体制,但在地方政府间财政关系上,呈现出上级政府决定与下级政府之间的财政关系的特征。尤其是1994年的分税制改革后,财力的往上集中严重地阻碍了县乡社会经济的发展。因此,必须废除(地级)市对县财政的汲取制度,变市管县财政体制为省直管县财政体制,变市、县财政体制的等级关系为同级并列关系,从财政制度上确立省直管县及乡镇自治制度,达致地方各级政府职权的均衡,从而奠定责任政府和公共服务型政府的基础,促进城乡社会经济均衡和可持续的发展。

## 第五编　地方政府创新

20 世纪以来中国乡镇行政管理体制的变革与启示①

关于中国乡镇体制历史变迁的研究,近年来随着乡镇体制改革问题提上议程而受到了学者们的重视。赵秀玲从历史学的角度梳理和概述了中国数千年乡镇体制变迁的历史。② 于建嵘通过对 20 世纪以来中国乡镇体制的变迁过程进行的考察,提出应当在中国重构一种不同于保甲体制的乡镇自治体制。③ 王铭铭则借助吉登斯的国家和社会的分析框架,考察了中国乡镇级政府的演化过程,认为在清末以前,县以下不曾存在正式的乡镇级政府机构,而到了 20 世纪,随着民族—国家的建构,乡镇政府机构被创造出来。④ 这些学者的研究为认识晚清以来各个时期乡镇体制变迁提供了富有启示的见解。在接下来的讨论中,我们从政治学的维度,以国家政权建设理论为分析框架,通过对晚清以来中国乡镇体制和乡村治理变迁过程的历史回顾,发掘地方政府改革和制度建设的本土资源,试图通过历史和逻辑的整合,探讨并揭示如何推进我国乡镇行政管理体制改革和地方政府制度建设的启示。

国家政权建设理论是由查尔斯·蒂利(Charls Tilly)等学者从西

---

① 原刊于《浙江社会科学》2006 年第 4 期,作者陈剩勇、孟军。
② 赵秀玲:《中国乡里制度》,社会科学文献出版社 2002 年版。
③ 于建嵘:《乡镇自治:根据和路径》,《战略与管理》2002 年第 6 期。
④ 王铭铭:《走在乡土上:历史人类学札记》,中国人民大学出版社 2003 年版,第 130—166 页。

欧近代民族国家的演进过程中提炼出来的。这些学者指出,西欧民族国家形成过程中都经历了一个国家政权向乡村社会的侵入过程。通过政权的官僚化与合理化,政权向乡村渗透,以便为军事和民政扩大财源,与此同时,乡村社会为反抗政权侵入和财政榨取而不断斗争。国家为了巩固其权力与新的"精英"结为联盟。而"18 世纪欧洲的'国家政权建设'(state-making)与'民族形成'(nation building)是不同的。前者主要表现为政权的官僚化、渗透性、分化以及对下层控制的巩固;'民族形成'则主要体现在公民对民族国家的认可、参与、承担义务及忠诚。而这两个过程不是同步的,强大的民族国家的出现往往早于民族的形成"①。近代中国的乡镇体制与乡村治理的变迁与欧洲国家的历史走向虽有不同的路径,但从学术研究的维度,国家政权建设理论也为我们提供了一个新的视角。20 世纪中国的国家政权建设是在民族主义和现代化的双重诉求下进行的。为了实现中国的现代化,使中华民族屹立于世界民族之林,晚清以来的政府都致力于国家政权的建设,国家政权建设更加注重通过把乡镇纳入到政权体系中,从而实现对乡村社会的渗透和控制。而国家政权的扩张会侵入到乡绅统治的边界,能否处理好与乡绅精英的关系,在很大程度上决定着国家政权建设的效果。质言之,晚清以来的乡镇体制和乡村治理的变迁,是政府主导下的基层政权建设过程,实际上是国家为了实现民族主义和现代化的目标而对基层社会的吸纳和改造的过程。

一、晚清新政与乡镇地方自治

中国的乡里制度萌生于西周时期,在春秋战国时代得到进一步发展,至秦汉基本定型。自秦朝开始,我国的乡里制度大体经过了三个时期:从秦王朝建立到隋文帝开皇十五年,实行乡亭制,以官治为主、民治为辅,乡为基层行政区域;隋唐时期,中国乡里制度由乡官制向职役制过渡。② 从宋代王安石变法实行保甲制度开始到清代,皇

---

① 〔美〕杜赞奇:《文化、权力与国家》(王福明译),江苏人民出版社 2003 年版,第 1 页。

② 赵秀玲:《中国乡里制度》,第 22 页。

权上收到县一级,而在乡一级实行乡绅自治。乡绅成为连接皇权和基层民众的桥梁,而乡里制度的主要职责集中在征收赋税、教化民众和清查户口等方面。罗兹曼认为,"中国传统的乡村几乎不能算是政治单位;他们主要是房屋的集中地。人为指定的行政单位负责执行由国家不同的部门所主持的某些税收和治安职能,宗族关系是大部分社会行动的基础"①。因此,传统中国的乡里制度,尤其是隋唐以后的乡里制度,并不是一级行政建制。

晚清以来,中国传统政治体制在外部遭遇到西方列强的挑战,在内部则受到革命党人和维新派的冲击。为了巩固皇权统治,清廷实行新政。1908年,清廷颁布《城镇乡地方自治章程》,明确规定城镇与乡为县领导下的基层行政建制,实行地方自治,近代以来国家政权建设的进程从此起步。

《城镇乡地方自治章程》明确规定了城镇乡地方自治的管理机构与职能、管理人员的产生办法和任职期限,以及自治经费的来源和审查监督等事宜。如规定城镇乡的地方自治以专办地方公益事宜、辅佐官治为主。地方自治事宜包括学务、卫生、道路以及筹集款项等。乡镇设议事会和董事会。议事会由合格选民选举产生。而合格选民包括:有本国国籍者,男子年满二十五岁者;年纳税或本地方公益捐二元以上者。议事会设议长和副议长,均由议员选举产生。议事会的职责包括:自治范围内应该兴办的事宜,自治经费收入和支出的预算,以及诉讼和和解事宜等。城镇和乡设董事会,由总董、董事和名誉董事构成,由议事会选举产生,并申请督抚核准任用。各乡设自治执行人员乡董、乡佐各一名,由议事会选举产生,呈请本州县行政长官核准任用。城镇和乡董事会成员不得由议事会议员兼任。自治经费主要来自地方公款公产、公益捐款等。而自治经费的管理和监督由议事会来行使职权。城镇乡的自治职权,由地方行政官监督。地方官有申请督抚解散城镇议事会、董事会及撤销自治职员的权利。②章程还规定,选举权限于有一定财产的男子,地方自治受官治管理和

---

① 〔美〕吉尔伯特·罗兹曼:《中国的现代化》(国家社科基金"比较现代化"课题组译),江苏人民出版社2003年版,第265页。

② 徐秀丽:《中国近代乡村自治法规选编》,中华书局2004年版,第3—18页。

监督等。

晚清的"地方自治"制度是清廷试图把国家政权延伸到乡镇一级的努力,相关的法律主要借鉴了德国和日本的地方自治经验,即以国家为本位,强调国家权力的至上性。在中央和地方的权力划分上,皇权对绅权做出的一些让步,主要也是着眼于改善皇权自身的统治,以实现国家对乡村社会的控制。因此,清末的地方自治虽是绅士之治,但正如费正清指出的,"清政府企图通过正式认可绅士在地方上的控制,把绅士置于地方官员的控制之下(即把他们的职能正式纳入基层的政府部门),以此来巩固他们的统治"[①]。由于清廷在三年后就被推翻,城镇乡地方自治在全国也没有得到很好的实施。不过,晚清开始的地方自治作为国家政权建设的模式,在民国时期得以延续下来。

二、乡镇地方自治:民国时期的发展与保甲制的建立

民国以来,除了袁世凯一度停止执行地方自治制度之外,在全国大多数地区作为官治的城镇、乡,地方自治事实上依然存在,有些省自行规定了基层政权制度(如山西的区村制、云南的市村制等)。后来,国民政府基于政治统治的需要,对于乡镇体制作了相应的改革,国家政权的控制力渗透到乡镇一级。乡镇成为一级行政建制。在1927—1949年的国民政府时期,国家政权建设进入了一个相对成熟的时期。此时的乡镇体制改革大致分为两个阶段:

(1)从乡镇自治到保甲制的阶段。国民政府统一全国后,开始在全国范围内建立统一的区乡行政体制。1929年,国民政府颁布了《乡镇自治实施法》。该法规定:"乡镇大会为乡民大会或镇民大会,可以行使选举权、罢免权、创制权和复决权,审核预算决算,审议上级机关交议事项等职权。乡镇大会以到会公民过半数同意决定。乡镇公所为自治机构,由乡镇长执行户口调查、土地调查、教育、医疗卫生等等事项。乡镇设监察委员会,负责调查公所的账目以及乡镇长的行政职权执行情况。乡镇的财政主要来自于:乡镇公产及公款之孳

[①]〔美〕费正清:《剑桥中国晚清史(下卷)》,(中国社会科学院历史研究所编译室译),中国社会科学出版社1993年版,第462—463页。

息;乡镇公营业之纯利;县区补助金和特别捐。预决算由乡镇民大会通过,报区公所查核,并转县政府备案。乡镇下设闾邻组织。闾邻设闾邻居民会议,并选举闾长和邻长。"①

与晚清时期的乡镇自治相比,民国初期的乡镇自治有以下几个特点:一是建立了统一的乡镇行政和闾邻组织。国民政府在县以下设立了乡镇的行政体制。农村的闾邻组织得到了恢复。二是在制度上规定,公民可以直接行使创制、复决、选举、罢免等四权。通过实施四种权利,可以锻炼民众的公民意识,提高公民管理地方事务的能力。三是实行乡镇长直接民选,这是一种制度上的创新。直接民选是直接民权的一种具体体现。

《乡镇自治实施法》体现了国民政府谋求地方行政体制现代化的愿望,但制度的实行需要稳定的社会政治环境,而且要循序渐进。在当时的环境下,由于劣绅把持地方统治,地方自治的推行不力。乡镇民的选举和自治等权利都流于形式。因此,在颁布和推行乡镇自治之后不久,国民政府在"剿匪区"内推行了保甲制度。保甲体制替代了原来的乡镇建制。保甲长的主要职责是负责维持保甲内的秩序,具体通过制定保甲规约、编查户口、悬挂门牌以及联保连坐等措施来实现。

为了全面推行保甲制度,国民政府命令各省制订计划,由省要员亲自督办。不过,从总体上看,保甲制度的实行虽然经由国家政权推动,但这一制度与乡土中国的文化传统和乡绅治乡的现实存在冲突,因而并没有获得成功。有学者指出,"各省奉行保甲,成绩卓著者少,成绩不良者多……且地方与地方各不相谋;中央、省、县、区、间之间,脉络亦互阻滞。遂至精神涣散,形式差池,皆为不可掩盖之事实"②。由于传统的乡村社会是一个"熟人社会",村民之间有内在的伦理规范约束,而保甲制要求实行连坐和揭发制度,这与乡土社会的文化传统和村民的行为方式存在较大的冲突。同时,乡绅在当时农村社会中仍然发挥着举足轻重的作用,而保甲制度的实施主要是清查户口、

---

① 徐秀丽:《中国近代乡村自治法规选编》,第97—109页。
② 闻均天:《中国保甲制度》,商务印书馆1945年版,第128—129页。

征收赋税等等,保长收益较少而责任重大,于是出现了很多乡绅避而不当保长的情形。

(2)乡镇自治与保甲制的融合阶段。自从1939年《县各级组织纲要》颁行以来,尤其是1941年国民政府公布《乡镇组织暂行条例》后,乡镇体制进入乡镇自治和保甲体制相融合的时期。条例规定:"乡镇内编制为保甲,每乡镇内以十保为原则。乡镇民代表会议为乡镇的议事机构,由乡镇保民大会各选举二人组成,其职责主要有议决乡镇预决算、自治规约、选举罢免乡镇长和本乡之县参议员等。乡镇设乡镇公所,乡镇长受县政府监督指挥。乡镇公所设民政、警卫、经济、文化四股。乡镇长负责召集乡镇务会议。乡(镇)公所的任务涉及编查户口、整理财政、设立学校、办理警卫、四权训练、推行卫生、实行救恤等。乡镇下设保,定期召开保民大会,设立保办公处并选举保长。"①

从制度文本来分析,该条例赋予了乡镇更大的自治权利。例如,乡镇长由乡镇民代表会议选举产生,并由其罢免。乡镇长只是执行县政府委托办理的事项,而并非直接指导。从这种体制的实际运作来看,各地方的乡镇建设也取得了一定的成绩,尤其是在学校和卫生机构建设等方面成效较好。不过,这种乡镇体制并非一种地方自治,而是国民党政府为了维持社会治安、安抚民心所采取的一种行政策略。国民党推行地方自治也基本上流于形式。一方面,在这些体制的实行过程中,乡镇体制被土豪劣绅所把持,选举舞弊情况比较严重,乡镇长利用职权胡作非为的情况也屡见不鲜。而对于乡镇长行政官员的监督也因选民素质低下而流于形式。另一方面,国民党政府为了应对内战,也没有足够的精力去真正实施乡镇自治,同时,为了能够从农村征兵、征税和征粮,国民党政府更多的是实行一种军事上的保甲体制。

总之,自晚清以来,中国乡镇体制经历了多次变革:从乡镇自治到保甲制,再到两者的融合,但当局的意图和乡镇体制发展的主线是明晰的。换句话说,国家政权建设的目的就是实现现代化和维持自

---

① 徐秀丽:《中国近代乡村自治法规选编》,第232—242页。

身对于基层的控制能力与资源汲取能力,国家政权不断向乡镇基层政权的权力延伸。不过,由于这期间政局动荡,虽然在全国各地初步建立了乡镇一级的基层政权,但是地方上主要还是由乡绅来控制,一些地区甚至土豪劣绅当道。因此,晚清以来乡村地区的国家政权建设任务,实际上并没有完成。

三、建国以后的人民公社体制

中华人民共和国建立以后,为了实现工业化的发展目标,国家以新的面貌开始了国家政权建设。此时的国家政权从完成土地改革开始,变革乡村的生产关系,进而国家对乡镇体制进行了一系列变革,把乡村纳入到国家政权体系中,以实现国家对农村社会的政治和经济影响。建国以后的乡镇体制,大致经历了三个阶段:从1949年到1958年为第一阶段,是政府机构"管理式"控制模式的发展时期;从1958年人民公社体制的建立到1982年是第二阶段,是社会生产动员式的社会运动模式;1982年以后,人民公社逐渐取消为第三阶段,是第一种模式的恢复和强化。①

在第一个阶段,政务院于1950年颁布了《乡人民政府组织通则》,规定乡是基层的行政区域。1954年,中央人民政府内务部发布了《关于健全乡政权组织的指示》,"规定乡人民政府应设立生产合作、文教卫生、治安保卫、人民武装、民政、调解等工作委员会,进一步加强了乡的行政体制建设"。最初实行的是小乡制,户数比较少。后来在合作化的过程中,小乡逐渐合并成大乡。我国乡镇体制处于由小乡制向大乡制过渡的时期,而且由于当时我国处于三大改造时期,乡镇体制还没有完全定型。

从1958年开始,随着人民公社化运动的展开,全国除了云南、四川等省的少数民族地区外,普遍建立了"政社合一"的人民公社体制。在1958年公布的《中共中央关于在农村建立人民公社问题的决议》中,要求建立农林牧副渔、工农兵学商相结合的人民公社。1962年通过的《农村人民公社工作条例修正草案》规定,农村人民公社开始

---

① 王铭铭:《走在乡土上:历史人类学札记》,第158页。

实行"三级所有,队为基础"的体制。这是一种以生产队为基础的集体所有制经济制度。

从总体上看,人民公社体制的特点是"政社合一""党政合一",即生产组织和政权组织的一体化。具体地说,在经济上,人民公社的政社合一体制把农户的生产经营、物品分配纳入到公社体制中来,农民的财产权利和各项经济权利都收归公社。在政治上,实行党政合一和行政命令的体制。人民公社时期,在生产队普遍设立了基层党组织,从而实现了中国共产党对农村的政治领导。在社会领域,通过实行群众动员的方式,从事水利的兴修和对于阶级敌人的批判等。

应该说,人民公社制度对当时经济和社会的发展有一定的贡献。首先,人民公社体制是国家为了实现重工业化优先发展的赶超战略而提取乡村经济资源的一种政治制度和经济制度。在当时没有外部经济援助,国内工业基础又非常薄弱的情况下,人民公社体制能够从农村获取发展工业的宝贵资金,这为我国迅速初步建立工业化体系做出了重要贡献。其次,人民公社时期,公社动员丰富的劳动力资源兴修了一批水利工程,并且致力于农作物品种的改良,这为我国的农业基础设施建设打下了良好的基础。有些水利工程迄今仍在发挥着重要的作用。再次,在医疗卫生领域,建国以后我们国家在控制传染病、降低婴儿死亡率和健全医疗保健机构等方面,都做出了很大的成绩。尤其是农村合作医疗制度,对于农村卫生条件的改善和卫生知识的传播起到了积极的作用,这一点得到了罗兹曼等国际著名学者的肯定。

但是,人民公社体制也存在很多缺陷。这具体表现在:(1)经济层面:人民公社体制把经济组织和政治组织混合在一起,使农民丧失了生产和经营的自主权,以致农民往往通过消极怠工等方式来表达不满。农业的生产效率比较低下,这使中国农村经济长期在低水平上徘徊和维持。根据统计,"1958年至1978年的20年既是中国实行人民公社的20年,同时也是新中国农业发展最慢的20年。在这20年中,农业生产年平均增长率只有1.48%,粮食产量平均增长率为

2.13%"①。(2)政治层面：人民公社体制是一种行政权力集中于公社党委和生产大队党支部的政治体制，它通过高度的行政控制来实现对于农村的控制和渗透。这种政治控制严重地阻碍了农村基层民主政治的发展，影响了农村政治现代化的发展进程。(3)社会层面：人民公社体制通过户籍制度把农民限制在农村，禁止城乡之间的自由迁徙。这阻断了农民向上流动的渠道，限制了农民的生活和生存空间。这种城乡二元分割的体制至今还严重制约着农民、农业和农村社会的发展，成为我国现代化发展进程的一大障碍。凡此种种，导致人民公社体制走向了衰败。

人民公社体制的失败还有一个为人所忽略的原因，这就是国家政权的建设完全没有考虑到既有的乡村社会传统，严重脱离了中国的国情。必须指出，制度变迁只有与中国农村的历史和传统相对接，才能够在农村社会中得到农民的认同。在中国农村还是以小农经济为主体，农民的行为模式和文化传统根深蒂固的情况下，把一种理想化的"一大二公"体制强加给农村和农民，这注定了其失败的结局。因此，这个阶段国家基层政权的建设是不成功的。

四、现阶段乡镇行政管理体制：改革与争论

随着我国经济体制改革的推进和地方民主化进程的发轫，党中央、国务院在1983年联合发布了《关于实行政社分开建立乡政府的通知》。《通知》要求，设立乡政府，实行政社分开；同时设立乡镇党委，并根据生产的需要和群众的意愿建立经济组织。而在乡以下实行村民自治。此后，全国各地先后开始了恢复建立乡政权的工作。

现行《地方组织法》规定，乡镇政权位于我国政权体系的最基层，在乡镇以下实行村民自治。我国现行乡镇政权体制的结构大致如下：乡镇人大是地方国家权力机关，由乡镇选民直接选举产生的人民代表组成，代表人民行使国家权力，每届任期3年；乡镇党委是中国共产党在乡镇的基层组织，对本地方各项工作实行政治领导和核心作用，党委设书记一人，副书记若干人，其中乡(镇)长一般兼任副书

---

① 刘豪兴：《农村社会学》，中国人民大学出版社2004年版，第99页。

记;乡镇人民政府是国家的基层行政机关和本级人民代表大会的执行机关,乡镇人民政府对上一级人民政府负责并向其报告工作,同时作为乡镇人民代表大会的执行机关,要向乡镇人民代表大会负责并报告工作,而且要接受乡镇人民代表大会的监督;有的乡镇还设有政协联络组。在部分省市,一些经济实力比较强的乡镇还设有"企业委员会"(或称"总公司""联合公司"等)。乡镇体制设置的特点大致有三:第一,乡镇作为最基层的政权,与所辖行政村是指导与被指导的关系,形成"乡政村治"的格局。第二,在乡镇体制中,乡镇人大一般不设常委会,所以在召开人大会议和组织人大代表选举等方面,政府要发挥更多一些的作用。第三,"政府特别强调要负有保障农村集体经济组织的自主权的责任"①。

在现行的县乡"压力型体制"下,随着农村村民自治制度的实施,处于县、乡、村三级体制中间的乡镇体制面临一系列困境:首先,乡镇政府管理与县政府职能部门派出机构之间的"条块分割"现象很突出。很多县级派出机构行使着乡镇政府的权力,这导致乡镇政府成为一级残缺的政府机构。这种局面不利于乡镇政府充分行使其各项政治职能和社会职能。其次,乡镇权力过于集中于乡党委,这在保证党的意志能够在乡镇得以顺畅执行的同时,限制了乡镇政府和人大权力的发挥。再次,乡镇政府的行政职能强,而社会服务、公共管理的职能弱。随着工业化、市场化的推进,乡镇政府的主要职能应该转向公共管理和公共服务,但在现实中,乡镇政府依然延续着全能型政府的行政方式,管了很多应该由市场来管的事务,而又无力承担本应由它来提供的大量的公共服务。最后,很多乡镇财政困难,由于乡镇机构林立、人员臃肿,乡镇行政费用高。而前些年很多乡镇盲目发展乡镇企业,也欠下很多债务。这在中西部农村已经屡见不鲜,甚至在沿海发达地区的乡镇都背负沉重的债务。

20世纪80年代以来,我国的乡镇体制一直处于不断的调适和改革过程中。从20世纪80年代的简政放权、完善乡镇政府的职能,到90年代理顺党政关系以及乡镇长直接选举方式的实践,再到本世纪

---

① 朱光磊:《当代中国政府过程》,天津人民出版社2002年版,第377页。

初的税费改革和机构改革,都是乡镇体制的一些实践和尝试。如何推进乡镇体制改革,促进农村社会的发展,国内学者开出了许多药方,相关对策和建议大致可以归纳为四类:(1)徐勇等主张撤销乡政府,改为县级政府的派出机构;扩大镇的自主权,将镇改为市以下的地方自治单位;(2)于建嵘等主张实行乡镇自治;(3)黄卫平等主张完善乡政格局,强化其民主取向,试行乡镇长直选和强化乡镇人大建设;(4)潘维则针对当前的"乡镇行政体制改革"提出了质疑。除了上述四派观点之外,温铁军主张将"乡政府改为乡公所,村镇并列自治";吴理财主张实行有限的"乡政自治",将乡镇政府改革为"官民合作"组织等。

关于乡镇体制改革的对策思路,学者们的观点大相径庭。我们认为,可能是以下几个原因导致了不同的政策取向和研究路径:

(1)学者所持的乡村治理的理念不同。乡村治理是指在既定的乡村社区中,运用公共权威来维持乡村秩序,以增进公众的利益和福利。而参与乡村治理的权威主体是多元的,既有官方的权威(乡镇政府),也有纯民间的权威(乡村自发形成的民间组织),还有介于政府和民间的公共权威(村民委员会、村党支部)。有学者认为乡村治理应以民间的自治组织为主体;有学者则强调官方权威权力来源的民主化,以增强其权力的合法性;还有学者主张强化政府的作用,推进乡镇政府的行政化和法治化。

(2)对政府职能的认识不同。乡镇政府处于政府管理的行政末梢,上承国家政策法规的执行和反馈,下接农民的利益诉求和公共物品的供给。由于当前乡镇政府公共管理和公共服务的能力较弱,不能为基层提供公共物品,因此,有学者认为可以把乡镇政府取消,将行政权力和公共物品的供给功能上收到县。有学者认为,政府职能的良好实施需要来自农民的认可,获得合法性资源,所以主张实行乡镇长的选举。而有学者认为乡镇政府不能取消,乡镇政权的职能只能够优化和加强。

(3)对农民合作能力和组织能力的认识程度不同。农民作为乡镇中的主体,其合作能力和组织能力决定着乡镇体制的模式。如果农民的合作能力和组织能力比较强,那么民间组织就比较发达,这样部分农村公共物品(如水渠的修建、农村秩序的维护等)就可以由民间组织提供。有些学者持这种观点。而如果农民的合作能力和组织能力因为市场经济的不发达和农村社会结构的分化程度不够而比较弱的话,那么政府就应在农村公共物品提供方面承担主要责任。一些学者关于乡派的观点,就是基于此种考虑。

五、从传统到现代:百年中国的制度变迁及其启示

近年来相关学者就乡镇体制改革和地方政府建设所提的对策和思路,从特定区域和经济社会的发展状况出发,无疑都有其合理的价值,但不可否认,学者们往往没有注意到我国地区之间发展的不平衡性,而试图把得自某一地区的局部经验提升为对全国都具有普适性的理论范式,以致有的对策难免陷入以偏概全的误区。例如,主张精简乃至撤销乡镇政府的观点,主要是基于对中西部经济欠发达地区现状的认识;而乡镇民主派的理论只是从四川、深圳等地乡镇改革的经验中总结出来的。至于乡镇自治的观点,则与宪法的规定相违背,在现阶段似乎并不可行。乡镇体制如何改革?地方政府建设如何推进?我们认为,未来任何有关乡镇体制改革和制度建设的全局性规划,都必须基于以下两大国情。第一,中国是一个具有两千多年中央集权主义政治传统的国度,而乡镇机构和地方行政管理体制更发源于三千年前的西周时期。第二,中国是一个地区间社会经济发展极不平衡的国度,很多地方经验并不一定具有普适性。在中国从农业社会走向工业社会的过程中,地方政府和乡镇体制也经历了从传统到现代的结构转型。在这一转型过程中,从西方国家借鉴和引入的现代政府制度,如何实现与本土的政治传统的调适?近百年来我国地方政府的制度建设有哪些经验教训?从晚清以来乡镇体制和乡村治理的制度变迁过程,我们至少可以发现有如下几点启示:

1. 地方自治传统是乡镇改革和地方制度建设的本土资源

传统中国存在着地方自治的传统。在国家层面,高高在上的皇权通过从中央到县的各级官僚制度,实现了对整个社会的全方位控制;在地方层面,皇权止于州县一级,县以下的广大乡村地区,士绅与宗族组织实施着对乡村社会的有效治理。尽管以皇帝为首的专制政

府为了从分散的、以小农经济为基础的农村社会中汲取经济资源,会把行政权力向农村渗透。不过,这种渗透与乡村社会的自治并行不悖。费正清认为,"士绅家族在当地的领导地位和管理职能,可以说明为什么官方势力没有深入到中国的下层社会。或者以另一种方式从起源上来讲,士绅的产生是用来填补早期的官僚政府与中国社会之间的真空"①。因此,士绅能够把乡村体系中的行政权力与自治权力融合在一起,通过维持社会治安、调解民间诉讼以及教化农民,从而实现乡镇自治。在长达两千多年的历史上,中央集权、皇权专制与地方自治居然实现如此完美的结合,这堪称是制度史上的一个奇迹。

当然,传统中国的乡绅自治并非现代意义上的地方自治,其所体现的价值意蕴与现代民主的精神甚至有些相悖,但是这种乡镇自治的传统,以及历史上那些使中国农村社会实现了长期的政治稳定和社会和谐的乡村自治的制度安排,无疑为晚清以来地方制度设计和建设提供了不可多得的一大本土资源。晚清新政规划的乡镇自治和民国时期的乡村建设,都以实现乡镇居民的地方自治为基本的制度建构目标,虽然由于各种条件的限制,以民主为取向的地方自治或许难以全面展开,但随着国家与社会关系模式的重建,以及村民自治推进和完善而带来的广大农民的文化素质、政治素质(包括民主意识和权利意识)的提升,乡镇自治很有可能成为我国乡镇体制改革的比较可行的路径选择。

2. 乡村精英阶层与地方行政体制改革和乡村治理

在中国传统社会,乡绅阶层对乡村的统治力和影响力是传统型地方自治成功实施的关键。从晚清到民国早期,乡绅在推动乡镇自治和基层政权组织建设的过程中一直具有举足轻重的作用。此后,民国政府进一步将行政触角延伸到乡镇,这导致了国家政权与传统乡绅的分离。随着国家权力逐渐深入乡村,特别是持续的战乱和经济危机,迫使乡绅精英逃离农村,大量流入城市,在许多地区,土豪劣绅取而代之,从而对乡村治理产生了负面影响。土豪劣绅、政府贪污和繁重的苛捐杂税,使农民与政府的矛盾和对立更加激化,民国政府

---

① 〔美〕费正清:《美国与中国》(张理京译),世界知识出版社2003年版,第37页。

治下的乡村社会陷入了前所未有的困境。建国以后,通过农业和手工业的社会主义改造,乡村社会的传统精英阶层从此完全消失。新兴的精英阶层,比如村支书、村长以及响应党的号召回乡的村庄知识分子,承担了建国以后乡村治理的责任。

改革开放以来,特别是90年代以后我国工业化、市场化和城市化进程的突飞猛进,现代文明和城市生活所产生的巨大吸引力,如风卷残云般把农村的精英和稍有文化的农民几乎都吸纳到城市。在广大的农村地区,特别是内地和沿海经济欠发达的农村,考上大学的农民子弟固然从此不再回乡,一般的年轻人也几乎全部进了城市,只剩下老人和儿童"留守"村庄。这一波农村精英的逃离,其规模和对乡村社会的影响程度都是空前的。如何遏制乡村地区日益严重的空洞化趋势?在农村精英不断逃离的情况下,乡村地区由谁治理,如何治理?从浙江等地的情况看,许多地区都是富人、能人(即私营企业主)治村。这一阶层掌控村务对于村庄的经济发展来说,确实有许多优势,但在目前各地的村民自治,还停留在民主选举层面,民主决策、民主管理和民主监督的治理机制还未形成,在选举产生的村官缺乏必要的监督和制约的现实情况下,很容易导致"民主的腐败"。这无疑是乡村治理面临的一大挑战。我们认为,农村老人协会是现阶段乡村治理中值得重视的力量。据我们的调查,在江浙一带的农村普遍设立了老人协会,但老人协会的作用还有待加强。老人协会中的主要成员是农村的老党员,退休回乡的干部、教师和企事业单位的职工,由于这些老人大多拥有比较显赫的工作经历、比较广泛的社会关系网和比较强大的社会资本,对国家政策的领悟能力也非常深刻,在农民中往往享有较高的政治威信和道德威望,把他们引入乡村治理的民主监督和制约机制,可以大大改善现阶段乡村治理的质量。然而,由于回乡定居的退休老人多系非农业户籍,受现有法律法规的限制,往往难以进入到村庄正式的治理体系。如何破解这一难题,发挥这些老人的作用,例如赋予老人协会对村务的监督权,以改善乡村治理,需要执政党和政府认真思考并加以解决。

3. 完善的公共财政体制是乡镇运转和乡村治理的物质基础

地方行政管理体制的有效运转和善治的达成,需要有法定的公共财政制度予以支撑。在中国传统的"绅治"时代,由于不存在常设性的地方行政机构,制度化的公共财政无从谈起。从晚清新政开始,地方的区、乡一级行政出现了法治化的财务机构。晚清新政专列"自治经费"一章,并对地方自治经费的来源、管理、征收均有明确规定。民国以来的历次乡镇体制改革,也大都规定了财政体制。而历次乡镇体制改革的失败,在很大程度上是因为地方当局过度注重对基层财政的汲取,往往以乡镇自治改革为名,而行掠夺农民之实,最终导致乡村治理的困境。从当前各地的情况看,建立一个完善且自足的地方财政体制,合理划分中央和乡镇的财政收支,是乡镇体制改革和乡村治理的基本物质保障。无论是乡镇自治,还是乡派,如果没有比较充足的公共财政作支撑,乡村社会要实现善治几乎是不可能的。

4. 乡镇改革和制度建设必须在政治稳定的基础上因地制宜、渐进有序地进行

无论是晚清的地方自治,还是民国时期的乡镇改革,都面临着一系列不安定因素。内外交困导致清廷和民国政府都没有充足的行政力量投入到基层改革中来。国民政府制定的两个关于地方自治的法律,尤其是对于民众的创制权、复决权、选举权和罢免权的规定,对于保甲制度的具体规定,都是非常精细的。不过从实际运作来看,由于传统体制的惯性,在具体实施乡镇自治的时候,还是遇到了不小的阻力,国家政权组织与乡土社会传统的融合问题,始终得不到妥善的应对。亨廷顿认为,改革比革命更加艰难,因为改革要面临来自保守和革命两方面的反对,并且改革者要更善于操纵各种社会力量。① 乡镇体制改革,既面临来自底层民众的认同问题,又面临如何协调和平衡各个社会阶层、各种利益主体的利益分配问题。因此,乡镇改革和制度建设需要有一个稳定的政治环境和社会环境。改革和制度建设还要顺应国情,因地制宜。当前我国的乡镇体制改革和乡村治理问题,应当充分考虑各地的实际,不能够一刀切。除了制定全国统一的改革方案之外,还要给各地的实施留有必要的运作空间,并允许各地

---

① 〔美〕塞缪尔·亨廷顿:《变化社会中的政治秩序》(王冠华等译),上海人民出版社1989年版,第316页。

根据地方的实际情况进行制度创新。近年湖北的"咸安新政"、四川步云和广东深圳的乡镇长选举改革、河南撤并乡镇机构等等,都是一些有益的探索。

近年来,执政党和政府确立了"以人为本"的科学发展观,积极推进经济、社会和政治体制改革,着手解决困扰多年的"三农"问题,全面推进社会主义和谐社会建设。我们相信,随着政治体制改革的深化和社会主义和谐社会建设的推进,乡镇体制改革和乡村治理的难题,最终也是可以破解的。

强镇扩权、地方行政管理体制改革与镇乡政府的重建[①]

——近年来浙江省"强镇扩权"与小城镇建设实践研究

小城镇[②]一般是指建制镇政府所在地,具有一定的人口、工业和商业聚集规模,是当地的行政、经济和文化中心。推进小城镇的建设和发展,是实现我国农村工业化和城镇化、解决"三农"问题的必由之路。优先发展小城镇是执政党和政府统筹城乡经济社会发展、加快社会主义新农村建设的基本战略。从经济发展的过程来看,城乡居民共享城市文明是社会经济发展的必然趋势及目的所在。从西方发达国家的历史看,城市化与现代化、工业化的进程相伴相随。同时,城市化是一个渐进的、持续发展的历史过程,小城镇建设是城市化的重要组成部分,小城镇发展是否顺利、小城镇建设过程中规划和布局的合理程度,对经济增长具有直接的正向激励,对经济社会的发展有着十分深远的影响。[③] 需要指出的是,在中国工业化、市场化和城市化高速推进的同时,由于行政管理体制改革和政府治理转型滞后而导致的小城镇政府体制和管理方式的僵化,已经难以适应社会经济

[①] 本文部分内容曾以《强镇扩权:浙江省近年来小城镇政府管理体制改革的实践》为题刊于《浙江学刊》2007年第6期,作者陈剩勇、张丙宣。

[②] 费孝通把小城镇界定为农村经济与社会的中心,他强调农村城镇化。小城镇可以从不同角度定义,从行政管理方面看,只有建制镇才是小城镇;从城镇建设来看,小城镇是依法设立的建制镇和农村集镇(通常为乡政府所在地),有时也泛指10万人口以下的县级市。

[③] 《加快浙江小城镇发展的对策研究》,浙江统计信息网,http://www.zj.stats.gov.cn/art/2009/5/6/art_54_35484.html,2014年4月30日查询。

发展的需要,成为社会经济发展和城镇化进程的制约因素之一。因而,小城镇政府管理体制的"城市化"改革迫在眉睫。

改革开放30年,浙江民营经济高速发展,产业不断聚集并形成主导产业和主导产业群,已经成为中国大陆地区民营经济最为发达的地区之一。关于"浙江模式"或"浙江现象"的研究受到国内外学者的高度重视,围绕其而展开的争论更成为中国学术界的持续热点。不过,迄今为止关于浙江模式的研究,多偏向于对浙江经济社会发展内在动因的经济学、文化学或社会学的解读,尤其关注浙江发展的经济和社会变量,较少注意到经济增长背后的政治变量。实际上,浙江奇迹的发生,地方政府是重要的作用因素之一。[1] 中国社会历来是一个政府主导型社会。政府是社会经济发展的重要推动力量,因此,实现农村地区的工业化和城镇化,离不开政府,尤其是小城镇政府(地方政府)作用的发挥。在浙江,改革开放30年来,浙江省民营经济高速发展,一批特色小城镇在此基础上壮大起来。在此过程中,地方政府曾经发挥了积极的主导与推动作用。然而,20世纪90年代以来,原有政府管理体制暴露出来的问题,尤其是小城镇政府管理体制的一些问题,如政府管理体制的僵硬性(职能专一、适应性不足等)、结构的离散性(职能部门条块关系不顺等)、权能不足(社会管理权和执行权不足、事权与财政的不相称等),以及责任意识淡薄(规划的盲目性、随意性和滞后性等),降低了小城镇政府结构的弹性,削弱了政府对社会经济发展的容纳能力,严重制约了当地民营经济和小城镇的发展,越来越成为小城镇社会经济发展的瓶颈。

在此背景下,近年来,浙江省政府不断探索深化乡镇政府体制改革的路径,积极推动中心镇[2]建设的制度创新。2005年9月,浙江省在绍兴县实行农村综合改革试点。试点中,绍兴县按照"重心下移、能放就放"的思路,对农村中直接影响社会稳定、事故发生频繁而县

---

[1] 陈剩勇:《政府创新、治理转型与浙江模式》,《浙江社会科学》2009年第4期。

[2] 中心镇是指在几个乡的范围里区位条件优越、原来集镇规模较大、人口较多、基础设施较好的老建制镇。小城镇建设首先就是要建设好这类镇。加强中心镇建设,是根据中央提出的"突出重点""着力发展重点镇"的指导思想,因地制宜,积极探索小城镇建设道路的一种尝试。

级职能部门又鞭长莫及、管理滞后的环境保护、安全生产、劳动用工、城建监察等四项职能,通过委托方式授予杨汛桥镇、钱清镇等五个中心镇。在嘉兴市的改革试点镇西塘镇,2006年10月,嘉善县政府对该镇予以财政政策上的重点扶持,规定镇域内土地出让金县得净收益部分,并享受开发区土地收益有关优惠政策等。在绍兴、嘉兴等地一些小城镇改革试点的基础上,2007年5月,浙江省政府出台了《关于加快推进中心镇培育工程的若干意见》,提出"十一五"期间全省重点培育和发展141个省级中心镇的目标,通过推进小城镇政府管理体制改革,赋予小城镇政府以部分县级经济社会管理权限等政策措施,把列入名单的中心镇建设成为区域内的产业集聚区、人口集中区、体制机制的创新区和新农村建设的示范区。

　　浙江省为什么要推动这场以"强镇扩权"为中心内容的小城镇政府管理体制改革?这场号称"中心镇培育工程"的小城镇政府改革包括哪些内容?取得了哪些成就?在此基础上,浙江省应如何进一步深化小城镇管理体制改革?执政党和政府针对社会经济发展的新局面而提出的推进政府治理转型和管理创新,建设公共服务型政府的目标也许可以为我们提供一定的参考。本文将在广泛的社会调查的基础上,深入考察浙江省这场以"强镇扩权"为中心内容的体制改革和制度创新,从政府体制的适应性、政府权能和政府组织的内聚性三个方面[①],考察分析试点镇取得的改革绩效及其存在的问题,探讨并提出深化小城镇管理体制"城市化"改革、推进小城镇建设的对策建议。我们认为,浙江作为我国民营经济和小城镇发展最快的省份之一,其小城镇管理体制改革和制度重建的试验在全国先行一步,浙江

---

① 笔者之所以从政府体制的适应性、政府权能和政府组织的内聚性三个方面来考察小城镇政府体制,主要是借鉴了亨廷顿衡量政治制度化的四个标准:适应性—僵硬性、复杂性—单纯性、自主性—从属性、内聚性—分离性(参见〔美〕塞缪尔·亨廷顿:《变化社会中的政治秩序》,第13—27页);阿尔蒙德界定政治发展的四个方面:世俗化、分化、权能、现代化(参见〔美〕G. A. 阿尔蒙德、〔美〕G. B. 鲍威尔:《比较政治学:体系、过程和政策》(曹沛霖等译),上海译文出版社1987年版,第22—26页);艾森斯塔特从政治结构弹性上衡量政治结构的适应性(参见〔以〕艾森斯塔特:《现代化:抗拒与变迁》(张旅平等译),中国人民大学出版社1988年版,第172页)以及卢西恩·派伊对政治发展过程中平等、能力与分化的强调(参见 Lucian W. Pye, *The Aspects of Political Development: An Analytic Study*, Boston: Little, Brown and Company, 1966, pp. 45-47)等。

经验对我国其他省市的乡镇体制改革和乡镇政府重建,同样具有重要借鉴和启示意义。

一、强镇扩权的动因:乡镇政府管理体制与小城镇发展的困境

改革开放以来,浙江省县域经济持续发展,全省各地逐渐形成了一系列区域主导产业和主导产业群,建立在主导产业和产业群基础上的一批经济较强、规模较大的小城镇不断发展壮大。与此同时,应该具有现代城市管理功能的镇政府仍停留在传统广域型建制之上,其行政管理体制的弹性越来越低,容纳社会变迁的能力越来越弱。[①] 政治体制改革和国家制度建设进程停滞,责任政府、法治政府和公共服务型政府建设进展缓慢,体现在地方政府层面,小城镇政府的职能、机构与权力配置已严重影响到县域经济和经济强镇之社会经济的持续发展。

(一) 僵硬性:小城镇政府定位模糊,职能不明确

亨廷顿认为,一个组织和程序的适应性越强,它的制度化程度越高;反之,其僵硬程度越大,制度化水平也就越低;而职能是衡量组织适应性的重要标志。[②] 我国现行的小城镇政府管理体制是传统的乡政府管理体制,沿用传统乡政府的职能,即征收农业税、搞好计划生育、维持农村稳定等。但是随着城乡经济的发展,小城镇政府在许多新问题面前显得无所适从。基础设施建设、户籍制度、土地审批权、财政税收和资金等问题,从性质上说既不是传统乡级工作中遇到的问题,也不同于城市中的问题,但却是现阶段小城镇政府必须解决的现实问题,从而形成了小城镇政府管理职能界定上的空白。可见,现行小城镇政府职能的不明确,使小城镇政府在农村和小城镇管理上出现真空,使小城镇政府体制呈现出僵硬性特征。这种不适应性特征严重制约了小城镇基础设施建设、经济建设及新农村建设。

(二) 离散性:机构设置不合理,协作程度低

亨廷顿认为,一个组织越有内聚力,它的制度化水平就越高,反

---

① 〔以〕艾森斯塔特:《现代化:抗拒与变迁》,第178—179页。
② 参见〔美〕塞缪尔·亨廷顿:《变化社会中的政治秩序》,第14—17页。

之,则越低。小城镇的政府组织机构设置不尽合理,是目前小城镇政府机构设置存在的主要问题之一。目前,在小城镇政府与县级政府职能部门派驻乡镇的机构职责关系上,设在乡镇的一些行政机构,有的理应下放给镇政府管理,却被上级职能部门把持;有些需要由上级职能部门业务指导和行政管理的镇事业单位,却被上级职能部门当做"包袱"甩掉。由县(市)政府直接领导的设在镇上的公安、税务、工商、土地、城建、房管、教育、卫生、广电、邮电等站、所,均直属上一级政府相关职能部门,实行所谓条条管理,其实际行使的权力已经将名义上拥有治理乡镇权力的乡镇政府架空,使镇乡政府不复成为职能完备、职责清晰的一级政府。① 而且,小城镇政府职能部门之间忽视横向协作,呈现离散性特征。这种特征不利于小城镇政府结构的合理布局与协作,也不利于小城镇政府在社会经济发展过程中积极主动性的发挥。

(三)弱能性:小城镇政府权小能弱

卢西恩·派伊认为能力是政治体系能够动员的资源以及政治输出—公共政策—对社会经济的影响程度。② 权小能弱是我国小城镇面临的普遍问题之一。在浙江,许多小城镇建立在镇域产业和主导产业聚集基础之上,经济发达,开放程度较高,对小城镇政府的经济和社会管理也提出了很高的要求。然而,政府能力方面却是责任大、权力小、效率低。主要表现为:第一,缺乏经济社会管理权与执行权。在我国现行行政管理体制中,小城镇政府名义上是一级政府,实践中却缺乏作为基层政府应该具备的行政许可权、处罚权、强制权,但又必须执行上级政府交办的任务,并承担责任。在浙江,一大批经济强镇的实力强于欠发达省份的县乃至地级市,但这些强镇在进一步的发展中,受制于乡镇政府经济社会管理权限的不足。如绍兴县的杨汛桥、钱清等镇,人均 GDP 已经超过 1 万美元,但镇政府相应的社会管理权,却仍停留在一个农村小集镇的层面上。第二,财权与事权不相称。现行财政分税制中,一方面,镇没有独立财权,其税收基本被

---

① 王少俊:《乡镇政府调控能力的理性分析》,《温州论坛》2006 年第 4 期。
② Lucian W. Pye, *The Aspects of Political development*, p.46.

上级(县、市)抽走,镇财政分成比例偏低;另一方面,镇财政支出大。由于缺乏专项资金投入,致使小城镇政府无力承担管理辖区内广泛的社会公共事务。镇级财政无力承担公共建设,无法满足当地居民对医疗卫生、教育等公共产品和公共服务的要求,从而导致执行公共政策过程中的低效。

总之,从全国和浙江的现实情况看,现行小城镇管理体制的僵硬性、组织结构的离散性、组织的弱能性,严重弱化了地方政府的政策执行力,成为制约小城镇发展和农村城市化进程的体制障碍。其直接后果就是地方治理的失范与无序。

1. 小城镇规划编制与管理的随意性和无序性

小城镇规划是科学指导小城镇发展和建设的战略工具。我国现行县、镇行政管理制度中,规划审批权集中于县政府,而县级政府官员在以GDP为主导的政绩观和考核标准的引导下,习惯于把发展的重点和资源集中于县城,而置县域内其他小城镇的规划和建设于不顾,任由镇乡一级政府操作。而镇政府领导或由于科学规划水平和领导能力较弱,或者为GDP政绩观所左右,为了眼前和任内的局部利益,甚至权力寻租,在小城镇规划的编制和实施过程中,规划可以凭现任领导随意制定,也可由现任或后任随意变更。小城镇缺乏整体、长远的建设和发展规划,或规划缺乏权威性和严肃性,直接造成县域内乡镇发展无序,布局散乱,带来许多不利的后果。如重复建设,自我竞争,造成了资金和土地资源的严重浪费,影响了中心城镇的形成和发展,难以发挥产业中心的辐射和带动作用。

小城镇建设缺乏整体和长远规划,如杭州市余杭区塘栖镇,原是明清以来京杭大运河沿岸的名镇,江南十大古镇之一。原来镇上河道密布,明清的传统江南建筑保存完整,有很多名胜古迹、唯美的传说及特色食物和水果等,这些条件非常有助于塘栖旅游业的发展。但是自20世纪80年代以来,政府在城镇发展规划方面一直很盲目,先是填平了一些河道,改造成公路,后又陆续拆除了传统明清民居,代之以样式单调、统一的居民区和不繁华的商业街。因周围河道复杂,不利于交通,塘栖社会经济发展反落后于周边其他乡镇。对于塘栖发展,有人曾提出保留原样的旧塘栖的建议。但在当时发展工业为先的潮流中,最后还是改造了旧城镇,建起了钢丝绳厂、水泥厂等。塘栖的居民曾想过很多很多,如果保存好旧塘栖,现在的塘栖可能和乌镇、西塘一样著名,甚至更好。近年来,虽然按照杭州市统一规划,恢复了旧塘栖被填平的河道,对尚保留的为数不多的老式民居加以修缮,部分恢复原貌,以期发展旅游业,但这种凭借公共财力重建起来的假古董式建筑,白白浪费了很多财力,而那个留存在一代人记忆中的堪称人类文化遗产的江南塘栖古镇,早已经一去而不复返。如果当初政府重视地方发展规划,这类文明文化的劫难,本来是可以避免的。

规划缺乏权威,随意性比较大。如浙江某市城郊某镇将规划中的农业用地随意改为工业园区开发,而该工业园区主要以冶炼和加工为支撑,产生了大量废气废水,导致空气和水污染,使整个市区和其他乡镇也都受到这一污染的影响。

2. 基础设施建设不足,环境污染严重

由于乡镇财力的限制,许多方面的公共服务(尤其是农村公共服务)缺位,如公共医疗卫生、农村基础设施建设(如道路)等职能难以全部落实到位。

在基础设施方面,即使在东部沿海经济较为发达的地区,城乡差异依然很大,尤其是在城乡基础设施建设上,农村的基础设施建设除了落后于城镇外,也滞后于当地社会经济发展水平。如萧山郊区的围垦地区虽然是一个发达的农村,但在交通、住房等方面相对滞后。在交通方面,围垦地区的道路建设比较差,存在着路面坑洼、飞尘、积水现象,没有固定的公交线路,给当地居民带来很大不便;这主要与当地居民和政府的交通意识不强,政府的作用没有得到发挥有关。在住房方面,围垦地区的住房以平房为主,一家人都住在同一个房间里,由于经常下雨,怕受潮,当地居民不买电视机。

地方政府片面地从发展当地农村经济出发,重经济发展,轻环境保护;在政绩考核中,以经济增长数据为标准,忽视环境保护与改善的指标,导致乡镇政府对污染企业监督不到位,对污染问题整治不力。近年来小城镇的环境污染问题日益严重,如嘉兴地区,环境质量下降:水质污染,产业、能源的结构性污染;污染治理和生态环境保护滞后;规划建设与环境保护在一些区域还不够协调等。又如永康市,政府提出的一系列措施看似行之有效,实则由于官商勾结,行政人员背后上下其手,导致诸多改革措施的绩效不明显。在环境保护和治理的机构设置上,有些乡镇还没有设立环保机构,缺乏对农村污染进行监督的有效载体。在城镇郊外的农村地区,环境污染包括工业污染和生活污染日益严峻。随着农民生活水平的提高,农村生活垃圾不断增多,污染了水体、空气、土壤,传播了疾病。

当然,一些财力雄厚的乡镇已经开始关注和处理日益严峻的环境问题,如新昌县东南的第一重镇——大市聚镇在2008年探索小城镇生态环境保护和经济可持续发展的案例。为彻底整治大市聚镇的环境污染现况,为本镇社会经济发展创造一个整洁舒适的内部环境,改善大市聚镇的镇容镇貌,镇政府集中落实集镇和村庄的环保工作人员,处置和清理辖区内的污染物,依法清理乱搭乱建的违章建筑物。镇政府计划投入150余万元资金用于本镇基础设施建设与城镇维护。同时,镇政府加快农业基地建设,计划2008年在东宅村建立蓝莓示范农庄,长诏水库沃洲茶场争创国家级有机食品生产基地;加快高效生态村建设,其中西山村争创国家级生态村庄。建立环保制度,对集镇的主要街道和路段实施门前担保责任制度,对环保工作人员实行工作责任制度和考核奖励制度,建立工业企业"三废"监督检查制度,对新建规模化兽禽养殖场实施排污许可登记制度,村庄实施保洁制度。同时积极开展环保执法检查,专项整治主要道路沿线"六乱"现象,加强对排污企业的日常监督检查,依法打击环境污染行为。在农业上,发展无公害产品。在农村环境整治上,整治农村畜禽粪便污染、固体垃圾、河道疏浚及生活污水等,实现"水清、流畅、岸绿、景美"。

3. 公共服务职能的缺位或不到位

(1) 社会保障体系的保障水准较低。

近年来,政府宣称建立了城乡全覆盖的社会保障体系,但真正的保障水准相当低,包括养老、失业和医疗等福利。据我们调查,即使是永康等经济较发达地区,其社会保障强度都很弱,一般民众实际上还享受不到全面的基本社会保障。在常山县,还曾多次发生参保人员在核对药物费用时发现报销后的药物费用仍然高于药房价格的事件;保障房规划和政策虽已推出,但是行动迟迟跟不上。2008年常山县政府出台的《常山县城市低收入家庭住房保障规划》中提到"十一五"期间廉租住房和经济适用房主要建设区域,但民众却迟迟未见其动工。

(2)在教育方面,小城镇和农村地区的教育教学质量与周边县(市、区)相比,差距越来越大。一方面小学教育合格率、优秀率不高;另一方面,基础教育的基础薄弱,在农村则尤为突出。农村小学教学基础设施落后、教师素质总体偏低且年龄日趋老化,管理水平也比较落后;城镇学校和农村学校之间的两极分化现象严重,小城镇和农村初中的教学质量令人担忧,如常山县,近几年中考成绩低于全县平均成绩的学校逐年增多,一度超过75%。初中教学质量大面积滑坡的现象越来越普遍。

公共管理与服务的缺失,还体现在以下几个方面:有的地方政府在为当地民众提供信息服务和监管上还做不到位。如上虞市下管镇一些农村普遍种植樱桃,当地居民借助樱桃生产,推出农家乐旅游。在由樱桃生产拉动的农家乐系列产业经营中,乡镇政府既没有对外宣传,也没有为居民提供樱桃市场行情的信息,更没有为当地樱桃拓宽销售渠道,致使产业链的发展受到了限制。与此同时,由于没有地方政府的正确引导,这一富民产业未能得到规范和良性的发展,再加上政府监管缺位,当地农家乐存在着安全和卫生等方面的隐患。

此外,镇乡政府对农民进行技能培训方面提供的公共服务也严重不足,政府提供的契合农民需求的培训并不多。目前,许多乡镇政府将工业发展、城市建设放在政府工作的首位,在发展农业和农民技能培训上,乡镇政府普遍存在缺位现象。如在绍兴县稽东镇,乡镇政府不仅没有举办农民技能培训,引进和推广农产品培养技术,而且对农民和农业采取不过问、不指导的做法,导致稽东镇农业生产落后于周边乡镇。又如在萧山郊区的围垦地区,村里有些关于农民技能的培训,但次数少,契合农民需求的内容不多。而且,好不容易有一次培训,但培训时间和农民工作时间冲突,很多农民即使有意愿参加培训,也没时间参加。

4. 镇乡政府与民争利,激化了官民矛盾

多年来,地方政府热衷于政绩工程、形象工程,直接介入市场,经营城镇,经营土地,不惜与民争利。在土地征收和房屋拆迁过程中,官民利益冲突尤为严重。

其一,乡镇政府为招商引资,从农民手中低价征收土地,与民争利,且不惜降低土地补偿标准,以弥补乡镇财政收入的不足。如建德市李家镇管村桥村的"海螺"水泥厂,镇政府卖山卖地,所得收入不菲,但在给农户镇民的补偿过程中,却通过降低补偿标准,截留大部分土地出让金。对于当地农民来说,土地被低价征用,还引来了污染企业,导致乡村自然环境遭受破坏,社会秩序混乱。在绍兴县稽东镇,镇政府为增加财政收入,打着发展经济的幌子,征收农村集体土地,出租给外来商人,用于养殖花卉树木。政府和商人从中获利,而农民仅得到一些土地补偿金。

其二,地方政府以公共名义征地,随之变更土地使用性质,从中获取巨额收益。如杭州市西湖灵隐村的强制拆迁、上城区河坊街二期工程和西溪湿地保护项目。1998年10月14日,杭州市政府与西湖区灵隐街道签订了征地协议,协议规定"法云古村"项目为绿化建设,并经省计经委、市计委、市规划管理局批准,即杭州市园林文物局以"绿化建设"获得该项目,以"划拨土地"骗取国家批文,以"景区整治"对外宣传;然后,改变土地使用性质,进行商用建房,谋取暴利。2004年,杭州市园林文物局开始拆迁法云弄山地民居的老房子,在原灵隐村法云弄的旧址上建造了面积为1.5万平方米的酒店、茶馆、别墅群——"法云古村"。据有关数据表明,重建"法云古村"将给杭州市园林文物局带来6亿元的资产增值。在土地补偿上,法云弄居民透露,当初的土地补偿标准是每平方米4900元,这个价格不到市价的十四分之一。在土地开发使用中,农民与政府相比,获得的仅仅是最少的一部分,大部分利益为政府所得。官民利益分配不均,导致村民多次上访。同时,这次拆迁也导致法云弄中最具文化底蕴的老房子消失,以保护文化为名,反破坏、摧毁文化。法云古村拆迁不是唯一的例子。上城区河坊街二期工程,以"市政公用设施建设"为名,对不愿离开老屋的群众实施强制搬迁,但修缮的旧房又以高价出售,谋取暴利。西溪湿地项目以"湿地保护"为名,对不愿离开的农民同样实施行政拆迁,然后又在湿地公园内建起大量的高档别墅、酒店。诸如此类项目,都是以"公共利益"为名,运用公权力对原居民实施强制拆迁,然后改变土地的使用性质,在划拨的土地上进行房地产开发,建造商业项目,因此都是违法用地的典型案例。

5. 乡镇公务员队伍素质较低,执法犯法、吏治腐败越来越严重

当前我国政府的执政理念和管理方式并没有摆脱传统模式,执行上级命令淡薄了乡镇政府的法律意识,办事时他们想得最多的不是事情有没有超出法律的限制,而是这个任务能不能令领导满意。政府工作人员打着"为人民服务"的旗号,为个人谋私利的现象相当普遍。在政府管理方式上,依法行政的自觉性严重不足,日常行政习惯上主要还是行政方式,经济和法律手段被忽视。

乡镇干部知识老化,跟不上时代发展的要求。在许多乡镇机关中,乡镇干部的学历一般是高中水平,大学本科以上学历的还很少,而且知识陈旧。真正懂政策、懂经济、懂管理的很少,一些干部的业务水平、工作能力已经不适应当前农村发展的需要,镇干部人浮于事,缺乏进取精神。同时,乡镇干部的"官本位"观念比较强,不愿放下架子直接面对农民,总认为自己高人一等,不能和群众打成一片。除了特殊情况,群众一般很难有机会与乡政府高层官员接触。政府人员知识程度不高,农机等专职人员技术水平有限或知识老化,跟不上时代要求。政府成员(包括一把手)知识水平、知识结构的欠缺,对于实现政府的经济与社会管理影响很大。在取消农业税,乡镇财政减少的情况下,乡镇政府采取的主要对策是并村、并乡、并镇,通过减员来减少财政支出。如在建德市,取消农业税以后,李家镇并入了大同镇,乡镇干部人员大量流失,尤其是年轻人,加入到打工者的行列。留下来的是没有到退休年龄的老干部。值得注意的是,一些军转干部成为乡镇干部的一部分,这部分干部的技能不能适应当前乡镇工作的要求。

浙江省"强镇扩权"的试点就是在这一背景下展开的。这是中国地方行政管理体制改革和政府重建过程中具有探索性、创新性的一场实验,对推进小城镇政府的制度建设和制度创新,改进和优化中国

的城市化,促进地方经济和社会发展,具有积极的促进作用。

二、强镇扩权:浙江省小城镇体制改革和制度创新的实践

浙江省此次以"强镇扩权"为特征的大规模小城镇行政管理体制改革(即"中心镇培育工程"),是近年来小城镇综合改革试点的深入与扩大,是浙江省在推进小城镇建设和农村城市化进程中的制度创新,是政府在寻求增加体制的结构弹性,容纳社会经济发展能力的举措。改革重塑了权利结构,增强了小城镇政府的权能,提高了小城镇政府的适应性,提高了小城镇经济发展的活力,从而有利于真正实现小城镇政府管理体制的"城市化"。

(一)近年来浙江小城镇政府管理体制改革回顾

浙江省一直比较重视乡镇管理体制改革的试点工作,积极推进小城镇建设和发展。自 1994 年以来,浙江省的小城镇改革主要分两个阶段:一是试点阶段。1994 年 11 月,浙江省提出推进小城镇综合改革试点,建设 100 个现代化的小城镇,带动农村经济社会发展的要求。1995 年,全国 57 个小城镇开展小城镇综合改革,浙江有 6 个镇列入试点。至 1998 年,全省确定了 112 个综合改革试点镇,其中全国试点镇 28 个。二是推进城市化阶段。2000 年,浙江在实施城市化战略中确定了择优发展小城镇的原则,省政府公布了 136 个省中心镇。这阶段改革的主要目标是继续推进小城镇综合改革,择优发展小城镇。2005 年,全国确定了 118 个发展改革试点镇,浙江有 11 个;同年 11 月,浙江在绍兴县的杨汛桥镇、钱清镇等 5 个镇进行中心镇培育工程试点(即"强镇扩权")。2007 年 5 月,浙江在 141 个中心镇大规模推行"强镇扩权"。2008 年 8 月,浙江省制定《浙江省中心镇培育专项资金管理暂行办法》,加强财政专项资金的规范管理和监督,充分发挥财政资金的使用效益。

(二)"强镇扩权"改革的主要内容

浙江省列入省级中心镇建设名单的 141 个镇,是经过三个阶段的评选产生,分布于浙江各地的经济实力强、人口多、面积大、财力强的小城镇。经济水平上,141 个中心镇平均农村经济总收入和财政收入分别是建制镇平均水平的 2.08 倍和 2.27 倍,其中年财政收入

最多的镇是玉环县的珠港镇,2006年财政收入11.03亿元。

浙江省政府2007年出台《关于加快推进中心镇培育工程的若干意见》(浙政发〔2007〕13号),对141个试点小城镇的行政管理体制进行了大幅度的改革,改革措施包括建立和完善小城镇的财政体制、投入与投资体制、扩大经济社会管理权限、城镇规划与小城镇建设用地权、实行户籍制度改革等10项内容。

1. 公共财政体制、投入与投资体制

按照分税制的要求和财权事权一致、因地制宜、分类指导的原则,完善中心镇财政体制,使之适应中心镇培育和壮大的需要。在中心镇范围内收取的规费和土地出让金,除规定上缴中央部分外,地方留成部分向中心镇倾斜。财政部门要强化监管、专款专用。加大对中心镇的投入。省级相关部门整合专项资金,合力支持培育中心镇。中心镇符合条件的产业、社会事业和基础设施建设项目,优先列入各级政府的重点工程,并安排一定的专项资金给予支持。支持中心镇争取国债建设项目。金融机构要创新信贷品种、拓宽服务领域,采取多种扶持措施,加大对中心镇的信贷扶持力度。深化投资体制改革。支持中心镇加大投资体制改革力度,允许中心镇依法组建城镇建设投资公司。积极推行市政、绿化养护和环卫作业等公开招投标。

2. 社会管理权、执行权和人事权

扩大中心镇的管理权限,赋予中心镇部分县级经济社会管理权限。按照创建服务型政府的要求,强化中心镇政府的公共服务职能,这些职能包括农村科技、信息、就业和社会保障、规划建设、公共文化、义务教育、公共医疗卫生、计划生育和法律援助等。按照"精简、统一、效能"的原则,根据实际需要综合设置机构,在核定的人员编制范围内配置工作人员。积极探索中心镇行政执法监管改革,界定法定职责,规范委托执法职权,合理确定协助义务。理顺中心镇条块关系,垂直部门派驻中心镇机构及主要领导干部的考核纳入中心镇考核体系,主要领导干部任免须事先征求当地党委意见。

3. 小城镇规划、建设用地制度、户籍制度、就业和社会保障制度

加大对中心镇用地的支持力度。各地在下达的用地指标中,安

排一定数量,专项用于中心镇发展,并下达给中心镇。支持和鼓励中心镇改造旧城,开展迁村并点、土地整理,开发利用荒地和废弃地,做到集中用地和集约用地。加快集体非农建设用地使用制度改革。进一步探索集体建设用地流转方式,保障集体建设用地依法、合理、规范流转。改革户籍制度。凡在中心镇有合法固定住所、稳定职业或生活来源的人员及其共同居住生活的直系亲属,都可根据本人意愿办理城镇常住户口,在教育、就业、兵役、社会保障等方面享受与当地城镇居民同等待遇,并承担相应义务。建立机构、人员、经费、场地、制度和工作"六到位"的中心镇劳动保障工作平台,建立健全农村劳动力转移就业培训制度,促进农村富余劳动力向中心镇非农产业转移。加快中心镇社会保障制度建设,规范和完善被征地农民基本生活保障制度,有条件的地方要积极探索面向农业劳动者的农村养老保险制度,全面普及新型农村合作医疗,逐步实现农村基本社会保障全覆盖。

这次改革主要突出了细化中心镇政府职能、推进中心镇基本制度建设、增强中心镇政府的能力(财力和权力),并进行了小城镇服务型政府建设的尝试。这一改革是浙江省针对小城镇在经济社会发展中面临的体制性瓶颈而推出的一项重大举措,也是浙江省在乡镇政府管理体制改革方面进行的探索,是对现行乡镇管理体制的一种突破。这次改革的特点在于:一是调整县镇关系,优先发展实力较强的城镇(省级中心镇),打破将乡镇政府改革局限于乡镇政府机构的改革,而不是均等发展所有乡镇;二是通过扩大并增强小城镇政府的权限,强化小城镇政府公共服务功能[1];三是并不是所有小城镇都获得部分县级政府的管理权,而是只有实力强、进行试点的省级中心镇才获得这些权限。

(三)"强镇扩权"改革的绩效

浙江以"强镇扩权"为特征的乡镇体制改革,是镇乡政府重建的

---

[1] 通过试点总结,浙江省将乡镇政府职能定位为:"促进经济发展,加强社会管理,搞好公共服务,巩固基层政权,维护农村稳定。"尤其是在基础设施建设、污水处理、农村教育、失地农民的社会保障方面,强化乡镇政府公共服务功能;制度上,杨汛桥镇政府通过建立公共管理服务中心探索如何实现公共服务功能。

强镇扩权、地方行政管理体制改革与镇乡政府的重建

实验。这场实验对于深化我国乡镇体制改革、调整县（乡）镇关系、提高小城镇经济发展的活力，构建公共服务型政府、推进社会主义新农村建设、统筹城乡发展等，都具有积极的效应。小城镇政府权能的增强，政府适应性、灵活性的增加以及小城镇经济发展活力的提高，成为进一步深化改革，从真正意义上实现小城镇政府管理体制"城市化"的有利因素。

（1）"强镇扩权"改革增强了小城镇政府的权能，赋予其一定的城市管理职能。强镇扩权赋予小城镇政府较大的财政权、城市建设用地审批和相应行政管理权与执行权，增强了小城镇提供公共产品和公共服务的能力，推进了公共服务型政府的建设。如钱清镇2006年税收达到4.97亿元，可支配财政收入只有1亿元；今年税收预计可达6.5亿元，其增量部分中，约有1.6亿元归属镇级财政所有，仅财政收入一项，该镇实力就壮大了一倍以上。嘉善县西塘镇从2005年开始，每年从镇财政拿出420万元，每年解决7个行政村，用3年的时间使"四位一体"服务涵盖镇属全部21个行政村。因此，中心镇培育工程赋予小城镇政府财政权、管理权，初步缓解了县镇关系中小城镇政府"权小责大、权责不一"的矛盾。

（2）转变政府职能，提高了小城镇政府的适应性。绍兴县通过委托方式将环境保护、安全生产、劳动用工、城建监察等四项职能，因镇制宜地进行委托授权，检查监督权全部下放，审批权和处罚权见章盖章。委托授权弥补了县政府职能部门对试点小城镇的管理越位及滞后，解决了基层管理缺位问题，坚实了小城镇政府权力运行的基础。同时，提高了行政效率，促进了职能转变。通过委托授权，理顺了条块关系，解决了基层"有权管不了，无权不能管"的窘境，化解了乡镇政府"权小能弱责大"的矛盾，有利于县镇两级政府更好地履行法律责任。例如，对于小城镇在环保监管上的空白，书面授权协议第三条明确规定，执法员可"对辖区企事业单位违法排污行为开展调查取证并提出处罚建议"。在平水镇环保执法员看来，自己现在腰杆子硬了，发现偷排污水行为后，只要拿出相关执法证就可及时处理。[1]

---

[1] 傅白水：《权力下沉：浙江试点强镇扩权》，《南风窗》2007年第6期（上）。

因此,强镇扩权,提高了小城镇政府管理效率,克服和纠正了小城镇政府管理"缺位"的弊端。

(3)增强了小城镇经济发展的活力,促进了小城镇的城市化进程。强镇扩权试点一年多来,给浙江小城镇经济建设带来了积极的效应。这些试点镇的职权扩大后,其经济发展的动力大大增加。据统计,今年前四个月,绍兴县钱清镇工业性固定资产投资总计为3.34亿元,同比提高了24.6%,镇财政总收入达2.17亿元,同比提高了39.65%。强镇扩权实施后,钱清镇获得了相应的财权、行政管理权与执行权,全力改造提升轻纺原料市场;同时,由于镇政府管理权限扩大,能够为当地企业发展提供更加有利的投资环境,杨汛桥镇的一些大企业,不少将总部留在镇上,一些企业还将总部从外地迁了回来。[1] 可见,强镇扩权提高了小城镇经济发展的活力,促进了小城镇社会经济又好又快发展。同时,推进了社会主义新农村建设,促进了城乡统筹发展,增强了小城镇政府的责任意识。强镇扩权的启动,推进了小城镇和广大农村地区的城市化进程,有助于实现农村富余劳动力的就近转移,以提高人民的生活水平,加快城乡一体化进程,改善新农村建设的总体环境。

三、变镇为市:地方政府制度创新与建设的战略思考

浙江小城镇行政管理体制改革,赋予中心镇政府广泛的财权、事权,增强了小城镇政府的权能,加快了小城镇政府基本制度建设,推进了小城镇建设和新农村建设。但是,必须看到,强镇扩权过程中还存在一些问题,这些问题的解决有待于小城镇管理体制改革的深化。同时,"强镇扩权"是县、镇两级政府权力关系的调整,扩权的结果是增强了小城镇政府的权能,使县、镇两级政府的关系走向合理化。但在具体的实践过程中,小城镇政府的财政权、行政管理权等如何有效地从县政府转移到小城镇政府?拥有了更多更大权限的小政府如何运用好下放的权力,促进小城镇建设和地方社会经济又好又快发展?也就是说,如何通过调整政府间关系(主要是市、县、镇关系),来增强

---

[1] 傅白水:《权力下沉:浙江试点强镇扩权》,《南风窗》2007年第6期(上)。

小城镇政府管理体制的弹性,并提高其对社会经济变迁的容纳能力呢?政府持续创新发展的条件有哪些?诸如此类的问题,需要在行政体制改革和乡镇政府重建中予以通盘考虑。

我们认为"变镇为市",促进小城镇政府管理体制的城市化,赋予小城镇城市管理的职能是一种有效途径。具体而言,可以"撤销乡镇政府,把乡镇一级政府改建为县、市政府的派出机构。同时,全面推进责任政府、法治政府和公共服务型政府建设,以公共服务型政府的目标和原则,对地方政府的职能和机构进行重新定位"①。

(一)调整小城镇政府管理体制及其运行机制,推进服务型政府建设

1. 推进政府机构和部门协同机制,制定配套政策

以强镇扩权为特征的小城镇政府管理体制改革,虽然委托给试点中心镇10个方面的管理权和执行权,但这10项权限下放到何种程度,如何下放,是改革的关键和中心所在。正如一些试点中心镇政府所担心的,此次试点中的权力下放的内容与前几次乡镇政府改革的内容没有太多的变化,是否这次改革也仅仅停留在文件上呢?小城镇行政管理体制改革是一项系统工程,涉及面广、综合性强,仅靠省级层面的推动,难以推进,需要省、市、县、镇四级联动,并建立联动机制;同时,需要各级发改委、建设、财政、国土、环保、交通等部门从各自职责出发,相互配合。具体而言,一是强化政策协调机制。落实在中心镇培育工程上,就是要对发展小城镇的政策作进一步深入研究,按照普惠制的原则,加强政策资源整合,突出政策协同配套,发展壮大小城镇。通过改革现有职能部门或者新增部门等方式,及时设立与城市管理相配套的职能部门,做到明确职能分工,统一权责,让镇政府能更好地行使城市管理职能。如通过上一轮的"强镇扩权"改革,绍兴市钱清镇政府的办事机构从"四办一中心"调整为"五办一局两中心",县级政府主要职能部门在镇级基本建立。二是小城镇间协调发展。要理顺省、市、县、镇四级地方政府的关系,创新相应的体制机制,促进小城镇与周边小城镇的协调发展。可以通过市场竞争

---

① 陈剩勇:《村民自治何去何从》,《学术界》2009年第1期。

机制来整合小城镇与周边小城镇的关系。这样既有利于促进不同小城镇之间的竞争与合作，保障资源的有效利用，又可以通过强镇扩权，即鼓励经济发展快、要素聚集多的小城镇加速扩权，把周边镇融入，将小城镇培育成为小城市。

2. 促进小城镇政府从"管理型"向"公共服务型"转变

"强镇扩权"改革增强了小城镇政府的职权，提升了小城镇政府管理经济社会事务的能力。但是，必须指出，赋予小城镇政府更多更大的职权并不是改革的目的；提升地方政府管理创新和公共服务的能力，提高小城镇政府责任意识，促进小城镇建设和发展，才是这一轮小城镇改革的目标所在。因此，在推进强镇扩权改革的同时，小城镇政府必须坚持"小政府、大服务"的改革方向，按照"强化乡镇政府的公共服务职能、规范乡镇政府建设发展职能、授权乡镇政府行政执法的职能"的思路，加快地方政府治理转型和职能转变①，促使小城镇政府实现从"管理型政府"向"服务型政府"转变。为此，需要推出以下与强镇扩权改革相配套的政策措施：

一是大力发展社会中介组织，把政府管理的一些事务交给社会中介组织。"按照地方治理理论的观点，地方公共事物的有效治理绝不能仅仅依赖于地方政府，要将治理主体的视野扩展到地方政府与其横向和纵向的政府间关系、地方政府与私人部门、志愿部门和市民之间的关系。政府组织已经不是唯一的治理主体。"②因而，对于地方公共事物的治理，如公共物品的提供等，政府应改变传统的"大包大揽"的做法，大力发展与扶持中介组织，引入竞争机制，促进政府部门与中介组织等非政府组织之间的竞争与合作，提高政府绩效和服务水平。首先，政府必须通过一定的政策法规，建构有利于中介组织发展的管理体制，为中介组织提供一定的资金支持；其次，要根据不同中介组织的不同特点，建立不同的建构和运行机制，形成与其所承担的职能相适应，与地方产业结构、市场经济发展现状相适应，与国

---

① 姚作汀、洪荣喜、王京军：《乡镇机构改革要向深层次推进》，《今日浙江》2006年第3期。

② 陈剩勇：《政府创新、治理转型与浙江模式》，《浙江社会科学》2009年第4期。

际接轨的高度专业化、功能完备的中介组织;再次,将部分政府职能转移给中介组织来履行,以充分发挥中介组织的作用,缓解政府部门的压力。

二是强化政府的服务观念,建设公共服务型政府。公共服务型政府是一个"在公民本位、社会本位的理念指导下,在整个社会民主秩序的框架下,通过法定程序,按照公民意志组建起来,以公民服务为宗旨,实现着服务职能并承担着服务责任的政府"①。也就是说,服务型政府是人民的政府,社会的政府。因而,乡镇政府必须坚持以公共服务理念为指导,树立为小城镇建设服务,为民营经济发展服务,为新农村建设服务的行政理念。

此外,还应加强各级政府在环保等方面的投入,为企业和居民创造良好的生活和创业环境;加快发展教育、文化、卫生设施,满足当地发展需要。

(二)赋予小城镇政府相应的市政职能

"市政职能是指受中央和上级政府领导的,由法律、法规所规定的,城市行政区域内国家机构,尤其是行政机构统治和管理社会的各项职责的总和。"②简单地说,市政职能即有关部门对城市各项事务进行管理的职能。它包括建设职能、社会管理职能、科教文卫职能、城市财政职能③等多方面的内容。明确并转变小城镇政府职能,是农村经济体制改革的需要,是"强镇扩权"、推动中心镇建设的重要内容,更是推进小城镇政府管理体制城市化改革的必然要求。根据市政职能的有关内容,结合浙江省强镇扩权的改革以及小城镇"城市化"发展的实际需要,我们认为当前小城镇的职能应重点包括四个方面:

一是社会管理职能。政府的社会管理职能主要是通过制定并有效执行公共政策和公共法规,从而规范社会运行,化解社会矛盾,协调社会关系,维护社会公正予以体现的。④ 小城镇社会管理的职

---

① 刘熙瑞、段龙飞:《服务型政府:本质及其理论基础》,《国家行政学院学报》2004年第5期。
② 张永桃:《市政学》,高等教育出版社2006年版,第122页。
③ 同上书,第128—132页。
④ 袁刚:《论完善中国政府的社会管理职能》,《美中公共管理》2005年第5期。

能,除了贯彻落实国家的政策法规和上一级政府布置的管理任务之外,还应根据国家相关法律法规及政策规定,结合地区发展的实际情况,制定实施小城镇总体发展战略以及涉及人口、社会保障、社会治安及社区管理等多方面的制度,保障公民和企业的合法权益。

二是规划职能。城市规划是指城市人民政府制定,经上级政府批准的一定时间内关于城市的性质、发展目标和规模、城市建设用地布局、城市综合交通体系和河湖、绿地系统等的总体部署。①《中华人民共和国城市规划法》规定,城市人民政府负责组织编制城市规划;镇的城市规划,由县级人民政府负责组织编制。因而,要推进小城镇的城市化,小城镇政府应逐步承担起本地的规划职能(可在县人民政府监督与指导下进行)。

三是公共服务职能。即政府提供公共物品与公共服务的职能,内容包括基础设施建设、教育、医疗和公共卫生事业、社会保障、住房、体育、环境保护等等。公共物品和公共服务的提供,是一个地区经济社会稳定可持续发展的基础,是提高人民生活品质的重要条件。当前浙江省小城镇的公共服务还存在一定缺陷,主要是政府财政投入不足、由于政府"缺位"导致的公共服务不到位以及地区不平衡的问题,这阻碍了小城镇的进一步发展和壮大。因此,小城镇政府应尽快履行这一职能,积极推进基础设施建设;不断健全城乡一体化的社会保障体系,提高社会保障服务水平;将教育放在首位,重点加强农村义务教育,完善以政府投入为主,吸引民间资本投入的经费保障机制;提高公共卫生服务水平,积极推进突发性事件防御体系。最终,推进小城镇的城市化进程。

(三)推进制度创新,提高小城镇政府的治理能力

1. 完善财政体制,逐步强化小城镇的财政自主能力

一是加大对小城镇的财政支持。根据浙江省统计局统计,2006年浙江省754个建制镇中,财政总收入低于5000万元的有416个,占所有建制镇的55.2%;且这416个建制镇,平均每个建制镇当年负债140.28万元、累计负债389.49万元。而财政总收入低于2500万

---

① 参见《中华人民共和国城市规划法》第六条、第九条、第十九条。

元的有 288 个,占 38.2%,平均每个建制镇当年负债 91.32 万元、累计负债 279.51 万元。可见,相当多小城镇的财政收入还不足以支撑其自身建设与发展。① 因而,省、市、县各级政府应加大对小城镇的财政支持,安排专项资金,通过投资、补贴等方式大力支持小城镇的基础设施建设、教育、文化、医疗卫生等公共事业的发展。

二是要落实赋予中心镇的财政权。县政府委托给中心镇政府相对独立的财政权是强镇扩权改革的重要内容,小城镇政府对这一财政权的有效落实是强镇扩权改革成功的关键,同时也是缩小城乡差距、建设社会主义新农村以及实现小城镇城市化的关键。强镇扩权主要是县镇权力关系的调整,是权力下移的过程,但强镇扩权绝非县级政府所能承担,多数县政府缺乏相应财力和物力支持强镇,一般乡镇更需要县政府财力的帮助。现行四级财政分配体制中,中央财政拿走全部税收的 50%(转移支付后约剩下 30%),省级财政拿走其中的 25%,剩余的 25% 基本由县镇两级财政五五开。可见,县级财政已经捉襟见肘,很难有多余的财力分给中心镇。为此,省、市、县三级政府应该统筹兼顾,从公共财政方面强化对"强镇扩权"改革试点镇政府的支持。具体而言,主要包括:(1)允许具备条件的中心镇,设立镇级金库。(2)在中心镇产生的城镇建设配套费、土地出让金、排污费、水建基金等费用,除规定上缴国家部分外,省、市、县留成部分应全部或部分返还给中心镇。随着小城镇城市化水平的提高,在经济发展快、财政状况良好的中心镇逐步建立起较完善的一级财政,实行大预算口径,强化小城镇的财政自主能力。(3)省政府专门设立中心镇培育发展基金,用于中心镇的集聚能力建设,发挥中心镇统筹城乡发展,建设新农村的示范作用。

2. 建立以公共服务为导向的政府绩效考核制度,弱化对经济增长指标的考核

改革对小城镇领导采取的以经济增长和财政收入增长为重点的政绩考核制度,切实转变以经济增长、财政增收以及大搞政绩工程和

---

① 《加快浙江小城镇发展的对策研究》,浙江统计信息网,http://www.zj.stats.gov.cn/art/2009/5/6/art_54_35484.html,2014 年 4 月 30 日查询。

形象工程为重点的这种急功近利式的工作方式,推动政府管理向社会公共事务转变。即要更多地关注政府提供的公共服务指标,从小城镇建设、农村城市化、社会主义新农村建设的需要出发,将业绩考核放在与居民生产生活息息相关的农民增收、生态环境治理、污水垃圾处理、社会治安、乡风文明、教育文化、科技卫生和规划管理等方面,放在土地的节约集约利用,珍惜宝贵的土地资源方面。杭州、湖州和宁波①等地推出的对官员的考核和评价体系,开始把公共利益提到前所未有的高度,在建立以公共服务为导向的政府绩效考核制度方面迈出了可喜的一步,可供参照。

(1)湖州市绿色 GDP 考核体系。

绿色 GDP,是 20 世纪 90 年代提出的一种新的国民经济核算概念,即从现行的国民经济核算指标的 GDP 中,扣除在经济发展过程中产生的自然与人文两部分损耗后真实国民财富的总量。其中,自然部分的损耗包括环境污染所造成的环境质量下降、自然资源的退化与匹配不均衡、长期生态退化所造成的损失、自然灾害所引起的经济损失、资源稀缺所引发的成本;人文部分的减耗包括疾病和公共卫生条件低下所导致的支出、失业造成的损失、犯罪造成的损失、教育水平低下和文盲导致的损失、人口数量失控导致的损失、管理不善(包括决策失误)所造成的损失。② 这种国民经济核算体系在 20 世纪 90 年代初由国外学者首先提出,并于 90 年代末引入中国。随着可持续发展观的深入人心,绿色 GDP 得到了越来越多人的理解与支持,浙江省湖州市政府是中国首个取消 GDP 指标考核,将绿色 GDP 落实到政策层面的地方政府。2001 年,湖州市开始淡化官员政绩考核中的 GDP 指标,GDP 考核指标从占整个考核指标的 10% 调减至 8%,2002 年减至 4%,2003 年只占 2%,到了 2005 年,便完全取消了过去以 GDP 为中心的考核。③ 现在,在湖州市实施的政绩考核指标

---

① 陈剩勇、何锦峰:《可持续发展与服务型政府的建构——以浙江省为例》,《浙江社会科学》2005 年第 6 期。
② 《绿色 GDP》,《瞭望新闻周刊》1999 年第 12 期。
③ 《浙江省湖州取消对干部的 GDP 指标考核激起千层浪》,新浪网,http://news.sina.com.cn/c/2004-03-30/05342172735s.shtml,2014 年 4 月 30 日查询。

体系中,GDP 指标被代之以经济增长质量和效益情况、群众生产生活条件提高情况、社会发展和环境保护改善情况、政府职能转变和行政效能进步状况四个新的指标。这一减四增,表现出自然、人文两大虚数正被逐渐反映到新的考核体系中来,绿色 GDP 的考核体系正在建立起来。继湖州之后,上海对其政绩考核体系进行改革,将环保投入、研发经费支出和城乡居民人均收入三项指标列入其经济和社会发展的主要预期目标,不再实行以 GDP 为中心的考核。

虽然绿色 GDP 的考核体系在实际运作过程中还存在不少问题,比如把指标量化存在较大难度、某些官员因不适应而产生抵触心理、在地方经济实力排名中影响座次等等,但绿色 GDP 代表了一种全新的、符合时代发展要求的工作思路是确定无疑的。而湖州市把绿色 GDP 的理念付诸实际工作中,实现了从理论到实践的提升,并依此转变政府职能,这本身就是一个进步,所以我们大可不必苛求其结果到底如何,因为其过程本身就充满了意义。

(2) 余姚"民考官"考核体系。

如果说湖州市的做法率先在政绩考核体系的"考什么"上为我们提供了有益的借鉴,那么余姚"民考官"的做法则在此基础上更进一步,其力图解决的正是"怎么考"的问题。2004 年 6 月,余姚市委推出了《市委管理领导班子和领导干部政绩考核工作的意见》《乡镇、街道党政领导班子和领导干部年度政绩考核的实施办法(试行)》《市直部门领导班子和领导干部年度政绩考核实施办法》三个文件,提出了新的政绩考核体系,由经济发展综合指标、社会发展综合指标、民主政治和党建精神文明工作指标三方面组成,各占近三分之一的比例。"相比以往,这次考核体系取消了农村经济总收入,减少了定性考核指标,新增加了城镇居民可支配收入、公共文化和卫生事业、劳动就业和社会保障、城乡规划管理、生态环境和可持续发展、社会稳定和安全等 6 项指标。"余姚市委一位官员如是说:"此次调整,将社会发展和经济发展提到了同样重要的地位。"[1]这进一步印证了上文所说的绿色 GDP 符合当前社会发展要求的论断。不过,余姚市

---

[1] 杨雄:《余姚政考:"官考官"—"民考官"》,《青年时报》2004 年 8 月 18 日,第 10 版。

委和市政府上述举措的真正意义,在于社会公众满意度评价的引入。

人民群众的满意度是衡量政府工作极其重要的指标。政府工作如何,感受最深切、看得最清楚、最有评判权的还是人民群众。社会公众满意度的引入,既是一个评价主体多元化的问题,也更反映了"以人为本"的可持续发展观导向。余姚市要求民主评价的主体必须有一定数量的基层群众代表参加,并提高了社会公众满意评价的权数,分值在考核总分中占到20%,这样一来,长期的"官考官"政绩考核格局被以往仅作为参考的"民考官"改变。相较于湖州市的做法,"民考官"的考核体系又进了一步。

客观地说,地方政府多年来形成的 GDP 挂帅的情结要在短期内完全消除并不容易。但各地在政绩考核指标方面的一些新做法,毕竟表明地方党委和政府已经开始正视那些积习和陋规,并尝试予以改进。从各地的实际情况看,这些创新做法也的确收到了一些成效。

四、结语

推进镇乡政府管理体制改革,提高政府权能和执行力,加快小城镇政府公共管理与服务的基本制度建设,增强政府制度的弹性,是促进小城镇社会经济发展,改善我国的城市化和现代化水平的体制保障。浙江在全省范围内大规模地展开以强镇扩权为内容的中心镇建设工程,通过地方政府的制度创新,深化乡镇政府行政管理体制的改革,推动行政权力下移、扩大强镇的财权和相应的社会经济管理权,建立起责权明晰、责权相称、事权一致、有能有为的法治型、效能型、服务型的镇级政府。这是提高农村工业化和城镇化水平、推动社会主义新农村建设的内在要求,是对社会经济发展和人民群众内在要求的积极回应。尽管浙江省在强镇扩权的过程中还存在种种问题和不足,省、市、县三级政府在如何落实强镇扩权的改革措施、深化乡镇体制改革的政策上也还存在着这样或那样的问题,但这场强镇扩权改革试点本身显示出来的地方政府领导人推进改革的勇气,足以让我们对改革的前景表示乐观。而迄今为止浙江省政府在乡镇行政管理体制改革方面所作的探索以及地方政府建设方面的制度创新,对促进以产业集群为特征的民营经济的高速发展,对推进浙江农村的城镇化进程,促进市场的发育和成熟,都起到了积极的推动作用。浙江省在地方政府体制改革和制度建设过程中积累的一系列成功经验,尤其是"强镇扩权"的制度创新,堪称我国小城镇政府管理体制改革的范式之一,可以提供给其他省市作为乡镇体制改革的借鉴。

推进治理转型和政府管理创新,建设公共服务型政府,是执政党和政府针对社会经济发展的新形势而提出的施政目标。从此意义上说,浙江的"强镇扩权"改革主要涉及县、镇两级政府权力关系的调整,由省政府推动的县级政府向强镇下放的行政权,也仅仅涉及部分社会经济管理权和执行权,要理顺县镇两级政府间关系,达到地方治理的善治目标,确实任重而道远。

小城镇污水治理、激励机制与政府行为[1]

——以浙江省为个案的研究

近年来,我国自改革开放以来推动的城市化运动,由于存在城乡分割、城乡发展不协调,以及交通拥堵、环境污染、人口拥挤、生存空间狭小、资源短缺等"大城市病"而备受诟病。专家们指出,这种模式的城市化是畸形的不完全的城市化,是一种"半城市化",是"一条给未来积累巨大社会风险的城市化道路"[2],城市的转型日益紧迫。在此背景之下,新型城市化的概念应运而生。转变城乡二元分割的格局,协调发展中小城市,加强小城镇以及农村的建设,成为新型城市化的重要方向。

新型城市化背景下的小城镇建设被赋予了更高的战略地位,这同时也意味着小城镇建设必须得到良好的设计。2010年中央一号文件提出,要推进城镇化发展的制度创新,把加强中小城市和小城镇发展作为重点;提高城镇综合承载能力,吸纳农村人口加快向小城镇集中等要求。小城镇建设必须创新理念,提高标准,把小城镇当成理想化的城市来建设,用管理城市的体制管理小城镇,给予适当的职能配置,建立配套的行政管理机构、基础设施和公共服务,以实现小城镇的可持续发展。其中,污水治理作为小城镇重要的公共产品,必须改变过去低标准的治理模式。

---

[1] 原刊于《中共杭州市委党校学报》2011年第1期,作者陈剩勇、程丽。
[2] 周天勇:《中国究竟应该走什么样的城市化道路》,《经济参考报》2010年5月16日,第8版。

一、小城镇水污染的现状、成因与治理的浙江案例

（一）浙江省新型城市化与小城镇建设

浙江省于2006年在全国率先提出了"新型城市化"这一命题，开始探索一条平衡经济、社会、环境效益，大中小城市和小城镇协调发展、城乡互促共进的新型城市化道路。浙江省新型城市化战略的核心内容为推进中心镇改革发展和中心村建设，推动城镇基础设施和公共服务向农村延伸覆盖，将小城镇视为统筹城乡发展的战略节点，以及扩大内需、促进增长的重要动力。"十一五"期间，浙江省发起了中心镇培育工程，对200个镇进行全方位的培育。目前，浙江省约有四分之一的中心镇已经初具小城市的雏形。

（二）浙江省小城镇水污染的现状

据统计，浙江省经济发达的小城镇多数位于河网较密、水源充足的浙北平原、滨海地区和浙东南滨海平原。天然的水资源禀赋为小城镇建设提供了先天的有利条件和重要的发展资源，但传统城市化模式往往选择牺牲环境利益以加快经济增长，给小城镇的水环境造成了巨大的破坏。

20世纪80年代以后，浙江省乡镇企业快速发展，工业废水排放量大幅度增加。据估算，台州市乡镇企业每年排放废水约0.5亿吨；其中，路桥镇所处的金清河水网水系，除上游河段水质尚好（属Ⅳ类水体①）外，其余河段均为Ⅴ类或劣Ⅴ类，水环境污染严重。② 又如位于京杭运河沿线的杭州市余杭区崇贤镇、仁和镇、运河镇数十家化工、造纸、印染、金属制品等企业每年都产生大量的工业废水，由于纳

---

① 根据国家环境保护总局颁布的地表水环境质量标准（GB3838—2002），地表水按功能高低依次划分为五类：Ⅰ类主要适用于源头水、国家自然保护区；Ⅱ类主要适用于集中式生活饮用水地表水源地一级保护区、珍稀水生生物栖息地、鱼虾类产场、仔稚幼鱼的索饵场等；Ⅲ类主要适用于集中式生活饮用水地表水源地二级保护区、鱼虾类越冬场、洄游通道、水产养殖区等渔业水域及游泳区；Ⅳ类主要适用于一般工业用水区及人体非直接接触的娱乐用水区；Ⅴ类主要适用于农业用水区及一般景观要求水域。Ⅲ类以上的水可以被饮用；低于Ⅲ类的水，人体不宜直接接触；Ⅴ类和劣Ⅴ类水已基本丧失了水体功能。

② 周伯煌等：《浙江省小城镇发展进程中环境保护问题探讨》，《浙江林学院学报》2000年第3期。

管率低,一些企业存在超标排放的现象,对运河水质造成了重大的影响。据调查,崇贤镇在2008年底建成污水处理厂并投入使用之前,大量工业废水未经处理直接排入河道,致使该镇的水环境污染非常严重,境内6条河流均沦为劣Ⅴ类。此外,化肥、农药的普遍超量使用,以及生活污水的增加,也使小城镇的污水治理任务日益加重。

小城镇与大城市相比,规模小、职能不健全,污水处理问题往往受到忽视。但是,小城镇数量众多,污水处理问题普遍被忽视的后果将导致小城镇水污染超过大城市。有学者通过研究发现,钱塘江流域小城镇污染已大大超过了城市污染。① 钱塘江流域内有12个建制市,188个建制镇。据调查,截至2006年底,在钱塘江流域188个建制镇中,除了已投入运行的东阳横店镇污水处理厂外,其余187个建制镇均未建成镇级集中式污水处理厂,大部分建制镇甚至没有污水管道收集系统。据浙江省建设厅《2006浙江城市建设统计年鉴》和钱塘江流域188个小城镇污水处理实际调查资料汇总,钱塘江流域2005年城镇污水排放总量是172700万立方米,污水处理率为35.8%,其中县级及以上城市污水处理率为64.1%,县级及以下小城镇污水处理率仅为0.79%,有99.3%的县级以下小城镇污水未经任何处理就直接排放入河(详见表5-1)。

表5-1 钱塘江流域城镇污水排放量和处理量汇总(2005年)②

污染源	污水排放量(万 m^3)	污水处理量(万 m^3)	污水处理比例(%)
县级及以上城市	956627	61289	64.1
县级以下小城镇	77073	608	0.79
合　计	172700	61897	35.8

(三)小城镇水污染的原因分析

总体而言,小城镇水污染可以从市场失灵和政府失灵两方面进

---

① 戴逸琼:《钱塘江水污染分析与小城镇污水治理对策》,《给水排水》2007年第7期。

② 数据来源:《2006浙江省城市建设统计年鉴》《钱塘江流域水污染防治"十一五"规划》。

行归因。首先,外部不经济造成的市场失灵是导致小城镇水环境恶化的直接原因。外部不经济是指生产或消费给其他人造成损失而其他人却不能得到补偿的情况。由于企业决策的准则是企业私人边际收益等于私人边际成本,而不考虑外部不经济,这使得企业的私人成本小于社会成本,最终导致商品的价格不能反映其真实的成本,造成市场失灵。小城镇工农业生产过程中造成的污染就是典型的外部不经济:企业与农户为了降低生产成本,将废水直接排入下水道、河流、江湖等,将水污染造成的损失转嫁给社会,其所造成的社会成本包括政府治理污染的花费、自然资源的减少、污染对人体健康的危害等等。浙江的中小企业大多位于小城镇,这些企业又多数属于"两高一低"(高污染、高能耗、低科技含量)行业,企业环保意识淡薄、治污投入很少,是造成小城镇水污染的主要源头。

其次,政府失灵是小城镇水环境恶化的重要原因。在现代市场经济体系中,市场调节和政府干预是紧密相连、缺一不可的。市场调节和政府干预都不是万能的,都有其内在的缺陷。政府失灵就是指政府的活动或干预措施缺乏效率,而使社会对公共物品的需求得不到充分的满足。污水治理的公共产品属性,决定了政府应当发挥主导性的作用。但目前地方政府在污水治理上投入不足和低效率是显而易见的,这也是后文将继续深入讨论的内容。

(四)浙江省小城镇的污水治理与绩效

近年来,浙江省政府对环境治理给予了较高的重视。小城镇的污水治理主要集中在基础设施建设方面,表现为以流域或地区环境综合整治为契机,加强小城镇污水处理设施建设。如新老"811环境整治行动"、太湖流域环境综合治理和钱塘江流域小城镇环境综合治理等。

1."811"环境整治行动

从2004年到2007年,浙江省在全省开展了以八大水系和11个省级环境保护重点监管区为重点的环境污染整治行动(简称"811环境整治行动")。"811环境整治行动"要求到2007年在全国率先实现全部县及县以上城市建有污水处理厂,经济发达、人口集中的中心镇和工业开发区(园区)根据环境保护和治理要求建设污水处理厂。

"811环境整治行动"于2008年启动新三年计划(2008—2010年),开始加强对小城镇污水治理的重视。计划要求从2008年起,全省每年建设100个镇(乡)级污水集中处理厂。省政府还进一步要求,到2012年时,浙江全省总共建成500个镇(乡)级污水集中处理厂,实现全省所有镇(乡)污水集中处理厂的全覆盖。"811环境整治行动"取得了良好的成效,2007年,浙江省在全国率先实现县以上城市全部建有污水处理厂。截至2010年6月底,列入"811"环境保护新三年行动计划的288个镇中,211个镇的污水处理设施已建成(其中130个镇建厂、站,81个镇建了管网),还有36个镇的污水处理设施在建。①

2. 太湖流域镇级污水处理设施建设

杭嘉湖地区人口密集,生活污水排放量大;乡镇企业众多,且有较多纺织、印染、化工等对水环境污染大的企业。20世纪80年代以来,太湖的水质不断恶化。近年来,太湖蓝藻的爆发更是成为常态。2007年,国务院通过了《太湖流域水环境综合治理总体方案》。浙江随即制定了《浙江省太湖流域水环境综合治理实施方案》(简称"《实施方案》"),其中将确保建制镇以上污水处理设施全面建成作为工作重点之一。根据《实施方案》,城镇污水处理的目标是,到2012年所有建制镇全部建成污水处理设施,建制镇污水处理率不低于60%,到2020年达到70%以上。截至2008年底,浙江省太湖流域已建成污水处理厂(站)69个,率先实现流域内建制镇全部建有污水处理设施,提前4年完成了国务院下达的到2012年太湖流域建制镇污水处理设施全部建成的目标。

3. 钱塘江流域小城镇环境综合治理

钱塘江流域包括188个城镇和一些大城市,集中了浙江省30%的人口,以及占全省30%的国内生产总值。截至2007年,钱塘江流域188个城镇中有123个镇还没有污水处理设施,污水直接排入小

---

① 浙江省建设厅:《关于上半年全省镇级污水处理设施建设情况的通报》,(建城发[2010]182号),浙江省人民政府网,http://www.zj.gov.cn/art/2011/11/11/art-5527-94875.html,2014年2月28日查询。

支流并流向钱塘江。2006年以来,浙江省出台了各种规定和政策,如钱塘江流域"十一五(2006—2010年)"规划、生态省建设规划和"811"新三年行动计划,以改善钱塘江流域环境基础设施,要求钱塘江流域全部乡镇都要建设污水处理设施。浙江省钱塘江流域小城镇环境综合治理项目获得了世界银行的贷款。项目所包含的8个污水处理项目,分别位于建德市、龙游县、衢州市衢江区、兰溪市游埠镇、桐庐县江南镇、磐安县云山乡、磐安县深泽乡、磐安县尖山镇,基本都位于钱塘江流域中上游经济欠发达县(市、区)的乡镇。

二、政府行为与激励理论

政府作为公权力的执行者,其行为对社会具有重大的影响,因此,探究政府行为的决定性因素,始终是政治学、经济学和行为科学等学科的研究热点。本文以激励理论作为分析视角,关注激励机制对于政府行为的影响。

(一) 政府行为

政府行为,是相对于企业、自然人的行为而言的,是指以政府为行为主体、发生在公共领域、具有法定性和强制性的行为。从行为的过程角度,政府行为可分为决策行为和执行行为;从行为的方式角度,政府行为可分为作为和不作为;从行为的结果角度,政府行为又可分为有效行为和失效行为。当代中国的政府行为在创造中国的发展奇迹中扮演了重要的角色,但也与当前经济社会发展面临的诸多问题有着密切的关系。

(二) 新制度主义:制度影响行为的两种途径

新制度主义认为制度是影响行为的重要因素,制度与行为的相互关系是新制度主义研究的核心内容。新制度主义的代表人物马奇和奥尔森把新制度主义关于制度与行为关系的不同认识归结为"算计路径"和"文化路径"两种类型。所谓"算计路径"是指制度影响行为主要是为行为者提供关于其他人的现在和未来行为的确定性,约束自利的行为,减少各种机会主义,因此主要分析对象是在这种情况下行为者的战略性行为,是一种个体主义的方法论。它的基本逻辑是:追求利益最大化的具有稳定偏好的行为者,在制度框架内通过与其他行动者利益得失的算计而选择自己的行为方式。"文化路径"所指的制度不仅包含正式的规则、程序和规范,还包括为人类行动提供意义框架的象征系统、认知模式和道德模板,它是指个人的行为主要被嵌入到制度而不是战略中去,因此主要分析对象是行为者所处的情境,是一种整体主义的方法论。

事实上,两种途径并非不相容,而是对立统一的,现实中制度影响行为的两种途径是并存的。区别在于,前者是显性的影响,更易于观察和纠正,而后者主要通过隐性的影响,根深蒂固,不易改变。地方官员的激励机制作为一种可见的、可建立的正式制度,正是以"算计路径"的方式影响着地方政府参与环境治理的行为。

(三) 激励与政府激励

激励,通俗而言,就是如何激发和调动人的积极性。从经济学的角度看,激励问题产生的原因:一是存在委托—代理关系,即委托人(如企业和中央政府)将某项特定的任务或工作交给代理人(个人或地方政府)去完成;二是委托人与代理人的目标存在一定的冲突,如企业经理可能关心的是利润,而员工关心的是薪酬和努力的成本;中央政府可能关心控制投资规模以维持物价稳定,而地方政府可能关心如何增加投资,刺激地方经济的增长;三是委托人关于代理人努力程度的信息是不完全,或不对称的,即委托人不能完全观察到代理人的行为。激励制度就是委托人为了解决委托人与代理人之间的冲突,并激发代理人顺利完成任务而采取的一系列措施和方案,主要包括报酬方案和监督方案。通常而言,如果产出对于代理人的努力程度依赖性很强,就应该给予代理人较强的激励,即代理人与业绩的挂钩程度可以加大,如对销售人员的激励;如果产出受某些客观因素影响具有很大的不确定性,或者代理人的业绩不易测度和衡量,则应该给予较弱的激励,如固定工资,以减少代理人承担的风险,如对企业行政人员的激励。

政府组织的激励还具有以下特点:(1)公共部门产出的量和质的难以度量性;(2)公共部门委托代理关系的多重性;(3)公共部门目标的模糊性和多元性;(4)公共产权具有内在排他性;(5)公职人员相对业绩的有限性;(6)公共部门提供的显性激励具有硬预算约

束性。① 由于上述特征的存在,对政府组织的激励往往采取固定报酬的弱激励方案。然而,弱激励的弊端也是显而易见的,传统公共行政的低效率和形式主义某种程度上就是政府部门缺乏激励所导致的。政府组织的激励所具有的诸多特殊性和复杂性,使得如何设计对政府官员的激励成为各国行政管理的难题。

三、小城镇污水治理:基于地方政府的激励与行为分析

中国地域广阔,地方政府规模庞大。对于如此庞大的政府组织体系,要建立一套有效的激励制度更加不易。然而,近年来一些学者研究发现,中国改革开放三十余年的经济持续高速增长与中国地方官员的激励制度有着密切的关系,中国地方政府推动地方经济增长的意愿十分强烈,这是很多发展中国家和转型国家在经济发展中未能实现的。

根据北京大学周黎安教授的研究,在当代中国政府系统内激励制度中存在两个重要内容,即行政逐级发包制和竞争性的晋升考核制度。所谓行政逐级发包制,指的是从中央到地方各级政府,行政事务被数量化地分解"打包"发给下一级政府。政府间事权的划分不是按照公共产品的性质,而是根据行政隶属关系和属地原则进行的。竞争性的晋升考核机制,是指由上级政府对多个下级政府部门的行政长官设定考核指标,优胜者获得晋升的一套方案。周黎安教授称之为"政治锦标赛模式"②。晋升考核指标是多项的,但以某一项(如GDP增长)为核心。这种政治激励使所有关心仕途晋升的地方官员置身于一种紧张的晋升竞赛当中,积极提高其任期内的政绩。如省级领导干部为了获得晋升,就必须提高其辖区的 GDP 增长水平。为此,他们可能会对其辖区内的市一级政府施以类似的激励,而市又会在县一级推行,如此一层一层地往下推进,使关心仕途的各级地方政府官员都被置于不断放大的政治激励之下。这一模式对竞争的引入,在一定程度上突破了对政府组织只能采取固定报酬的弱激励的

---

① 黄再胜:《公共部门组织激励理论探析》,《外国经济与理论》2005 年第 1 期。
② 周黎安:《转型中的地方政府:官员激励与治理》,上海人民出版社 2008 年版,第 89 页。

困境,提高了地方政府的效率。

通过对浙江省小城镇污水治理的调查与研究,我们发现,推动小城镇污水治理的深层逻辑是一条中央—省—市—县(区)—镇的激励链条,同时行政逐级发包制和晋升考核制度在其中扮演着关键的角色。为了便于解释,下面我们将按镇—县(区)—市—省—中央倒推的顺序进行分析:

第一,调查发现,促使小城镇政府采取积极的污水治理措施的直接动因既不是基于水污染的危害,亦不是基于辖区居民的抗议或要求,而是基于上级政府下达的治理任务,特别是当环境治理与镇政府的绩效考核挂钩,因此影响镇政府官员的仕途晋升时,乡镇污水治理行为由消极变为积极。在上级政府的任务激励下,镇政府甚至会采取一些短期内有损于地方经济绩效的环保措施,如强制关、停、转、迁大量对地方 GDP 增长具有重要贡献的污染企业。据调查,2007 年杭州市 Y 区 C 镇因镇内河流水质严重污染,而被列入杭州市半山地区环境综合整治的重点整治对象之一。从 2007 年到 2010 年 6 月,C 镇累计关停并转迁了印染、造纸、涂层压胶等重污染企业 60 余家。经过一系列强力措施,C 镇污水治理取得了良好的成效,镇内河流水质已大致恢复到了 80 年代的水平,居民因水质上访的现象也基本消失。

第二,县(区)级政府对辖区环境实行积极的治理,其主要动力也不是自身发展的需要,而是上级(市)政府下达的环境治理任务与激励。如,杭州市与下属 Y 区于 2006 年签订了《杭州市 Y 区"十一五"主要污染物总量削减目标责任书》,随后每年 Y 区都制订该年度辖区主要污染物减排计划、考核办法和实施方案等一系列文件,将减排任务层层分解落实到各镇乡、街道、部门和企业,并把截污纳管、企业关停、深度处理、排放监管等主要减排手段作为考核内容。2007 年,Y 区将杭州市政府下达的生态环境保护目标任务分解成 383 项具体工作,以目标责任制形式分解到 19 个乡镇、街道和 25 个区级机关部门。区长与镇乡、街道和相关职能部门主要领导人签订《Y 区 2007 年度生态建设暨环境保护目标责任书》并制定了相应的考核细则,从而形成了"市—区—镇乡—企业"由点到线、到面的责任体系。这一系列措施都体现了强烈的行政发包性质,结合晋升考核制度,最终将环境治理与各级地方政府官员的晋升联系在一起,起到了很好的效应。

第三,市级政府污水治理的激励来自省级政府。如2006年,浙江省与杭州市签订了《杭州市"十一五"主要污染物总量削减目标责任书》,节能减排、环境治理得到杭州市委、市政府的高度重视,杭州市随即制定了《杭州市"十一五"主要污染物总量削减计划》、考核办法、实施方案等一系列文件,将减排任务层层分解落实到各县(市)和部门,并对各区、镇施行强激励。据调查,在杭州市半山地区的环境综合整治过程中,杭州市采取了以下措施:详细分解任务;要求各区立下军令状,各负其责,确保完成任务;加强一线力量,建立完善现场联动、定期通报、分类协调、定期考核、随机督察等五项机制;实行绩效挂钩,将该地区综合整治工作纳入杭州市生态建设和环境保护目标责任制考核范围;以环境质量改善为考核标准,等等。这些措施相当于给市以下各地方官员在原本以经济绩效为核心标准的晋升竞赛中加入了环保指标,迫使个体官员在策略选择中,计算其他地方官员可能做出的行为反应。为了尽量避免输掉竞赛的风险,地方官员都会对这种激励改变做出积极的反应。

第四,中央政府是全国环境治理的激励源头。近年来,中国面临越来越严重的环境污染问题,对可持续发展形成了越来越大的威胁,同时受到国际社会的舆论压力。中央政府决定将节能减排提上重要议事日程,并承诺在"十一五"期间GDP能耗降低20%左右,主要污染物的排放量削减10%。为此,中央采取了许多强有力的措施,包括增加环保投入,出台一系列促进节能减排的价格、财税、金融等政策,其中最有力的措施之一就是加大了对地方政府节能减排目标责任的考核力度,减排的考核结果按规定纳入地方政府政绩考核的重要内容,实行一票否决制和责任追究制。此外,还按照考核结果给予一定的物质奖惩。事实上,在此之前中央政府早已意识到环境保护对于可持续发展的重要性,但节能减排始终未能进入干部政绩考核体系,地方官员面对经济增长的强激励和环保的弱激励,缺乏强化环保的意愿和决心也就不难理解了。

在中央强激励的背景下,地方党政领导都非常重视,大大加强了环境治理的力度和效果。一些省份的领导甚至立下军令状,如果不完成节能减排的指标,就辞去领导职务。2006年,浙江省与国务院签订了《浙江省"十一五"水污染物总量削减目标责任书(2006—2010)》,并制订了"十一五"期间全省主要污染物排放总量控制计划、实施方案、考核办法等一系列文件。"811"环境综合整治、太湖流域水环境综合治理等措施就是浙江省在此背景下采取的具体行动。

"811"环境整治的组织实施,有两条重要的原则:一是环境污染整治实行地方政府首长负责制,按照分级负责的要求,进一步分解落实整治工作的任务和责任。二是省环境污染整治工作领导小组分年度对各市环境污染整治工作完成情况进行考核,考核结果将与干部政绩考核挂钩,与省级财政转移支付挂钩。在"811"环境保护新三年计划中,浙江省把镇级污水处理设施建设列为省政府对各设区市人民政府年度目标责任考核的"一票否决"指标。这一规定改变了原先的激励方案,大大加强了对地方政府的环保激励。此外,按照各市县的治理绩效给予一定的物质奖惩,即考核通过的,优先加大对该地区污染治理和环保建设能力的财政转移支付,反之,则暂停转移支付。通过上述两条原则,从省政府到基层政府环境治理的任务被层层分解,同时,治理绩效与晋升考核直接挂钩,达到了强激励效果。

浙江省通过一系列整治措施,将地方政府环境治理纳入强劲的行政激励中,改变了一贯以GDP为单一核心的考核指标体系,使关心晋升的地方官员在策略算计中不得不改变战略,在环境治理上积极作为。在此过程中,小城镇污水治理水平得到了快速的提高。通过分析,我们也不难发现,只要地方政府在环境治理方面受到足够的激励,产生充足的意愿和决心,他们就一定有完成治理指标的有效手段。但是,从目前浙江省小城镇污水治理的实际看,这种激励机制的改变还只是存在于一场场的环境综合整治运动中,并未从根本上将小城镇相关的职能配置、激励机制制度化,因此是临时的、局部的,还存在诸多的不足之处。

整体而言,目前浙江省小城镇污水处理设施仍大量不足。截至2009年,全省累计建成城镇污水处理厂199座,其中县城以上城市污水处理厂93座,镇级污水处理厂106座,拥有污水处理厂的镇仅占全省735个镇的14%左右。在已有的污水处理工程中,也存在收集率、负荷率低,污水处理厂进出水COD超标等问题。

四、制度缺陷:政府行为、环境污染与治理失效

制度缺陷是造成地方政府环境治理失效的根本原因。以行政逐级发包制和晋升考核制度为核心的地方政府激励机制,能够为地方治理带来强劲的动力,但这一制度也存在一定的缺陷。以属地化管理为基础的行政逐级发包制对于调动下级政府独立决策的积极性具有良好的作用,但是,它在为地方官员带来独立的决策空间和准租金的同时,也带来营私舞弊和贪赃枉法的空间。事实上,中国地方政府在事权、财权和人事权上都享有相当广泛的决策自主权,地方政府在面对中央委托的多个任务(如经济增长、环境保护、社会稳定等等)时,拥有更多的自由来决定如何分配其有限的资源。尤其在缺乏有效监督的情况下,地方政府很可能为了实现那些易于被委托人观测到的任务,甚至恶意损坏其他任务,如为了经济增长,放宽企业环保准入标准,对企业造成的外部不经济行为不作为。因此,地方政府完成环境治理任务的有效性就取决于它们在这一任务上受到多大的激励与监督。

另外,在现有晋升考核制度中,经济绩效是最主要的考核指标,而环保激励不足。众所周知,经济增长与污水(环境)治理存在一定的冲突:过高的经济增长速度将会导致废水排放迅速增多,增加污水治理的压力;加强污水治理意味着地方政府需要在有限的资源中做出更加均衡的分配(相比高经济增长的情况,需要将更多的资源分配给污水治理),一定程度上会减慢经济增长速度。面对这一冲突,地方政府官员根据个人利益和制度规则进行策略计算。而根据现有的晋升考核制度,每个地方官员只要经济绩效上超出其他地方官员、其他业绩表现不致太差,就能在绩效考核中名列前茅,从而获得晋升的机会。在此推测下,每个地方官员都会认为其他官员正在努力追求经济绩效以获得晋升机会。如果个别地方官员别有心思专注于其他任务如地方环境保护上,或者希望均衡发展各项任务,那么就意味着

要将他手上有限的资源平均分配,减少对经济增长的投入,这将使他在争取晋升的行列中输于其他人的风险变得很大。

在浙江省小城镇污水治理的案例中,浙江小城镇水环境恶化早在 20 世纪 80 年代就已出现,但积极的治理行为却是近几年才开始。地方政府污水治理的职责也并非近几年才被赋予,环境治理的激励不足是其中一个重要的原因。改革开放之后,中国经济保持高速增长的奇迹很大程度在于地方政府受到经济增长的强劲激励。近年来,环境恶化终于引起了中央政府的重视,由此,从中央到地方,通过晋升考核"一票否决"等强硬手段,环境治理的激励被大大加强。

在现有环保激励不足的情况下,合理有效的监督机制能够在一定程度上监控地方政府的独立决策权,这之中减轻行政发包制带来的委托人与代理人之间信息的不对称,显得尤为重要。在浙江省小城镇污水治理过程中,各级地方政府加强现场联动、定期通报、定期考核、随机督察等各种措施,加强监督,对促进污水治理起到重要的作用。但目前地方政府环境治理的监督机制仍存在严重缺陷。一方面,作为主要的监督机构,环保部门由于其在政府体系内的隶属关系,有着难以更改的弊端:地方环保部门属于"块块"部门,人事权、财权受辖制于地方政府,独立监督的权力被大大削弱了。因此,在浙江省小城镇污水的治理中,作为主要监督角色的仍然是地方政府自己,其有效性依赖于地方政府在污水(环境)治理方面有多大的主动性,缺乏稳定性和可靠性。另一方面,公众、媒体监督缺乏法律和制度保障,尚未发育成熟。

最后,小城镇环境治理职能缺失。事实上,乡镇政府本身并不具有污水治理或环境保护的职能和动力,其职责更多的只是配合县(市、区)政府及有关部门的工作。根据《浙江省水污染防治条例》①规定:"县级以上人民政府对本行政区域的水环境质量负责……水环境保护实行行政首长负责制和目标责任制。县级以上人民政府应当建立健全考核评价制度,将水环境保护目标完成情况作为对政府及其负责人考核评价的内容……县级以上人民政府环境保护主管部门

---

① 《浙江省水污染防治条例》,2008 年 9 月 19 日浙江省第十一届人民代表大会常务委员会第六次会议通过,自 2009 年 1 月 1 日起施行。

对本行政区域水污染防治实施统一监督管理。"对乡镇政府的规定是:"乡镇人民政府、街道办事处应当协助做好辖区内饮用水安全、农业和农村水污染防治、环境基础设施建设等相关工作,并配合环境保护主管部门及其他有关主管部门做好水污染防治的有关工作。"乡镇政府在水污染防治方面只是作为上级行政机关的辅助、协助、配合有关工作,并不具有主体性,没有明确的水环境保护责任,亦无考核压力。

五、制度创新与小城镇污水治理:对策建议

做好小城镇污水治理,增加资金投入、完善基础设施建设、进行合理的职能(机构)配置都是必不可少的,但这些都不能从根本上保障地方政府积极地完成污水治理的任务。改进小城镇污水治理,首先要推进依法治国和依法行政,督促各级政府尤其是小城镇政府落实国家的环境保护法等相关法律法规,强化对企业污染行为的监督和整治。同时,要将小城镇置于当前政府多层级的结构当中,从影响地方官员环保行为的体制性因素出发,建立配套的行政管理体制和完善基础设施建设。基于前文的分析,我们提出以下三点建议:

1. 发挥晋升考核制度对地方环保的激励

竞争性的晋升考核制度对于激发地方政府的行为积极性具有出色的效果,但考核标准的设置决定了地方政府在哪些任务上积极作为,在另外一些任务上消极作为。要把小城镇当成理想的城市来建设,遏制小城镇为了经济发展而不惜降低环保标准来招商引资等行为,首要要从根本上制订合理的激励方案,把小城镇环境保护作为乡镇行政官员绩效考核的重要指标之一。

2. 公众监督胜于环保部门垂直管理

在现有政府体系的框架内,若中央政府将环保部门从地方政府中独立出来,实行垂直管理,强化环保部门的独立监督地位,将有助于减少中央政府和地方政府之间信息不对称的状况,迫使地方政府认真执行中央政府的环境保护措施,有效遏止环境质量持续恶化的趋势。但是,垂直管理将使中央政府承担更多微观领域中具体的环境管理事务,并为此支付额外的成本,使环境信息监测成本变得很高,无法长期维持。①

公众是小城镇环境资源的拥有者,理应享有在不被污染和破坏的环境中生存及利用环境资源的权利。引进公众参与,让公众和中央政府共同分享委托权,可以发挥公众近距离观察地方政府的天然优势,让公众与中央政府共同判定地方政府的环保绩效。这种方法可以有效解决信息不对称的问题,同时降低环境信息监测成本。

3. 赋予小城镇环境保护的县级管理权限

我国现行的小城镇政府管理体制基本上还是20世纪80年代建立的乡政府管理体制,沿用传统的乡政府职能,即发展地方经济,搞好计划生育,维持农村社会稳定等。改革开放至今,浙江省已经形成了一批经济发展水平较高、人口规模较大的小城镇,原有政府管理体制的落后严重制约了当地民营经济的发展和城镇建设,成为小城镇社会经济发展的体制瓶颈。经济发展必然面临与环境保护的冲突,小城镇政府理应成为二者的责任主体,以保证二者的均衡发展。

污水治理作为地方政府的应尽职责,本应得到有效的体现,但长期以来存在着治理失效的现象,这与地方经济发展水平(财政充裕状况)、公民社会的活跃程度都不无关系,但地方环保激励的不足无疑也是其中一个重要的原因。环境综合整治运动虽然在短期内改变了地方政府内部的激励机制,推动了小城镇污水治理工作,但毕竟只是一种临时性和局部性的措施。更加长效和根本的对策,需要将地方政府环境治理的强激励制度化,并从行政管理权限、机构和人员编制、资金配套等方面,赋予小城镇政府合理的职能配置。

---

① 肖宏:《建立地方政府环保激励机制构想》,《国情观察》2007年第11期。

可持续发展与服务型政府的建构：
以浙江为例①

改革开放三十多年来，中国经济高速发展，特别是处于改革开放前沿的东部沿海地区，工业化、市场化和城市化全面推进，经济发展成就举世公认。然而，我们也必须承认，多年来片面追求经济高增长带来的负效应，同样令人瞩目。从资源环境看，因工业污染导致的"癌症村"频频见诸报端，大气雾霾日益严重并成为国际事件，粮食主产区土壤重金属超标引发毒大米事件，矿产资源无序开采长期得不到有效遏制，能源对外依存度不断攀升。从社会发展看，城乡发展及区域发展差距不断扩大，特别是贫富差距越拉越大；因环保、征地、腐败等引发的社会不平等现象十分突出，恶性群体性事件时有发生；食品和药品安全问题长期困扰国人，社会诚信缺失严重。自然环境恶化、价值观迷失、社会的失序，促使人们反思多年来片面追求经济指标增长的发展模式，以牺牲生态环境和社会发展为代价的经济增长必然无法持续。

可持续发展观是20世纪80年代以来人类认真总结自身发展历程、深刻反思自己的经济社会行为而提出的一种全新的发展思想。所谓可持续发展，是指既能满足当代人的需要，又不对后代人满足其需要的能力构成危害的发展。② 它主要涉及两个维度、三大目标，即

---

① 本文部分内容刊于《浙江社会科学》2005年第6期，作者陈剩勇、何锦峰。
② 目前有关可持续发展的定义有一百多种，但被广泛接受且影响最大的仍是1987年世界环境与发展委员会在《我们共同的未来》中的定义。参见世界环境与发展委员会：《我们共同的未来》(王之佳、柯金良译)，吉林人民出版社1997年版。

既要确保代际公平,又要确保代内公平,从而实现生态、社会、经济可持续发展。生态可持续发展可以理解为"保护和加强环境系统的生产和更新能力"①,经济与社会的发展要符合生态系统的动态平衡法则和资源可持续利用;所谓社会可持续发展,可以理解为"在生存于不超出维持生态系统涵容能力之情况下,改善人类的生活品质"②,不仅要实现代际公正,更要实现代内公正,即当代一部分人的发展不应损害另一部分人的利益,每个人都有同等的生存权和平等的发展权;所谓经济可持续发展,可以理解为经济发展不会因为超出资源环境的承载能力和社会承受能力而出现停滞甚或倒退。早在1992年,中国政府在向联合国环境与发展大会提交的《中华人民共和国环境与发展报告》中,便阐述了中国关于可持续发展的基本立场和观点;1992年8月,进一步提出走可持续发展道路是中国当代以及未来的选择;1994年,制定并批准通过了《中国21世纪议程——中国21世纪人口、环境与发展白皮书》,确立了我国21世纪可持续发展的总体框架和各领域的主要目标。1996年7月,江泽民同志强调指出:"必须把贯彻实施可持续发展战略始终作为一件大事来抓。"2003年7月28日,胡锦涛同志提出要深入贯彻落实科学发展观,坚持以人为本,树立全面、协调、可持续的发展观,促进经济社会和人的全面发展。目前科学发展观已成为执政党的指导思想之一。从某种意义上说,科学发展观是结合中国国情和中国特色社会主义实践对可持续发展战略的进一步提炼和深化,是适应新的发展要求的重大战略思想。根据我们的观察,新的发展观已经开始产生积极的效果。

中国是一个典型的政府主导型社会,执政党和政府高层提出的新发展观能否得到贯彻,可持续发展观能否从口号转化为各级政府施政的理念,在很大程度上取决于执政党和政府能否积极推进自身的制度创新,从而建构出一种与可持续发展理念相适应的政府施政模式。在接下来的讨论中,我们试以浙江省为个案,考察和分析我国

---

① 1991年11月国际生态学联合会(INTECOL)和国际生物科学联合会(IUBS)联合举行的关于可持续发展问题专题研讨会上提出的可持续发展定义。

② 世界自然保护同盟(INCN)等:《保护地球:可持续生存战略》(国家环境保护局外事办公室译),中国环境科学出版社1992年版。

政府现行的施政模式及其存在的问题,进而探讨建构一个服务型政府的施政模式以实现自然、社会、经济可持续发展的必要性和可能性。浙江省是中国内地民营经济最发达、市场化起步最早的省份之一,浙江省社会经济发展和地方政府职能转变过程中遇到的问题,在全国范围都具有一定的典型意义。

一、经济发展的负效应:问题与反思

改革开放前的浙江,自然资源贫乏,地少人多,是全国人均耕地最少的省份之一。国家投资少,国有资产比重低,经济总量小。从1952年到1978年的二十多年间,中央政府对浙江的投资额总计为77亿元,人均410元,仅为全国水平的一半;1953年到1978年,浙江省GDP年均增速为5.7%,1978年的GDP只占全国的3.57%,人均GDP在全国居于第15位。改革开放之初,地处沿海的浙江人,特别是温州人得风气之先,率先打破计划经济体制的束缚,创造了以民营经济为主体的经济发展模式——温州模式。在当时全国很多地方仍然处于"恐私""仇私"的意识形态和全面限制民营经济发展的背景下,浙江省特别是温州、台州等地的地方政府对民营经济采取默许、不干涉的态度,使民营经济逐渐发展壮大。随后,温州模式不断拓展,进而扩展至整个浙江,浙江各级政府逐渐抛弃"以阶级斗争为纲"的指导思想,全面贯彻以经济建设为中心的思想,积极推动政府职能的转变,以适应改革开放新形势。90年代以后,在国家确立了市场化发展取向的形势下,浙江各级政府利用既有的体制先发优势,积极发展民营经济,全省经济社会发展取得了显著成就。2012年,全省生产总值达到34606亿元,列全国第四位,人均GDP达到10022美元;城镇居民人均可支配收入34550元,连续12年位居全国31个省(市、区)第三位;农村居民人均纯收入14552元,连续28年居全国各省区首位。在这一过程中,地方政府的职能也随着计划经济体制向市场经济体制的转型而转变,对于民营经济发展的态度总体上经历了严厉打击——默许保护——放手发展——主动服务等几个阶段。这种转型虽说还很不彻底,但毕竟是一种进步,浙江成为经济大省这一事实本身就是这种转型比较成功的一个注解。

在浙江经济发展取得骄人成就的同时,更多的问题也逐渐浮出水面,这些问题对浙江的可持续发展提出了巨大的挑战。而之所以存在这些问题,往往是因为政府执政理念上没有"以人为本"的服务意识,进而在具体操作上无法对一些社会问题做出积极回应,因此亟须建设服务型政府以适应可持续发展的大趋势。依据"自然、社会、经济协调发展"的可持续发展观的要求,我们可以把浙江现代化进程中的问题归结为以下两个方面:

一是经济与自然的不协调,主要表现在经济发展与环境保护、资源利用之间的不相协调两方面。

从经济发展与环境保护方面看,长期以来浙江省"低、小、散"的产业结构带来了严重的环境污染问题。浙江 2012 年环境状况公报显示,当年全省废水排放总量达 42.1 亿吨,工业废气排放达 23967 亿立方米,工业固体废物产生量达 4534 万吨,分别比 2002 年增长 1.62 倍、2.8 倍和 2.55 倍;全省 221 个省控断面中有 35.7% 的断面水质为Ⅳ类、Ⅴ类及劣Ⅴ类,其中鳌江、运河和平原河网污染严重;共发生赤潮 17 次,其中有毒赤潮 1 次,有害赤潮发生次数和面积较上年大幅上升;全省 69 个县级以上城市中,中度酸雨区和重度酸雨区分别为 37 个和 23 个。① 2013 年以来,浙江环境问题更是多次处于舆论风口浪尖,典型的有雾霾围城、悬赏环保局局长下河游泳以及黄浦江死猪事件等。应该说,近年来浙江省在生态建设方面的工作力度不断加大,也取得了显著成绩,但各级政府从地方经济发展以及税收收入等方面考虑,仍无法下决心整治高污染行业,甚至还有保护之嫌。如 2011 年全国轰动一时的台州和德清两起血铅事件,最终引发浙江对铅酸蓄电池行业开展整治,全省 273 家铅酸蓄电池企业中有近 250 家被关停,关停比例高达 92%。其实,在 2005 年长兴县就已发生数百名儿童铅中毒事件,理应引起各级政府高度重视,但直到 2011 年才真正铁腕治理,其恶果可想而知。

从经济发展和资源利用方面看,两者关系紧张局面没有根本改变。多年来浙江经济发展过多依赖低端产业、过多依赖低劳动力成

---

① 《2012 年浙江省环境状况公报(全文)》,中国发展门户网,http://cn.chinagate.cn/infocus/2014-01/02/content_31070959.htm,2014 年 4 月 30 日查询。

本、过多依赖资源能源消耗,走的是靠资源的大量投入、以量取胜的粗放式发展道路。特别是浙江作为一个资源小省,资源供给与经济发展之间的矛盾越来越大,近年来已成为制约经济发展的主要瓶颈之一。在电力供应上,2003年,浙江省首次出现电荒,成为全国拉闸限电数量最多的省份;2008年开始,浙江再次出现200万千瓦左右的电力缺口,2011年的最大电力缺口更是达到535万千瓦。拉闸限电期间,大量企业不得不面临"开三限一""每周停二"等限电措施,生产经营受到极大影响。在土地供应上,全国土地利用总体规划纲要确定,浙江省2006年到2010年建设占用耕地规模为80万亩,平均每年只有16万亩。但是这几年,浙江省每年各类建设占用耕地均在30万亩左右,土地供需矛盾十分突出。尽管如此,浙江不少地方批而未征、征而未供、供而未用、用而未尽等土地闲置现象依然存在,土地集约化利用水平较低。据国土资源部的《国家级开发区土地集约利用评价情况》(2012年)显示,土地集约化利用水平最高的前100家国家级开发区中,浙江仅占6席,排名最靠前的宁波石化经济技术开发区仅位列第45位;而江苏省则有26席,并在前10位中占有3席;地处中部的河南省虽然也只有6席,但排名总体上比浙江要高,甚至在前10位中也占有1席。在国家级开发区的土地利用水平上,浙江无法与上海、江苏、广东等沿海发达省市比,甚至比部分中西部省份都不如,普通开发区的土地利用水平也就可想而知了。

二是经济与社会发展的不协调。目前,居民收入分配不公,平等的生存权和发展权得不到有效保障,食品药品安全问题频发,住房、医疗卫生和教育问题等诸多社会问题越来越严重,普通民众利益表达渠道不畅,群体性维权抗争事件多发,经济快速增长与社会发展不协调的问题越来越突出。浙江也同样面临类似"成长的烦恼",主要表现在以下几个方面。

(1)收入分配机制偏离社会公正,财富过于向政府和企业主阶层倾斜,导致公共价值的失衡。最为明显的例子就是贫富差距不断扩大。2011年,浙江城镇20%的最高收入家庭人均收入是20%最低收入家庭人均收入的6.66倍,农村20%的最高收入家庭人均收入更是20%最低收入家庭人均收入的7.70倍,而这两个数字在2001年分别为 3.88 倍和 5.81 倍。另一个例子是劳动者报酬在国民收入分配中所占份额偏低。2006—2011 年,浙江劳动者报酬占当年全省生产总值的比重分别为 40.3%、39.7%、41.2%、39.6%、38.9%、40.8%。①按照世界各国的发展经验,个人收入在国民收入分配中的比重在 60% 以上才算合理,多数发达国家则在 70% 以上。浙江近几年的比重仅在 40% 上下浮动,明显偏低。注重政府积累和企业投资的政策导向虽然有力地促进了全省经济的高速增长,但也导致工人劳动报酬增长缓慢,从而影响了居民收入与经济发展同步增长。我们认为,社会各阶层的收入差距连年扩大,贫富差距越拉越大,其根源在于政府工作以经济建设为中心,片面追求经济增长,各级政府大力推动地方经济发展的同时,却没有承担起维护社会公正的责任。在劳资双方的博弈中,正是地方政府公共职能的缺位,直接导致社会财富分配的天平倒向了强势的资方一边。多年来围绕着进城劳工阶层而发生的大量"欠薪"与"讨薪"等事件,折射出社会弱势群体的基本权利得不到基本保障的严酷现实。

表 5-2　2001—2011 年浙江 GDP 构成及劳动者报酬比重

单位:亿元、%

年份	2006	2007	2008	2009	2010	2011
全省生产总值合计	15718	18754	21463	22990	27722	32319
1. 劳动者报酬	6341	7442	8852	9105	10789	13186
2. 生产税净额	2297	2870	3260	3418	4274	5248
3. 固定资产折旧	2157	2534	2906	2966	3316	3909
4. 营业盈余	4942	5908	6444	7501	9434	9976
劳动者报酬占 GDP 比重	40.3	39.7	41.2	39.6	38.9	40.8

(2) 城乡二元结构还没有完全打破,"以农养城"机制尚未得到改变,导致农民利益严重受损。在浙江省社科院调研中心针对农村

---

① 张伟斌、杨建华:《2013 年浙江发展报告(社会卷)》,杭州出版社 2013 年版,第 23 页。

征地问题的一份问卷中,在回答"据您所知,在土地征用过程中有没有村民不愿意"时,其中农民及老家在农村的群体中有75.3%的人表示不愿意,强行征地的有近三成(29.8%);调研显示,一个街道的土地被征收时政府补偿价格为10.5万元/亩,政府卖出时则达到600万元/亩。① 据我们了解,这在浙江并不是个案,而是带有普遍性的现象,这也是浙江"土地财政"的佐证之一。各地政府打着"经营城市"、推进城镇化的旗号大肆征地,在这一过程中经常出现对农民合法权益的粗暴侵害。由于相关补偿措施往往没有及时跟上,或者补偿甚少,导致许多失地农民生活无着。即便是那些因征地而"一夜暴富"的失地农民,由于缺乏政府的关心和引导,染上了赌博、吸毒等恶习而返贫,这同样是由政府职能缺位所致,值得我们深思。

(3) 推动经济发展过程中漠视公民权益保护,忽视群众合理合法诉求,导致各类安全生产事故及群体性事件频频发生。2012年全国闹得沸沸扬扬的"毒胶囊"事件,部分胶囊企业罔顾群众生命安全,以工业明胶代替了食用明胶,引发全国一片声讨,相关企业和政府责任人被判刑。究其原因,既是企业主利欲熏心、缺乏社会责任,同时也与地方政府不作为有直接关系。对于其主要事发地新昌县儒岙镇来说,胶囊产业是占全镇60%—70%产值的支柱产业,而且全镇差不多一半的家庭都有劳动力在胶囊行业工作,地方政府对其"网开一面"也就不足而奇了。② 同年发生在宁波因反对PX(对二甲苯)项目所引发的群体性事件,也是类似的例子。或许PX项目并不像当地群众想象的那样属于危险化学品,但至少政府与民众缺乏沟通、政府决策缺乏群众参与是确定的。另外,信访高发也表明了社会矛盾日益激化的态势,因为部分信访事件也是群体性事件的重要来源。根据浙江省信访局的统计,近年全省信访件有80%以上属于民生诉求类,其中国土资源、政法、城乡建设、纪律监察、劳动社保等五个方面的突出问题占全部信访件的60%以上;2013年上半年,全省共发生去京上访2479批次、4441人次,同比分别上升235.9%和301.5%。这些

---

① 张伟斌、杨建华:《2013年浙江发展报告(社会卷)》,杭州出版社2013年版,第1—15页。
② 李芃:《新昌毒胶囊利益链调查》,《21世纪经济报道》2012年4月20日。

数据从侧面反映出当前浙江虽然经济发达,但仍存在大量社会不稳定因素,甚至很多本身就根源于经济发展,绝不能简单地以"发展的方式解决前进中的问题",而要统筹把握、理性分析、对症施策,真正促进社会和谐。

(4) 人民群众日益增长的公共产品、公共服务需求与供给不足、供给失衡的矛盾仍然突出,公共服务水平不高。2012年浙江人均GDP已超过1万美元,但公共服务水平却没有同步发展,特别是社会保障、医疗服务和老龄化服务能力与公众需求有差距;多数公共服务制度覆盖基本完成,但整体服务水平还远远不够。如农村"五保"和城镇"三无"对象的集中供养基本实现全覆盖,农村养老保险实现制度全覆盖。但是,2012年浙江省城镇和农村低保对象的补助标准分别为477元/月和350元/月,均低于城镇居民10%和农村居民20%最低收入户的生活性消费支出水平;城乡居民社会养老保险基础养老金最低标准调整到80元/月,但对于无收入的老年人来说也是杯水车薪。医疗服务水平低,且城市农村之间医疗资源严重不平衡。2012年,每千人医院床位数为3.21张,低于中高等收入国家3.67张(2009年)的平均水平。农村居民特别是低收入农村居民医疗保健方面的支出比重依然较高,2012年低收入农户的医疗保健支出费用在食品支出之外,列第2位,占全部生活性消费支出的13.3%。浙江老年扶养比偏高,2012年为12.79%,高于中高等收入国家11.53%(2011年)的平均水平。养老负担特别是社会养老的比重以后还会继续增加。观察发达国家老年扶养比水平,经济发展水平越高、平均期望寿命越长,相对而言老年扶养比重越高。2011年,美国老年扶养比为19.96%,英国为25.57%,日本为36.93%,韩国为15.89%。当前以"居家养老为主、机构养老为辅"的社会养老模式进一步增加了年轻劳动力的家庭负担,在一定程度上是社会效率的损失。

二、政府越位与缺位:原因分析与服务型政府理念的提出

中国社会一向是强政府、弱社会,全能型政府对社会、经济和文化等各个领域深度介入。上面种种问题的产生,与各级政府在其施政过程中乱作为或不作为有深刻关系。其中,乱作为(也可称之为职

能越位）主要是指政府为推动地方经济发展而深度介入微观经济领域，表现为通过政府扩大投资、加强行政审批、配置要素资源、采取地方保护等行为干预市场经济活动①；不作为（也可称之为职能缺位）主要是指政府在加强市场监管、维护社会公平、提供公共产品、改善社会民生等方面做得不够，表现为在企业污染排放、节能降耗等方面执法力度有所欠缺，在保护劳工权益、加大民生投入、扩大公共参与方面有待加强。进一步的问题是，为什么会有政府乱作为和不作为现象同时存在？症结在哪里？我们认为，政府乱作为和不作为现象同时存在与政府职能定位不合理有直接关系。长期以来，中国政府将推动经济发展作为全部工作的重中之重，并以日益刚性化的 GDP 和财政收入增长指标为核心的政绩考核机制来不断强化这一职能定位，造成了政府在微观经济领域深度介入，推动社会发展和环境保护职能严重滞后，具有明显的"建设型"政府特征。②"休克疗法"之父杰弗里·萨克斯在其《贫穷的终结——我们时代的经济可能》一书中提出，中国政府面临两大挑战：一是在经济改革进程中，如何定位政府部门在社会发展及环境保护中的责任，二是政治改革。③ 这两大挑战实际上都同以政府职能转变为核心内容的行政管理体制改革息息相关，也说明了当前存在的问题与政府职能转变落后的紧密联系。可以说，中国经济发展与环境保护和社会建设的不协调有着深刻的体制根源，政府转型长期滞后于经济转型和社会转型是造成可持续发展障碍的根源所在。

基于以上分析，要实现可持续发展，必须加快推进政府职能转变，树立"以人为本"的发展观，重塑政府治理理念，建构一个适应市场化、现代化发展需要的服务型政府，即"与经济转型、社会转型相适

---

① 此外，在一些本应由社会组织发挥作用的领域也存在政府"越位"问题，政府承担了过多的社会职能，导致政府责任过大、风险过于集中。

② "建设型"政府的任务重心是经济发展，合法性来源是 GDP 增长，民众利益诉求的载体是党、政府、单位和集体，民众需求是生活富裕，改革性质以增量增长为主，控制方式为行政命令。（参见陈剩勇、李继刚：《后金融危机时代的政府与市场：角色定位和治理边界》，《学术界》2010 年第 5 期。）

③ 〔美〕杰弗里·萨克斯：《贫穷的终结——我们时代的经济可能》（邹光译），上海人民出版社 2007 年版，第 145—146 页。

应,以人为本的现代政府"①。它与传统管制型的"官本位、政府本位、权力本位"不同,强调的是"公民本位、社会本位、权利本位",其主要特征是政府作用的公共性、政府职责的公正性、政府服务对象的公共性、政府权力的有限性;与"建设型"政府不同的是,其任务重心是社会发展,合法性来源是社会公正,民众利益诉求载体是公民组织,民众需求是均富、幸福,改革性质以存量增长为主,控制方式为法治。② 从经济层面上说,服务型政府主要是为社会提供市场不能有效提供的公共产品和公共服务,制定公平的规则,加强监管,确保市场竞争的有效性,确保市场在资源配置中的决定性作用,政府不应直接作为微观经济主体参与市场竞争或依靠垄断特权与民争利;从政治层面上说,政府的权力是人民赋予的,政府要确保为社会各阶层(包括弱势群体)提供一个安全、平等和民主的制度环境,实现有效的治理而不是统治;从社会层面上说,政府要从社会长远发展出发,提供稳定的就业、义务教育和社会保障,调节贫富差距,打击违法犯罪,确保社会健康发展。③

可以说,服务型政府既重新界定了政府和市场的关系,也重新界定了官员、政府、公民三者之间的关系。这一理念把公民置于主体地位,由公民赋予官员权力并组建起政府,而政府则服务于公民。为了确保这一理念的实施,就需要设置相应的制度安排,对政府进行有效的制约和监督,以确保政府向民众提供及时有效的服务。因此,公共利益优先便成了服务型政府的最大特点。④ 我们强调可持续发展,目的无非是为了社会公共利益能得到长久、持续的保证,让每一个民众都能享有一个和谐安定的自然社会环境。服务型政府和可持续发展观在保障公共利益这一点上取得了一致。

---

① 迟福林、方栓喜:《加快建设公共服务型政府的若干建议(24 条)》,《经济研究参考》2004 年第 13 期。

② 陈剩勇、李继刚:《后金融危机时代的政府与市场:角色定位和治理边界》,《学术界》2010 年第 5 期。

③ 中国(海南)改革发展研究院:《建设公共服务型政府》,中国经济出版社 2004 年版,第 5 页。

④ 麻宝斌:《公共利益与政府职能》,《公共管理学报》2004 年第 1 期。

"建设公共服务型政府是解决发展失衡的关键"①,无论是环境保护、经济发展还是社会矛盾的化解,都可以通过服务型政府的建设得以改进、缓解乃至根本好转。可以说,服务型政府的建设同可持续发展的理念是一致的。当前政府中存在的只重视经济发展绩效,而忽视政府的主要任务是扩大和改善公共利益的现象,显然是一种舍本求末的行为。只有推进政府职能革新,实现从建设型政府到服务型政府的职能转变,才能确保国家经济、社会和环境的协调与可持续发展。

三、走向服务型政府:浙江地方政府的探索

浙江地处改革开放前沿阵地,经济发展走在全国前列,在发展过程中出现的诸如环境污染、资源短缺、社会矛盾等问题也往往比其他地方早发先发。经济发展与环境保护以及社会建设之间矛盾的较早暴露,使得浙江各级政府更早地意识到加快政府职能转变的必要性和紧迫性。很多地方政府包括省级政府都已进行了一些探索,在转变自身职能方面推出了一系列创新举措,成为中国地方政府创新比较活跃的省份之一。由中共中央编译局等单位发起的历届"中国地方政府创新奖"评选活动中,浙江共有15项获奖,列全国第一,在政治改革、行政改革、公共服务和社会管理等四个政府创新领域都表现活跃。② 如浙江新一轮行政审批制度改革、杭州市的"开放式决策"、湖州绿色GDP考核体系等各级政府围绕服务型政府建设的重要改革措施,有效地推动了政府职能转变,提高了政府对经济社会的管理和服务水平,促进了经济、社会、环境的协调与可持续发展。

1. 浙江新一轮行政审批制度改革

为从更高水平上改善"制度供给",更多地让企业获取"制度红利",在前三轮行政审批制度改革基础上,2013年1月,浙江在全省实施新一轮行政审批制度改革,力图打造"审批事项最少、办事效率

---

① 迟福林、方栓喜:《加快建设公共服务型政府的若干建议(24条)》,《经济研究参考》2004年第13期。
② 何增科:《中国政府创新的趋势分析——基于五届"中国地方政府创新奖"获奖项目的量化研究》,《北京行政学院学报》2011年第3期。

最高、投资环境最优"的省份,并希望以政府改革推动经济、社会改革,起到"牵一发而动全身"的作用。改革措施主要是通过减少审批事项、减少审批环节、减少审批前置条件、下放审批权限等举措,推动实现"审批事项最少";通过创新企业投资项目审批、创新企业注册登记审批、创新全流程审批制度等举措,推动实现"办事效率最高";通过全面建立行政审批服务中心、狠抓中介服务机构改革等举措,推动实现"投资环境最优"。与此同时,分别在绍兴、义乌和海宁等地开展企业投资项目高效审批试点、外贸主体登记设立快速审批试点以及要素市场化配置综合配套改革试点,为整体改革积累经验、提供示范。

从目前来看,浙江新一轮行政审批制度改革已取得了较为明显的阶段性成效。以"简政放权"为例,通过此轮清理,目前省本级共保留行政审批事项691项,比2012年底实际拥有的1278项少了587项,削减率达45.9%。同时,浙江自2008年以来已先后六次向市、县(市)集中下放审批权限,放权次数之多、放权数量之大,名列全国前茅。① 据浙江省发改委测算,每下放一个单一审批事项,至少减少审批时间5个工作日;每下放一组关联审批事项,审批可提速10个工作日;完整地减少一个审批层级,至少可使审批提速60个工作日。再以审批方式创新为例,通过实施以"联审联办"为核心的政府投资项目省级联合审批制度,政府投资项目省级部门行政审批时间由200多天缩短到60天;绍兴通过开展企业投资项目高效审批试点,目前已完成审批的6个企业投资项目,审批时间由345天缩短到100天,其中行政审批35天,比此前报道全国最快的深圳速度减少了35天。此外,全省"一门受理、抄告相关、同步办理、限时办结"的并联审批制度已经普遍建立,审批部门和审批事项进驻行政服务中心比率分别达到90%和95%以上。

行政审批是源于计划经济体制,以权力为实体、以审查和许可批

---

① 六次放权分别为:2008年12月向义乌下放行政审批事项618项,向其他县市下放443项;2012年6月向舟山市、义乌市分别下放400项和357项行政审批事项;2012年9月向各市、县(市)下放406项行政审批事项,其中普遍下放151项,只放到设区市的183项,对部分市县针对性放权72项;2013年6月向绍兴县下放了13项行政审批事项;2013年8月向各市、县(市)下放11项非行政许可事项和23项行政许可事项。

准为核心的行政管理方式。改革行政审批制度是建立社会主义市场经济体制的必然要求,是进一步转变政府职能的重要突破口。浙江新一轮行政审批制度改革在内容上以审批层级和审批环节的削减、审批方式的创新、审批集中度及便利性的提高和体制外审批中介服务机构的配套改革为重点,在层级上实现省、市、县三级联动,比之前几轮审批制度改革更加全面、深入和彻底。这一轮行政审批制度改革的启动,有国家层面推进改革力度大的宏观背景,但更深层次的原因则是当前全省经济下行压力较大、各类社会矛盾多发频发的现实困境,迫切需要各级政府切实转变职能,主动限制自身权力、规范自身行为,以更加优质的公共服务创造"改革红利""制度红利",为经济社会发展创造良好的行政环境。虽然这一轮改革开展以来还不到一年,未来一段时间还有更多改革举措陆续到位,目前评判改革成效为时尚早,但一个省级政府以如此魄力和力度来推进这项改革,在全国并不多见,其改革的方向、意义值得肯定。

2. 湖州市绿色GDP考核体系

GDP是衡量一个国家和地区发展程度的统一标准,也是我国对各级政府考核的重要指标。但是这一指标没有考虑经济增长所带来的生态破坏成本、环境污染成本和矿产资源消耗成本,过高地统计了经济活动的成效。以这一指标为导向的政绩考核机制,既极大地激发了地方关于发展经济的积极性,同时也掩盖了地方环境污染、生态破坏、经济社会发展不平衡等问题。绿色GDP是在传统GDP的基础上,扣除对生态、资源、环境价值的破坏性影响之后,经过调整的地区生产净值(EDP)。国际上对绿色GDP核算的研究与实践,始于20世纪80年代。我国开展绿色GDP核算的研究也始于20世纪80年代,并于2004年前后在全国掀起了一场讨论绿色GDP的高潮。2009年哥本哈根气候会议的举行,带来了又一次绿色GDP探讨的浪潮。但这种讨论大多属于学术和理论研究的范畴,最早把它真正落实到政策层面并以此作为政绩考核指标的是浙江省湖州市。

2001年,湖州市开始淡化官员政绩考核中的GDP指标考核。当年,GDP考核指标从占整个考核指标的10%调减至8%,2002年减至4%,2003年只占2%。2003年12月湖州市出台《关于完善县区年度综合考核工作的意见》，明确从 2004 年起调整考核指标，淡化对 GDP 的考核，强化经济社会协调发展、群众生产生活条件改善、财政总收入等地方经济综合实力增强、政府职能转变和办事效率提高等四方面的考核重点，考核过程和结果向社会公开，接受群众监督，确立更为全面和科学的干部评价体系。2004 年，湖州市与北京师范大学合作，在全国率先开展绿色 GDP 核算的实践。经过几年的反复修改完善统计模型、充实有关基础数据、构建软件技术支撑体系，2008 年湖州市正式将绿色 GDP 纳入了对县区的综合考核体系，到目前为止已坚持实行六年。

　　由于目前浙江开展绿色 GDP 考核的仍只有湖州一市，其考核成效如何很难通过对比的方式说明，但我们仍可以通过其他方面管窥其政策绩效。例如前文提到的铅蓄电池产业大县长兴县就位于湖州。2005 年发生儿童铅中毒事件之后，当地政府就开始了一系列整治行动，这也正是湖州绿色 GDP 考核付诸实施的时期。经过多年的不懈努力，目前长兴县铅蓄电池企业数量比高峰时减少了近 91%，但 2012 年全县蓄电池产能比 2005 年提高 11.7 倍，销售收入提高 14 倍以上，利润率提高了 5.7 倍。我们虽然不能说长兴整治铅蓄电池产业主要是因为湖州市实施了绿色 GDP 考核，但两者必然有一定关联。从整治结果看，长兴铅蓄电池产业非但没有萎缩，反而实现了转型升级、二次发展，同时对环境的污染、对周边群众健康的影响也大大降低，可以说是经济与社会、环境协调发展的典型案例。湖州开展绿色 GDP 考核绝不仅仅只有统计学上的意义，其作为对地方官员行为的指挥棒，必将深刻影响政府的行政行为，使得地方政府从以往一味地注重经济发展转变到促进经济与环境协调发展，更加注重资源节约和生态保护。当然，湖州绿色 GDP 考核仅仅扣除了现行国民经济核算体系下的自然虚数，倘若今后能进一步扣除人文虚数①，即不

---

① 绿色 GDP 是要扣除现行国民经济核算体系下的自然、人文两大虚数，其中，自然部分的虚数包括环境污染所造成的环境质量下降、自然资源的退化与匹配不均衡、长期生态退化所造成的损失、自然灾害所引起的经济损失、资源稀缺所引发的成本；人文部分的虚数则是：疾病和公共卫生条件低下所导致的支出、失业造成的损失、犯罪造成的损失、教育水平低下和文盲导致的损失、人口数量失控导致的损失、管理不善（包括决策失误）所造成的损失（参见《绿色 GDP》，《瞭望新闻周刊》1999 年第 12 期）。

仅考核地方政府推动经济发展和生态建设的能力,还考核其推进社会发展、促进社会公平的能力,那么这种政绩考核模式必将有力推动"建设型"政府向服务型政府转变。

3. 杭州"开放式"决策

杭州市是浙江的省会城市。除了经济发展成绩显著外,杭州市政府管理创新也同样走在全省前列。最新发布的2013年连氏服务型政府调查结果显示,杭州市再次位列服务型政府十佳城市榜单,已连续三年稳居三甲之列。这一荣誉的取得,与杭州市政府近年来坚持以民主促决策、扩大公民有序政治参与、落实市民参政议政权利,大力推进"开放式"决策有密切关系。

2007年11月14日至2008年12月10日,杭州市政府常务会议先后邀请114位人大代表、政协委员和54位市民代表列席,并通过网上视频直播接入69位市民与市长互动交流,共同讨论2008年政府工作报告、国民经济和社会发展计划报告、财政预算报告、廉租住房保障管理办法、社区卫生服务运行机制改革、创业投资引导基金管理办法、实施低收入农户奔小康工程等59项决策事项,取得良好的效果。在此基础上,2009年1月杭州市政府正式颁布《开放式决策程序规定》(杭政函〔2009〕11号),明确提出市政府的重大行政事项应实行开放式决策。其核心内容是:政府在对经济社会管理事项进行决策之前,通过网络公开向市民群众广泛征求意见;政府决策时,邀请人大代表、政协委员和市民代表列席市政府常务会议,并实行网络视频直播互动,列席人员与网民可以发言(发帖)表达意见,直接参与市政府的决策过程;会后,由有关部门对网民相关意见在网上给予答复,决策事项的公文在政府网站和《杭州政报》公布,会议视频载入市政府网站相关栏目予以公开。随着时间的推移,这项工作的内涵不断深化、外延不断扩展。时至今日,凡是党委政府出台重要的决策,包括决策事项的酝酿、调研、起草、论证,直至政府常务会议讨论、决策,以及决策的实施、执行,乃至部门绩效的考评和整改,都要通过互联网等多种形式,向市民、媒体开放,邀请市民参与政府决策的过程并开展监督。

杭州"开放式决策"的主要特征是"公开、透明、参与、互动"。对广大市民来说,是保障了其知情权、参与权、监督权,群众有了一条稳定而畅通的利益表达和参政议政渠道;对杭州市政府来说,则实现了决策机制民主化、决策程序规范化、决策过程透明化,既促进了科学决策,又提升了政府形象和公信力。可以说,杭州"开放式决策"真正"让民意领跑政府",把民意表达这一民主政治发展的必然要求,变成政府决策不可或缺的重要环节,将"自上而下"的精神贯彻与"自下而上"的民情诉求相结合,成为扩大公民有序政治参与,增强政治生活透明度和公众参与度的重要创新案例。

四、可持续发展:一种对策的探讨

浙江省各级政府基于民营经济高速发展的现实,按照可持续发展观的要求推出的一些职能革新,应该说已经取得较为明显的成效,服务型政府的理念逐渐在浙江各地普及,这对全国其他地区地方政府的职能创新提供了有益的借鉴。在以下的讨论中,我们结合上述三个案例,从更宏观的角度对服务型政府的构建提出一些浅见。

1. 服务型政府建设应从政府主导型向民众推动型转变

之所以提出这一命题是因为在当前服务型政府建设中存在这样一个现象:在一个政策从出台、执行到反馈的过程中,民众真正参与的往往只是政策执行中的一小部分而已。即被动地接受政府提供的服务,政府提供什么服务,民众享受什么服务,而在出台政策的过程中以及政策执行的反馈上,民众的发言权少之又少,这无疑降低了服务型政府的民主性。真正像杭州"开放式"决策这样较为充分保障群众知情权、参与权、监督权的案例毕竟很少。我们把这种服务型政府称作政府主导型,而按照科学发展观的要求,我们要实现从政府主导型向民众推动型的服务型政府转变。

所谓民众推动型的服务型政府,用最简单的话说,就是在民众向政府要求某项服务时政府再提供此种服务。按照有限政府和责任政府的理论,要把政府的职能限定在一定范围内,而这个范围就是公共利益的需要,政府所要做的只是对民众的要求做出积极回应。只有在公共利益的推动下,政府提供的服务才有最大意义。当然民众推动型的服务型政府建设同样也是民众和政府间互动的过程,尤其是在当下的中国,市民社会还未发育成型,成熟的市民精神也未产生,因此在通过市场经济发展来推动市民社会成长的同时,政府的积极引导也起着十分关键的作用。这种引导主要体现在政府行为上,首先需要在价值层面上灌输政府是公共利益代表的理念,并把这一理念贯穿于政府政策的制定、执行及反馈各环节中,而不是形式主义的政治作秀。

其实,民众推动型的服务型政府是一种自下而上式的权力运行逻辑,即政府的权力来自于广大民众;而政府主导型则仍旧遵循自上而下式的权力逻辑,民众所享受的服务只是政府让渡出来的。从整个社会看,政府主导型的服务型政府实则是一种外生化的结果,民众推动型的服务型政府则是一种内生化的结果。① 毫无疑问,内生化比外生化更稳定、更自然、更符合社会发展要求,即可持续发展的要求。

2. 通过制度创新对原有体制形成补充和推动作用

这里的创新制度便是指在社会发展进程中政府为了解决新问题而采取的新举措、制定的新制度。原有体制则指现有的一整套政治体制。由于现有体制已存在并发挥作用很多年,因此这里存在一个体制惯性的问题。

结合中国当前政治体制改革落后于经济体制改革的实际,中国政府未来几十年的一个重要工作必然要围绕政治体制改革而展开,而审批制度改革、绿色 GDP 考核以及"开放式决策"等都是政府为解决发展过程中产生的一些新问题而推出的创新做法。这些做法反映了一些地方政府开始考虑公民利益,并通过主动实施"权力瘦身"、自我规范、扩大利益表达渠道等方式以保障公民利益。但一个显见的

---

① 这里的内生化概念,借用了经济学上的内生增长理论的思维方式,内生增长理论是在人们对传统经济增长方式表示悲观的背景下提出来的。在传统的经济增长模式下,"由于人口增长引起粮食需求的增长,经济增长引起不可再生自然资源耗竭速度的加快和环境污染程度的加深,都带有指数化性质,因此,人类社会或迟或早会达到'危机水平'"。但内生经济增长理论从知识进步进而推动技术创新出发,认为技术创新是推动经济持续增长的源泉,而不是传统意义上的人口因素、自然资源因素等等。我们认为,要实现社会的可持续发展,就必须建构一种内生化的民众推动型政府模式,而不是把政府独立出来,甚至使政府高高在上。

事实是,这些做法并不能从根本上解决中国当前公民利益表达机制不完善、公民利益屡受公权力侵犯的现状,这里就涉及我国现有的议行合一政治体制。① 作为实行人民当家做主的最根本制度保证,人民代表大会制度本应是代表人民利益对政府进行监督的手段,但正是由于这一根本制度还没有发挥它应有的作用,才有了各地政府通过制度创新的方式不断开通各种民众利益表达渠道。我们把这种做法称为体制外的制度创新,即在正常渠道相对闭塞的前提下,具有先进理念的地方政府开始寻求其他渠道以代替正常渠道的功能。但是,这种体制外的制度创新的作用毕竟无法同原有的主流体制的作用相比。因为它本身具有一定局限性,适用范围小,而通过民众投票选出代表,再通过代表们参政议政来为选民说话、谋求利益才是正途。正如前文所述,在政府主导型向民众推动型服务型政府的转变过程中,通过在政府行为中体现公共利益代表的理念,进而促进民众自主意识的觉醒,将为当前主流体制作用的发挥提供广泛的民意基础,而这些创新制度本身的运行机制也可以为主流体制的运作提供借鉴。

3. 处理好长远利益和近期利益之间的关系,坚持代际公平

上文分别从价值层面、制度层面探讨了浙江的几个案例对服务型政府建设的意义,我们还可以从政策层面再来谈谈这个问题。由于具体的政策比较多,这里只就其中一个较为明显的问题展开分析,即从代际公平的角度,来思考服务型政府建设的意义。

在讨论长远利益和近期利益的关系之前,首先应对精英主义的理论有所了解。精英主义理论认为,"社会分为精英和大众是一个普遍现象,即便民主社会也是如此"②。其次,在精英和大众之间存在能力和素质上的差异,精英主义更相信精英的智慧和力量。而由于缺乏信息和参与兴趣,大众在很多公共事务上的考虑都不如精英来

---

① 王浦劬:《政治学基础》,北京大学出版社 1995 年版,第 257—259 页。
② Harold Lasswell and Abraham Kaplan, *Power and Society*, New Haven, Conn: Yale University Press, 1950, p.219.

得周全,熊彼特将此称为"大众意志的虚妄"①。正是精英与民众间存在如此的差异,我们在建设民众推动型服务型政府的过程中,也不应事事都由民意倾向来轻率地下结论。因为存在信息的不对称,同时普通民众往往对自身利益考虑较多,其视野很可能会局限于某一范围,即更多地考虑近期利益,而忽视了整个社会的长远利益。比如在处理经济利益与环境保护这对关系上,很多民众很可能会为了自身经济利益而破坏环境,这在中小私营企业发达的浙江尤为明显。然而,满足了这一代人的欲望,却对子孙后代的生活环境造成了破坏,这既与可持续发展观不相符合,也严重违反了代际公平的社会正义原则。基于这种现实,我们认为还应发挥社会精英分子的作用,对社会的可持续发展做长远规划,以他们的智慧和力量来弥补社会大众观念的落后和行为的盲目,在照顾好当前民众的利益的同时,也要兼顾社会的未来发展,坚持代际公平,实现社会可持续发展。

当然,这里的精英的涵盖范围比较广泛,包括政治精英、商界精英、学者精英等等,这些精英之间既有合作,也有制衡。更重要的一点是,国家和政府权力的根本来源在于民众,虽然客观上存在民众的智识不如精英的事实,但这并不能否定精英需要由民众来监督的结论。如前文揭示的,政府和民众是一个互动的关系,民众是社会的主体,政府的引领作用也同样不能忽视。

五、结语

"以人为本"、全面、协调和可持续发展的理念,得到了越来越多国人的认同。可以说,以可持续发展的理念为指导,努力建构一个服务型政府,积极推进公共行政体制的改革,促进地方政府职能的革新,将大大推动工业化、市场化和城市化的进程,推动社会朝着健康、和谐和良性的方向发展。这是时代和社会发展的内在要求。浙江省地方政府在全国先行一步的制度创新,适应了时代和社会的需要,也为其他省市地方政府的职能转变和制度创新提供了可资借鉴的范本。因此,尽管浙江省地方政府的职能转变在价值、制度、政策等诸

---

① 郎友兴:《精英与民主:西方精英主义民主理论述评》,《浙江学刊》2003 年第 6 期。

多层面,都还存在一些有待改进的地方,但这并不影响我们推导出如下的结论:通过以民众为主导、国家与社会良性互动的服务型政府的建构,或许可以为中国走出当下政治体制改革滞后于社会发展的困境提供另一种具有可行性的现实路径,从而推动改革与制度创新,促进社会与经济的可持续发展,使中国朝向文明、民主、均富与和谐的理想社会不断前行。

政府创新、治理转型与浙江模式①

以市场化为取向、以民营经济为主体的经济发展模式，即"浙江模式"，最近一些年来一直是国内外学术界高度关注的热点。多年来，学者们对浙江经济高速发展的内在动因的解读，多偏重于经济学的维度，而较少注意到经济增长背后的政治变量。我们的研究将从政府创新和治理转型的视角切入，考察和探讨工业化、市场化和城市化进程中浙江地方政府在推动民营经济和社会发展过程中的作用，以及西方金融危机冲击下浙江模式所面临的危机与挑战，从而对改革开放以来浙江民营经济高速发展的内在动因作出一个政治学维度的解读。

一、"浙江模式"：政府"无为"与"有为"

"浙江模式"，又称"浙江现象"，指称的是改革开放以来中国浙江形成的以市场化为取向、以民营经济为主体的经济发展模式。作为中国内地市场发育最早、民营经济最发达的地区之一，浙江在短短30年间创造了经济社会持续高速增长的奇迹：截至2008年底，浙江省的GDP为21486.9亿元，其中非公有经济占到全省生产总值的70%以上；人均GDP从1978年的331元增加到42214元，按同期汇率计算，2008年人均GDP为6078美元。全省财政收入3730亿元，

---

① 原文刊于《浙江社会科学》2009年第4期。

其中地方本级财政收入 1933 亿元;城市化水平达到 57.6% 以上。浙江模式发轫于温州随即扩展到整个浙江,并在最近十余年间红遍整个中国,成为当今中国中西部地区大多数省(区)从计划经济向市场经济转型的典型范例。

为什么浙江这样一个物质资源贫乏、交通和工业基础在改革初期也缺乏优势的东南沿海省份,能够在中国的工业化、市场化和城市化进程中"先行一步",在短短的 30 年间实现现代化的起飞?关于"浙江模式"或"浙江现象"(包括温州模式)的研究,自 20 世纪 80 年代以来一直受到国内外学者的高度重视,围绕着"浙江模式"或"浙江现象"而展开的争论成为中国学术界的持续热点,与之相关的学术会议堪称会海,出版的论著汗牛充栋。然而,不无遗憾的是,迄今为止的浙江模式研究,学者们多偏向于对浙江经济社会发展内在动因的经济学、文化学或社会学的解读,尤其关注浙江发展的经济和社会变量,而较少注意到经济增长背后的政治变量。

中国社会是个政府主导型社会,政府掌控着汲取、动员和调配一切社会资源的权力。因此,政府的管理体制与治理模式,在很大程度上决定着社会经济发展的走向。从改革开放的历程看,浙江奇迹的发生,无论是温州模式、台州现象,还是义乌小商品市场的兴起,其背后都有地方政府的因素。实际上,正是浙江民间的创造力、市场经济的活力与政府制度创新的齐头并进,锻造了浙江经济社会在全国先行一步的体制优势。因此,"浙江模式"或"浙江现象"的内涵就不只是民间力量、民营经济和市场大省的发展,而应是社会主义现代化进程中的一次具有历史性意义的社会结构转型,政府创新、治理转型与浙江模式秩序变革。与区域经济发展相契合的政府管理体制和社会治理结构的转型,同样构成了"浙江模式"的重要内容。因此,从政治学维度,运用治理和地方治理理论,对浙江民营经济高速发展的过程和浙江模式的内在动因作一全面的审视,就有了独特的理论价值和现实意义。

二、关于治理与地方治理理论

关于治理,全球治理委员会 1995 年发表的一份题为《我们的全球伙伴关系》的研究报告有如下界定:治理是各种公共的或私人的个人和机构管理其共同事务的诸多方式的总和。它是使相互冲突的或不同的利益得以调和并且采取联合行动的持续的过程。它既包括有权迫使人们服从的正式制度和规则,也包括各种人们同意或以为符合其利益的非正式的制度安排。一般来说,治理有以下几个方面的特征:治理不是一整套规则,也不是一种活动,而是一个过程;治理过程的基础不是控制,而是协调;治理既涉及公共部门,也包括私人部门;治理不是一种正式的制度,而是持续的互动。质言之,治理发生在不同的管理层次上,从全球到国家,再到地方以及社区,更重要的是在治理过程中会由于问题和领域的不同牵涉到多个主体,政府、私人部门以及公民社会不过是对众多主体的类别划分而已。我们认为,这样一个包括多主体和多层次的分析框架有利于分析地方政府的实际运行。

地方治理是当今整个治理思想和多层治理结构中的重要的、不可或缺的组成部分。与治理概念一样,地方治理概念同样呈现出多样复杂的概念体系。寻求一个公认的"地方治理"定义可能是困难的,但我们仍可以从中梳理出其中的核心内涵,即地方治理是在一定的贴近公民生活的多层次复合的地理空间内,依托于政府组织、民营组织、社会组织和民间的公民组织等各种组织的网络体系,共同完成和实现公共服务和社会事务管理的过程,以达成以公民发展为中心的,面向公民需要服务的,积极回应环境变化的,使地方富有发展活力的新型社会管理体系。① 按照地方治理的观点,地方公共事物的有效治理决不能仅仅依赖于地方政府,要将治理主体的视野扩展到地方政府与其横向和纵向的政府间关系、地方政府与私人部门、志愿部门和市民之间的关系。政府组织已经不是唯一的治理主体,治理承担者从政府以外扩展到非政府公共机构和私人机构,在这一网络体系中,他们共同应对地方的公共问题,共同完成和实现公共服务和社会管理事务。地方治理的实践推动了地方政府治理模式的一系列转变,这些转变主要表现在:"从国家角度转到国家和市场社会两个

---

① 孙柏瑛:《当代地方治理——面向21世纪的挑战》,中国人民大学出版社2004年版,第33页。

方面;从公共部门角度转到公共部门、私营部门和志愿(第三)部门共同参与的角度;从静态的制度转向动态的过程;从组织结构角度转到政策和结构角度;从'划桨'、直接提供服务到'掌舵'和让其他部门或个人来提供服务;从命令、控制和指挥转向领导、推动、合作和讨价还价;从等级和权威关系转向网络和伙伴关系。"①

地方治理框架是对过去几十年来发展中国家面临的"缺乏治理能力"和发达国家的"治理能力超负荷运行"经验的总结,具有很强的包容性和综合性。这不仅体现为治理概念在不同学科领域中得到广泛应用,更体现为国家—市场—公民社会"三位一体"的治理模式,是一种可以适合多种社会情景的解释框架。这三者是现代社会治理必需的制度要素,它们之间的平衡和互补关系是实现良好治理或善治的制度基础。② 因此,运用地方治理的理论分析框架,来考察和分析以民营经济为主体、以市场化为取向、公民社会发育和地方政府"顺势而为"为核心内涵的浙江模式或浙江现象,是一个恰当而又全新的维度。

三、地方政府创新与治理转型的浙江实践

从中国的现实看,地方政府是地方治理最重要的主体。中国作为一个后发现代化国家,政府在现代化中一直发挥着主导作用。可以说,中国地方治理是以政府为中心的权力主导型治理格局,不同层级的地方政府之间、地方政府与外部主体之间围绕着一个权力中心形成了上下隶属关系,从而在地方治理中出现了地方政府围绕中央转、下级地方政府围绕上级地方政府转、非政府组织和私营部门围绕地方政府转的单中心、集中化的治理体制。因此,政府自身的治理转型直接决定了地方治理的深度、方式和绩效。改革开放30年来,浙江各级地方政府顺应经济社会发展内在要求,积极推进政府创新和行政管理体制改革,为民营经济的发展创造了优越的软环境。

---

① 〔美〕罗纳德·J.奥克森:《治理地方公共经济》(万鹏飞译),北京大学出版社2005年版,第3页。
② 杨雪冬:《近30年来中国地方政府的改革与变化:治理的视角》,《社会科学》2008年第12期。

（一）地方政府角色的调适

地方政府职能转变或角色调适，不是一个单纯的角色认知演变过程，在很大程度上是一个权力和利益的都市经济圈过程。市场化进程中制度环境的深刻演变，为地方政府的行为选择构建了特定的约束条件和激励机制，规定了地方政府行为选择的不同策略，塑造出了市场化进程中不同时期的政府角色模式。[①] 改革开放以来，浙江各级党委和政府根据不同时期经济社会发展需求和中央制度结构及意识形态环境的变化，从实际出发，创造性地不断调适自身的角色定位，从而推动了浙江市场化进程。

"无为而治"是各界对改革开放初期浙江地方政府角色的普遍阐释。浙江是典型的资源小省，缺乏发展重工业的原材料，又地处海防前线，是新中国成立以来国家工业投资最少的省份。中共十一届三中全会以后，广大浙江农民纷纷进入非农领域，浙北农村发展乡镇集体经济，浙南地区涌现出一大批个体、私营企业，并且因地制宜创造了联户经营、挂户经营、合伙经营、合股经营、股份合作等多种所有制形式。浙江的市场化就是以这样一种原始的方式起步的。

但浙江的市场化进程并非一帆风顺。改革初期，来自民间的许多制度创新并没有得到中央的认可，传统意识形态的压力很大，像"温州模式"就长期处于激烈争论的旋涡之中。在这一阶段，对民间的创新活动，浙江各级政府大多先予默认，"允许看"、"不争论"，在时机成熟之时再加以总结、概括和修正，使非正式制度创新最终成为正式的制度安排。在这一过程中，基层政府的主动支持以及省一级政府层面的保护性默许，成为在意识形态和政策制度跟不上实践发展的情况下促进市场主体和市场体系发育的一种策略选择。

20世纪90年代中期以后，随着市场经济的制度环境的改善和民营经济的合法性进一步确立，浙江各级地方政府的角色普遍呈现出了从"无为"到积极有为的转变趋势，更多地担当起对市场和民营经济的规范和引导的作用。浙江省委和省政府针对民营经济发展受到

---

① 何显明：《政府与市场：互动中的地方政府角色变迁——基于浙江现象的个案分析》，《浙江社会科学》2008年第6期。

规模小、技术含量低、管理落后等自身结构的严重制约的现实,及时提出了"二次创业"的战略思想,鼓励企业进行产品结构、技术结构和组织结构的升级。各级政府充分发挥自身在制度创新中的主导作用,积极引导、扶持、规范个体私营经济的发展,为市场体系的发育提供各种有效的政策激励和良好的制度环境。

进入21世纪以后,浙江省委和省政府根据市场体系发育内在需求和区域经济竞争日益激烈的发展态势以及民营经济发展面临的体制性问题,制定出台《关于推动民营经济新飞跃的若干意见》等一系列政策措施,推进行政审批制度、投资体制等改革,进一步优化民营经济发展的制度环境。

总之,改革开放30年来,在工业化和市场化的进程中,浙江各级地方政府不断根据环境变化顺势而为,进行政府角色的适应性调整,在不同的时期确立了较为合理的政府角色定位,以推动市场体系的发育和地方经济的发展。

(二) 地方政府职能的转变

市场经济不仅决定着人们的利益追求和思维方式,而且对政府公共权力的配置方式和运行规律也产生了越来越大的影响。在市场化的发展进程中,浙江各级政府逐渐开始转变政府职能,探索并推进管理方式的创新,以回应经济社会发展的需要。中共十一届三中全会以后,随着人民公社制度的解体,千万农户成为农村市场经济的主体,农民对于自己的经济事务有了更大的自由度和决策权。从1984年起,经济体制改革的重点由农村转向城市,政府的经济管理体系也得到了重建。消费品、生产资料市场基本形成,资金、劳动力、技术等要素市场逐渐建立起来。

1992年以来,政府体制改革明确地导向了社会主义市场经济体制。随着计划、财税、金融、投资等宏观管理体制改革方案不断出台,对内对外开放显著扩大,政府对企业微观经营和投融资活动的直接控制不断弱化。与此同时,由于财政体制、意识形态和政府间权力结构的变化,地方政府行为模式发生了很大的变化:地方政府不再是一个仅仅追求预算规模最大化的纵向依赖的行政组织,而同时成为一个具有独立经济目标的经济组织,从而在向市场经济的渐进过渡中扮演起主动谋求潜在制度净收益的"第一行动集团"的角色。这一变化直接导致了"发展型地方主义(developmental localism)"的兴起。于是,地方经济增长绩效最大化成为各级地方政府追求的首要目标,政府官员的主要精力投放到了招商引资和城市经营上。地方政府不仅承担着宏观调控和市场监管职能,还直接进入部分微观经济领域,经营城市、经营地方,导致政府在兴办开发区和征地拆迁过程中与民争利,这种微观经济职能的回炉,与市场化改革取向南辕北辙。

最近十年来,特别是执政党和政府提出"以人为本"的科学发展观以后,浙江各级地方政府推进法治政府、责任政府和公共服务型政府建设,开始把政府职能从管控转向公共服务。浙江政府先后实施"六个一千"工程和"五大百亿"工程,不断改善基础设施和区域发展环境,大力推进教育、卫生、文化、科技等社会事业的发展,努力把政府经济管理职能转到主要为市场主体服务和创造良好发展环境上来。政府开始重视社会保障制度建设,特别是围绕建立长效帮困机制,在全国率先推行覆盖城乡居民的最低生活保障制度,积极探索农村新型合作医疗、被征地农民社会保障、孤寡老人集中供养、贫困家庭子女助学等工作,试图构筑一个最低限度的民生"安全网"。根据国家统计局公布的社会发展水平综合评价结果,2007年浙江省社会发展总体水平列北京、上海、天津之后,居全国第4位,在各省区中列第1位。同时,由国务院发展研究中心宏观部和中国社会科学院数量与技术经济研究所等单位在2007年4月发布的我国政府公共服务的第一份综合研究报告中指出,2000—2004年浙江省基本公共服务绩效的评价得分排在北京、上海、天津之后,居全国第4位,其中反映政府绩效的一般公共服务的排名在第3位。

(三)体制改革与制度创新的推进

改革创新是一个系统工程。政府各种权力间的重新配置,权力运行机制、协调机制的建立和运转,与固有的职能及其机构之间往往会产生相互的影响。改革开放30年来,浙江各级党委和政府推动的制度创新和行政管理体制改革主要包括以下几方面的内容。

1. 推进政府机构改革

在行政管理体制中,职能、结构、功能是有机结合的重要组成要素和方面。其中,职能是逻辑起点,职能决定组织、结构和机制,最终体现为效能,即政府施政和提供公共服务的质量。改革开放以来浙江省先后于1983年、1994年和1999年进行了3次大规模的政府机构改革,初步建立适应社会主义市场经济体制的行政管理体制。由于历届省委和省政府高层领导对机构、编制和财政支出一向持谨慎、控制的做法。因此,相对于其他省份的政府规模来说,浙江省政府可以称为是一个小政府。

2. 优化政府间权力配置

随着市场经济发展和制度环境的深刻变化,地方政府客观上逐步演变成为了一个具有相对独立的利益结构的行为主体,并在同上级政府和地方公众的双重委托代理关系中形成了自身特殊的效用偏好和行为准则,由此,使得传统层级政府间行政命令体制与地方政府自主性之间的矛盾冲突日益加剧。这在当前的市管县体制中表现得尤为明显。适应区域经济特别是县域经济的快速发展,浙江省委和省政府在市场化进程中积极推进行政权力下放,不断优化各级政府间的权力配置,有效地调动了基层政府发展地方经济的积极性。其中最关键的制度创新是长期坚持实行省管县财政体制、并在此基础上不断推进以"强县扩权"为内容的行政管理体制改革。

自上世纪90年代以来,浙江省先后4次出台政策,扩大部分经济发达县(市)经济管理权限。1992年,出台了扩大萧山、余杭、鄞县、慈溪等13个县(市)部分经济管理权限的政策。1997年,省政府研究决定,同意萧山、余杭试行享受市地一级部分经济管理权限。同年,省政府又授予萧山、余杭两市市地一级出国(境)审批管理权限。2002年,省委、省政府实行新一轮的强县扩权政策,将12大类313项原属地级市的经济管理权限下放给17个县(市)和萧山、余杭、鄞州3个区。2006年11月,浙江省委、省政府出台了《关于开展扩大义乌市经济社会管理权限改革试点工作的若干意见》,确定将义乌市作为进一步扩大县级政府经济社会管理权限的改革试点。2008年底,浙江的扩权改革进入了一个新的阶段,开始从强县扩权迈向了扩权强县。在总结义乌市扩权改革试点经验的基础上,浙江省委办公厅和省政府办公厅下发了《关于扩大县(市)部分经济社会管理权限的通知》,全面实施扩权强县。

以权力下放为核心的扩权政策的实施,有效地增强了基层政府的自主性,优化了省市县政府间权力配置,提高了行政效率和履行政府职能的能力,改善了发展的制度环境,大大促进了县域经济社会的大发展、大繁荣。2007 年全省 GDP 总量的 62.4%、财政收入的 54.3%、从业岗位的 70.5% 由县域创造,浙江拥有的全国百强县的数量连续多年位居全国第一。各个区域经济齐头并进,县域经济各具特色,城乡之间、区域之间的经济社会平衡发展。

3. 创新政府管理方式

随着体制改革和制度创新的推进,地方政府治理模式随之转换,行政化的直接管理逐渐被以综合运用市场、法律和行政手段为主的间接调控所取代;市场经济意识和依法行政的增强使地方政府在决策与管理的过程中体现出更多的市场化、民主化和法治化的倾向。主要表现为:一是深入推进行政审批制度改革。浙江省顺应市场经济发展的需要,合理定位好政府与市场的关系,较早启动行政审批制度改革,先后开展三轮审批制度改革,省级行政许可事项从 3251 项减少到 630 项。2005 年开展了对非行政许可审批项目的清理和审核,拟保留非行政许可审批事项 243 项,成为全国省级行政审批项目最少的省份之一。目前,全省 101 个市、县(市、区)均已建立行政审批服务中心,成为政府公共服务的重要窗口。二是积极探索公共财政体制改革。从 1994 年初开始,浙江省对各市(地)、县实行分税制改革体制改革。这些年,围绕构建公共财政体制,各级政府积极实行部门预算管理,基本建立了比较规范的部门预算制度;加快推进国库集中收付、政府采购等体制改革,深化"收支两条线"改革,全面建立"财政部门—主管部门—项目单位"三层次财政支出绩效评价体系,优化财政支出结构,不断完善省管县的财政体制等。三是加快构建科学民主公开的决策机制。实行重大决策专家咨询制度,在各级政府机关全面推行重大事项社会公示,并辅之以听证制度、民主恳谈制度、人民建议征集制度等。随着互联网的普及,各地普遍建立了各种类型的官民互动的民意表达渠道,公民开始越来越多地参与到政策决策中来。2009 年 1 月杭州市政府更是以"开放式决策"的思路,把将在 2 月中旬提交人大、政协"两会"审议的三大征求意见稿,在互联网上向社会公示,征求社会各界的意见建议。

四、市场与社会:多元治理主体与治理空间的形成

地方治理最为明显的效应就是治理主体的多元化,它意味着公共事务不再仅仅是政府统领的范畴,非政府组织甚至包括私人部门在内的一系列公共行为主体正在以多元的模式承担着对共同事务管理的责任,形成了"分散化的公共治理"或"多中心治理"的格局。在浙江,随着 30 年间市场经济的快速发展、民营企业的壮大和公民社会的发育,逐渐形成了多元治理主体和治理空间。

(一)政府与市场:市场机制的成熟和公共服务供给的市场化

民营经济蓬勃发展是浙江市场化的最大特色。在改革开放政策的引导与激励下,浙江的民营经济首先在国有经济最为薄弱的温州等地兴起。以温州为代表的民营经济的兴起不但极大地促进了温州经济的发展,而且带来了观念的变革,促进了政策取向与所有制结构的调整。在"温州模式"的影响下,浙江杭嘉湖、宁绍等地的乡镇企业纷纷走上了转制的道路,浙江的国有经济也加快退出的步伐、加大退出的力度,浙江的民营经济由此扩展到了全省各地,成为国内民营经济比重最高、民营经济最为活跃的地区。民营经济的成长和壮大不但促进了所有制结构的调整,而且为浙江的市场化改革奠定了坚实基础。2007 年,浙江省非公有制经济增加值占全省生产总值的72.5%,其中个体私营经济增加值占 54.5%。浙江个私经济总产值、销售总额、社会消费品零售总额和出口创汇额等四项指标,已连续 10 年居全国第一。全国 500 强民营企业排名中,浙江省占 203 席,居全国第一。民营经济已成为浙江省推动经济增长、增加财政收入、促进就业、活跃城乡市场、维护社会稳定的重要力量。

与此同时,伴随多元化市场主体的快速成长,浙江涌现了一大批专业市场。这些专业市场以交易某一类商品为主,具有现货批发、集中交易、摊位众多、辐射面广等特点。至 2007 年底,全省共有商品交易市场 4096 个,市场成交总额 9325 亿元,超百亿元的市场 15 个,市场成交总额、单个市场成交额连续 17 年居全国第一。专业市场的蓬

勃兴起,为广大中小企业提供了充分的市场信息和高效的产品交易平台,促进了企业之间的公平竞争,提高了市场的有效性,市场配置资源的基础性作用日益得到充分发挥。

浙江民营经济的繁荣和市场机制的成熟,一方面得益于地方政府顺应环境变化合理定位好自身角色和及时有效的制度供给;另一方面,市场机制在社会资源配置上的重要作用的显现,以及区域经济发展对于市场体制优势的依赖,客观上形成了一种对地方政府行政干预行为的有效约束机制。据樊纲、王小鲁在21世纪初的研究成果,浙江的地区市场化总体水平居全国第二位,其中"政府干预"单项指标的排名长期居于全国倒数第一位(政府对市场的行政干预最弱)。① 据中国社科院经济研究所2006年首次发布的《中国各地区资本自由化指数》研究报告,1999—2001年,全国除西藏外的30个省区市,浙江的资本自由度列全国第二位,而从2002年开始,浙江跃居第一位,并一直持续至今。

(二) 政府与社会:民间组织的发展和社会自主治理的起步

随着市场化改革的深入和所有权的重新确立,以市场为导向的经济改革迅速引起国家社会关系的转型。国家社会之间关系的变更,使国家部门之外社会空间的扩充在市场经济迅速发展的前提下变得尤为明显,公民社会组织开始快速增长,出现了新一轮的增长高峰。尤其近年来,随着民营经济的发展壮大和政府有意识地从私人领域逐渐退出,为公民自主性和社会领域的自治提供了前所未有的空间,各种自治性的社会组织和团体大量涌现。作为市场化的先行地区,浙江在社会组织的发展上也走在了全国的前列。至2006年底,全省经民政部门登记的社团共有12470个,民办非企业单位10810个,基金会125个,其中公募基金会89个,非公募基金会36个。② 民间组织已经遍布全省各地,涉及社会生活各个领域,初步形

---

① 樊纲、王小鲁:《中国市场化指数——各地区市场化相对进程报告(2000年)》,经济科学出版社2001年版,第25—26页。
② 朱有明等:《浙江省民间组织能力建设研究》,浙江省民政厅网站,http://www.zjmz.gov.cn/il.htm? a = siid = zcq146841f5f9116011fa614c87d049ekey = main/15,2014年2月28日查询。

成了门类齐全、层次有别的民间组织体系。

民间组织的发展,对激发社会活力,促进社会公平,倡导互助互爱,疏缓就业压力,反映公众诉求,推进公益事业,化解社会矛盾,解决贸易纠纷等方面起到了其他组织不可替代的作用。在各类民间组织中,发育较好的就是行业组织,2006年末,浙江省拥有各类行业协会3222个、专业协会3678个,分别占社会团体数的26.3%和30%。

行业协会在替政府承担微观经济管理职能的同时,还通过制定行业规范,在价格、质量和诚信等方面促进行业自律,并为企业提供信息、技术等各项服务。这其中又以温州民间商会和行业协会的作用最为突出。这些由民营企业家自发自愿组建起来的商会组织,在规范市场行为、防范企业间不正当竞争,应对国际贸易争端,致力于同行业企业间合作,向政府表达利益诉求等方面发挥了不可替代的作用。

城市社区自治、村民自治等基层民主的发展也成为地方治理的重要特色。目前,浙江全省半数以上的社区通过直接选举产生社区居委会,其中杭州市上城区和宁波市海曙区、镇海区、余姚市的所有社区均实行直接选举。杭州、嘉兴等地在社区普遍推行了民情恳谈会、事务协调会、工作听证会、成效评议会等民主管理制度。农村的村民自治不断向新的广度和深度发展,各地不仅全面实行由村民直接选举村委会的"海推直选",杭州余杭区唐家埭村还全国首创"自荐海选"的无候选人直接选举方式。在基层民主决策、民主管理、民主监督等方面,涌现出了像台州温岭市的民主恳谈会、金华武义县的村务监督委员会、绍兴新昌县的"村民公约"等具有影响力的创新实践。民间组织在浙江的大量涌现和社会的自组织化程度的提高,使其在社会经济中的作用日益彰显,并以其独特的组织优势公开地介入社会公共事物的治理之中,成为不同于国家力量的一种自下而上的组织力量,对地方社会经济、对政府的决策和目标都产生了重要的影响,有效地促进了浙江地方治理的转型。

五、"浙江模式"的扩展性

"浙江模式"是浙江人和浙江各级党委和政府在改革开放的进程

中艰苦创业、不断创新,通过市场经济发展、社会自主治理和政府治理转型的互动融合中形成的。作为中国30年经济社会发展最快、活力最强、变化最大的地区之一,浙江发展模式是"中国奇迹"的一个缩影。浙江这种以市场化为先导和根本动力,通过民营经济高速发展带动社会成长和政府治理转型,从而形成企业、市场、政府和社会的良性互动的区域发展模式,在当今中国是不是具有普遍意义?换言之,浙江模式能否具有可扩展性和可持续性,成为中国现代化发展的一种具有导向意义的发展模式?这是值得学术界进一步深入探讨的。

有学者认为,浙江经济社会的发展可以总括为浙江模式,它是温州模式的更新和扩展模式,其本质上是一种市场解决模式、自发自生发展模式和自组织模式。浙江模式是可扩展的,可以扩展到苏南,也可以扩展到中国的其他地区,它很可能是"哈耶克扩展秩序模式"或"哈耶克自发秩序模式"。① 还有学者指出,"浙江模式"本质上是一种市场经济模式,具有市场、市场体系、市场机制和市场体制形成过程中的浙江地方性特征。与广东、江苏、上海等省、市的市场化模式相比,"浙江模式"的自组织性和自适应性更加明显,具有很强的可扩展性,是中国民营经济发展的典范。② 不过,这些学者所说的"浙江模式"的可扩展性,指称的只是浙江市场经济或区域经济发展模式的可扩展性,这种从经济学维度的单向度考察,并没有对经济发展、社会发育与政府治理转型三者互动的"浙江模式"的扩展性给予明确的阐述。

我们认为,浙江在中国现代化进程中"先行一步"的优势,体现在经济、社会和政府治理转型的各个方面,而不限于市场化和民营经济发展之一端。"浙江模式"或"浙江现象"不仅仅是单一的经济发展模式,对其扩展性的讨论理应涵盖经济、社会和政治的各个层面。在政府间制度竞争日趋激烈、制度学习日益频繁的今天,浙江在社会发展和政府创新上的经验也具有很强的扩展性和启示意义。举例来

---

① 冯兴元:《市场化:地方模式的演进道路》,《中国农村观察》2001年第1期。
② 陆立军、王祖强:《从"浙江模式"看中国民营经济发展》,《人民论坛》2008年第2期。

说,浙江长期坚持并不断完善的省管县财政体制和"强县扩权"改革,使得浙江成为全国县域经济最为发达的省份。由此,浙江的省、市、县政府间关系模式作为一种具有典型性和示范性的制度安排,受到国家高层的重视,并为全国二十多个省区所借鉴和移植。又如民间商会和行业协会发展的温州模式,作为社会主义市场经济体制下行业组织发展的成功经验,受到国内外的广泛关注和高度评价,并在最近几年间迅速推广全国各地。可以说,浙江的政府创新和治理转型实践的一系列内容,都显示出了很强的生命力和可持续性。

从2002年前后起,浙江模式开始受到全国上下的广泛关注,各地尤其是许多中西部省份或地区群起效仿和借鉴浙江经验。江西、安徽、河北、甘肃等省区的党委和政府高层,先后率团到浙江考察,高调宣称学习浙江;甚至连一向走在改革开放前列的广东等省市也放下身段,学习浙江、发展民营经济。早在2002年,江西党政代表团前往浙江"取经",学习浙江政府优化政务环境、壮大民营经济,全力助推全民创业的精神,在全省范围内掀起学习浙江、全民创业、谋求崛起的热潮。2002年6月,在江西省党代会上,向浙江学习写进了会议决议。民间举办的江西论坛,期待江西发挥自身优势,从浙江模式中汲取营养,走出适合江西地区特点的发展之路,促进江西经济的崛起;五年后的2007年,江西党政代表团再赴浙江学习、考察,随后举行的中共江西省代表会议,提出"再学浙江"的口号,时任江西省委书记孟建柱在党代会上就如何进一步深入学习浙江经验,"为何学,学什么,如何学"作了详细阐述。改革开放以来形成的"浙江模式",实际上已经成为当今中国的一种可扩展性的发展模式。

六、浙江模式的危机与应对策略

需要指出的是,在中西部地区越来越多的省区效仿和移植浙江模式的同时,"浙江模式"在它的本土却遭遇到了前所未有的挑战。从现代化的发展阶段说,经过改革开放30年的发展,浙江已经进入工业化国家所谓人均GDP 5000—10000美元的时段,这是一个机遇和挑战并存的时段。近年来,随着各地民营经济的快速发展,区域之间制度竞争日趋激烈,浙江省的先发性体制机制优势不断趋于弱化,而粗放型经济增长模式所暴露出来的问题日益严重,经济转型升级和社会和谐稳定的压力越来越大。早在两三年前,浙江的发展模式尤其是温州模式已经显露出增长乏力的疲态,2008年爆发的国际金融危机更是几乎把浙江模式逼入困境。成千上万的中小企业普遍出现经营困难,一批批民营企业停产、濒临倒闭和破产,甚至一些著名民营企业也应声倒下,浙江的区域经济遭遇了一场深刻的发展危机。

浙江模式面临的问题,学者们早前已有揭示,主要是民营经济发展过程中长期积累的素质性、结构性问题,诸如增长主要依靠投资和出口拉动,产业层次低,高能耗、重污染,企业技术含量低,凭借低成本和低价格的竞争优势打天下等等。随着市场竞争日趋激烈、劳动力成本大幅度提高和资源环境压力的不断加重,这些民营中小企业曾经拥有的竞争力和竞争优势迅速弱化。进入2008年以后,还一度在西方金融危机和国际贸易衰退潮的冲击下陷入了发展的困境。对此,当下浙江省各级政府的因应之策,是积极为企业排忧解难、减税减负,解决中小企业融资难问题,采取措施扶持民营企业发展,加快经济转型升级,甚至由政府出面或协调对濒临破产的企业进行重组,等等。但是,从更深的层面审视,以上种种显然不是问题的全部。

我们认为,浙江模式前程维艰,民营经济的发展陷入目前的困境,除了上述民营企业自身的短板之外,还有更深层次的体制性根源。由于市场化改革的不彻底,行政垄断以及行政权力支配资源配置等旧体制因素大量存在,其对市场的消极影响而且有越来越严重的趋势。这种不完善乃至扭曲的市场体制,严重阻碍了民营中小企业的发展和经济增长方式的转变。

首先,是由政府权力独大造成的对财富资源的过度垄断问题。改革开放以来,国家通过向地方和企业"放权让利",通过建立社会主义市场经济体制等一系列改革举措,促进了民营企业和地方经济的高速发展。然而,在最近的10年间,市场化改革几乎处于停顿状态。这一结果直接造成了市场垄断问题的无解。尽管国家早就出台了《中小企业促进法》,2005年又发布了促进非公有制经济的三十六条,试图改善民营企业的经营环境,但国内市场开放的程度依然有限,国有大型企业对能源、金融、基础设施、公用事业等重要领域的高度垄断地位岿然不动,民营企业只能在那些完全竞争的"难赚钱"或"不赚钱"的领域艰难发展,社会主义市场经济越来越接近"政府垄断+局部竞争"的格局。

其次,是政府对经济社会的过度干预问题。耶鲁大学教授陈志武指出,1997年亚洲金融危机以来,中国政府对经济的管制越来越呈现出向计划体制复归的趋势。这种体制复归呈现两个方面,一是财政收支规模的扩张逐渐加快,由此产生"国富民贫"之感;二是政府的经济管理力度加大,货币政策和产业政策的行政性都有所增强,发改委及其职能空前强大。

更加令人担忧的,是政府对经济的过度干预现象越来越严重。一方面,前些年在宏观调控过程中的一些政策和措施,对民营企业造成了严重伤害,民营经济的发展环境越来越困难了。另一方面,地方政府凭借其掌控的土地资源和财富,重新介入早前已经退出的微观经济领域。各级官员们热衷于政绩工程、形象工程和面子工程,乐此不疲地与民争利,经营城市,经营土地,掌控了越来越多的资源和财富。各种政策资源和物质资源包括金融资本等源源不断地涌入地方政府经营的各种项目,民营中小企业的经营环境不断恶化,拿地难,融资难,经营难,赚钱难,由此出现了"国进民退"的现象。

再次,是市场制度和法治环境的不完善。民主与法治建设虽已进行了三十余年,但整体的法治环境没有得到根本性的改善,整个社会的信用体系问题多多。如企业的"三角债"问题,虽经二三十年的整顿,至今没有得到解决。许多企业在人民币不断升值、劳动力成本大幅提高、出口退税率不断下调和利润微薄的情况下,仍然一个劲地把产品往国外销,就因为外商的信用好,企业能够确保并且及时收到货款。在假冒伪劣产品横行、侵犯知识产权现象屡禁不止的同时,更发生了震惊中外的制售假药、瘦肉精猪肉和三聚氰胺奶粉事件。

最后,是政府自身建设问题。最近十多年来,中国政府积极推进行政管理体制改革和职能转变,致力于法治政府、责任政府和公共服务型政府的建设,并不断尝试进行机构精简和冗员裁撤工作,但改革的绩效并不明显。机构臃肿,人浮于事的现象如故,行政成本居高不下,依法行政、职能转变和管理方式创新等远远跟不上经济社会发展的新形势。

诸如此类的问题,从根本上说是中国经济体制改革不彻底和政治体制改革滞后带来的双重效应。在这样的制度背景和市场竞争环境中,浙江模式和民营经济的发展早已经触到了有如钢筋混凝土浇筑的天花板,这一波国际金融危机的冲击,只不过提前揭破了民营企业面临的困局而已。我们认为,浙江的民营经济能否实现结构调整和产业转型升级,全局性的体制改革和市场制度建设能否向纵深推进,无疑是其中的一大关键。"浙江模式"能否安然度过危机并再创辉煌,在很大程度上也取决于浙江各级政府在新的环境下能否大胆解放思想,推进制度创新和制度建设,从而创造出体制机制的新优势。

改革开放是党和国家主导的伟大事业。地方政府的体制改革和制度创新有待于国家制度建设的全面推进,诸如打破行业垄断,消除地区封锁,真正落实国务院发布的促进非公有制经济发展的三十六条,促进公平竞争;取消行业准入限制,落实各类企业的投资主体地位,以国家产业导向标准的项目核准制替代国家发改委的项目审批制,让民营企业真正享受到与国有企业、外资企业平等的政策环境等等,都需要有国家层面的改革相配套。就地方政府自身而言,现阶段浙江的地方政府创新和体制改革,必须改变市场化初期单兵突进的改革模式,而代之以以政府改革为核心,经济、社会和政府体制改革的全面协调推进,以治理模式的创新提升"浙江模式"。

——在更深层次上推进行政管理体制改革,努力建设公共服务型政府。政府既是制度的主要供给者和制度创新的关键主体,同时又构成市场主体和公民社会发育最重要的制度环境。政府的行政管理体制改革是整个体制改革的核心环节。因此,应把率先推进服务型政府建设作为提升"浙江模式"的重中之重,以服务型政府建设带动政府职能转变和各项体制改革。

——在更深层次上推进社会体制改革,积极培育建设公民社会。公民社会的成熟程度是一个国家或地区走向文明和现代化的标准之一,是一个国家或地区的软实力之所在。提升"浙江现象"或"浙江模式",必须合理确定政府与社会的关系,畅通公民利益表达和政治参与的制度渠道,积极培育社会组织发展和社会自治能力,使得公民社会组织成为地方治理的重要主体。

——在更深层次上推进市场化改革,完善市场体制机制,形成资源要素的市场化配置模式。浙江的市场化程度全国领先,但与规范的市场经济体制还存在着明显的差距,资源要素领域的市场化配置程度还不高,因此,必须加快推进资源要素配置的市场化改革,尽力减少或约束各级政府的资源配置权,完善资源要素价格的市场化形成机制,使市场真正成为资源配置的主体。

后　记

　　本书是我和我的研究团队多年来对当代中国政府改革与现代国家制度建设这一重大课题所作研究的一个阶段性成果。需要说明的是，此所谓"重大课题"，只是就选题的理论价值和实践意义而言，相关选题主要出自个人的研究兴趣，而不是政府或各种科研基金的立项。

　　我们的研究工作开始于十多年前。2000年初，我从科研单位调到大学任教后，与浙江大学政治学与行政管理系的同事们一起组建了浙江大学比较政治与公共管理研究所，五年后又组建了浙江大学地方政府与社会治理研究中心。这期间，我个人的研究兴趣有些宽泛，从政治发展理论、协商民主、公民参与、公民社会，到当代中国政府改革与现代国家制度建设等，都有所涉猎。本书"政府与民生""政府间关系""地方政府创新"三编中的多数章节，就是在这段时间完成的。2009年初，我调往浙江工商大学，主持公共管理学院的工作；在致力于教书育人的同时，我个人的研究兴趣也集中到了行政体制改革研究。本书第一编"总论"、第二编"政府与市场"的相关章节，都是最近四五年间完成的。我的研究团队的成员主要是浙江大学、浙江工商大学两校政治学和行政管理专业的研究生。

　　本书的文字大抵由三个部分构成。其中的一部分章节，曾经以单篇论文的形式陆续在《学术界》《政治学研究》《浙江社会科学》等期刊上发表，有五六篇还被《新华文摘》《中国社会科学文摘》等著名刊物转载。对于这部分文字，我们在结集时都或多或少地做了修改、充实和完善，其中《强镇扩权、地方行政管理体制改革与镇乡政府的重建》《可持续发展与服务型政府的建构：以浙江为例》诸篇的修改和补充的幅度比较大。这部分研究工作的承担者和当时所发表期刊，均在相应的篇目下作了标注。

另一部分章节是我和研究团队提交给国内外学术会议的会议论文，以及提供给政府部门的研究报告。其中，第三编的《民生问题与公共服务型政府建设》为于兰兰和我撰写，第二编的《中国政府的市场监管为什么无力？》由沈费伟和我完成，《市场失灵与政府干预的作用及其限度》由马斌撰写。第五编的《政府创新、治理转型与浙江模式》，则是我在 2009 年初为"中国地方政府创新与治理转型的浙江经验丛书"（浙江大学出版社）撰写的丛书总序的一部分内容。

还有一部分文字，即"总论"和第二编的若干篇文章，为成书时初次发表。在设计本选题之初，我本打算只写个不太长的前言，但是，随着思考的深入，从前言写成导论，而后改为总论，篇幅不断增加，最终形成现在这七八万字的开篇。这篇总论是我多年来持续思考的小结，也是我对当代中国政府改革与现代国家制度建设问题的基本看法。

本书从选题筹划到修改定稿，费时将近一年，终于在古历甲午新年前夕付梓。在此过程中，何锦峰承担了全书的文字审校工作；沈费伟、孙仕琪、牛卫利和周挺等同学分别承担了各编引文的核对工作，其中以沈费伟同学出力最多；徐珣博士编制了索引，陈晓玲同学编校了参考文献。责任编辑高桂芳博士在编校过程中，补阙匡谬，勘误正字，使拙作避免了许多不应该出现的疏漏。对于以上各位的工作，在此一并致谢！全书各编内容及参考文献和索引，均由我统稿、定稿，内中如有疏漏和缺失，责任在我一人。

需要特别说明的是，"当代中国政府改革与公共政策论丛"的出版，得到了浙江省高校重点学科建设经费的资助。浙江工商大学公共管理学院行政管理学科得以列入浙江省重点学科，主要是浙江工商大学各位校领导鼎力支持的结果。本论丛的选题筹划和出版，得到了公共管理学院学术委员会诸位同仁的鼎力支持。在本书和"当代中国政府改革与公共政策论丛"出版之际，我谨代表各位作者向浙江工商大学的领导和公共管理学院学术委员会的诸位同仁表达最诚挚的谢意！

陈剩勇

2014 年 5 月 18 日于杭州

参考文献

一、中文文献

〔丹〕阿尔贝克等:《北欧地方政府:战后发展趋势与改革》(常志霄等译),北京大学出版社 2005 年版。

〔德〕哈贝马斯:《公共领域的结构转型》(曹卫东等译),学林出版社 1999 年版。

〔德〕哈贝马斯:《在事实与规范之间:关于法律和民主法治国的商谈理论》(童世骏译),北京三联书店 2003 年版。

〔德〕赫尔穆特·沃尔曼:《德国地方政府》(陈伟等译),北京大学出版社 2005 年版。

〔德〕柯武刚、史漫飞:《制度经济学:社会秩序与公共政策》(韩朝华译),商务印书馆 2000 年版。

〔德〕马克思:《资本论(第三卷)》(郭大力等译),人民出版社 1953 年版。

〔德〕马克斯·韦伯:《韦伯作品集(Ⅱ):经济与历史;支配的类型》(康乐等译),广西师范大学出版社 2004 年版。

〔德〕马克斯·韦伯:《韦伯作品集(XII):新教伦理与资本主义精神》(康乐等译),广西师范大学出版社 2007 年版。

〔法〕托克维尔:《论美国的民主(上、下)》(董果良译),商务印书馆 1988 年版。

〔古希腊〕亚里士多德:《政治学》(吴寿彭译),商务印书馆 1965 年版。

〔加〕理查德·廷德尔等:《加拿大地方政府》(于秀明等译),北京大学出版社 2005 年版。

〔美〕R. 科斯、A. 阿尔钦、诺思等:《财产权利与制度变迁——产权学派与新制度学派译文集》(刘守英等译),上海人民出版社 1994 年版。

〔美〕B. 盖伊·彼得斯:《政府未来的治理模式》(吴爱明等译),中国人民大学出版社 2001 年版。

〔美〕D. H. 帕金斯:《走向 21 世纪:中国经济的现状、问题和前景》(陈志标译),江苏人民出版社 1992 年版。

〔美〕E. S.萨瓦斯:《民营化与公私部门的伙伴关系》(周志忍等译),中国人民大学出版社,2002年版。

〔美〕G. A.阿尔蒙德、G. B.鲍威尔:《比较政治学:体系、过程和政策》(曹沛霖等译),上海译文出版社1987年版。

〔美〕阿伦·罗森鲍姆:《比较视野中的分权:建立有效的、民主的地方治理的一些经验》(赵勇译),《上海行政学院学报》2004年第2期。

〔美〕埃莉诺·奥斯特罗姆:《公共事物的治理之道:集体行动制度的演进》(余逊达等译),上海三联书店2000年版。

〔美〕埃莉诺·奥斯特罗姆等:《公共服务的制度建构:都市警察服务的制度结构》(宋全喜等译),上海三联书店2000年版。

〔美〕白苏珊:《乡村中国的权力与财富:制度变迁的政治经济学》(郎友兴等译),浙江人民出版社2009年版。

〔美〕查尔斯·林德布罗姆:《政治与市场:世界的政治——经济制度》(王逸舟译),上海人民出版社1994年版。

〔美〕查尔斯·沃尔夫:《市场还是政府——不完善的可选事物间的抉择》(陆俊等译),重庆出版社2007年版。

〔美〕戴维·H.罗森布鲁姆:《公共行政学:管理、政治和法律的途径》(张成福等译),中国人民大学出版社2002年版。

〔美〕戴维·奥斯本、彼得·普拉斯特里克:《摒弃官僚制:政府再造的五项战略》(谭功荣等译),中国人民大学出版社2002年版。

〔美〕戴维·奥斯本、特德·盖布勒:《改革政府:企业家精神如何改革着改革部门》(周敦仁等译),上海译文出版社2008年版。

〔美〕道格拉斯·C.诺思、罗伯斯·托马斯:《西方世界的兴起》(厉以平等译),华夏出版社1989年版。

〔美〕道格拉斯·C.诺思:《经济史中的结构和变迁》(厉以平译),商务印书馆1992年版。

〔美〕道格拉斯·C.诺思:《制度、制度变迁和经济绩效》(陈郁等译),上海人民出版社1994年版。

〔美〕杜赞奇:《文化、权力与国家》(王福明译),江苏人民出版社2003年版。

〔美〕菲利普·库珀等:《二十一世纪的公共行政:挑战与改革》(王巧玲等译),中国人民大学出版社2006年版。

〔美〕费勒尔·海迪:《比较公共行政》(刘俊生译),中国人民大学出版社2006年版。

〔美〕费正清:《美国与中国》(张理京译),世界知识出版社2003年版。

〔美〕费正清等:《剑桥中国晚清史》,中国社会科学出版社1993年版。

〔美〕吉尔伯特·罗兹曼:《中国的现代化》,江苏人民出版社1988年版。

〔美〕卡罗尔·佩特曼:《参与式民主理论》(陈尧译),上海人民出版社2006年版。

〔美〕莱斯利·里普森:《政治学的重大问题:政治学导论》(刘晓等译),华夏出版社2001年版。

〔美〕莱斯特·萨拉蒙:《全球公民社会——非营利部门视界》(贾西津等译),社会科学文献出版社2007年版。

〔美〕罗伯特·A.达尔:《论民主》(李柏光等译),商务印书馆1999年版。

〔美〕罗伯特·A.达尔:《现代政治分析》(王沪宁等译),上海译文出版社1987年版。

〔美〕罗杰·基宾斯:《地方治理与联邦政治体制》(周子平译),《国际社会科学杂志(中文版)》2002年第1期。

〔美〕罗纳德·J.奥克森:《治理地方公共经济》(万鹏飞译),北京大学出版社2005年版。

〔美〕麦克尔·巴泽雷:《突破官僚制:政府管理的新愿景》(孔宪遂等译),中国人民大学出版社2002年版。

〔美〕曼库尔·奥尔森:《国家兴衰探源》(吕应中译),商务出版社1999年版。

〔美〕曼库尔·奥尔森:《集体行动的逻辑》(陈郁等译),上海三联书店1995年版。

〔美〕曼瑟·奥尔森:《权力与繁荣》(苏长和等译),上海人民出版社2005年版。

〔美〕乔·萨托利:《民主新论》(冯克利、阎克文译),东方出版社1998年版。

〔美〕乔治·弗雷德里克森:《公共行政的精神》(张成福等译),中国人民大学出版社2003年版。

〔美〕塞缪尔·亨廷顿:《变化社会中的政治秩序》(王冠华等译),上海人民出版社1989年版。

〔美〕塞缪尔·亨廷顿:《第三波——20世纪后期民主化浪潮》(刘军宁译),上海三联书店1998年版。

〔美〕斯蒂芬·戈德史密斯、威廉·D.埃格斯:《网络化治理:公共部门的新形态》(孙迎春译),北京大学出版社2008。

〔美〕文森特·奥斯特罗姆:《美国公共行政的思想危机》(毛寿龙译),上海三联书店2000年版。

〔美〕文森特·奥斯特罗姆等:《美国地方政府》(井敏等译),北京大学出版社2004年版。

〔美〕文森特·奥斯特罗姆等:《制度分析与发展的反思——问题与抉择》(王诚等译),商务印书馆1992年版。

〔美〕希尔曼斯:《美国是如何治理的》(曹大鹏译),商务印书馆1988年版。

〔美〕熊彼特:《财富增长论:经济发展理论》(李默译),陕西师范大学出版社2007年版。

〔美〕伊莱恩·卡马克:《过去20年各国政府改革的经验与教训》(冉冉译),《经济社会体制比较》2005年第3期。

〔美〕约翰·W.巴德:《人性化的雇佣关系:效率、公平与发言权之间的平衡》(解格先等译),北京大学出版社2007年版。

〔美〕约翰·克莱顿·托马斯:《公共决策中的公民参与:公共管理者的新技能与新策略》(孙柏瑛等译),中国人民大学出版社2005年版。

〔美〕约翰·罗尔斯:《正义论》(何怀宏等译),中国社会科学出版社1988年版。

〔美〕约瑟夫·斯蒂格利茨:《发展与发展政策》(纪沫等译),中国金融出版社2009年版。

〔美〕詹姆斯·W.费斯勒、唐纳德·F.凯特尔:《行政过程中的政治:公共行政学新论》(张成福等译),中国人民大学出版社2002年版。

〔美〕詹姆斯·博曼:《公共协商:多元主义、复杂性与民主》(黄相怀译),中央编译出版社2006年版。

〔美〕珍妮特·登哈特、罗伯特·登哈特:《新公共服务:服务而不是掌舵》(丁煌译),中国人民大学出版社2004年版。

〔日〕青木昌彦、钱颖一:《转轨经济中的公司治理结构:内部人控制和银行的作用》,中国经济出版社1995年版。

〔日〕松村岐夫:《地方自治》(孙新译),经济日报出版社1989年版。

〔瑞典〕埃里克·阿姆纳:《趋向地方自治的新理念》(杨立华等译),北京大学出版社2005年版。

〔以〕艾森斯塔特:《现代化:抗拒与变迁》(张旅平等译),中国人民大学出版社1988年版。

〔以〕卡西姆:《民主制中的以色列地方政府》(余斌译),北京大学出版社2005年版。

〔英〕简·莱恩:《新公共管理》(赵成根译),中国青年出版社2004年版。

〔英〕杰瑞·斯托克:《地方治理研究:范式、理论与启示》(郁建兴等译),《浙江大学学报(人文社会科学版)》2007年第2期。

〔英〕卡洛林·安德鲁:《从地方政府管理到地方治理》(周红云译),《马克思主义与现实》1999年第5期。

〔英〕洛克:《政府论》(瞿菊农等译),商务印书馆2009年版。

〔英〕诺曼·弗林:《公共部门管理》(曾锡环等译),中国青年出版社2004年版。

〔英〕帕特里克·敦利威:《民主、官僚制与公共选择——政治科学中的经济学阐释》(张庆东译),中国青年出版社2004年版。

〔英〕钱纳里、鲁宾逊、赛尔奎因:《工业化和经济增长的比较研究》(吴奇等译),上海人民出版社1995年版。

曹沛霖:《政府与市场》,浙江人民出版社1998年版。

陈红太:《当代中国政府体系》,华文出版社2001年版。

陈剩勇:《后金融危机时代的政府与市场》,中国社会科学出版社2010年版。

陈剩勇、马斌:《温州民间商会:自主治理的制度分析——温州服装商会的典型研究》,《管理世界》2004年第12期。

陈文申:《试论国家在制度创新过程中的基本功能——"诺斯悖论"的理论逻辑解析》,《北京大学学报(哲学社会科学版)》2000年第1期。

陈小京等:《中国地方政府体制机构》,中国广播电视大学出版社2001年版。

陈振明:《公务员制度》,福建人民出版社2007年版。

陈志红:《当代中国政府间纵向关系研究》,天津人民出版社2005年版。

迟福林、方栓喜:《加快建设公共服务型政府的若干建议(24条)》,《经济研究参考》2004年第13期。

丁煌:《法国政府的地方分权改革及其对我国政府的启示》,《法国研究》2002年第1期。

樊纲、王小鲁:《中国市场化指数——各地区市场化相对进程报告(2000年)》,经济科学出版社2001年版。

冯兴元:《市场化:地方模式的演进道路》,《中国农村观察》2001年第1期。

宫桂芝:《我国行政区划体制现状及改革构想》,《政治学研究》2000年第2期。

韩光辉等:《北京城市郊区的形成及其变迁》,《城市问题》1987年第5期。

何显明:《政府与市场:互动中的地方政府角色变迁——基于浙江现象的个案分析》,《浙江社会科学》2008年第6期。

何增科、〔德〕王海、〔德〕舒耕德:《中国地方治理改革、政治参与和政治合法性初探》,《经济社会体制比较》,2007年第4期。

何增科等:《中国政治体制改革研究》,中央编译出版社2004年版。

洪银兴、刘志彪等:《长江三角洲地区经济发展的模式和机制》,清华大学出版社2003年版。

胡鞍钢、王绍光等:《第二次转型:国家制度建设》,清华大学出版社2003年版。

胡伟:《政府过程》,浙江人民出版社1998年版。

华伟:《地级行政建制的演变与改革设想》,《战略与管理》1998年第3期。
华伟、于鸣超:《中国行政区划改革的初步构想》,《战略与管理》1997年第6期。
黄河涛、赵健杰:《经济全球化与中国劳动关系重建》,社会科学文献出版社2007年版。
贾康、白景明:《县乡财政解困与财政体制创新》,《经济研究》2002年第2期。
李景鹏:《中国转型期问题的政治学思考》,中国法制出版社2002年版。
李军鹏:《公共服务型政府建设指南》,中共党史出版社2006年版。
李明:《中国中小企业发展环境分析与政府政策支持体系的构建》,《郑州航空工业管理学院学报》2008年第5期。
林尚立:《国内政府间关系》,浙江人民出版社1998年版。
林尚立:《基层民主:国家建构民主的中国实践》,《江苏行政学院学报》2010年第4期。
林毅夫、刘志强:《中国的财政分权与经济增长》,《北京大学学报(哲学社会科学版)》2000年第4期。
刘德君:《中国行政区划的理论与实践》,华东师范大学出版社1996年版。
刘豪兴:《农村社会学》,中国人民大学出版社2004年版。
刘熙瑞、段龙飞:《服务型政府:本质及其理论基础》,《国家行政学院学报》2004年第5期。
刘小康:《行政区划改革:视角、路径及评价》,《北京行政学院学报》2006年第3期。
卢现祥:《西方新制度经济学》,中国发展出版社1996年版。
陆学艺:《当代中国社会结构》,社会科学文献出版社2010年版。
吕祖善等:《浙江统计年鉴2007》,浙江年鉴出版社2007年版。
麻宝斌:《公共利益与政府职能》,《公共管理学报》2004年第1期。
马斌:《政府间关系:权力配置与地方治理》,浙江大学出版社2009年版。
马俊:《中国公共预算改革——理性化与民主化》,中央编译出版社2005年版。
马力宏:《论政府管理中的条块关系》,《政治学研究》1998年第4期。
浦善新:《中国行政区划改革的研究》,商务印书馆2006年版。
浦善新:《中国行政区域概论》,知识出版社1995年版。
浦兴祖:《中华人民共和国政治制度》,上海人民出版社2005年版。
钱颖一、许成钢:《中国的经济改革为什么与众不同——M型的层级制和非国有部门的进入与扩张》,《经济社会体制比较》1993年第11期。
全球治理委员会:《我们的全球伙伴关系》,牛津大学出版社1995年版。
任晓:《中国行政改革》,浙江人民出版社1998年版。

荣敬本、崔之元:《从压力型体制向民主合作体制的转变:县乡两级政治体制改革》,中央编译出版社 1998 年版。

上海证大研究所:《长江边的中国:大上海国际都市圈建设与国家发展战略》,学林出版社 2003 年版。

沈荣华等:《地方政府治理》,社会科学文献出版社 2006 年版。

石庆环:《20 世纪美国文官制度的历史回顾》,《美国研究》2001 年第 2 期。

史世伟:《纠正市场失灵——德国中小企业促进政策解析》,《欧洲研究》2003 年第 6 期。

宋世明:《美国行政改革研究》,国家行政学院出版社 1999 年版。

孙柏瑛:《当代地方治理——面向 21 世纪的挑战》,中国人民大学出版社 2004 年版。

孙柏瑛:《当代发达国家地方治理的兴起》,《中国行政管理》2003 年第 4 期。

孙立平:《社会转型:发展社会学的新议题》,《社会学研究》2005 年第 1 期。

孙学玉、伍开昌:《构建省直接管理县市的公共行政体制》,《政治学研究》2004 年第 1 期。

孙中山:《三民主义》,岳麓书社 2000 年版。

唐铁汉:《国外政府公共服务的做法、经验教训与启示》,《国家行政学院学报》2004 年第 5 期。

唐兴霖:《公共行政学:历史与思想》,中山大学出版社 2000 年版。

陶厚永、刘洪:《何种用工制度更具适应性效率——用工双轨制与单轨制的比较研究》,《中国工业经济》2009 年第 1 期。

王铭铭:《走在乡土上——历史人类学札记》,中国人民大学出版社 2003 年版。

王绍光:《安邦之道:国家转型的路径》,北京三联书店 2007 年版。

闻均天:《中国保甲制度》,商务印书馆 1945 年版。

吴斐丹、张草纫选译:《魁奈经济著作选集》,商务印书馆 1979 年版。

吴敬琏:《中国经济六十年》,《财经杂志》2009 年第 20 期。

吴敬琏、刘吉瑞:《论竞争性市场体制》,中国财政经济出版社 1991 年版。

吴晓波:《大败局Ⅱ》,浙江人民出版社 2011 年版。

吴晓波:《激荡三十年:中国企业 1978—2008(下)》,中信出版社 2008 年版。

谢罗奇:《市场失灵与政府治理——政府经济职能与行为研究》,湖南人民出版社 2005 年版。

谢庆奎、杨宏山:《对我国地方行政层级设置前思考》,《红旗文稿》2004 年第 4 期。

谢庆奎:《当代中国政府》,辽宁人民出版社 1991 年版。

谢庆奎:《政府学概论》,中国社会科学出版社 2004 年版。
谢庆奎:《中国政府体制分析》,中国广播电视出版社 2002 年版。
徐秀丽:《中国近代乡村自治法规选编》,中华书局 2004 年版。
薛刚凌:《论府际关系的法律调整》,《中国法学》2005 年第 5 期。
薛刚凌:《行政体制改革研究》,北京大学出版社 2006 年版。
严启发:《用制度创新解决中小企业融资难题》,《中国金融》2009 年第 4 期。
阎林:《政府组织机构调整与经济发展》,社会科学文献出版社 1999 年版。
燕继荣:《服务型政府建设:政府再造七项战略》,中国人民大学出版社 2009 年版。
杨长明:《城市管理体制必须进一步深化改革》,《开放时代》2000 年第 12 期。
杨光斌:《中国政府与政治导论》,中国人民大学出版社 2003 年版。
杨宏山:《府际关系论》,中国社会科学出版社 2005 年版。
杨小云:《新中国国家结构形式研究》,中国社会科学出版社 2004 年版。
杨雪冬:《近 30 年来中国地方政府的改革与变化:治理的视角》,《社会科学》2008 年第 12 期。
杨志勇、杨之刚:《中国财政体制 30 年》,上海人民出版社 2008 年版。
银温泉、才婉如:《我国地方市场分割的成因和治理》,《经济研究》2001 年第 6 期。
尹冬华:《从管理到治理:中国地方治理现状》,中央编译出版社 2006 年版。
于建嵘:《乡镇自治:根据和路径》,《战略与管理》2002 年第 6 期。
于鸣超:《现代国家制度下的中国县制改革》,《战略与管理》2002 年第 1 期。
俞可平:《政府创新的理论与实践》,浙江人民出版社 2005 年版。
俞可平:《治理与善治》,社会科学文献出版社 2000 年版。
郁建兴等:《近 20 年来法国地方治理体系变革与新治理结构》,《学术研究》2006 年第 1 期。
郁建兴、王诗宗:《治理理论的中国适用性》,《哲学研究》2010 年第 11 期。
喻希来:《中国地方自治论》,《战略与管理》2002 年第 4 期。
曾祥瑞:《新日本地方自治制度研究》,中国法制出版社 2005 年版。
张成福:《责任政府论》,《中国人民大学学报》2000 年第 2 期。
张春根:《县域论》,中国文联出版社 1999 年版。
张紧跟:《当代中国地方政府横向关系协调》,中国社会科学出版社 2007 年版。
张军、周黎安:《为增长而竞争:中国增长的政治经济学》,上海人民出版社 2008 年版。
张可云:《区域大战与区域经济关系》,民主与建设出版社 2001 年版。

张敏杰:《社会政策及其在我国社会经济发展过程中的去向》,《浙江社会科学》1999年第11期。

张文范:《中国行政区划研究》,中国社会科学出版社1991年版。

张永桃:《市政学》,高等教育出版社2006年版。

张志红:《当代中国政府间纵向关系研究》,天津人民出版社2005年版。

赵秀玲:《中国乡里制度》,社会科学文献出版社2002年版。

赵永茂、孙同文、江大树:《府际关系》,台北元照出版公司2001年版。

郑功成:《社会保障学:理论、制度、实践和思辨》,商务印书馆2000年版。

郑永年、吴国光:《论中央—地方关系:中国制度转型中的一个轴心问题》,牛津大学出版社1995年版。

中国科学院公共政策研究中心等:《中国公共政策分析》(2005年卷),中国社会科学出版社2005年版。

周飞舟:《从汲取型政权到"悬浮型"政权——税费改革对国家与农民关系之影响》,《社会学研究》2006年第3期。

周克瑜:《论行政区与经济区的关系及其协调》,《战略与管理》1994年第1期。

周黎安:《中国地方官员的晋升锦标赛模式研究》,《经济研究》2007第7期。

周黎安:《转型中的地方政府:官员激励与治理》,上海人民出版社2008年版。

周志忍:《当代国外行政改革比较研究》,国家行政学院出版社1999年版。

朱光磊:《当代中国政府过程》,天津人民出版社2002年版。

二、英文文献

Bates, R. H., *Beyond the Miracle of the Market*, Cambridge: Cambridge University Press, 1989.

Beauregard, R. A., "Public-Private Partnerships as Historical Chamelons: the Case of the United States", in J. Pierre, ed., *Partnership in Urban Governance: European and American Experience*, London: Macmillan, 1998.

Bingham, et al., "The New Governance: Practices and Processes for Stakeholder and Citizen Participation in the Work of Government", *Public Administration Review*, Vol. 65, No. 5, 2005, pp. 547-558.

Blecher, Marc, "Hegemony and Workers' Politics in China", *China Quarterly*, Vol. 170, No. 6, 2002, pp. 283-303.

Bowles, Paul and Gordon White, "Labour System in Transitional Economics: An Analysis of China's Township and Village Enterprises", *International Review of Comparative Public Policy*, (10), 1998, pp. 243-270.

Boyer, R. and D. Drache, eds., *States Against Markets: The Limits of Globalization*,

London and New York: Routledge, 1996.

Chisholm, D., *Coordination without Hierarchy*, Berkeley: University of California Press, 1989.

Coase, Ronald H., "The Nature of the Firm", *Economica*, Vol. 4, No. 16, 1937, pp. 385-405.

Considine, M., "Alternatives to Hierarchy: the Role and Performance of Lateral Structures Inside Bureaucracy", *Australian Journal of Public Administration*, Vol. 51, No. 3, 1992, pp. 309-320.

Estey, J. A., *The Labor Problem*, New York: McGraw-Hill, 1928.

Etzioni-Halevy, Eva, *Bureaucracy and Democracy: a Political Dilemma*, New York: Routledge, 2010.

Gerry Stoker, "Governance as Theory: Five Propositions", *International Social Science Journal*, Vol. 50, No. 155, 1998, pp. 17-28.

Gerry Stoker, "Regulation Theory, Local Government and the Transition from Fordism", in D. King and J. Pierre, eds., *Challenges to Local Government*, London: Sage, 1990.

Gerry Storker, *Transforming Local Governance: From Thatcherism to New Labor*, New York: Palgrave Macmillan, 2004.

Goss, Sue, *Making Local Governance Work: Network, Relationship, and the Management of Change*, Hampshire: Palgrave, 2001.

Haggard, Kaufmann, ed., *The Politics of Economic Adjustment: International Constraints, Distributive Conflicts, and the State*, Princeton: Princeton University, 2008.

Hajer, Maarten A. and Hendrik Wagenaar, eds., *Deliberative Policy Analysis: Understanding Governance in the Network Society*, New York: Cambridge University Press, 2003.

Hirst, Palu Q. and Grahame Thompson, *Globalization in Question*, Cambridge: Polity Press, 1996.

Kohler-Koch, Beate, et al., "Review Article: The 'Governance Turn' in EU Studies", *Journal of Common Market Studies*, Vol. 44, No. 9, 2006, pp. 27-49.

Leach, Robert and Janie Percy-Smith, *Local Governance in Britain*, New York: Palgrave, 2001.

Lynn and Laurence E. Jr., "Has Governance Eclipsed Government?", in Robert F. Durant, ed., *The Oxford Handbook of American Bureaucracy*, New York: Oxford University Press, 2010.

March, James G. and Johan P. Olsen, *Rediscovering Institutions: the Organizational*

Basis of Politics, New York: The Free Press, 1989.

Michael, Goldsmith, "Local Autonomy: Theory and Practice", in Desmond S. King and Jon Pierre, eds., *Challenges to Local Government*, London: Sage Publications, 1990.

Michalski, W., et al., *Governance in the 21st Century: Power in the Global Knowledge Economy and Society*, Paris: Organization for Economic Cooperation and Development, 2001.

Michels, Robert, *Political Parties*, New York: Free Press, 1968.

Miller, William L., et al., *Models of Local Governance: Public Opinion and Political Theory in Britain*, New York: Palgrave Macmillan, 2000.

O'Brien, Kevin J. and Lianjiang Li, "Selective Policy Implementation in Rural China", *Comparative Politics*, Vol. 31, No. 2, 1999, pp. 167-186.

Paul, Hirst, "Democracy and Governance", In J. Pierre, ed. *Debating Governance: Authenticity, Steering, and Democracy*, Oxford: Oxford University, 2000.

Peters, B. Guy, "Managing Horizontal Government: the Politics of Co-ordination", *Public Administration*, Vol. 76, No. 2, 1998, pp. 295-311.

Pierre, J., "Introduction: Understanding Governance", in J. Pierre, ed., *Debating Governance: Authenticity, Steering, and Democracy*, Oxford: Oxford University, 2000.

Pierre, Jon and B. Guy Peters, *Governance, Politics and the State*, New York: St. Martin's Press, 2000.

Pye, Lucian W., *The Aspects of Political Development*, Boston: Little, Brown and Company, 1966.

Rhodes, R. A. W., *Understanding Governance: Policy Networks, Governance, Reflexicity and Accountability*, Buckingham, Philadelphia: Open University Press, 1997.

Rhodes, R. A. W., "The New Governance: Governing Without Government", *Political studies*, Vol. 44, No. 4, 1996, pp. 652-667.

Risse, Thomas, ed., *Governance Without a State? Policies and Politics in Areas of Limited Statehood*, New York: Columbia University Press, 2011.

Salamon, Lester M., ed., *The Tools of Government: A Guide to the New Governance*, New York: Oxford University Press, 2002.

Samuelson, Paul A. and William D. Nordhaus, *Economics*, New York: Mcgraw-Hill, Inc, 1995.

Schreuder, Hein, "Coarse, Hayek, and Hierarchy", in Siegwart M. Lindenberg and Hein Schreuder, eds., *Interdisciplinary Perspectives on Organization Studies*, New

York: Pergamon Press, 1993.

Scott, W. Richard, et al., *Institutional Change and Healthcare Organizations: From Professional Dominance to Managed Care*, Chicago: University of Chicago Press, 2000.

Shah, A., *Local Governance in Developing Countries*, Washington, DC: The World Bank, 2006.

Skocpol, Theda, " Bring the State Back In: Strategies of Analysis in Current Research", in Peter B. Evans, et al., *Bringing the State Back In*, New York: Cambridge University Press, 1985.

Stoker, Gerry, "Creating a Local Government for a Post-Fordist Society: The Thatcherite Project", in J. Stewart and Gerry Stoker, eds., *The Future of Local Government*, London: Macmillan, 1989.

Stone, C. N., "Urban Politics Then and Now", in M. Orr and V. C. Johnson, eds., *Power in the City: Clarence Stone and the Politics of Inequality*, Lawrence, Ks: University Press of Kansas, 2008.

Taylor, Michael, *The Possibility of Cooperation*, New York: Cambridge U. P., 1987.

Weber, Max, *The Theory of Social and Economic Organization*, trans. Parsons, New York: Charles Scribner's Sons, 1947.

Weiss, Linda, *The Myth of the Powerless State*, Cambridge: Cambridge University Press, 1998.

Williamson, Oliver E., *Markets and Hierarchies: Analysis and Antitrust Implications*, New York: The Free Press, 1975.

Zheng, Yongnian and Joseph Fewsmish, *China's Opening Society: " The Non-state Sector and Governance"*, London and New York: Routledge, 2008.

Zheng, Yongnian, *De Facto Federalism in China: Reforms and Dynamics of Central-Local Relations*, Singapore and London: World Scientific Publishing, 2007.

索　引

A

埃莉诺·奥斯特罗姆　309
艾森斯塔特　353,354

B

保护性默许　415
边际效用　125
伯恩斯坦　86
博弈均衡　329
博弈论　50
不正当竞争　42,158,422
部门立法　58,60
部门利益　37,46,54,56-58,60,144,157,165,222
部门预算制度　419

C

财政刚性支出　300
财政体制改革　61,130,419
财政榨取　336
查尔斯·沃尔夫　85,97,154
差序格局　86
产能过剩　23,80,81,89,95,96,98,99,101,102,104,106,108,110,111,113-116,119-122,125-127,129-131,169,170,180-182,186,189

产权保护　34,36,203
产权保护机制　203,306
产业集群　374
产业升级　88,110,127,163,187
撤乡改镇　322
城市化　16,18,20,48,65,101,112,114,194,208-211,218,219,223,226,228,250,265,268,271,272,278,279,283-287,290,291,294,322,327,331,348,351-353,356,361,362,365-367,369-372,374,376,377,391,409,411,412
城市体制　277-279,281-283,286-291
城市政府　230,278-280,282-289,292-294,331
城市治理　277,278,289
城乡二元结构　396
城乡分治　278,290
城乡规划管理　373
城乡统筹　227,366
城乡一体化　204,205,207,225,227,366,370
城镇化　65,85,118,177,210,269,351,352,374,376,397
初次收入分配　83
村民公约　422
村民自治　18,20,343,344,347,348,367,422

村务监督委员会 422

D

大跃进 23,98,103,110,112,118,125,169,170,279,300

大转型 3,14,21,32

代际公平 392,408,409

单一制 314

党管干部 319-321

党政分开 5,6,59

道格拉斯·C.诺思 306,315,316

邓小平 4,5,7,18,25,34,68

地方保护主义 37,70,120,127,128,138,144,145,147,149,150,158,261,285,295,297,298,300,304-306

地方政府自主性 418

地方治理 19,25,287,315,329,330,332,356,368,375,387,412-414,420,422,428

地方主义 54,71,72,122,128,144,285,306,417

地方自治 284,292,294,314,317,328,332,336-340,345-347,349

调控政策 79,95,97,102,104,106,109,111,113,114,116,118,119,121,126,131,312

都市经济圈 286,287,415

多元治理 288,420

多中心治理 420

E

恶性通货膨胀 22

F

发展主义 246,247,250,258,262

法理型权威 47

法治 9,16,18,20,22,25,26,28,29,32-35,38,41,46,49,53,54,58,59,66-71,73,74,87,88,90,120,126-129,138,142,149,158,187,194,213,285,293,297,304,313,345,349,374,400,419,426

法治社会 29,70,71,74

法治政府 9-12,16,19,29,32,35,66,70,71,74,128,129,146,187,314,330,331,354,367,417,426

法治中国 25,26,29,66,70,71

反贫困战略 264-266,269,271

反市场取向 121

非公有制经济 243,420,425,427

非营利机构 18

非正式制度创新 415

非政府组织 7,40,45,91,368,414,420

费改税 305

费孝通 351

分税制改革 129,139,325,329,332,419

扶贫开发 266

福利国家 52,197,202,252

府际关系 293,314,315,330,332

府际治理 315,330

负外部性效应 156

G

"革命型"政府 89,90

改革开放 3,4,7-11,13-16,18-22,25,26,28,30,38,41,68,70,78,81,87,90,112,121,125,127-129,164,165,184,193,194,207,208,210,217-219,225,234,235,246,

索引

249,251,255,264,265,272,274,
277,279,282,285,295,307,321-
323,325,326,329,330,348,352,
354,376,383,388,390,391,393,
401,411,412,414-418,420,422,
424,425,427

干部异地交流制度 326

干部终身制 326

工业化 16,18,20,40,48,80,101,
111-114,118,202,208-211,218,
223,268,269,279,283,322,341,
342,344,348,351,352,374,391,
409,411,412,416,424

公地悲剧 132,133

公共财政体制 22,60,332,348,363,
419

公共服务型政府 11,12,16,26,32,
35,36,89-92,129,146,187,188,
193,194,202-205,207,314,330-
332,353,354,365,367,369,375,
399,400,417,426,427,430

公共物品 152,197,204,206,329-
331,345,346,368,370,379

公共政策 16,18,50,54,56,92,289,
290,332,355,356,369,430

公民参与 19,53,289,429

公民权利 25,32,52,87,221

公民社会 25,33,34,39-44,46,58,
290,291,313,331,390,413,414,
420,421,427-429

公民意识 339

官本位 14,29,33,53,69,147,186,
361,400

官僚制度 33,50,346

官员晋升激励机制 144

官员问责制 135

管制型政府 16,207

规则约束 316

国际金融危机 23,39,77-80,82,84,
93,95,107-109,114,116,151,
155,158,159,162-165,169,177,
180,188,425,427

国家干预 23,96,98,153,155,165,
307

国家治理体系 4,28,32,46

国家主义 153

国进民退 24,28,77,82,163,170,
182-184,189,426

国企用工制度改革 235,249,257

国有企业改革 10,92,94,187,246,
258

H

哈耶克 66,308,423

和谐社会 90,193,205,330

和谐社会建设 205,350

亨廷顿 349,353,354

宏观调控 8,9,11,12,17,28,35,36,
62,95-107,109-111,113,114,
116-122,126,128-131,155,165,
180,220,229,256,308,313,325,
417,426

后发型国家 43,313

后金融危机时代 77,78,146,151,
164-166,399,400

互联网时代 19

户籍制度改革 219,363

混合经济 96

J

机构改革 3,5-9,11,12,17,18,26,
27,66,279,282,307,330,345,
368,402,417,418

基本公共服务均等化 129
基尼系数 85
绩效评价体系 305,419
激励约束机制 128
吉登斯 335
吉尔伯特·罗兹曼 337
集体协商制度 252,254,257,259
集体行动 309,316,330
剪刀差 85
简政放权 5,8,17,26,27,39,151,168,344,402
建设型政府 36,131,188,401
阶级斗争 4,15,17,321,393
节约型政府 206
结构性缺陷 169,178
进城劳工阶层 208,209,211-213,218,221,224,226,232,396
经济全球化 10,31,127,167,236,295
经济增长方式 104,126,127,166,189,203,407,425
精简机构 5,6,8-11,14,59,63,282
精英主义 408
矩阵结构 318

K

开发式扶贫 265,272
开放式决策 401,405-407,419
凯恩斯主义 34,52,165
看不见的手 105,111
看得见的手 52,119
科层制 31,46,90
科学发展观 10,12,17,36,102,264,330,350,392,406,417
可持续发展 36,46,118,128,150,166,167,170,180,208,219,277,289,305,314,330,332,358,370,372-374,376,385,391-394,399-401,406,407,409,410,429
扩权强县 328,418,419

L

劳工权益 210,213,223,229,230,260,399
劳务派遣工 235-237,240,245,246,253
劳资关系 208,229,230,252
劳资矛盾 252
理性经济人 37,51,59
历史三峡 21,24
吏治腐败 14,17,22,25,39,46,53,55,58,62,63,361
利益表达机制 408
利益博弈 92,128-130,283,284
利益代表机制 223,232
利益集团 24,30,43,50,56,77,153,154,248,260
利益诉求 42,43,45,221-223,232,233,245,345,399,400,422
联保连坐 339
两个凡是 4
林德布罗姆 77
路径选择 295,347
闾邻组织 339
绿色GDP 128,372,373,401,403,404,407
伦理规范 339
罗兹曼 337,342

M

M型企业组织结构 324

索 引

M 型政府结构 323
马克斯·韦伯 31,46,47,50
曼瑟·奥尔森 258
民本政治 33,194
民间商会 18,41,422,424
民情恳谈会 422
民生问题 193-195,202,204-207,430
民营化 155
民营经济 28,159,162,163,167,
 208,210,211,265,323,352,353,
 369,374,390,393,406,411,412,
 414-416,420,421,423-427
民营企业 24,36,82,86,88,102,
 103,107,125,146,147,155,156,
 163,164,167,178,179,182-184,
 209,217,221-223,227,249,325,
 420,422,425-427
民治 21,336
民主化 19,40,41,118,262,343,
 345,406,419
民主政治 18,21,29,33,58,291,
 332,343,373,406
民族区域自治 314
民族主义 336

N

内部人控制 247,248,257
逆向选择 86,152
农村税费改革 228
农村新型合作医疗 417

P

排污许可证 105
跑马圈地 101,125
平等权 235,262
平均主义 254

Q

企业年金计划 244
企业用工制度 234,235,237,246,
 251,254,255,257,260,262,263
企业治理机制 155
契约关系 51,255,262
强县扩权 328,418,424
强镇扩权 351,353,354,361,362,
 364-369,371,374,375,429
强政府 146,147,165,289,374,398
囚徒困境 311
区域经济共同体 301
区域经济一体化 295-298,301-303,
 306,309-311,313
区域利益分享和补偿机制 312,313
区域政府合作机制 297,301,303,
 304,306-308,313
去行政化 72
权力经济 86,88
权力精英 92
权力下放 31,285,299,367,418,419
权力寻租 14,22,25,46,52,55,58,
 63,68,119,122,128,356
权力制衡机制 58
权利本位 90,400
全面深化改革 13,27-30,46,74
全能型政府 15,19,33,35,43,46,
 98,111,121,133,147,188,283,
 314,321,344,398
全球化 27,31,237,249,253,283,
 287,295

R

人口红利 10,83,127
人民代表大会制度 29,59,408

人民公社 5,15,18,318,322,341-343,416
人民建议征集制度 19,419
人权 29,66,67,221,222,225,262
人治 16,32,33,54,58,66,68,69
弱社会 398

S

"三农"问题 208,224,265,350,351
"生产型"政府 127,140
"输血"式扶贫 265
萨缪尔森 35,96,132
社会保障 10,12,25,45,66,84,85,109,146,193-197,199,200,202-208,210-212,214,217-221,225,226,228,229,237,240,245,247,250-252,254,257,261,263,312,358,363,364,370,373,398,400,417
社会保障体系 12,25,193-195,197,198,202
社会本位 90,369,400
社会分配机制 195
社会公正 91,92,96,152,208,209,369,395,396,400
社会建设 3,17,18,27,39,43,44,193,399,401
社会权力网络 91
社会弱势群体 43,396
社会信用体系 25,35,155
社会主义市场经济体制 7,8,10,16,17,25,34,35,41,85,92,133,141,260,403,416,418,424,425
社会转型 10,18,21,146,209,246,250,253,297,399
社会自主治理 17,20,41-43,421,423
社区自治体 314
省管县体制 9
实用主义 251
世界贸易组织 8,101
市场化改革 10,24,26,28,36,54,85,86,88,94,120,127,146,147,151,162,165,166,187,188,234,237,251,253,254,285,295,417,420,421,425,428
市场机制 53,57,82,85,88,92,96,98,120,127,141,147,151,152,154,156,162,166,168,186,187,227,235,297,306,420,421,423
市场监管 11,17,28,36,39,66,111,132-135,138,143-150,290,399,417,430
市场经济体制 16,20,34,35,98,99,101,114,140,146,156,165,166,187,188,219,249,282,393,428
市场失灵 34,35,39,42,52,78,92,96-98,118,132-134,151-153,156,157,165,166,249,297,378,379
市民社会 39,40,294,407
收容制度 222,226
收入分配机制 194,195,198,395
双轨制 234,235,237,240,246,248-251,253,254,257,258,262,263,281
司法地方化 72,150
司法腐败 68,71
司法权 29,58,73,93,281,291
司法体制改革 71-73
私人领域 421
私营部门 153,414

索引

T

体制改革 4-6,10,14,15,18-20,22,23,25-29,34-36,43,44,46,54,58,59,70,73,89,93,94,104,119,120,126-131,146,148,149,165,186,187,193,206,228,252,257,263,278,279,282,286,288-291,293,304-306,310,314,324,325,330,331,335,338,343,345-347,349-354,361-367,369,374,375,399,407,410,414,416-419,426,427,429

体制性障碍 24,283

条块管理 317-319,321,323

铁本事件 103,110,117,123

听证制度 419

投资补贴 123,126

投资大跃进 111,170,185-187,189

投资率 80,81

投资项目审批 37,104,161,163,402

土地财政 122,129,397

土地审批权 354

土地政策 97

U

U型结构 329

W

晚清新政 32,67,336,347,349

微观经济领域 17,34,36,129,188,399,417,426

委托代理 86,299,382,418

委托授权 365

温州模式 393,412,415,420,423-425

文化大革命 15,318

乌托邦 313

X

西部大开发战略 264

下山脱贫 264-272

现代国家制度建设 25,32,33,46,94,314,429,430

现代企业制度 7,147,184,186,187,246,254,257,262,329

宪政 32,40,68

乡绅统治 336

乡土社会 339,349

乡镇企业 4,323,325,344,377,380,420

乡镇自治 331,332,335,338-340,345-347,349

项目审批 104,106,122,319,427

小城镇行政管理体制 362,366,367

协商民主 29,45,429

协同机制 367

新"两个凡是" 12

新公共管理运动 31-33,52,53,86

新兴市场国家 153,158

新制度经济学 298,308

信息不对称 156,166,167,249,389,390

行业协会 11,18,27,41,42,167,310,422,424

行业组织 12,18,120,148,310,422,424

行政成本 56,65,149,206,327,426

行政分权 53,247,317,319,321,323,324,326

行政集权 317-319,321

行政垄断 24,158,257,258,425

行政区划　29,71,72,149,279,296,
　　　　297,310,314-318,320-322,326-
　　　　332
行政审批制　11,12,17,26,27,37,
　　　　119,120,138,141,147,148,151,
　　　　164,167,331,401-403,416,419
行政事业性收费　160
行政性分权　86,298
形象工程　39,54,122,129,359,371,
　　　　426
熊彼特　88,408

Y

压力型体制　344
央地合作模式　169-171,177-180,
　　　　185-189
央企扩张　178,181,183
依法行政　6,7,10,11,16,25,26,37,
　　　　48,67,70,71,74,120,148,167,
　　　　221,361,389,419,426
依法治国　9,16,26,67,389
议行合一　93,408
用工歧视　235
有限政府　16,306,314,406
预算软约束　325
预算外资金　325
预算硬约束　325
约瑟夫·斯蒂格利茨　249

Z

暂住证管理制度　222
责任政府　10-12,16,32,35,128,
　　　　129,146,187,314,330-332,354,
　　　　367,406,417,426
增量改革　249,331
招商引资　17,28,37,38,101,121,
　　　　122,125,145,179,292,311,312,
　　　　360,389,417
浙江模式　331,352,368,411,412,
　　　　414,422-425,427,430
浙江现象　352,411,412,414,415,
　　　　423,427
政府错位　203
政府改革　3-14,16,17,20,22,26,
　　　　28,31-33,36,39,43,46,53,66,
　　　　78,131,187,188,335,345,353,
　　　　364,367,402,427,429,430
政府干预　34-36,39,84,98,123,
　　　　126,147,151,153,154,156,158,
　　　　164,167,297,379,421
政府管理创新　206,368,375,405
政府绩效　368,371,372,417
政府间关系　7,25,33,58,277,287-
　　　　289,293,295,304,314-317,319,
　　　　321-323,326-331,366,368,375,
　　　　413,424,429
政府缺位　85,88,157,158
政府失灵　35,51,52,78,82,84,85,
　　　　88,94-96,131,151,154,156,157,
　　　　252,378,379
政府与社会　7,15-17,19,27,32,46,
　　　　146,289,331,421,427,429
政府与市场　7,9,10,15,16,18,26-
　　　　28,32-36,40,46,77,78,88,91,
　　　　96-98,101,111,119,120,127,
　　　　133,138,146,147,149,151,154,
　　　　155,162,165,187,323,331,399,
　　　　400,415,419,420,429
政府越位　157,398
政府职能转变　8,11,16,17,23,26,
　　　　36,44,119,157,187,331,373,
　　　　393,399,401,404,414,427
政府转型　15,19,89,90,127,146,

166,399

政府自利性 46,52,56

政府作用 15,28,34,39,90,166,167,400

政绩工程 39,54,122,129,359,371,426

政绩锦标赛 122

政绩考核体系 24,121,128,373,385

政社合一 5,18,318,341,342

政务公开 11,16,62

政治稳定 222,314,347,349

执政党 3-5,7-12,14-20,24,26,28,30,35,36,43,46,48,49,54,59,60,71,74,94,111,119,121,126,131,187,205,208,247,254,264,278,317,321,322,324,328,348,350,351,353,375,392,417

执政方式 59

直接选举 218,222,343,344,422

制度变迁 21,31,164,298,303,306,313,315,316,326,328-330,343,346

制度创新 19,26,31,93,94,128,155,208,211,224,226,254,278,298,300,303,304,306,308,309,313,315,350,352,353,361,362,366,370,374-376,389,392,407-410,412,415-419,427

制度供给 84,401,421

制度困境 288

制度设计 53,58,62,289,330,347

治理 9,16,18,25,27,29,31,32,35,36,40,42-45,48-50,53,66,68,69,71,77,91,96,98,101,104,105,111,117,121,124,125,128,129,136,141,143,145,147,149,155,156,179,184-187,221,234,247,274,287-290,298,304,305,308,310,316-318,321,326,328-331,335,336,345-350,355,357,358,368,372,376,378-390,394,399,400,412-414,419,420,422,427,429

治理能力 4,28,32,43,46,129,370,414

治理体系 32,46,348

治理转型 3,12,16,18-20,31-33,46,187,330-332,351-353,368,375,411,412,414,423,424,430

中心镇培育工程 353,362,363,365,367,377

重大决策专家咨询制度 419

属地管辖 45,317,321,327,329

转轨经济 247

转型国家 65,263,383

转型升级 24,150,161,169,170,178,186,187,404,425,427

转移性收入 241